XML 개념 및 응용

손진현 · 김명호 공저

홍릉과학출판사

머리말

XML은 효율적인 정보 저장 및 관리 측면에서 IT 컴퓨팅 발전에 큰 영향을 미친 기술 중의 하나이다. 지난 몇 년 동안 XML은 웹 컴퓨팅 분야뿐만 아니라 멀티미디어, 통신, 금융, 항공, 건축, 의료, 로봇, 예술, 관광, 보험, 유통/물류 등과 같은 다양한 분야에 활용되었다. 이와 같이 대부분의 컴퓨터 응용 분야에서 정보 처리 및 관리를 위해 XML을 선택하고 있다. XML의 가장 큰 장점 중의 하나는 윈도우즈, 리눅스, 매킨토시, 유닉스, 모바일/내장형 OS 등과 같은 다양한 컴퓨팅 플랫폼에서 사용될 수 있다는 것이다. 실제로 뉴욕 월가의 금융 메인프레임 서버에서는 XML 도큐먼트를 사용하여 주식 매매를 처리하고, 가정용 컴퓨터에서 게임을 하는 어린이들이 XML 형식으로 문서를 저장한다. 스포츠 매니아들은 휴대용 통신기기를 사용하여 실시간으로 경기 현황을 XML 형식으로 받아본다. XML은 지금까지 개발된 어떠한 도큐먼트 형식보다 안정적이며 유연성이 높아 그 응용 범위는 무한하다고 할 수 있다.

XML에 대한 열광적인 관심으로 인해 관련 기술의 완성과 새로운 응용 분야의 수용을 위해 표준 및 도구들이 새롭게 정립되고 있다. 대표적으로는 화면 표현과 변환을 위한 스타일시트, 인터넷 자원 사이의 연결을 위한 링크, XML 데이터 처리와 질의를 위한 언어 및 도구, 오류 검증 도구, XML 애플리케이션을 위한 통합 개발 환경 등이 있다. 앞으로 XML 전문가가 된다는 것은 기존의 DB, 네트워크, 보안 전문가처럼 오랫동안 결실을 맺을 수 있는 경력으로서 높은 가치가 있으며, 어떤 분야에서 종사하고 있든지 상관없이 개개인의 경쟁력 향상을 위해 반드시 습득해야 할 기본 기술이다. 이러한 이유로 저자들은 XML의 개념, XML 응용 기술, XML 관련 개발 도구에 관한 전반적인 내용을 다루고 있는 책이 필요할 것으로 판단하여 이 책을 쓰기 시작하였다.

이 책은 학부 고학년, 대학원생, XML을 새롭게 습득하여 현장에 활용하고자 하는 산업체 종사자들을 대상으로 하고 있으며, 이론적인 내용뿐만 아니라 다양한 실무적인 내용도 포함하고 있다. 이 책을 최대한 활용하기 위해서 독자들은 HTML이나 TeX와 같은 구조적 마크업과 하이퍼텍스트와 같은 웹 개념에 어느 정도 익숙해 있기를 요구한다. 그렇다고 컴퓨터 소프트웨어 개발자 수준의 지식을 요구하지는 않는다. 이 책에서는 XML 기술에 대한 전반적인 동향을 바탕으로 각 세부 분야별로 상세한 개념과 활용 방안, 관련 도구 등을 풍부한 예제를 통하여 설명한다.

이 책은 모두 11개의 장으로 구성되어, 가능한 한 독자들의 가독성을 높이기 위해 각 장별로 다루는 주제와 관련된 내용을 모두 포함함으로써 학습의 편의를 제공하고자 하였다. 1장에서는 웹 기술 동향에 대한 전반적인 내용과 XML의 기원에 대해서 알아본다. 2장에서는 XML 문서의 형식 및 구조에 대한 기본 개념들을 살펴본다. 이 장을 통하여 앞으로 소개될 XML 관련 기술들을 학습하는 데 필요한 기본 개념을 이해하게 될 것이다. 3장에서는 XML 문서가 지켜야 할 여러 가지 규약을 기술하는 방법인 DTD에 대해서 소개한다. 4장에서는 XML 문서를 웹 브라우저에 표현하는 방법인 CSS에 대해서 설명한다. 5장에서는 XML 문서모델을 정의하는 한 가지 방법으로 XML Schema에 대해서 설명한다. 6장에서는 컴퓨터 프로그래밍 언어 수준에서 XML 문서를 다루기 위해 정의된 인터페이스인 DOM에 대해서 설명한다. 7장에서는 XML 프로그래밍을 위한 또 다른 인터페이스인 SAX에 대해서 살펴본다. 8장에서는 XML 문서의 각 부분을 접근하고 그 내용을 가져오는 방법인 XPath에 대해서 살펴본다. 9장에서는 XML 문서를 다른 구조로 변환하는 방법인 XSLT에 대해서 설명한다. 10장에서는 XML 문서로부터 원하는 데이터를 추출하기 위해 사용되는 질의인 XQuery에 대해서 살펴본다. 마지막으로 11장에서는 XML 문서를 웹 브라우저 등에 표현하는 방법인 XSL-FO에 대해서 설명한다. 이상과 같이 이 책에서 다루는 XML 표준은 XML 관련 기술들 중에서 가장 기본이 되고 중요한 내용을 선별한 것이다. 독자들은 이 책을 통하여 대부분의 웹 애플리케이션을 효율적으로 활용하고 쉽게 개발할 수 있는 능력을 갖추게 될 것으로 기대된다.

이 책의 내용을 최신 기술 수준에 맞도록 정확하게 기술하고자 노력하였으나, XML 분야가 워낙 방대하고 빠르게 변화하고 있을 뿐만 아니라 저자의 미숙과 부족으로 미흡한 점이 많이 있을 것으로 생각한다. 독자들의 넓은 양해를 바라며, 발견한 오류 및 조언은 홍릉과학출판사 및 저자에게 알려주면 이 책의 발전을 위해 큰 밑거름으로 활용하겠다. 더불어 이 책을 사용하여 강의하고자 하는 강사는 홍릉과학출판사 담당자에게 요청하면 강의 관련 자료를 제공받을 수 있다.

이 책을 완성하는 데는 한국과학기술원 전산학과 데이터베이스연구실 출신의 훌륭한 인재(유상현, 노요한, 송인철, 전주혁, 함덕민)들의 헌신적인 도움이 있었다. 연구에 바쁜 시간을 쪼개어 뛰어난 재능으로 열과 성을 다하여 도움을 준 이들에게 깊은 감사를 드린다. 마지막으로 이 책을 통하여 독자들은 누구보다도 XML을 잘 이해하고 활용할 수 있는 능력을 가지게 되기를 희망한다.

2008년 1월

저자일동

차례

04 CSS(Cascading Style Sheets) 91

05 XML Schema 127

07 SAX(Simple API for XML) 231

08 XPath 261

01

CHAPTER

웹 기술과 XML

1989년 처음 소개된 웹이라는 개념은 웹 관련 국제 표준화 기관인 W3C를 통하여 오늘날의 컴퓨팅 환경에 많은 영향을 미치고 있다. 이 장에서는 먼저 웹 기술과 가장 관련이 깊은 W3C의 목적 및 발전 방향에 대해서 살펴본다. 그리고 웹 기술의 동향과 대부분의 웹 컨텐츠 포맷인 XML의 기원에 대해서 알아본다. 마지막으로, 이 책의 전체적인 구성 현황과 상호 관련성에 대해서 소개한다.

1.1 웹 기술의 진화

웹(World Wide Web)은 1989년에 Time Berners-Lee에 의해서 만들어 졌으며, W3C(World Wide Web Consortium, http://www.w3c.org)는 1994년에 MIT의 전산학 연구실에서 시작되었고, 현재는 국제적으로 구성된 회원 및 공공기관이 협력하여 웹 표준을 개발하는 컨소시엄이다. "웹의 지속적인 성장을 도모하는 프로토콜과 가이드라인을 개발하여 월드 와이드 웹의 모든 잠재력을 이끌어 낸다"라는 설립 취지를 바탕으로 1994년 이후 지금까지 100여개 이상의 국제 표준 스펙을 발표하여 왔다. 웹이 최상의 잠재력을 가지기 위해서는 많은 웹 기술들이 서로 호환 되어야 하며 어떤 종류의 하드웨어 및 소프트웨어에서도 웹에 자유롭게 접근할 수 있어야 한다. W3C에서는 이러한 목적을 "웹 상호가용성(Web Interoperability)"이라고 표현한다.

W3C는 전세계적으로 오직 하나의 웹을 구성하기 위한 아래와 같은 4가지의 목적을 가진다.

- 모든 사람을 위한 웹(Web for Everyone): 웹을 통하여 서로 다른 하드웨어, 소프트웨어, 네트워크 환경, 모국어, 문화, 지리적 위치, 육체적으로나 정신적 능력을 가진 어떤 사람들도 상호간의 의사소통, 상거래, 그리고 정보를 공유할 수 있다.
- 모든 것에 대한 웹(Web on Everything): 어떠한 종류의 컴퓨팅 기기(모바일 폰, 스마트 폰, TV, 자동응답기, 키오스크 등등)에서도 웹을 손쉽게 접근할 수 있다.
- 지식 공간(Knowledge Base): 웹은 정보를 검색하고 브라우징하는 단순한 정보의 창고가 아니라 사람이나 컴퓨터 소프트웨어가 웹 정보를 활용하여 유용한 일(어렵고 복잡한 문제를 해결하는 등)을 할 수 있도록 잘 설계된 데이터베이스이다.
- 믿음과 확신(Trust and Confidence): 웹이 인간 세상의 다양한 상호작용에 대한 유용한 매개체가 되기 위해서 웹 사용자들은 상대방을 신뢰할 수 있어야 한다. 비록 웹 기술이 이러한 신뢰를 보장할 수 없을지라도, 웹 공간에서의 신뢰를 바탕으로 안전한 상거래를 가능하게 하고 더 나아가 협업 환경으로 발전할 수 있다.

이러한 웹의 목적을 달성하기 위해 W3C는 상호가용한 개방형 웹 포맷 및 프로토콜들을 설계하고 장려하고 있다. 1994년 이후 지금까지 발표한 W3C의 표준들은 대부분 실질적인 웹 표준과 동일한 역할을 하고 있으며 관련 산업체에서 적극적으로 수용하고 있다. W3C에서 고려하고 있는 웹 기술 스택은 그림 1.1과 같다.

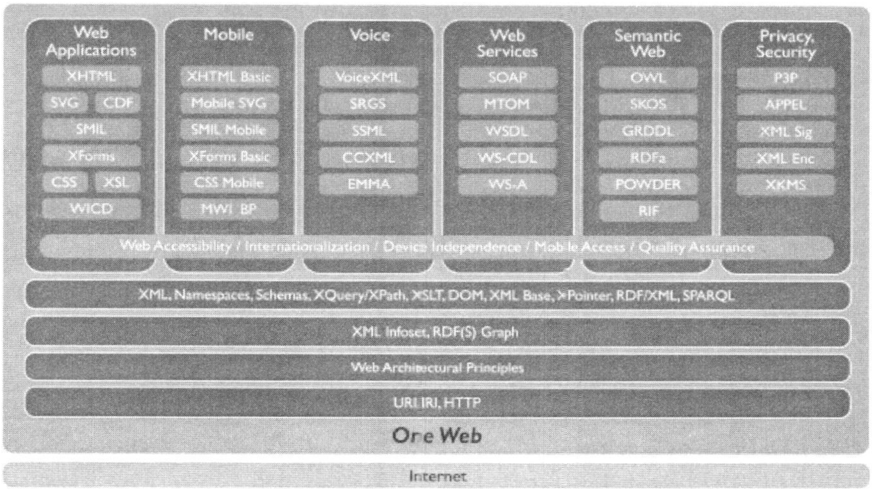

그림 1.1 W3C의 웹 기술 스택 (출처: http://www.w3.org/Consortium/technology)

그림 1.1은 지금까지 W3C가 수행한 대부분의 작업을 포함하여 웹 기반 구조에 대한 전체적인 모습을 보여주고 있으며 이는 크게 두 계층의 모델로 구성된다. 하나는 인터넷을 기반으로 구성된 웹 구조로서 "One Web"이라고 불리고, 다른 하나는 "One Web"을 기반으로 W3C에서 개발되고 있는 다양한 웹 기술 분야들이다. 웹 구조는 4개의 순차적인 계층으로 구성되어 있다.

- URI/IRI, HTTP
- 웹의 구조적인 원칙
- XML 데이터구조(Infoset), RDF(S) 그래프
- XML, 네임스페이스(Namespace), 스키마(Schema), XQuery/XPath, XSLT, DOM, XML Base, XPointer, RDF/XML, SPARQL

이러한 웹 구조 위에 W3C의 주요 활동을 6개의 그룹으로 구분하여 보여주고 있다.

- 웹 애플리케이션: XHTML, SVG, CDF, SMIL, XForms, CSS, XSL, WCID
- 모바일(Mobile) 분야: XHTML Basics, Mobile SVG, SMIL Mobile, XForms Basic, CSS Mobile, MWI BP
- 음성(Voice) 분야: VoiceXML, SRGS, SSML, CCXML, EMMA
- 웹 서비스(Web Services) 분야: SOAP, XOP, WSDL, WS-CDL, WS-A
- 시맨틱 웹(Semantic Web) 분야: OWL, SKOS, RIF
- 개인정보 보호(Privacy), 보안(Security) 분야: P3P, APPEL, XML Encryption, XML Signature, XKMS

이들 6개 분야의 기술을 널리 보급하기 위해 4가지 기본 정책을 제시하고 있다. 이는 그림 1.1의 가로축으로 명시된 웹 접근성(Web Accessibility), 국제화(Internationalization), 장치 독립성(Device Independence), 모바일 접근성(Mobile Access), 품질 보증(Quality Assurance) 등이다. 이러한 W3C의 기술 개발 노력은 미래의 웹을 적응적이며, 강력하고, 확장성이 높은 정보의 산실로 만들게 될 것이다.

W3C는 그림 1.1의 웹 기술 스택을 기반으로 Web 2.0, Web 3.0 등과 같은 미래의 웹 기술로 진화하고 있다. 차세대 웹이라고 지칭하는 Web 2.0은 2004년 오라일리 미디어의 데일 도허티에 의해서 사용되기 시작되었다. Web 2.0은 플랫폼으로서의 네트워크이며 모든 연결된 정보기기들을 포괄한다. 이를 통하여 지금까지 개념적으로 연구되거나 일부 진행되고 있는 다양한 분산 서비스의 실현 및 활용이 가능하게 된다. 이러한 Web 2.0 특징으로 인해서 웹의 개념이 기존의 단순한 출판 도구로부터 분산 서비스 플랫폼으로 발전하게 되었다. 일반적으로 소프트웨어 환경에서 플랫폼은 모든 서비스 개발을 위한 기반 구조로서 플랫폼의 성격에 따라 다양한 서비스 모델이 창출된다. 지금까지의 대표적인 플랫폼인 OS, DBMS 등과 더불어 Web 2.0도 새로운 서비스를 창출할 수 있는 플랫폼으로서의 역할을 하게 되었다. Web 2.0의 가장 중요한 철학은 "참여, 공유, 개방"이며, 이러한 개념 속에 나타난 다양한 애플리케이션의 패턴으로는 구글, 위키피디아(Wikipedia), 블로그, 웹 서비스, RSS, AJAX 등이 대표적이다. 이들 각각에 대한 상세한 내용은 이 책의 영역에서 벗어나므로 관련 서적을 참고하기 바란다.

Web 3.0이라는 용어는 2006년 초기에 블로그를 통해 나타나기 시작하였으며, 여기에서는 대표적인 Web 3.0의 특징을 살펴보고자 한다. Web 3.0에서는 기존의 웹을 하나의 거대한 데이터베이스로 변환하고, 브라우저 이외의 다양한 애플리케이션에 의해서 웹 컨텐츠를 접근할 수 있으며, 시맨틱 웹과 같은 인공지능 기술들이 현실화되고, 3D 웹 환경이 된다. Web 1.0이 "읽기 전용" 웹이라면 Web 2.0은 "읽기-쓰기" 웹이라고 할 수 있고, Web 3.0에서는 웹에 "읽기-쓰기"를 할 수 있을 뿐만 아니라 웹 사이트를 자의적으로 변경 및 구성할 수 있어 웹 사이트 자체가 애플리케이션처럼 능동적으로 다양한 서비스를 제공할 수 있게 된다.

이상과 같이 웹 환경은 Web 1.0에서 시작하여 Web 2.0, Web 3.0으로 진화하고 있지만, 웹 환경에서 내재되어 있는 모든 웹 컨텐츠는 XML로 표현되고 있다. 그러므로 현재나 미래의 웹을 이해하기 위해서는 무엇보다도 XML에 대한 정확한 이해가 필수적이라고 할 수 있다. 이러한 측면에서 이 책에서는 XML에 대해 상세하고 광범위한 내용을 다루고 있다.

부가적으로 W3C에서는 다음과 같은 표준화 단계를 갖는다.

- 노트(Note) : 표준화를 위한 토론을 진행하기 위해 관련 기관들의 제안을 통해 작성된 문서
- 표준-초안(Working Draft) : W3C 회원, 관련 기구, 일반인 등의 검토를 위해 W3C에서 출판한 표준 초안 문서
- 후보-권고안(Candidate Recommendation) : 워킹 그룹의 기술적 요구를 만족하며 광범위하게 검토된 문서로 구체적인 구현이나 실험을 통한 피드백이 필요한 단계
- 제안-권고안(Proposed Recommendation) : 기술적 측면이나 구현 가능성에 대해 광범위한 검토가 이루어진 것으로 W3C 자문 위원회에 제출된 최종 표준화 전단계의 문서
- 확정-권고안(Recommendation) : W3C에서 인증한 표준으로 광범위한 사용을 권고하는 문서

1.2 XML의 역사와 등장 배경

XML의 시초는 1960~1970년대 IBM에서 연구된 GML(Generalized Markup Language)에서 시작된다. GML은 ISO(International Organization for Standardization) 의 지원 아래 SGML로 표준화되었다. XML의 전신이라 할 수 있는 SGML은 사용자가 태그를 임의로 정의하여 사용할 수 있으므로 확장성이 높은 언어이다. 그리고 SGML 문서를 주고 받는 주체들의 유효성을 검증하기 위해 DTD

(Document Type Definition)를 정의하여 사용한다. SGML의 다양한 장점에도 불구하고 많은 사람들이 편리하게 사용하기를 원하는 웹 환경에 적용하기에는 너무 복잡하다는 단점이 있었다. 이로 인해 SGML은 산업계로부터 큰 호응을 얻지 못하였다.

1980년대 후반 유럽 CERN 연구소에서 다양한 연구 문서 내용을 컴퓨터 디스플레이 화면에 쉽게 표현하기 위한 태그를 정의하는 과정에서 HTML 언어가 개발되었다. 이후에 HTML은 웹 환경에서 가장 널리 사용되는 마크업 언어가 되었다. SGML을 기반으로 한 대표적인 응용 애플리케이션으로서 HTML은 가장 손쉽게 웹 문서를 화면에 표현하는 수단을 제공하고 있다. 그러나 미리 정의된 마크업만을 사용할 수 있어 다양한 문서 형식의 표현 및 의미 전달 등에는 한계가 있다.

인터넷 기술의 발달과 대중화로 시스템 및 애플리케이션 간의 효율적인 정보 교환이 더욱 중요하게 되었다. 이에 따라 인터넷 환경에서 정보를 기술하고 교환하는 국제적 표준 스펙의 필요성이 증가하게 되었고, 기존의 텍스트 정보뿐만 아니라 이미지, 비디오, 사운드 등과 같은 멀티미디어 정보를 기술하고 처리하기를 원했다. 또한 인터넷 정보 문서는 다양한 시스템, 언어, 인터넷 기기, 네트워크 환경 등에 종속적이지 않아야 하며, 정보의 효율적인 저장과 검색이 필요하게 되었다.

이러한 요구사항을 만족하는 정보 기술 및 교환의 표준 마크업 언어로 XML이 제안되었다. 일반적으로 마크업 언어에서 정의되는 마크업들은 기능에 따라 크게 서식적 마크업, 구조적 마크업, 의미적 마크업 등의 세 가지로 구분된다. HTML은 인터넷 정보 문서의 내용을 화면에 표현하는 서식적 마크업을 위주로 정의하고 있고 부분적으로 구조적 마크업을 지원하고 있다. 그러나 위에서 언급한 다양한 요구사항을 만족하기 위해서는 문서의 전체적인 구조를 세부적으로 정의할 수 있는 구조적 마크업과 문서 각 부분의 의미를 명시할 수 있는 의미적 마크업이 필요하다. 또한 응용 분야에 따라서 새로운 마크업을 정의하여 사용할 수 있는 유연성이 있어야 한다. 이런 측면에서 HTML 마크업 언어로는 부족한 면이 많다. 한 예로 검색엔진에서 HTML로 구성된 문서를 검색할 때, 원하는 의미와 구조를 가진 정보를 잘 찾지 못하게 되는 경우를 들 수 있다. 그렇다고 XML이 HTML을 완전히 대체할 수 있는 것은 아니다. XML과 HTML은 서로 상호 보완적인 관계에 있다. 현재까지 HTML 만큼 문서의 내용을 화면에 쉽게 표현할 수 있는 언어도 없다. 그러므로 XML과 HTML을 상호 보완적으로 사용하면 정보의 기술, 교환, 표현을 더욱 효율적으로 지원할 수 있을 것이다.

1990년대 W3C는 웹에서 사용할 문서의 새로운 표준 마크업 언어로서의 XML을 개발하였다. XML은 SGML의 대표적인 장점 중의 하나인 확장성은 도입하고 소프트웨어 개발에 어려움이 있는 SGML의 복잡한 특징들은 제거하였다. 또한, 기존의 HTML의 장점은 흡수하고 단점은 개선하여 새로운 메타-마크업 언어로서 탄생하였다. 1998년에 XML 1.0을, 2000년에 XML 1.0 Second Edition을 W3C의 확정-권고안으로 승인하였고, 2003년에 XML 1.1을, 2006년에 XML 1.1 Second Edition을 W3C 확정-권고안으로 승인한 상태이다. XML 1.0 및 1.1에 대해서는 2장에서 상세히 살펴보기로 하자.

1.3 책의 구성

이 책은 모두 11개의 장으로 구성되어 있으며, 각 장에서는 XML 관련 기술에 대해 표준 및 응용 분야별로 다루고 있다. 가능한 한 독자들의 가독성을 높이기 위해 각 장별로 다루는 주제와 관련된 내용을 모두 포함함으로써 학습의 편의성을 제공하고자 하였다.

1장: "웹 기술과 XML"에서는 웹 기술 동향에 대한 전반적인 내용과 XML의 기원에 대해서 알아본다. 그리고 W3C의 웹 관련 활동들에 대해서도 자세히 살펴본다.

2장: "XML(eXtensible Markup Language)"에서는 XML 문서의 형식 및 구조에 대한 기본 개념들을 살펴본다. 이 장을 통하여 앞으로 소개될 XML 관련 기술들을 학습하는 데 필요한 기본 개념을 이해하게 될 것이다.

3장: "DTD(Document Type Definition)"에서는 XML 문서가 지켜야 할 여러 가지 규약을 기술하는 방법을 소개한다. 5장에서 소개하는 "XML Schema"는 이에 대한 다른 방법 중의 하나이다.

4장: "CSS(Cascading Style Sheets)"에서는 XML 문서를 웹 브라우저에 표현하는 방법에 대해서 설명한다. 이와 동일한 목적을 가지는 다른 방법인 XSL에 대해서는 9장과 11장에서 다루기로 한다.

5장: "XML Schema"는 XML 문서모델을 정의하는 한 가지 방법으로 DTD와 구별되는 특징을 가진다. 이 장에서는 XML Schema의 문법을 설명할 뿐만 아니라

DTD와의 비교를 통하여 서로의 장단점을 살펴본다.

6장: "DOM(Document Object Model)"에서는 컴퓨터 프로그래밍 언어 수준에서 XML 문서를 다루기 위해 정의된 인터페이스에 대해서 설명한다. 이를 통하여 XML 문서에 대한 DOM 프로그래밍 기술을 습득할 수 있다.

7장: "SAX(Simple API for XML)"에서는 6장에서 다룬 DOM과 유사하게 XML 프로그래밍을 위한 또 다른 인터페이스에서 대해서 살펴본다.

8장: "XPath"에서는 XML 문서의 각 부분을 접근하고 그 내용을 가져오는 방법에 대해서 살펴본다. XPath는 XML 경로 언어로서 XML 애플리케이션이 XML 문서의 내용을 처리하기 위해서 필요하다.

9장: "XSLT(XSL for Transformation)"에서는 XML 문서를 다른 구조로 변환하는 방법에 대해서 설명한다. 다양한 애플리케이션 사이에 XML 문서를 교환하고 사용하기 위해서는 대상 애플리케이션에 따라 전달하고 받는 XML 문서의 구조를 변경할 필요가 있다.

10장: "XQuery"에서는 XML 문서로부터 원하는 데이터를 추출하기 위해 사용되는 질의에 대해서 살펴본다. XQuery에서는 내부적으로 8장의 XPath 언어를 사용한다.

11장: "XSL-FO(XSL Formatting Object)"에서는 XML 문서를 웹 브라우저 등에 표현하는 방법을 설명하며, 4장(CSS)과 9장(XSLT)에서 설명하는 방법과 비교될 수 있다. 특히 XSL-FO는 문서의 내용뿐만 아니라 폰트, 여백, 단락 등과 같은 문서의 구체적인 구성까지 지정할 수 있다.

이상과 같이 이 책에서 다루는 10가지의 XML 표준은 XML 관련 기술들 중에서 가장 기본이 되고 중요한 내용을 선별한 것이다. 이 책에서 언급하고 있는 내용을 이해한다면 대부분의 웹 애플리케이션을 효율적으로 활용하고 또한 쉽게 개발할 수 있는 능력을 갖출 것으로 기대된다.

02

CHAPTER

XML(eXtensible Markup Language)

이 장에서는 XML 문서의 형식 및 구조에 대한 기본 개념들을 살펴본다. XML 문서는 형식에 따라 적합형식(Well-formed) XML 문서와 유효(Valid) XML 문서로 나누어지며, 문서 구조는 관점에 따라 논리적 구조와 물리적 구조를 가진다. XML 문서는 마크업(Markup)과 내용(Content)으로 구성되는데, 마크업을 통하여 내용이 구조적으로 표현될 수 있다. 이 장에서는 XML 예제 문서를 통하여 XML 마크업들의 사용 방법을 살펴볼 것이다. 독자들은 이 장을 통하여 XML의 기본 개념을 이해할 수 있으며, 앞으로 소개될 XML 관련 기술들을 활용하는 데 필요한 기본 지식을 습득하게 될 것이다.

2.1 마크업(Markup) 언어

XML(eXtensible Markup Language)은 W3C(World Wide Web Consortium: www.w3c.org)에 의해 정의된 표준 마크업 언어이다. 이 언어는 이질적인 컴퓨팅 환경에서의 데이터 공유 및 상호 교환을 위한 표준으로 고안되었다. W3C는 1994년에 설립된 웹 기술 관련 국제 표준화 단체로 웹의 발전을 도모하고 웹 애플리케이션 사이의 상호운용성을 보장하기 위한 표준 기술들을 개발하고 제정하는 역할을 담당하고 있다.

XML은 SGML(Standard Generalized Markup Language)이라는 마크업 언어에 기반을 둔다. XML은 SGML에서와 마찬가지로 사용자가 새로운 태그(Tag)를 정의할 수 있도록 하여 높은 유연성을 제공하지만 SGML에 비해 간단한 구조를 가짐으로써 보다 편리하게 사용할 수 있다. 한편, HTML은 웹 환경에서 이용되는 하이퍼텍스트(Hypertext) 문서를 만드는 데 널리 이용되고 있다. HTML에서는 미리 정의된 태그만이 사용 가능하다. 이로 인해서 HTML은 웹에서의 데이터 처리 및 상호교환의 포맷으로 활용하는데 한계가 있다.

문서의 내용을 표현하기 위해 필요한 모든 태그 집합을 미리 정의하는 것은 현실적으로 매우 어려운 일이다. 이에 W3C는 XML 태그를 생성할 때 준수해야 할 최소한의 규칙만을 정의하고 있다. XML 문서 작성자는 이 규칙에 부합한 새로운 태그를 자유롭게 생성하여 사용할 수 있다.

XML 문서는 마크업(Markup)과 내용(Content)으로 구성된다. 마크업은 내용의 각 부분들을 식별하고 그들 사이의 관계성을 표현하는 구분자의 역할을 한다. 즉, 마크업은 내용의 의미를 보다 명확하게 부여하는 메타데이터(Metadata)로 사용된다. 마크업을 이용함으로써 XML 문서는 구조적인 모습을 가질 수 있다. 예를 들어, 신문을 읽을 때 기사의 제목과 내용을 위치 및 글자 크기 등을 통하여 구분할 수 있듯이, XML에서는 마크업이라는 부호를 이용하여 이들을 구분할 수 있다. 마크업은 컴퓨터 프로그램에 의해서 처리되는 전자 문서에서 더 중요한 의미를 갖는다. 만약 문서에 라벨이나 경계를 나타내는 어떠한 기호도 없다면, 응용 프로그램이 문서 내용의 각 부분을 구분할 수 없을 것이다. 한편, XML에서는 마크업을 사용하여 문서 내용의 각 부분을 구분할 수 있을 뿐만 아니라, 각 부분에 대한 서로 다른 처리가 가능하여 다양한 응용 분야에 적용이 가능하다.

XML 마크업은 시작태그(Start-tag), 마침태그(End-tag), 빈 엘리먼트 태그(Emptyelement tag), 엔터티 참조(Entity reference), 문자 참조(Character reference), 주석(Comment), CDATA 영역을 위한 구분자(Delimiter), 문서 타입 선언(Document type declaration: DTD), 처리 명령(Processing instruction: PI), XML 선언(XML declaration), 텍스트 선언(Text declaration) 등으로 구성된다. 이들 각각에 대해서는 이 책을 통하여 만나게 될 것이다. 다음은 마크업의 예를 보여주는 XML 문서의 일부분이다.

```
<address>
      <국가>대한민국</국가>
      <세부주소>
            <우편번호>135-090</우편번호>
            <시>서울</시>강남구 삼성동 144-17번지
      </세부주소>
      <지도 fileref="map.jpg"/>
</address>
```

위의 XML 문서 조각은 아래와 같은 태그(Tag)라고 불리는 마크업 부호들을 포함한다.

- <address>와 </address> 태그는 XML 문서 조각의 시작과 끝을 나타낸다.
- <국가>와 </국가> 태그는 문자열 "대한민국"이라는 내용을 둘러싸고 있다.
- <세부주소>와 </세부주소> 태그는 다른 태그들과 내용을 둘러싸고 있다.
- <우편번호>와 </우편번호> 태그는 "135-090"이라는 내용을 둘러싸고 있다.
- <시>와 </시> 태그는 문자열 "서울"을 둘러싸고 있다.
- <지도 fileref="map.jpg"/> 태그는 문서에서 그림을 삽입할 장소를 표시한다.

위의 예제는 아주 간단하지만, 마크업이 XML 문서에서 경계, 역할, 위치, 포함, 관계성 등과 같은 다양한 정보를 표현하고 있음을 확인할 수 있다.

- **경계:** 문서 일부분의 시작과 끝을 나타낸다. <address>와 </address> 태그는 address라는 라벨을 이용하여 여러 개의 텍스트 내용과 태그들의 시작과 끝을 정의한다.
- **역할:** XML 문서에 포함된 부분들이 문서에서 하는 역할을 나타낸다. <세부주소>와 </세부주소> 태그는 둘러싸고 있는 텍스트가 우편번호 이하의 세부주소 정보를 포함한다는 라벨로서 사용된다.
- **위치:** 문서의 부분들 사이의 상대적인 위치를 나타낸다. 세부주소 정보는 <국가> 태그 이후에, <지도> 태그 이전에 위치한다.

- **포함:** 문자열 "서울"은 <address>, <세부주소>, <시> 안에 존재한다. XML 문서를 처리하는 소프트웨어는 이러한 포함 정보를 이용하여 XML 문서의 내용이 나타나는 위치에 따라 서로 다르게 처리할 수 있다.
- **관계성:** XML 문서의 한 부분에서 다른 곳에 존재하는 자원을 연결할 수 있다. 예를 들어, <지도 fileref="map.jpg"/> 태그는 XML 문서의 이 부분과 map.jpg 파일명 사이의 관계를 생성한다.

마크업은 사용되는 용도에 따라 의미적 마크업, 서식적 마크업, 구조적 마크업 등으로 분류된다. 의미적 마크업은 마크업이 포함하는 내용에 문맥(Context)을 부여하여 내용의 의미를 명확하게 한다. 대표적인 예로서 <TITLE>이라는 HTML 태그는 태그의 시작과 끝 사이의 내용이 제목임을 의미한다. 서식적 마크업은 내용이 어떠한 양식으로 표현되어야 하는가를 나타내는 것으로, 문자열이 볼드체로 표현되어야 함을 나타내는 <B>라는 HTML 태그가 여기에 속한다. 마지막으로, 구조적 마크업은 내용이 어떠한 구조를 가지는가를 나타낸다. <P>라는 HTML 태그는 내용이 하나의 문단 구조에 속한다는 것을 나타내준다. XML은 앞서 언급한 바와 같이 사용자가 임의로 태그를 정의할 수 있다. 즉, <TITLE> 혹은 <BODY> 같이 미리 정해진 태그 이외에 <Address>, <Name> 같이 사용자가 임의의 태그를 정의하여 내용의 의미를 명확하게 나타낼 수 있다. 또한, <P>와 같은 구조적 태그 이외에 <첫머리>, <본문>, <끝맺음> 같은 다양한 태그를 사용함으로써 문서의 구조를 명시할 수 있다. 그러므로 문서 내용을 화면에 표현하는데 중심을 둔 HTML과 달리 XML은 내용을 구조적으로 기술하는데 기본적인 목적이 있다. 확장된 서식적 마크업에 대해서는 11장 XSL-FO에서 상세히 다루겠다. XML 문서를 화면에 표현하는 다른 방법인 CSS과 XSLT는 4장과 9장에서 각각 살펴본다.

2.1.1 XML에서의 적합한 문자 체계[1]

XML에서 사용되는 문자는 유니코드(Unicode)와 ISO/IEC 10646 문자 체계를 따른다. 최근까지도 대부분의 컴퓨터 애플리케이션에서는 7비트(Bit)를 사용하여 표현되는 128개의 ASCII 문자 체계를 사용하고 있다. ISO/IEC 10646에서 정의된 ASCII 문자 체계는 전형적인 영문자들을 다루는 것에 한정되어 있기 때문에 그 대안으로 여러 문자 체계들이 개발되었다. 특히, 웹 애플리케이션에서는 8비트를 가지고 한 문자를 표현하는 ISO 8859 문자 체계를 사용하는데, 이 문자 체계는 현재

1 이 절에서는 XML 관련 도구에서 널리 지원되고 있는 XML 1.0 표준 스펙의 내용을 설명한다.

대부분의 웹 브라우저에서 기본적으로 사용되는 표준 라틴 알파벳들을 포함하고 있다. 한편, 유니코드는 2바이트(Byte)를 사용하기 때문에 65,536(=2^{16})개의 서로 다른 문자를 포함할 수 있다. 이는 중국어 문자에 대해서는 충분하지는 않지만 그 이외의 경우에는 적합하다. 현재 마이크로소프트의 윈도우즈 운영체제와 자바 프로그래밍 언어 등 많은 분야에서 유니코드를 기본적인 문자 인코딩 방식으로 사용하고 있다. ISO/IEC 10646은 유니코드 체계를 확장하여 한 문자를 표현하는데 4바이트를 사용하기 때문에 약 40억(=2^{32})개의 문자들을 지원할 수 있다. 유니코드 2.1버전에서는 ISO/IEC 10646 문자 집합을 사용할 수 있는 방식을 새롭게 제공하고 있다.

현재 XML에서 사용할 수 있는 문자는 탭(Tab), 캐리지 리턴(Carriage return), 개행 문자(Line feed), 그리고 유니코드와 ISO/IEC 10646에서 정의된 문자 등을 포함하고 있다. 즉, 표준 XML프로세서(XML Processor)[2]들은 이 문자들을 받아들이고 처리할 수 있어야 한다. 실제 문자 코드를 컴퓨터 내부의 비트 패턴으로 변환하는 인코딩(Encoding) 방법은 다양하기 때문에, XML 표준 문서에서는 XML프로세서들이 유니코드의 UTF-8과 UTF-16의 인코딩 방법을 수용할 수 있어야 함을 규정하고 있다 (UTF-8과 UTF 16의 인코딩 방법에 대한 구체적인 설명은 생략하기로 한다). XML에서 사용할 수 있는 문자 집합 중에는 특별한 의미를 가지거나 혹은 일반적인 컴퓨터 키보드 자판을 이용하여 표현하기 어려운 문자들이 있다. ISO/IEC 10646에 속하는 대부분의 문자들이 여기에 해당될 것이다. XML 문서에 적합한 모든 문자들을 표현하기 위하여, 문자 참조(Character reference)가 사용된다. 이에 대한 상세한 설명은 2.5절에서 다루기로 하겠다.

2.1.2 XML 문서의 형식

XML 문서는 마크업과 내용으로 구성된다. XML 문서 작성은 주어진 내용에 적절한 마크업을 추가하여 구조적인 문서로 변화시키는 작업이라 할 수 있다. 예 2.1에서 보듯이, 이것은 결코 어려운 일이 아니다. XML은 마크업이 미리 정의되지 않았기 때문에 자신이 원하는 임의의 태그로 해당되는 내용을 감싸주기만 하면 된다. 단, 이 때 XML 문서가 만족해야 할 최소한의 규칙은 따라야 한다. 이러한 규칙들은 XML 표준 스펙에 정의되어 있다. 이 규칙들에 대해서는 앞으로 살펴볼 것이다.

[2] XML프로세서(XML Processor): XML 문서를 읽어 들여서 그 구조와 내용에 접근할 수 있는 방법 및 API를 제공하는 소프트웨어 모듈로서 일반적으로 XML 애플리케이션의 일부분으로 사용된다. 현재 대표적인 XML프로세서로는 Xerces, Crimson, XML4J(XML4C), JAXP 등이 있다. 다른 말로 XML파서(Parser)라고도 한다. 이 책에서는 두 가지 용어를 같은 의미로 사용한다.

예 2.1 Book1.xml 문서내용

```
<?xml version="1.0" encoding="euc-kr"?>
<Book isbn="i1234">
    <Title>나의 라임 오렌지 나무</Title>
    <Price currency="원">7000</Price>
    <Quantity>1</Quantity>
</Book>
```

예 2.2 Book2.xml 문서내용

```
<?xml version="1.0" encoding="euc-kr"?>
<Book isbn="i1234">
    <Title>나의 라임 오렌지 나무</title>
    <Price currency="원">7000</Price>
    <Quantity>1</Quantity>
</Book>
```

XML 문서는 만족하는 규칙의 범위에 따라 적합형식(Well-formed) 문서와 유효(Valid) 문서로 구분된다. XML 표준 스펙에 정의된 적합형식 관련 규칙을 모두 만족하는 문서를 적합형식 XML 문서라고 하고, 유효성과 관련된 규칙을 모두 만족하는 문서를 유효 XML 문서라고 한다. 도서와 관련한 도서명, 가격, 수량 정보를 표현한 예 2.1은 적합형식 XML 문서의 예이다. 반면, 예 2.2는 '시작태그의 이름은 마침태그의 이름과 같아야 한다'는 적합형식 규칙에 위배하므로 적합 형식 XML 문서가 아니다 (XML에서는 대소문자를 구별하기 때문에 시작태그 <Title>과 마침태그 </title>은 서로 다른 이름임을 주목하자). XML 문서가 적합형식인지를 검사하는 소프트웨어를 XML파서(XML Parser)라고 부른다.

윈도우 운영체제의 기본 브라우저인 IE(Internet Explorer)는 자체적으로 XML 파서(XML version 1.0 지원)를 포함하고 있다. 즉, 윈도우 운영체제의 메모장 혹은 워드패드와 같은 기본 텍스트 프로그램을 이용하여 XML 문서를 작성하고(파일의 확장자를 xml로 지정한다), IE에서 문서를 열어보면 작성한 문서가 적합형식 XML 문서인지를 확인할 수 있다. 적합형식 XML 문서인 예 2.1을 IE에서 열면 그림 2.1과 같고, 적합형식 XML 문서가 아닌 문서인 예 2.2를 IE에서 열면 그림 2.2와 같다.

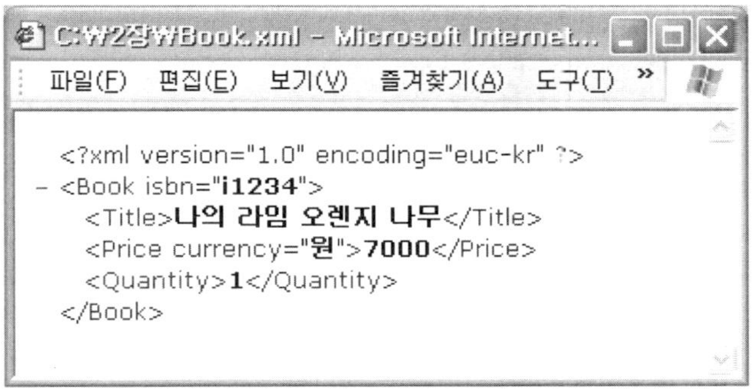

그림 2.1 적합형식 XML 문서를 IE에서 열었을 때의 모습 IE에 내장된 XML파서에 의해 파싱된 결과가 화면에 보여진다.

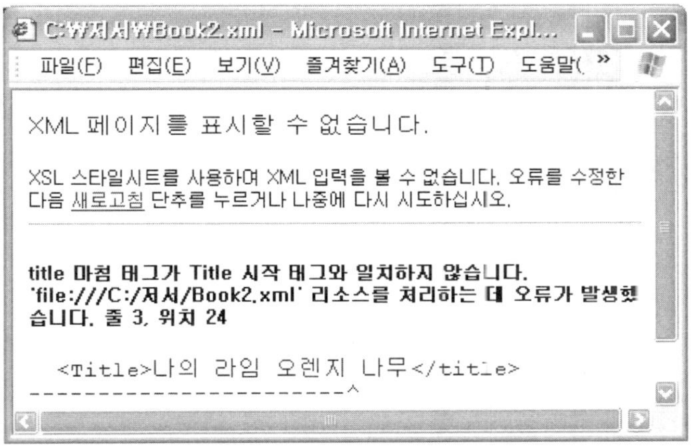

그림 2.2 적합형식이 아닌 XML 문서를 IE에서 열었을 때의 모습 엘리먼트의 시작태그명과 마침태그명이 일치하지 않아서 적합형식 XML 문서가 아님을 보여준다.

XML은 임의의 태그를 사용하여 자유롭게 XML 문서를 만들 수 있다는 점에서 높은 확장성이 지원된다. 그러나 여러 사람이 문서를 공유하는 상황에서는 XML 문서를 이해하기 위한 문서의 규약이 필요할 수 있다. 유효성과 관련된 규약을 정의한 내용을 특별히 문서모델(Document model)이라고 한다. 다음의 예를 통하여 문서모델의 의미를 알아보자. S사에서 신입사원의 지원 정보를 인터넷 상에서 입력받아 XML 문서로 저장한다고 가정할 때, S사는 지원자가 학벌 정보는 기입하지 않아도 되지만, 경력 정보는 꼭 기입하기를 원한다고 하자. 가정한 예에서와 같이, XML 문서에서 준수되어야 하는 사항들이 있다. 문서모델은 이러한 사항들로 구성된다. 예를 들어, 문서모델에는 어떤 정보가 있어야 한다든지, 어떤 정보는 어떠한 순서대로 나타나야 한다든지 등의 정보를 포함한다. XML에서 사용되는 문서모델을 생성하는 방법으로는 DTD(Document Type Definition)와 XML Schema 등의 두 가지가 있다. 관련 내용은 3장과 5장에서 각각 살펴보기로 하자. 적합형식 XML 문서가 해당 문서모델 내의 모든 규약을 만족할 때, 이러한 문서를 유효 XML 문서라고 한다. 유효한 XML 문서인가를 검사해주는 소프트웨어를 유효성 검사기라고 부른다.

앞서 설명한 적합형식 XML 문서와 유효 XML 문서, 그리고 이와 관련한 소프트웨어들과의 관계는 그림 2.3과 같이 요약된다. 관련 소프트웨어에 대한 내용은 2.7절에서 상세히 살펴보도록 하자.

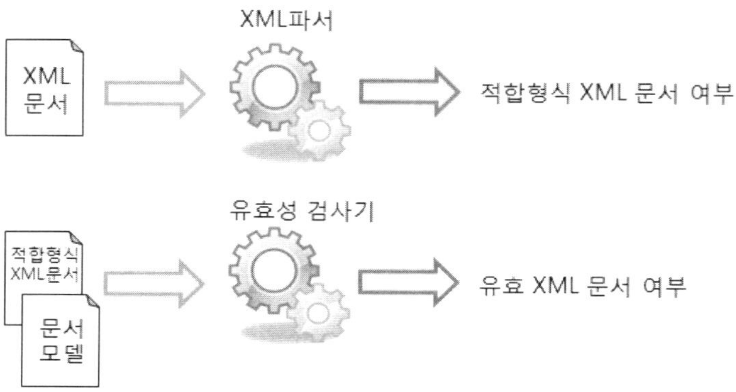

그림 2.3 적합형식 XML 문서와 유효 XML 문서 한 문서가 XML 표준 스펙에 정의된 문법을 만족하면 적합형식 XML 문서이며, 적합형식 XML 문서 여부를 검사하는 소프트웨어를 XML파서라고 한다. 그리고 적합형식 XML 문서가 문서모델에 정의된 규약들을 만족하면 유효 XML 문서라 하며, 유효 XML문서 여부를 검사하는 소프트웨어를 유효성 검사기라고 한다.

|적합형식 XML 문서의 정의|

W3C XML 표준 스펙에서는 적합형식 XML 문서가 지켜야 하는 규칙들을 정의하고 있다. 우선 중요한 적합형식 규칙들에 대해서 살펴보기로 하자. 그 밖의 규칙들에 대해서는 2장을 설명하면서 계속해서 소개할 것이다.

- 시작태그와 상응하는 마침태그가 존재해야 한다.
  적합형식 문서인 예 2.1에서 <Title> 시작태그는 </Title> 마침태그와 상응하며, 다른 시작태그들도 마침태그들과 상응하고 있음을 확인할 수 있다.

- 시작태그의 이름은 마침태그의 이름과 같아야 한다.
  이 규칙은 예 2.2가 적합형식 XML 문서가 아님을 언급할 때 설명하였다.

XML은 대소문자를 구별하므로 시작태그명과 마침태그명이 대소문자까지 일치되어야 함을 기억하자.

- 어떤 엘리먼트는 다른 엘리먼트들을 완전히 포함할 수 있지만, 서로 부분적으로 겹칠 수는 없다.

XML 문서는 엘리먼트(Element)들의 모음이라고 말할 수 있다. 한 엘리먼트는 시작태그, 마침태그, 내용 등의 세 부분으로 구성된다. 예 2.1에서 "<Title>나의 라임 오렌지 나무</Title>" 부분을 Title 엘리먼트라고 부르며, 동일하게 Book 엘리먼트, Price 엘리먼트, Quantity 엘리먼트 등이 존재한다. 엘리먼트 사이의 포함 관계를 자세히 살펴보면, Book 엘리먼트가 하위의 Title 엘리먼트, Price 엘리먼트, Quantity 엘리먼트를 포함하고 있고, Title 엘리먼트, Price 엘리먼트, Quantity 엘리먼트는 서로 포함 관계가 없다. 이와 같이 XML에서는 엘리먼트들 사이에는 서로 완전히 포함되던가 혹은 전혀 포함 관계가 없어야 한다. 즉, 부분적으로 서로 겹치는 엘리먼트들이 존재해서는 안 된다. 아래의 예 2.3 문서는 Title 엘리먼트와 Price 엘리먼트가 서로 부분적으로 중첩되므로 적합형식 XML 문서가 아니다. 서로 부분적으로 중첩되는 엘리먼트가 존재하지 않도록 작성하기 위해서는 가장 마지막에 열린 태그(시작태그)를 가장 먼저 닫으면(마침태그) 된다.

예 2.3 Book3.xml 문서내용

```
〈?xml version="1.1" encoding="euc-kr"?〉
〈Book isbn="i1234"〉
     〈Title〉나의 라임 오렌지 나무
          〈Price currency="원"〉7000
     〈/Title〉
          〈/Price〉
     〈Quantity〉1〈/Quantity〉
〈/Book〉
```

- XML 문서는 루트 엘리먼트라고 불리는 최상의 엘리먼트를 반드시 하나만 가져야 한다.

예 2.1에서 다른 모든 엘리먼트를 포함하고 있는 최상위 루트 엘리먼트(Root element)인 Book을 확인할 수 있다. 적합형식 XML 문서는 다른 모든 엘리먼트를 포함하는 엘리먼트가 반드시 하나 존재해야 하며, 이 엘리먼트를 특별히 루트 엘리먼트 혹은 문서 엘리먼트(Document element)라고 한다. 예 2.4는 루트 엘리먼트가 존재하지 않으므로 적합형식 XML 문서가 아니다.

예 2.4 **Book4.xml 문서내용**

```
<?xml version="1.1" encoding="euc-kr"?>
<Title>나의 라임 오렌지 나무</Title>
<Price currency="원">7000</Price>
<Quantity>1</Quantity>
```

- 애트리뷰트의 값은 홑따옴표 혹은 겹따옴표 내에 있어야 한다.

예 2.1에서 Price 엘리먼트는 Book 엘리먼트 내에 포함되어 있고, Price 엘리먼트의 시작태그와 마침태그 사이에 7000이라는 내용을 가지고 있다. 우리는 7000이라는 내용이 Book의 Price를 의미함을 쉽게 알 수 있다. 그리고 7000의 단위가 원이라는 것은 Price 엘리먼트의 시작태그 내의 'currency="원"'을 통하여 알 수 있다. 엘리먼트의 시작태그 내에서 내용에 관련된 추가적인 정보를 제공하는 부분을 애트리뷰트(Attribute)라고 한다. 애트리뷰트는 반드시 이름과 값의 쌍으로 이루어진다. 예 2.1의 currency 애트리뷰트의 경우, 'currency'는 이름에 해당하고 '원'은 값에 해당한다. 단, 값은 반드시 홑따옴표 혹은 겹따옴표 내에 있어야 한다. 예 2.5는 애트리뷰트 값이 홑따옴표 내에 있는 경우이므로 적합형식 XML 문서이다. 참고로, 엘리먼트에 정보를 제공하는 방법으로는 이와 같이 애트리뷰트들의 사용하는 방법과 추가적인 서브 엘리먼트들을 사용하는 방법이 있다. 예를 들어, 예 2.1은 Book 엘리먼트에 isbn 정보를 제공하는 방법으로 애트리뷰트를 사용한 반면에 예 2.5에서는 추가적인 isbn 엘리먼트를 사용하고 있다. 물론 두 문서 모두 적합형식 XML 문서이다. 이와 같이 내용과 관련된 추가 정보를 나타내기 위해 어떤 방법을 사용할 것인가는 전적으로 XML 문서의 작성자의 결정에 달려 있다.

예 2.5 **Book5.xml 문서내용**

```
<?xml version="1.1" encoding="euc-kr"?>
<Book>
    <isbn>i1234</isbn>
    <Title>나의 라임 오렌지 나무</Title>
    <Price currency='원'>7000</Price>
    <Quantity>1</Quantity>
</Book>
```

- 주석은 태그 내에 있어서는 안 된다.

  주석(Comment)이란 사용자들이 문서를 보다 쉽게 이해할 수 있도록 적어 놓은 추가적인 설명을 말한다. 예 2.5에서와 같이 XML 주석은 <!--로 시작하여 --> 로 끝난다. XML파서는 주석을 여는 부분 <!--를 만나면 마치는 부분 --> 이 나올 때까지의 내용을 무시한다. 단, 주의할 것은 엘리먼트의 시작태그 혹은 마침태그 내에 주석이 삽입될 수 없다는 것이다. 예 2.7은 이러한 이유에서 적합형식 XML 문서가 아니다.

예 2.6 Book6.xml 문서내용

```
<?xml version="1.1" encoding="euc-kr"?>
<Book isbn="i1234">
   <Title>나의 라임 오렌지 나무</Title>
   <!-- 부제목(Subtitle)이 올 수 있음 -->
   <Price currency="원">7000</Price>
   <Quantity>1</Quantity>
</Book>
```

예 2.7 Book7.xml 문서내용

```
<?xml version="1.1" encoding="euc-kr"?>
<Book isbn="i1234">
   <Title    <!-- 부제목(Subtitle)이 올 수 있음 -->
   >나의 라임 오렌지 나무</Title>
   <Price currency="원">7000</Price>
   <Quantity>1</Quantity>
</Book>
```

| 유효 XML 문서의 정의 |

유효 XML 문서란 적합형식 XML 문서이고 동시에 문서모델을 만족하는 문서이다. 앞에서 언급했듯이 XML의 문서모델은 DTD(Document Type Definition) 혹은 XML Schema로 정의될 수 있으며 각각 3장과 5장에서 자세히 설명할 것이다.

예 2.8은 DTD 문서모델을 만족하는 유효 XML 문서를 보여주고 있다. DTD는 XML 문서의 내부 및 외부에 정의될 수 있는데, 예 2.8은 XML 문서 내부에 DTD를 정의한 경우로 ②~⑧ 까지가 DTD로 정의된 문서모델에 해당된다. 예 2.8의 ③~⑦까지 선언문의 의미는 다음과 같다. Book 엘리먼트는 Title 엘리먼트, (0개 이상의) Subtitle 엘리먼트, Price 엘리먼트, Quantity 엘리먼트를 포함해야 한다. 그리고, Title 엘리먼트, Subtitle 엘리먼트, Price 엘리먼트, Quantity 엘리먼트는 다른 엘리먼트를 포함할 수 없어야 한다. 예 2.8 XML 문서는 적합형식 XML 문서이면서, Book 루트 엘리먼트 이하에서 DTD로 정의된 문서모델을 만족하고 있으므로 유효 XML 문서이다.

예 2.8 Book8.xml 문서내용

```
<?xml version="1.1" encoding="euc-kr"?>                    ①
<!DOCTYPE Book [                                           ②
  <!ELEMENT Book (Title, Subtitle*, Price, Quantity)>      ③
  <!ELEMENT Title (#PCDATA)>                               ④
  <!ELEMENT Subtitle (#PCDATA)>                            ⑤
  <!ELEMENT Price (#PCDATA)>                               ⑥
  <!ELEMENT Quantity (#PCDATA)>                            ⑦
]>                                                         ⑧
<Book>                                                     ⑨
  <Title>나의 라임 오렌지 나무</Title>                       ⑩
  <!-- 부제목(Subtitle)이 올 수 있음 -->                      ⑪
  <Price>7000</Price>                                      ⑫
  <Quantity>1</Quantity>                                   ⑬
</Book>                                                    ⑭
```

2.1.3 XML 문서의 구조

|XML 문서의 논리적 구조|

XML 문서 구조는 논리적인 측면과 물리적인 측면의 두 가지 관점에서 바라 볼 수 있다. 지금까지 XML 문서를 설명하기 위해 사용한 여러 가지 개념들은 XML 문서의 논리적인 구조를 기반으로 하고 있다. 즉, XML 문서는 문서프롤로그, 엘리먼트, 주석, 문서 참조, 처리 명령 등과 같은 논리 구조들로 나누어진다. 예 2.8은 문서프롤로그(①~⑧)와 루트 엘리먼트(⑨~⑭)로 나누어짐을 확인할 수 있다. 문서프롤로그는 논리적으로 ①의 XML선언과 ②에서 ⑧까지의 문서모델 정의 부분(여기서는 DTD)으로 다시 구분할 수 있다. 또한, 루트 엘리먼트 이하는 Title 엘리먼트와 주석, Price 엘리먼트, Quantity 엘리먼트로 논리적으로 구분된다.

적합형식 XML 문서는 엘리먼트의 내용으로 문자, 하위 엘리먼트, 엔터티참조, CDATA영역, 처리 명령, 주석 등을 가질 수 있다. 지금까지 언급한 XML 문서의 논리적 구조를 이루는 개념들에 대한 자세한 내용은 2.2절, 2.3절, 2.4절, 그리고 2.6절에서 다룰 것이다.

|XML 문서의 물리적 구조|

한편, XML 문서는 엔터티(Entity)라고 불리는 하나 이상의 저장 단위들로 구성될 수 있다. 엔터티들은 내용과 이름에 의해서 식별된다. XML 문서는 전체 문서를 포함하고 있는 문서 엔터티(Document entity)라는 하나의 엔터티를 기본적으로 가진다. 그리고, 문서의 일부 조각들을 엔터티로 지정하여 물리적으로 다른 곳에 위치시킬 수 있다. 물리적으로 다른 곳에 위치할 수 있는 저장 단위 즉 엔터티의 모임이 바로 XML 문서라고 할 수 있다.

우선 엔터티들을 선언한 후 XML 문서 내에서 참조하는 방식으로 엔터티들을 XML 문서 내에 포함시킬 수 있다. 예 2.8은 다른 인터티를 선언하고 참조하고 있지 않으므로 문서 엔터티 즉 하나의 엔터티로 이루어져 있다. 엔터티는 디스크에 저장되는 외부 파일일 수 있는데, 이러한 엔터티를 외부 엔터티(External entity)라고 한다. 외부 엔터티는 한 문자일 수 있고, 혹은 XML 문서의 일부 조각일 수도 있으며, XML 문서가 아닌 그림파일 혹은 음악파일일 수 있다. 반면, XML 문서 내부에 정의된 엔터티를 내부 엔터티(Internal entity)라고 하며, 이 엔터티는 XML 문서의 일부 조각을 선언한다.

엔터티는 위에서 언급한 바와 같이 XML 문서의 외부에 존재하는 외부 엔터티와 내부에 존재하는 내부 엔터티로 분류된다. 그리고, 엔터티는 DTD 내에서만 사용되는 파라미터 엔터티(Parameter entity), XML 문서 내에서만 사용되는 일반 엔터티(General entity)로 분류되기도 한다. 엔터티에 관한 자세한 내용은 2.5절과 3장에서 다룰 것이다.

2.2 XML 문서의 구조

2.2.1 XML 문서의 기본 구조

XML 문서는 그림 2.4와 같이 크게 문서 프롤토그(Document prolog)와 바디(Body)로 이루어진다. 문서 프롤로그는 바디(루트 엘리먼트) 이전 부분을 말하며, XML 문서에 대한 관리적인 정보를 담고 있다. 예를 들어, 바디의 내용이 HTML으로 마크업 되었는지 혹은 XML으로 마크업 되었는지 등의 문서와 관련한 관리적인 정보가 없다면, 해당 문서를 어떻게 파싱(Parsing)할 것인가를 결정하기가 어려울 것이다. 바디는 루트 엘리먼트 이하이며 문서의 실질적인 내용을 포함하고 있다.

그림 2.4 XML 문서의 기본 구조 XML 문서는 문서 프롤로그와 루트 엘리먼트 이하의 바디로 구성된다.

2.2.2 문서 프롤로그

문서 프롤로그는 그림 2.5와 같이 논리적으로 XML 선언(XML declaration)과 문서 타입 선언(Document type declaration)으로 구성된다. 문서 프롤로그는 그림 2.5에서와 같이 XML 선언이 먼저 나오고, (만약 존재한다면) 문서 타입 선언이 그 뒤에 위치하여야 한다.

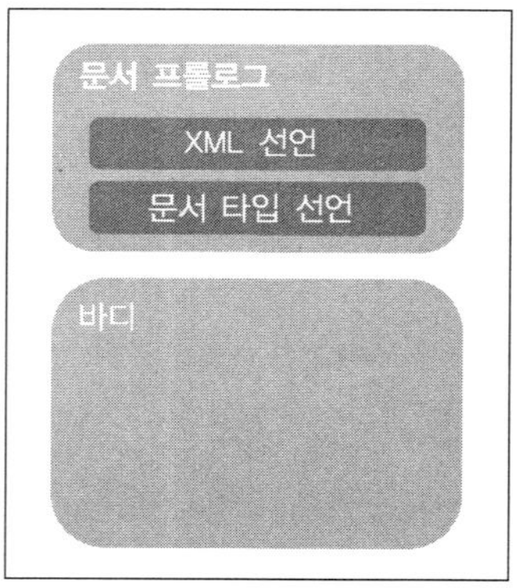

그림 2.5 문서 프롤로그 문서 프롤로그는 XML 선언과 문서 타입 선언으로 이루어진다.

XML 선언은 문서 버전, 인코딩 방법, 문서의 독립성의 3가지 정보를 제공한다. XML 표준 스펙(XML version 1.1)에 따르면 XML 선언은 반드시 기술되어야 한다.

문서 타입 선언은 DTD 혹은 XML Schema로 표현될 수 있으며, 여기서는 DTD로 표현하는 경우를 가정한다. 문서 타입 선언에는 루트 엘리먼트 이름, DTD 선언, 엔터티 선언 등의 정보가 나타난다.

|XML 선언|

앞에서 언급한 바와 같이 문서 프로로그는 그림 2.6에서와 같이 XML 선언으로 시작된다.

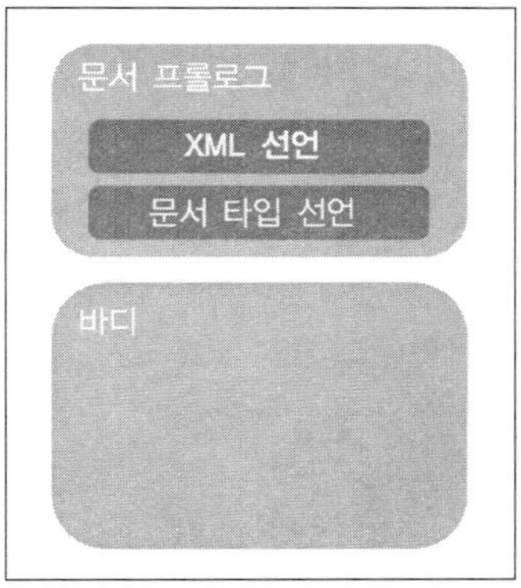

그림 2.6 XML 선언 XML 선언은 이 문서가 XML 문서임을 알려준다. 또한 XML버전, 인코딩, 및 독립성유무를 알려준다.

예 2.9 XML 선언의 예

```
<?xml version="1.1"?>
<?xml version="1.1" encoding="euc-kr"?>
<?xml version="1.1" encoding="euc-kr"  standalone="no"?>
```

예 2.9는 XML 선언의 여러 가지 예를 보여 주고 있다. XML 선언은 "<?xml"로 시작하여 "?>"로 끝나며 반드시 version 애트리뷰트를 가져야 한다. 즉, <?xml version="1.1"?>은 가장 기본적인 XML선언을 나타낸다. 추가적으로 encoding 정보와 standalone 정보를 나타낼 수 있다. 그럼, XML 선언에서 기술할 수 있는 정보에 대해서 자세히 살펴보자.

- version

  이 애트리뷰트는 XML파서에게 XML 버전을 알려준다. 버전 정보는 반드시 XML 선언에 존재해야 한다. 가장 최근의 XML 버전의 값은 "1.1" 이다. 앞으로, W3C에 의해 새로운 확정-권고안이 승인이 되면, 다른 버전 값이 사용될 수 있다.

- encoding

  이 애트리뷰트는 XML 문서 내용에 사용되는 인코딩 방식을 알려준다. 이 정보가 없는 경우에 XML파서는 기본적으로 "UTF-8"로 인식한다. 예 2.9와 같이 한글을 문서의 내용에 사용하기 위해서는 "euc-kr"값을 반드시 명시하여야 한다.

- standalone

  이 애트리뷰트는 XML파서가 문서를 로드할 때, 추가적으로 로드할 다른 파일들이 있는가를 알려준다. 이 애트리뷰트가 없는 경우에 XML파서는 기본적으로 "no"로 인식한다. 즉, 외부 엔터티를 사용하거나 외부 DTD 파일(확장자가 .dtd)을 사용한다고 가정하기 때문이다. 만약, 외부로부터 로드할 다른 파일들이 없을 때는 standalone="yes"를 사용하는 것을 추천한다. 이 애트리뷰트 값을 "yes"로 하면, 문서 로드 속도를 높일 수 있다.

|문서 타입 선언|

문서 프롤로그의 두 번째 부분은 그림 2.7에서와 같이 문서 타입 선언이다. 문서 타입 선언은 기술되지 않아도 된다(지금까지의 예제 XML 문서에서는 XML 선언 후에 문서 타입 선언 없이 바로 루트 엘리먼트가 위치하였다).

그림 2.7 문서 타입 선언 문서 타입 선언은 DTD나 XML Schema를 사용하여 문서모델을 정의하는 부분이다.

문서 타입 선언은 DTD와 관련된 부분이며, XML 문서의 유효성 검사와 연관이 깊다. 이미 설명한 바와 같이, 문서 타입 선언 내에 문서모델이 정의되고 문서모델을 따르는 적합형식 XML 문서가 유효 XML 문서이다. 문서 타입 선언은 아래와 같이 이루어진다.

```
<!DOCTYPE  루트엘리먼트명 [
                    내부서브셋
]>
```

그림 2.8 문서 타입 선언의 구조 문서 타입 선언은 루트엘리먼트 이름과 내부서브셋으로 이루어진다. 내부서브셋은 DTD의 선언들을 포함한다.

그림 2.8에서 루트엘리먼트명은 XML 문서의 바디를 싸고 있는 최상위 엘리먼트 이름을 나타낸다. 그리고, 내부서브셋은 문서모델을 정의한다. XML에서 문서모델은 DTD 혹은 XML Schema로 표현되며, 내부서브셋에 대한 자세한 내용은 3장과 5장에서 살펴보도록 한다. 여기에서는 XML 문서가 유효한 XML 문서가 되기 위한 규약들이 내부서브셋에 정의된다는 것을 기억해두자. 2.1.2절의 예 2.8는 DTD 문서모델이 XML 문서 내부에 존재하는 경우이다. 예 2.8에서 ②번째 줄부터 문서 타입 선언이 시작되고 있다. 그리고, Book이 루트 엘리먼트의 이름이어야 함을 기술하고, ⑧번째 줄에서 문서 타입 선언이 끝난다. ③번째 줄부터 ⑦번째 줄까지가 내부서브셋이며, 문서모델을 정의하고 있다.

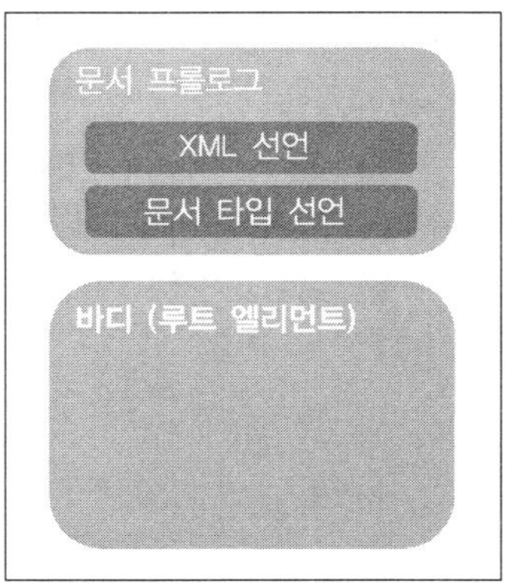

그림 2.9 루트 엘리먼트 XML 문서에 존재하는 최상위 엘리먼트이며 XML 문서의 실질적인 내용을 포함한다.

2.3 엘리먼트(Element)

본 절에서는 루트 엘리먼트(그림 2.9의 바디부분) 이후에 위치하는 내용이 어떻게 구성되는지를 살펴본다. 루트 엘리먼트 이전에 위치하는 문서 프롤로그는 주로 관리 정보를 표현하고 있지만, 루트 엘리먼트 이후는 주로 XML 문서의 실질적인 내용을 표현한다. 먼저, XML을 구성하는 기본 단위인 엘리먼트부터 살펴보기로 한다.

2.3.1 개념 소개

XML 문서의 가장 중요한 특징은 마크업을 사용하여 문서의 내용을 구조화하고 내용에 문맥을 부과하여 그 의미를 명확하게 함으로써 XML 문서가 스스로 내용의 의미를 내포할 수 있도록 하는 것이다. 이번 절에서 소개할 엘리먼트는 XML 문서가 이러한 특징을 가지도록 해주는 기본 요소이다. XML 문서를 하나의 건물이라고 생각한다면, 엘리먼트는 (의미있는 정보를 담는) 하나의 방이라고 생각할 수 있다. 하나의 엘리먼트는 시작태그와 마침태그, 그리고 그 사이의 내용(Content)으로 이루어진다. 시작태그와 마침태그에 사용된 태그 명은 내용에 문맥을 부과하여 의미를 명확하게 한다. 하나의 엘리먼트는 다른 엘리먼트의 내용에 완전히 포함될 수 있다. 이러한 엘리먼트 간의 포함 관계를 표현함으로써 XML 문서의 내용이 구조화 된다. 루트 엘리먼트 이하의 엘리먼트들은 하나의 계층적 구조를 이루는데, 그림 2.11은 그림 2.10 XML 문서의 루트 엘리먼트 이후를 계층적인 트리(Tree) 구조 형태로 보여주고 있다. 그림 2.11에서 검정색 상자는 엘리먼트를 의미한다. Book 엘리먼트는 Title 엘리먼트, Price 엘리먼트 그리고 Quantity 엘리먼트를 포함하고 있다. 엘리먼트는 시작태그 내에 애트리뷰트를 가질 수 있다. 그림 2.11에서 점선 상자는 애트리뷰트를 의미한다. Book 엘리먼트는 isbn 애트리뷰트를 가지고, Price 엘리먼트는 currency 애트리뷰트를 가진다. 애트리뷰트에 관해서는 다음 절에서 살펴볼 것이다.

```
<?xml version="1.1" encoding="euc-kr"?>
<Book isbn="i1234">
    <Title>나의 라임 오렌지 나무</Title>
    <Price currency="원">7000</Price>
    <Quantity>1</Quantity>
</Book>
```

그림 2.10 엘리먼트 각각의 박스가 엘리먼트에 해당된다. 엘리먼트는 시작태그, 마침태그, 그리고 그 사이의 내용으로 구성된다.

그림 2.10에서 Book 엘리먼트의 시작태그는 <Book isbn=“i1234”>이다. 이 예에서와 같이 시작태그는 <로 시작하고 이어서 태그명이 온다. 사용자는 내용에 가장 적합한 태그명을 임의로 지정할 수 있다. 그리고, 엘리먼트에 대한 추가 정보가 필요하다면, 시작태그 내의 태그명 다음에 애트리뷰트가 온다. 태그명과 애트리뷰트는 공백으로 구분되며, 시작태그는 >로 끝난다. 그림 2.10에서 Book 엘리먼트의 애트리뷰트는 isbn이라는 애트리뷰트명과 “i1234”라는 값으로 이루어진다. 애트리뷰트명과 값은 “=” 부호로 연결된다. 엘리먼트는 공백으로 구분되는 하나 이상의 애트리뷰트를 가질 수 있다. 단, 애트리뷰트는 서로 구분되어야 하므로 하나의 엘리먼트 내의 애트리뷰트명은 유일해야 한다. 시작태그 이후에는 내용이 나타난다. 그림 2.10에서 Book 엘리먼트의 내용은 Title 엘리먼트, Price 엘리먼트, 그리고 Quantity 엘리먼트이다. 내용 이후에는 마침태그가 나타난다. 그림 2.10에서 Book 엘리먼트의 마침태그는 </로 시작하고 태그명이 온 후에는 >로 끝난다. 마침태그명은 물론 시작태그명과 동일해야 한다. 참고로, XML은 대소문자가 구별된다는 것을 이미 언급하였다. 즉, <book> 시작태그와 상응하는 마침태그는 </book>이지 </Book>는 될 수 없다.

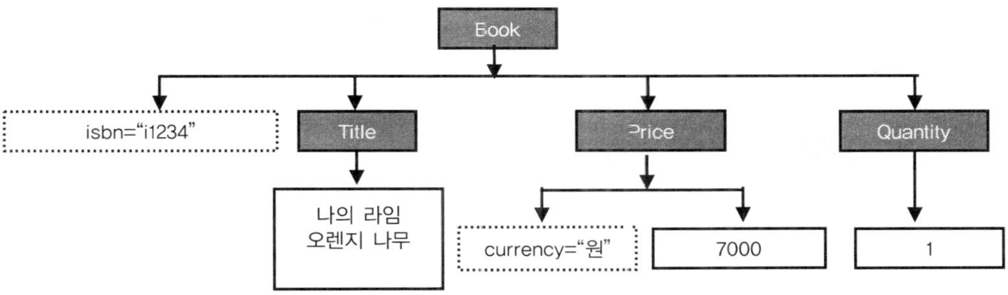

그림 2.11 XML 문서의 계층구조 검정색 사각형은 엘리먼트를 나타낸다. 엘리먼트는 애트리뷰트, 다른 엘리먼트, 내용 등을 포함할 수 있다.

2.3.2 엘리먼트 종류

엘리먼트는 내용에 따라 다음과 같이 분류된다.

- 빈 엘리먼트

  빈 엘리먼트는 내용이 존재하지 않는 엘리먼트이다. 애트리뷰트만으로 정보를 모두 포함할 수 있는 경우에 이러한 엘리먼트가 존재할 수 있다. 빈 엘리먼트인 <Book isbn="i1234"></Book>을 고려해 보자. 이 엘리먼트는 <Book isbn="i1234"/>과 같은 빈 엘리먼트로 나타낼 수 있다. 앞의 빈 엘리먼트와 아주 유사해 보이지만 <Book isbn="i1234"> </Book>는 빈 엘리먼트가 아니다. 이유는 XML은 공백문자(스페이스, 탭, 뉴라인)를 내용으로 유지하기 때문이다. HTML에서는 여러개의 공백문자를 하나의 공백문자로 취급하지만 XML에서는 공백문자를 그대로 유지한다는 것을 기억하자.

- 텍스트 내용 엘리먼트
  텍스트 내용 엘리먼트는 그림 2.10의 Title 엘리먼트, Price 엘리먼트, 그리고 Quantity 엘리먼트와 같이 텍스트만을 내용으로 가지는 엘리먼트를 의미한다.

- 엘리먼트 내용 엘리먼트
  엘리먼트 내용 엘리먼트는 그림 2.10의 Book 엘리먼트와 같이 내용으로 다른 엘리먼트를 가지는 엘리먼트를 말한다. 다른 엘리먼트만을 내용으로 가지며, 텍스트는 내용으로 가지지 않는 엘리먼트가 이에 속한다.

- 혼합 내용 엘리먼트
  혼합 내용 엘리먼트는 다른 엘리먼트와 동시에 텍스트를 내용으로 가지는 엘리먼트를 의미한다.

2.3.3 엘리먼트 관련 적합형식 규칙

W3C XML 표준 스펙에서는 적합형식 XML 문서가 가져야 하는 규칙을 정의하고 있는데 여기서는 엘리먼트 관련 적합형식 규칙들을 살펴보기로 하자.

- 시작태그와 이에 상응하는 마침태그가 존재해야 한다.
- 시작태그의 이름은 마침태그의 이름과 같아야 한다.
- 어떤 엘리먼트는 다른 엘리먼트들을 완전히 포함할 수는 있지만, 서로 부분적으로 겹칠 수는 없다.
- XML 문서는 반드시 루트 엘리먼트라고 불리는 최상위 엘리먼트를 반드시 하나 가져야 한다.

참고로, 위의 규칙들은 앞 절에서 적합형식 XML 문서를 설명할 때 언급한 바 있다. 다음은 엘리먼트에 관련된 추가적인 규칙들이다.

- 시작태그에서 <와 태그명 사이에 공백(스페이스, 탭, 뉴라인)이 있을 수 없다.

예를 들어 < Book>과 같은 태그는 적합형식 구칙을 지키지 않고 있기 때문에 사용될 수 없다.

- 엘리먼트 태그명은 언더스코어(_), 소문자(a~z) 혹은 대문자(A~Z)로만 시작할 수 있다. 예를 들어, <2막> 과 같은 태그명은 숫자로 시작하므로 사용될 수 없다.
- 엘리먼트 태그명을 구성할 때 시작문자 이후에는 문자, 숫자, 하이픈(-), 언더스코어(_), 마침표(.) 이외에는 올 수 없다. 예를 들어, <Title*>, <A+>, <M@gic>, <S#arp>, <달러$> 태그들은 적합형식 규칙을 따르지 않는다.
- 엘리먼트의 태그명에는 xml이라는 서브 문자열을 포함할 수 없다. xml은 예약어로 간주되기 때문에 xml, Xml, xMl, xmL, XMl, XmL, xML, XML 등의 서브문자열은 엘리먼트의 태그명에 사용될 수 없다. 예를 들어, <XmlStudy>, <PowerOfXML>, <xml핵심>, <Xml가이드> 태그는 적합형식 규칙을 따르지 않는다.

2.4 애트리뷰트(Attribute)

2.4.1 개념 소개

애트리뷰트는 그림 2.12에서와 같이 엘리먼트의 시작태그 내에 위치하며, 엘리먼트 태그명 다음에 하나 이상의 공백문자가 온 후에 나타난다. 애트리뷰트는 존재하지 않을 수 있다.

```
〈태그명 애트리뷰트〉
        내용
〈/태그명〉
```

그림 2.12 애트리뷰트의 위치 애트리뷰트는 엘리먼트 시작태그 내에 위치할 수 있다.

그림 2.13에서와 같이 엘리먼트 내에 여러 개의 애트리뷰트들이 위치할 수 있다. 각각의 애트리뷰트는 하나 이상의 공백문자로 서로 분리된다. 이때, 애트리뷰트 순서는 의미가 없다.

```
<태그명 애트리뷰트 애트리뷰트 애트리뷰트>
        내용
</태그명>
```

그림 2.13 여러 개의 애트리뷰트를 갖는 엘리먼트 하나 이상의 공백문자로 애트리뷰트들은 구별된다.

애트리뷰트는 엘리먼트에 대한 추가 정보를 제공한다. 엘리먼트가 정보의 컨테이너라면, 애트리뷰트는 '컨테이너에 대한 추가 설명'라고 생각하면 이해하기가 쉬울 것이다. 흔히 어떤 정보에 대하여 추가적으로 설명해 주는 정보를 메타데이터(Metadata)라고 한다. 결국, 애트리뷰트는 엘리먼트에 대한 추가 정보를 표현하기 때문에 엘리먼트를 위한 메타데이터라고 생각할 수 있다.

애트리뷰트의 사용으로 엘리먼트의 의미가 더욱 명확하게 표현될 수 있다. 아래의 Price 엘리먼트를 살펴보자.

```
<Price currency="원">7000</Price>
```

가격을 나타내는 Price 엘리먼트는 currency="원" 이라는 애트리뷰트와 7000이라는 내용을 가지고 있다. 만약, 통화를 표현해주는 currency 애트리뷰트가 없었다면, 우리는 7000이 7000원인지, 7000달러인지, 아니면 7000유로인지 식별하기 어려웠을 것이다. 애트리뷰트를 활용함으로써 7000에 대해 명확한 의미를 부여할 수 있다.

엘리먼트는 주로 내용이 '무엇'이라는 것을 알려주는 역할을 하는 반면에, 애트리뷰트는 내용에 대한 '특징'을 표현해 주는 역할을 담당한다. 이러한 이유에서 엘리먼트는 명사에, 애트리뷰트는 형용사에 비유되기도 한다. 참고로, 애트리뷰트는 엘리먼트의 서브타입(Subtype), 식별번호(ID), 중요도 등을 표현하는데 사용되기도 한다.

2.4.2 애트리뷰트 관련 적합형식 규칙

애트리뷰트와 관련된 적합형식 규칙들을 살펴보기로 하자.

- 애트리뷰트의 값은 홑따옴표 혹은 겹따옴표 내에 있어야 한다. 이 규칙은 앞절에서 언급한 바가 있다.
- 애트리뷰트는 반드시 이름과 값의 쌍으로 이루어져야 한다. 앞의 예 currency

애트리뷰트의 경우 이름은 'currency'이고, 값은 '원'이다.

- 애트리뷰트 값을 둘러싸는 따옴표는 서로 동일하야 한다. 아래과 같이 겹따옴표와 홑따옴표를 혼용하지 않도록 주의하여야 한다.

```
<Price currency="원'>7000</Price>
```

- 여러 개의 애트리뷰트가 존재하는 경우, 애트리뷰트명은 유일해야 한다. 아래와 같이 동일한 애트리뷰트명을 사용하는 것은 적합형식을 만족하지 않는다.

```
<Title subTitle="두개의 탑" subTitle="반지의 제왕 2편">반지의 제왕</Title>
```

아래와 같이 서로 다른 애트리뷰트명을 사용하여야 한다.

```
<Title subTitle1="두개의 탑" subTitle2="반지의 제왕 2편">반지의 제왕</Title>
```

또는, 아래와 같이 애트리뷰트 대신 하위 엘리먼트를 사용할 수도 있다. 애트리뷰트 및 엘리먼트 사용에 대한 선택은 오로지 사용자의 결정에 달려 있다. 표현하고자 하는 내용의 의미에 가장 적합한 방법을 선택하도록 하자.

```
<MovieTitle>
<SubTitle>두개의 탑</SubTitle>
<SubTitle>반지의 제왕 2편</SubTitle>
<Title>반지의 제왕</Title>
</MovieTitle>
```

2.5 엔터티(Entity)

2.5.1 개념 소개

XML 표준 스펙에서는 하나의 XML 문서를 물리적으로 여러 개의 부분들로 구분할 수 있도록 하고 있다. 이때 각 부분을 엔터티라고 부른다. 엔터티는 XML 문서 내용의 일부분을 담을 수 있는 저장소로서, 한번 정의한 이후에 XML 문서를 구성하는데 여러 번 사용 가능하다. 엔터티는 내용에 부가적인 의미를 제공하지는 못하지만, XML 문서를 보다 용이하게 쓰고 읽거나 효율적으로 유지 관리할 수 있도록 해준다. 엔터티는 아래와 같은 경우에 유용하게 사용된다.

- 대용량 XML 문서의 경우, 여러 가지 실무적인 이유로 작은 부분들로 나누어져야 될 필요성이 발생한다. 이때, 엔터티를 사용하여 대용량 XML 문서를 여러 조각으로 나누어 관리할 수 있다.
- XML 문서에서 어떤 내용은 문서 안의 여러 부분에서 사용될 경우가 있다. 이 경우에 사용되는 부분마다 내용을 중복시킨다면, XML 문서를 작성하는데 시간적 및 공간적인 면에서 추가적인 비용을 초래할 뿐만 아니라 유지 관리 면에서 많은 어려움이 존재한다. 중복되는 내용을 엔터티로 선언하여 XML 문서의 내용에서 이를 참조하여 사용한다면 이러한 문제점을 해결할 수 있다.
- 웹 환경에서는 텍스트 파일뿐만 아니라 그림파일 혹은 음악파일 등의 멀티미디어 정보가 많이 사용된다. 엔터티를 사용하여 XML 문서 내에 이러한 멀티미디어 컨텐츠를 손쉽게 추가할 수 있다.
- 웹 환경에 사용될 목적으로 고안된 XML은 유니코드를 지원하지만, 키보드에는 방대한 유니코드에 해당하는 많은 키(예, 특수문자)가 존재하지 않는다. 엔터티를 사용하여 유니코드를 XML 문서 내에서 편리하게 표현할 수 있다.

엔터티는 먼저 문서의 일부 조각을 엔터티로 선언한 후에 XML 문서에서 대치되길 원하는 위치에 엔터티를 참조하는 형식으로 사용된다. 엔터티 선언은 한 사람에게 이름을 지어주는 것과 동일하게 생각할 수 있다. 이름이 없는 사람을 지칭하기에는 어려움이 많을 것이다. 한 사람에게 이름이 주어졌을 때 그 이름을 사용하여 사람을 쉽게 부를 수 있는 것처럼, 엔터티를 선언함으로써 문서의 일부 조각을 고유한 이름으로 쉽게 명명할 수 있다.

문서의 일부 조각이 원하는 위치에 대치되기 위해서는 엔터티 참조(Entity reference)를 하면 된다. 엔터티 참조란 엔터티의 선언에서 명시한 엔터티의 이름을 사용하여 엔터티의 내용(XML 문서의 일부나 그림파일 혹은 음악파일)이 엔터티가 참조된 위치에 대치되어야 한다는 사실을 표시하는 것이다. XML 파서가 엔터티 참조를 만나면, 엔터티 선언에서 정의된 내용을 엔터티 참조를 한 위치에 대치시키는 역할을 한다. 엔터티 참조는 그림 2.14와 같이 파라미터 엔터티와 일반 엔터티에 따라 서로 다른 방법을 가진다.

파라미터 엔터티 참조법 : %엔터티이름;
일반 엔터티 참조법 : &엔터티이름;

그림 2.14 엔터티 참조 방법 엔터티 참조 시 % 및 & 키워드, 엔터티 이름, 세미콜론(;)을 이용한다.

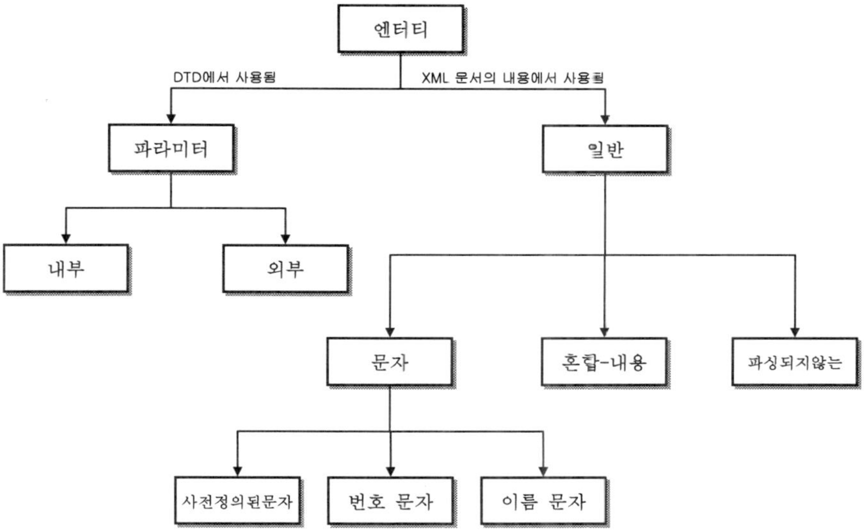

그림 2.15 엔터티의 분류 엔터티는 DTD 문서 내에서 사용되는 파라미터 엔터티와 XML 문서 상에서 사용되는 일반 엔터티로 구분된다.

2.5.2 엔터티 종류

엔터티는 참조(Reference)가 이루어지는 위치에 따라 파라미터 엔터티와 일반 엔터티로 구분된다. 파라미터 엔터티(Parameter entity)는 DTD 내에서 참조되며, 일반 엔터티(General entity)는 XML 문서 내에서 참조된다. 파라미터 엔터티는 DTD와 관련이 깊으므로 3장 DTD에서 살펴보기로 하고, 이번 장에서는 XML 문서 내에서 사용되는 일반 엔터티에 대하여 알아보기로 하자.

|문자 엔터티(Character entity)|

문자 엔터티는 하나의 문자를 엔터티로 사용하는 경우에 해당한다. 특별한 용도로 미리 정의된 문자를 사용하거나, 특정 문자에 대하여 식별하기 쉬운 이름을 지정하고 XML 문서 내에 쉽게 표현하기 위하여 문자 엔터티를 사용한다. 문자 엔터티에는 사전에 정의된 문자 엔터티, 번호 문자 엔터티, 이름 문자 엔터티 등의 세 가지 종류가 있다. 일반적으로 엔터티는 먼저 선언한 후에 참조되어야 하지만, 이 중 사전에 정의된 문자 엔터티와 번호 문자 엔터티는 XML 표준 스펙에 미리 정의되어 있으므로 선언 없이 바로 참조할 수 있다.

- **사전에 정의된 문자 엔터티(Predefined character entity)** XML 표준 스펙에서는 미리 약속된 문자를 사용하여 엘리먼트, 애트리뷰트, 엔터티 등을 표현하도록 정의하고 있다. 예를 들어, 엘리먼트 시작태그 및 마침태그는 <와 >의 두 개 문자를 사용하고, 애트리뷰트 값은 홑따옴표(‘) 혹은 겹따옴표(“)를 이용하며, 일반 엔터티 참조 시는 &를 사용한다. 이와 같은 특별한 용도로 사용되는 문자를 문서 내용에서 사용한다면, XML 파서는 이 문자가 약속된 용도인지 아닌지 구별하는데 어려움이 있을 것이다. 예를 들어, Price 엘리먼트를 아래와 같이 구성한 경우를 살펴보자.

```
〈Price currency="원"〉 〈26000〉 〈/Price〉
```

아마도 작성자는 Price 엘리먼트의 내용을 ‘<26000>’으로 표현하기를 원했지만, XML 파서는 ‘<26000>’을 보았을 때 태그명 26000인 새로운 시작태그로 인식할 것이다. 이러한 혼동을 방지하기 위하여 XML에서는 그림 2.16과 같은 5가지 문자에 대해서 사전 정의된 문자 엔터티를 제공한다. 이 엔터티들은 미리 정의되어 있으므로 별도의 선언 없이 바로 참조하여 사용할 수 있다. 사전에 정의된 문자 엔터티를 이용하여 위의 Price 엘리먼트를 아래와 같이 나타내면, XML 파서는 올바르게 인식할 수 있을 것이다.

```
〈Price currency="원"〉&lt;26000&gt;〈/Price〉
```

문자	엔터티 참조
&	&
‘	'
〉	>
〈	<
“	"

그림 2.16 사전에 정의된 문자 엔터티

그림 2.17은 사전에 정의된 문자 엔터티를 사용하여 DVD 엘리먼트를 구성하고 있다. DVD 엘리먼트는 하위 엘리먼트로 Title, Price, Quantity를 가지며, Title 엘리먼트는 subTitle을 애트리뷰트로 포함하고 있다. 여기서, Title 엘리먼트의 내용을 ‘<반지의 제왕>’으로 표현함으로써 실제로는 ‘<반지의 제왕>’의 의미를 가지도록 하였다.

```
<DVD>
    <!-- 사전 정의된 문자 엔터티(Predefined Entity)의 예 -->
    <Title subTitle="&quot;두개의 탑&quot;">&lt;반지의 제왕&gt;</Title>
    <Price currency="원">26000</Price>
    <Quantity>1</Quantity>
</DVD>
```

그림 2.17 사전 정의된 문자 엔터티를 사용한 XML 문서의 예

subTitle 애트리뷰트의 값으로 겹따옴표를 삽입하고자 할 때는 '"두개의 답"'으로 표현하면 된다. 아래와 같이 애트리뷰트 값을 지정하면 적합 형식 규칙을 위반하게 됨을 주의하자.

```
<Title subTitle = " "두개의 탑" " >반지의 제왕</Title>
```

- **번호 문자 엔터티(Numbered character entity)** XML 표준 스펙에서는 유니코드 문자 체계를 XML 문서에서 기본적으로 지원하도록 규정하고 있다. 그러나, 키보드 자판으로는 모든 유니코드 문자를 입력할 수 없다. 이러한 경우에 번호 문자 엔터티를 이용하여 유니코드 문자를 XML 문서 내에 입력할 수 있다. 이때, 각각의 유니코드 문자에 해당하는 고유한 번호가 미리 정의되어 있기 때문에 엔터티 선언 없이 바로 참조하여 사용할 수 있다.

```
<CD>
    <Title>윤도현 밴드 6집</Title>
    <!-- 번호 문자 엔터티(Numbered Entity)의 예 -->
    <!-- &#9317;  :  ⑥ -->
    <Subtitle>[Yb] Stream &#9317; </Subtitle>
    <Price currency="원">10000</Price>
    <Quantity>1</Quantity>
</CD>
```

그림 2.18 번호 문자 엔터티 유니코드 문자를 표현하고자 할 때 번호 문자 엔터티를 사용한다.

예를 들어, 그림 2.18에서 Subtitle 엘리먼트의 내용으로 '[Yb] Stream ⑥'을 표현하고자 할 때, ⑥은 키보드 자판으로는 입력할 수 없는 문자이기 때문에 번호 문자 엔터티를 사용하여 ⑥로 나타낸다(⑥문자의 유니코드 번호가 9317이다). 번호 문자 엔터티에는 #을 추가적으로 사용함을 주목하자.

```
10진수 사용:  &#유니코드번호;

16진수 사용:  &#x유니코드번호;
```

그림 2.19 번호 문자 엔티티 참조 방법 유니코드 번호를 10 진수와 16진수를 사용하여 참조할 수 있다.

번호 문자 엔티티에서 유니코드 문자 번호는 10진수와 16진수를 사용할 수 있다. 10진수를 사용할 경우는 '&#유니코드10진수번호;'로 참조하고, 16진수를 사용할 경우에는 '&#x유니코드16진수번호;'로 참조한다.

- **이름 문자 엔티티(Named character entity)** 이름 문자 엔티티는 앞에서 소개한 사전에 정의된 문자 엔티티와 번호 문자 엔티티를 결합한 형태로서, 번호 문자 엔티티의 불편함을 해소하기 위해 사전에 정의된 문자 엔티티에서와 같이 특정 이름을 지정하여 참조할 수 있도록 하고 있다. 그러나, 사전에 정의된 문자 엔티티와 번호 문자 엔티티는 XML 표준에서 이미 정의되어 있기 때문에 엔티티 선언 없이도 엔티티 참조를 통하여 사용할 수 있지만, 이름 문자 엔티티는 반드시 엔티티 선언 후에 참조를 할 수 있다. 엔티티 선언은 XML 문서의 문서모델을 정의하는 부분에서 이루어지기 때문에 엔티티 선언에 대한 구체적인 방법은 문서모델을 정의하는 DTD 및 XML Schema를 다룰 때 설명하겠다. 여기서는 예 2.10을 통하여 간단히 엔티티 선언 및 참조하는 방법을 보이도록 하겠다.

예 2.10 Book10.xml 문서내용

```
<?xml version="1.1" encoding="euc-kr"?>
<!DOCTYPE CD [
   <!ENTITY circledNumber6 "&#9317;" >
   <!ELEMENT CD (Title, Subtitle*, Price, Quantity)>
   <!ELEMENT Title (#PCDATA)>
   <!ELEMENT Subtitle (#PCDATA)>
   <!ELEMENT Price (#PCDATA)>
   <!ELEMENT Quantity (#PCDATA)>
]>
<CD>
     <Title>윤도현 밴드 6집</Title>
     <!-- 번호 문자 엔티티(Numbered Entity)의 예 -->
     <!-- &#9317;  :  ⑥ -->
     <Subtitle>[Yb] Stream &circledNumber6; </Subtitle>
```

```
    <Price>10000</Price>
    <Quantity>1</Quantity>
</CD>
```

이름 문자 엔터티는 '<!ENTITY 엔터티명 "엔터티값">' 형식으로 선언하고, 이후 XML 문서 내부에서 '&엔터티명;'의 형식으로 참조한다. 위의 예에서는 '<!ENTITY circledNumber6 "⑥">'와 같이 특수 문자인 ⑥에 대한 번호 문자 엔터티인 ⑥을 circledNumber6라는 엔터티 이름으로 지정하여 이름 문자 엔터티를 선언하였다. ⑥을 XML 문서에 표시할 때, 문서 작성자는 ⑥ 보다는 &circledNumber6; 이 기억하기 쉽고 사용하기도 쉬울 것이다. 이와 같이, 이름 문자 엔터티는 주로 번호 문자 엔터티를 편리하게 사용하기 위한 목적으로 활용된다. 특히, 여러 XML 문서에서 공유할 외부 DTD 문서에 이름 문자 엔터티를 선언하여 사용하는 경우가 유용할 것이다.

- **혼합-내용 엔터티(Mixed-content entity)** 문자 엔터티는 하나의 문자에 대해서 엔터티를 선언하고 참조하는 경우인 반면, 혼합-내용 엔터티는 하나의 문자 이상의 내용을 엔터티로 사용하는 경우에 해당한다. 그러므로, 엘리먼트에 포함되는 내용, 하나 또는 여러 개의 엘리먼트들을 하나의 혼합-내용 엔터티로 선언할 수 있다. 이 엔터티는 선언이 XML 문서 내부 또는 외부에 존재함에 따라 내부 엔터티와 외부 엔터티로 구분된다. 내부 엔터티는 엔터티 참조가 있는 동일한 XML 문서의 문서모델 정의 부분에 엔터티 선언이 위치하는 경우이고, 외부 엔터티는 엔터티 참조가 있는 XML 문서와는 다른 파일에 엔터티 선언이 위치하는 경우이다. 웹 환경에서 XML은 외부 엔터티라는 개념을 활용하여 물리적으로 떨어진 공간에 위치하는 정보를 결합하여 하나의 논리적인 XML 문서를 생성할 수 있다.

- **내부 엔터티** 내부 혼합-내용 엔터티를 사용하여 XML 문서의 내용에서 반복적으로 나타나는 부분을 중복 없이 간편하게 표시할 수 있다. 예 2.11은 '대한민국출판사'라는 출판사 이름을 내부 엔터티로 선언하여 참조한 예를 보여주고 있다. 이 엔터티는 세 군데에서 참조되고 있음을 확인할 수 있다. 반복적으로 나타나는 부분의 내용을 수정해야 할 경우에는 엔터티 선언 부분의 엔터티 값만 수정하면 된다. 이 엔터티를 사용하여 XML 문서의 유지 보수를 용이하게 할 수 있다. 예 2.11에서 '대한민국출판사'를 다른 출판사 이름으로 변경하고자 할 때는 엔터티 선언부의 값만 변경하면 된다.

예 2.11 Book11.xml 문서내용

```
<?xml version="1.1" encoding="euc-kr"?>
<!DOCTYPE BookList [
  <!ENTITY pub1 "대한민국출판사" >
  <!ELEMENT BookList (BookItem*)>
  <!ELEMENT BookItem (Title,Publisher)>
  <!ELEMENT Title (#PCDATA)>
  <!ELEMENT Publisher (#PCDATA)>
]>
<BookList>
    <BookItem>
        <Title>Xml Learning by Examples</Title>
        <Publisher>Franklin Beedle Assoc</Publisher>
    </BookItem>
    <BookItem>
        <Title>XML Bible</Title>
        <Publisher>&pub1;</Publisher>
    </BookItem>
    <BookItem>
        <Title>Oracle Bible</Title>
        <Publisher>&pub1;</Publisher>
    </BookItem>
    <BookItem>
        <Title>Java Bible</Title>
        <Publisher>&pub1;</Publisher>
  </BookItem>
</BookList>
```

- **외부 엔터티** 외부 혼합-내용 엔터티를 사용하여 물리적으로 떨어진 XML 문서 조각들을 모아서 논리적으로 하나의 XML 문서를 생성할 수 있다. 예를 들어, XML 문서의 크기가 커서 여러 개의 조각으로 나누어 관리해야 하는 경우에 이 엔터티를 사용할 수 있다. 또한, 한 XML 문서의 내용을 여러 문서에서 사용하는 경우에도 이 엔터티를 사용하는 것이 유용하다. 그림 2.20은 외부 엔터티를 사용하여 XML 문서를 구성하는 모습을 보여준다.

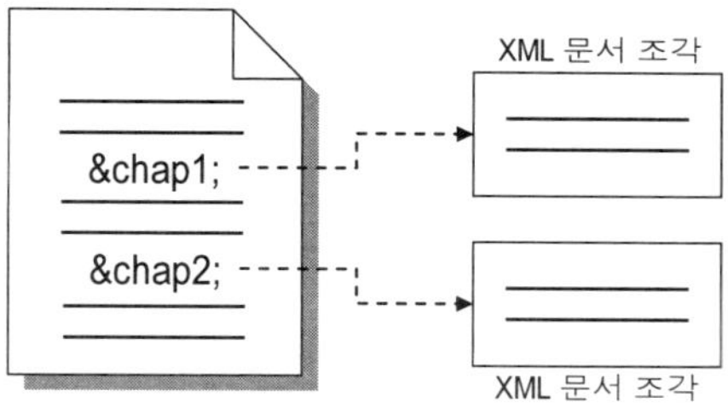

그림 2.20 외부 엔터티의 사용 외부 엔터티를 사용하여 외부 파일로 존재하는 XML 문서 조각들을 참조한다.

외부 파일로 존재하는 XML 문서 조각을 참조하기 위해서는 외부 XML 문서가 존재하는 위치를 지정할 수 있어야 한다. 이를 위해 외부 엔터티 선언에서 SYSTEM 혹은 PUBLIC 키워드를 사용한다. SYSTEM 키워드는 URI 정보를 가지는데 이를 통하여 참조하고자 하는 문서의 위치를 확인할 수 있다. 문서의 위치 정보는 URI(Uniform Resource Identifier)로 표현됨으로써 인터넷에 존재하는 어떠한 파일도 지정할 수 있는 장점이 있다. 그러나, (인터넷 주소 변경 등의 이유로) URI 연결 정보가 끊어지는 상황이 발생할 수도 있다. 이러한 문제를 해결하기 위해 PUBLIC 키워드를 사용할 수 있다. 이론적으로, PUBLIC 키워드는 파일의 위치 정보가 변경되어도 항상 올바른 정보를 접근하여 가져올 수 있도록 보장한다. 물론, 이를 위해서 XML 프로세서(파서)는 PUBLIC 키워드를 올바르게 처리하는 방법을 알고 있어야 한다. 외부 엔터티의 선언은 아래와 같은 두 가지의 형식을 가진다.

```
<!ENTITY 엔터티명 SYSTEM    "시스템식별자" >
<!ENTITY 엔터티명 PUBLIC    "공개식별자" "시스템식별자" >
```

여기서 시스템식별자 및 공개식별자의 정보는 따옴표로 둘러싸여서 표현된다. SYSTEM 키워드를 사용할 경우에는 시스템식별자를 이용하고, PUBLIC 키워드를 사용할 경우에는 공개식별자와 시스템식별자를 결합하여 엔터티의 내용이 위치하고 있는 URI(Uniform Resource Identifier)을 생성한다. PUBLIC의 경우에 시스템식별자의 정보는 선택 사항이다. 아래는 올바른 외부 엔터티 선언의 예를 보여준다.

```
<!ENTITY open-hatch SYSTEM
 "http://www.textuality.com/boilerplate/OpenHatch.xml" >
<!ENTITY open-hatch PUBLIC "-//Textuality//TEXT Standard open-hatch
```

```
boilerplate//EN"    "http://www.textuality.com/boilerplate/OpenHatch.xml" >
<!ENTITY hatch-pic SYSTEM   "../grafix/OpenHatch.gif" >
```

예 2.12는 SYSTEM키워드를 사용하여 외부 엔터티를 선언하고 참조하고 있다.

예 2.12 Book12.xml 문서내용

```
<?xml version="1.1"?>
<!DOCTYPE XMLBook SYSTEM   "http://dbserver.kaist.ac.kr/~yhroh/XMLBook.dtd"   [
   <!ENTITY  chap1  SYSTEM   "http://dbserver.kaist.ac.kr/~yhroh/XMLChap1.xml" >
   <!ENTITY  chap2  SYSTEM   "http://dbserver.kaist.ac.kr/~shyoo/XMLChap2.xml" >
   <!ENTITY  chap3  SYSTEM   "http://dbserver.kaist.ac.kr/~skhuh/XMLChap3.xml" >
]>
<XMLBook>
     <Chapter1>&chap1;</Chapter1>
     <Chapter2>&chap2;</Chapter2>
     <Chapter3>&chap3;</Chapter3>
</XMLBook>
```

XML 파서는 '&엔터티명;'과 같은 엔터티 참조를 만나면, 엔터티 선언에서 정의된 파일의 내용으로 대치시킨다. XML 파서에 의해 모든 엔터티들의 내용이 대치된 후의 XML 문서는 논리적으로 적합형식 규칙들을 모두 준수해야 한다(적합형식 규칙들에 대해서는 이미 언급한 바가 있다). 아래는 XMLChap1.xml 파일의 내용이라고 하자.

```
<?xml version="1.1" encoding="euc-kr"?>
<Contents>
     XMLBook Chapter1의 내용입니다.
     ...
</Contents>
```

외부 객체로 사용될 XML 문서는 version과 encoding 애트리뷰트를 가지는 XML 선언으로 시작할 수 있다. XMLChap1.xml이 외부 엔터티로 포함하는 예 2.12의 Book12.xml 문서가 UTF 8 인코딩으로 선언되어 있지만, Chapter1 엘리먼트의 내용은 XMLChap1.xml의 euc-kr 인코딩 같이 서로 다른 인코딩으로 설정할 수 있다. 물론, Chapter2 및 Chapter3 엘리먼트에서도 기존과 다른 인코딩을 설정할 수 있다. 이와 같이 외부 엔터티를 사용함으로써 하나의 XML 문서를 서로 다른 인코딩 방식을 따르는 문서 조각들로 작성하는 것이 가능해진다.

- **파싱되지 않는 외부 엔터티(Unparsed entity)** 일반 엔터티 중 마지막으로 소개할 엔터티는 파싱되지 않는 외부 엔터티다. 파싱되지 않는 외부 엔터티는 내용에 대한 제약이 없어 XML 텍스트뿐만 아니라 음악이나 그림과 같은 이진 파일(Binary file)도 지정이 가능하다. 이 엔터티의 선언은 일반적인 외부 엔터티의 선언과 유사하지만, 시스템식별자 이후에 파싱되지 않는 외부 엔터티를 의미하는 NDATA 지시자를 사용해야 한다.

```
<!ENTITY 엔터티명 SYSTEM  "시스템식별자"  NDATA 유형>
<!ENTITY 엔터티명 PUBLIC  "공개식별자"  "시스템식별자"  NDATA 유형>
```

XML 파서는 NDATA 지시자를 이용하여 파싱되지 않는 외부 엔터티를 식별할 수 있으며, NDATA 지시자 다음에 나타나는 유형(Type) 정보를 이용하여 이진 파일의 종류 또한 알 수 있다 (단, 유형은 3.2.3절에서 소개될 노테이션의 이름으로 선언된 값이어야 한다). 다음은 PNG(Portable Network Graphics) 형식의 그림 파일을 엔터티로 선언한 예를 나타낸다.

```
<!ENTITY  bookCover  SYSTEM  "http://dbserver.kaist.ac.kr/yhroh/logo.png"
NDATA png>
```

XML파서는 파싱되지 않는 외부 엔터티의 참조를 만나면 엔터티의 내용을 파싱하지 않으며, 단지 엔터티의 이름과 위치 그리고 유형 정보를 XML 응용 프로그램에게 전달하는 역할만을 담당한다. 예를 들어, <XMLBook coverImage="bookCover"/>와 같이 애트리뷰트의 값으로 위의 엔터티가 참조되면, 엔터티 선언에서 명시된 파일의 위치 정보와 엔터티 내용의 유형 정보가 png라는 사실이 XML 응용 프로그램으로 전달될 수 있다.

2.6 여러 가지 마크업

2.6.1 주석(Comment)

주석은 XML 파서에 의해 해석되지 않는 설명 부분이다. 예를 들어, 동일한 XML 파일을 여러 사람이 공유할 경우, 주석을 적절하게 사용하여 사용자들에게 중요한 정보를 전달할 수 있을 것이다. 일반적인 주석의 내용으로는 XML 문서의 생성자 및 생성 일시, 목적에 대한 설명, 엘리먼트의 의미에 관한 설명 등이 있다. 주석을 사용하는 기본 방식은 다음과 같다.

```
<!--주석_내용-->
```

주석은 '<!--'로 시작하고 '-->'로 종료된다. 주석의 내용으로는 '--' 문자를 포함하지 않는 어떠한 문자열도 가능하다. 이것은 XML 파서가 두 개의 연속된 하이픈 문자를 주석의 마침 기호(-->)와 혼돈하지 않게 하기 위해서이다. 아래의 예와 같이 주석 내에 주석이 존재하는 경우를 살펴보자. 이 경우는 주석의 내용으로 '--' 문자를 포함하는 문자열을 가지므로 적합형식 규칙을 따르지 않는다.

```
<!-- <!--주석_내용-->-->
```

주석은 XML 선언 이전에 위치할 수 없으며, 시작태그나 마침태그 내에는 위치할 수 없다. 이 경우를 제외하면 주석은 어느 곳이든 올 수 있다.

2.6.2 처리 명령(Processing Instructions)

XML은 정보 표현을 위한 표준으로서 제안되었지만 문서 내의 엘리먼트나 엘리먼트 내용을 XML 응용 프로그램이 실제로 어떻게 처리할 것인가를 나타낼 필요가 있을 수 있으므로 이러한 경우에 처리 명령이 사용된다. 처리 명령은 두 가지 정보를 가진다. 하나는 대상키워드이고 다른 하나는 데이터이다. XML 응용 프로그램은 대상키워드를 살펴보고 자신이 이 처리 명령을 처리해야 할 것인가를 결정한다. 만약 그 처리 명령을 처리하도록 설정되어 있다면 처리 명령의 데이터를 활용한다. 대상키워드를 '편지의 주소'로 데이터를 '편지의 내용'으로 생각하면 쉽게 이해할 수 있을 것이다. 자신에게 온 편지가 의미가 있듯이, XML 응용 프로그램과 관련된 대상키워드를 가지는 처리 명령의 데이터만이 그 응용 프로그램에게 의미가 있다. 처리 명령은 다음과 같은 형식으로 선언된다.

```
<?대상키워드  데이터?>
```

처리 명령은 '<?'로 시작하고 이어서 대상키워드가 온다. 대상키워드는 응용 프로그램이 처리 명령을 구별하는데 사용된다. 대상키워드에 이어서 데이터가 나타난다. 데이터는 응용 프로그램에게 처리 명령에 대한 자세한 정보를 제공한다. 데이터는

처리 명령의 마침 기호인 '?>' 문자열을 제외한 모든 문자를 가질 수 있다. 대상키워드는 반드시 있어야 하지만 데이터는 존재하지 않아도 된다. 만약 대상키워드만으로 XML 응용 프로그램에 충분한 정보를 전달할 수 있는 경우 데이터가 존재하지 않을 수 있다. 마지막으로 처리 명령은 '?>'로 끝이 난다. 처리 명령을 처리하는 응용 프로그램은 자신과 관련된 대상 키워드가 발견되면 데이터를 활용한다. 처리 명령을 어떻게 처리할 것인가는 XML 응용 프로그램의 개발자에 달려있다.

우리는 문서 프롤로그 내의 XML 선언이 처리 명령 선언법을 따르고 있음을 확인할 수 있다. XML 선언을 모든 XML 응용 프로그램과 관련된 처리 명령으로 생각하여도 무방하다. 예를 들어, 예 2.13의 XML 선언에서 xml은 대상키워드가 되고, version="1.1" encoding="euc-kr" standalone="no"는 데이터가 된다.

예 2.13 XML 선언

```
<?xml version="1.1" encoding="euc-kr" standalone="no"?>
```

2.6.3 CDATA 영역

XML 문서의 내용은 XML 파서에 의해 파싱(분석)되지만, CDATA 영역을 활용하여 파싱되지 않도록 지정할 수 있다. 즉, CDATA 영역을 지정하면 XML 파서는 영역 내의 마크업은 무시하고 일반적인 텍스트로 인식한다. 예 2.14에서 "<수령자>"는 엘리먼트의 시작태그로 파싱되지 않고 일반 텍스트로 인식된다. CDATA 영역 내에 있을 수 없는 것은 영역의 끝을 나타내는 ']]>' 뿐이다. 만약 이 문자열을 사용하고 싶다면 ']]>'라고 쓰면 된다.

예 2.14 CDATA 영역

```
<Shipping type="STANDARD">
   <!-- CDATA 영역(Section)의 예 -->
   <HandlingNote> <![CDATA[ <수령자>를 반드시 확인해 주세요! ]]>
   </HandlingNote>
</Shipping>
```

2.7 XML 문서 관련 도구

|XML 에디터(XML Editor)|

XML 문서를 생성하는 가장 간단한 방법으로는 윈도우 운영체제에 내장된 메모장 혹은 워드패드와 같은 텍스트 에디터를 이용할 수 있다. 기본 텍스트 에디터 이외에 XML 전용 에디터들을 사용할 수 있는데, 전용 에디터들은 XML 문서의 구조적인 모습과 파싱된 후의 모습을 보여주는 기능 등을 제공하고 있다. 전용 에디터에 XML 파서(혹은 유효성 검사기)가 내장된 경우에는 적합형식(혹은 유효성) 검사 기능을 제공한다. 다음은 대표적인 전용 XML 에디터이다.

- XMLSpy(http://www.xmlspy.com/download.html) 널리 사용되고 있는 대표적인 XML 에디터이다. 편리한 사용자 인터페이스를 제공할 뿐만 아니라, 적합형식 및 유효성 검사 기능을 제공한다. 이외에도 XML 관련 여러 표준들(XML, XML Schema, XSL/XSLT 등)에 대한 기능을 지원한다. XMLSpy는 마이크로소프트와 오라클이 기술 파트너로서 인정할 정도로 기술력을 인정받고 있다. 이 에디터는 일정 기간 동안만 무료로 사용할 수 있는 쉐어웨어이다.

- XML Writer(http://xmlwriter.net/download/) 이 에디터 역시 널리 사용되는 XML 전용 에디터로서 편리한 사용자 인터페이스를 지원한다. 적합형식 검사 및 유효성 검사를 제공하며, XSLT 기능, DTD로부터 샘플 문서를 생성하는 기능, DTD와 XML Schema 사이의 상호 변환 기능 등을 제공한다. 이 에디터 역시 일정 기간 동안만 무료로 사용할 수 있다.

|XML 브라우저(XML Browser)|

- **인터넷 익스플로러** (http://www.microsoft.com/windows/ie/) 윈도우 환경에서 현재 가장 널리 사용되고 있는 브라우저인 인터넷 익스플로러는 XML 문서가 적합형식 문서인가를 검사해주며 파싱된 결과를 화면에 보여준다. 마이크로소프트 다운로드 센터(http://www.microsoft.com/downloads)에서 Internet Explorer Tools for Validating XML and Viewing XSLT Output을 다운로드하여 설치하면, 유효성 검사를 위한 추가 모듈을 사용할 수 있다.

|XML 파서(XML Parser)|

XML 파서(혹은 XML 프로세서)는 두 가지 종류가 존재한다.

- 적합형식 XML 파서
- 유효성 검사 XML 파서(유효성 검사기)

적합형식 XML 파서는 한 문서가 적합형식 XML 문서인지 검사한다. 유효성 검사 XML 파서(유효성 검사기)는 한 문서가 유효한 XML 문서인지 검사한다. XML 파서의 구현은 이벤트 기반의 SAX(Simple API for XML) 방식 혹은 트리 구조 기반의 DOM(Document Object Model) 방식에 기반한다. DOM과 SAX에 관한 자세한 내용은 이후의 장에서 살펴볼 것이다.

다음은 대표적인 적합형식 XML파서들이다.

- Lark(http://www.textuality.com/Lark/) Lark의 제작자는 Tim Bray이며, 그는 W3C XML 스펙 저자 중의 한 사람이다. Lark은 자바 플랫폼에서 동작하는 프리웨어이다. Lark은 적합형식 검사를 지원하며 유효성 검사는 실질적으로 제공하지 않는다.

- XP(http://www.jclark.com/xml/xp/) XP의 제작자는 James Clark이다. XP는 XML 1.0 파서이며 자바 언어로 구현되었다. XP는 유효성 검사는 제공하지 않는다. 그러나, 외부 엔터티에 대한 분석을 제공한다. XP는 자바 애플릿보다는 자바 응용프로그램과 함께 사용되기 위한 목적으로 고안되었으며, 빠른 성능을 장점으로 갖는다. 이 파서는 SAX 방식으로 구현되었으며 프리웨어이다.

다음은 대표적인 유효성 검사 XML파서들이다.

- 아파치 XML 프로젝트의
  - Xerces-J(http://xml.apache.org/xerces-j/)
  - Xerces-C(http://xml.apache.org/xerces-c/)

  아파치 XML프로젝트는 Java, C++, Perl 언어로 구현된 XML파서를 제공한다. Xerces는 프리웨어이며, 이 파서는 XML 1.0 표준 스펙의 모든 적합형식 규칙 검사 및 유효성 검사를 지원한다. 그리고, W3C의 XML Schema 1.0 표준 스펙과 DOM 레벨 2 버전 1.0과 SAX 버전 2.0을 지원한다. 또한, 산업계 표준으로 널리 사용되는 DOM 레벨 1과 SAX 버전 1 API를 제공한다. Xerces-C는 SAX 버전 2.0을 지원하며, XML 1.1을 실험적으로 구현하였다.

- IBM의 AlphaWorks 프로젝트
  - XML4J (http://www.alphaworks.ibm.com/tech/xml4j)
  - XML4C (http://www.alphaworks.ibm.com/tech/xml4c)

  이 파서는 가장 널리 사용되는 유효성 검사 XML파서 중의 하나이다. XML4J는 자바언어로 XML4C는 C++언어로 구현되었다. 이 파서는 XML 응용 프로그램에서 쉽게 사용될 수 있도록 라이브러리를 제공하며 XML 1.0 표준 스펙의 모든 적합형식 및 유효성을 검사한다. 그리고, W3C의 XML Schema 1.0 표준 스펙과 DOM 레벨 2 버전 1.0을 지원하고, SAX 버전 1.0과 2.0도 지원한다. 또한, 산업계의 표준으로 널리 사용되는 DOM 레벨 1과 SAX 버전 1 API를 제공하며 DOM 레벨 3의 일부를 실험적으로 구현하였다. 특별히, XML4C는 XML1.1을 실험적으로 구현하였다.

- W3C의 XML Validator (http://validator.w3.org) W3C가 제공하는 유효성 검사 파서로서, 온라인 상에서 유효성 검사를 제공한다. 이 파서를 사용하면 손쉽게 XML 문서의 유효성 검사를 할 수 있다. 그림 2.21은 검사 서비스 화면을 보여준다. 검사할 문서는 그림 2.21 내에 탭으로 표시된 것과 같이 3 가지 방식으로 지정될 수 있다. URI로 지정하고자 하는 경우 Validate by URI 탭을, 로컬에 있는 문서의 위치를 지정하고자 하는 경우 Validate by File Upload탭을, 그리고 문서를 직접 작성하고자 하는 경우 Validate by Direct Input탭을 이용하면 된다. 단, XML 문서의 인코딩에 따라 More Options를 클릭하여 문자 인코딩(Character Encoding)을 설정해주어야 함을 주목하자. 예를 들어, 한국어로 인코딩된 XML 문서에 대한 유효성 검사를 원한다면, 문자 인코딩을 euc-kr (Korean)으로 지정해야 한다. 문서 지정 및 인코딩 설정 후 Check버튼을 누르면 유효성 검사 결과를 확인할 수 있다.

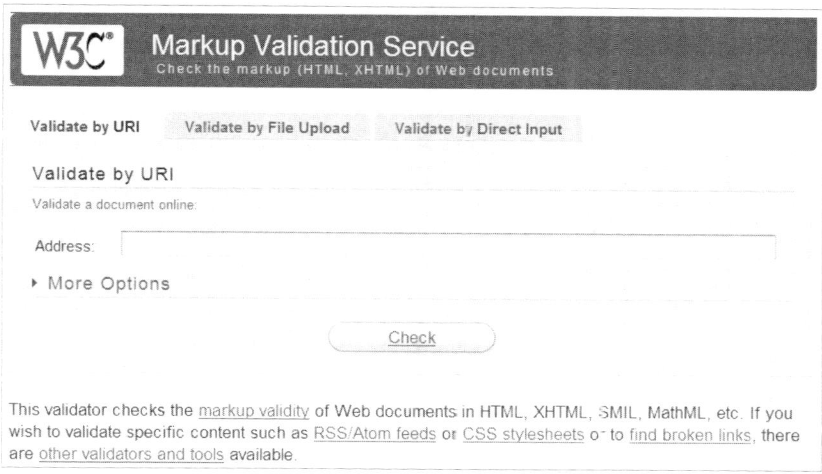

그림 2.21 W3C의 XML Validator W3C의 유효성 검사기를 활용하여 온라인 상에서 쉽게 유효성 검사를 할 수 있다.

2.8 요약

- XML은 W3C에 의해 정의된 표준 마크업 언어이다. XML은 확장 가능한 마크업 언어(Extensible Markup Language)를 의미하며 이질적인 컴퓨팅 환경에서의 정보 교환의 표준으로 사용되기 위하여 고안되었다.
- XML은 SGML에서 유래하였으며, SGML보다 간단한 문법을 갖는다. HTML은 내용을 화면에 보여주기 위한 언어인 반면 XML은 내용의 구조와 의미를 명확하게 해주기 위한 언어이다.
- 한 문서가 XML 표준 스펙에 정의된 적합형식 문법을 만족하면 적합형식 XML 문서가 되고, 적합형식 XML 문서가 문서모델의 규약을 만족하면 유효 XML 문서가 된다.
- XML 문서는 논리적 구조와 물리적 구조를 가지고 있다. XML 문서는 논리적으로 문서 프롤로그, 엘리먼트, 주석, 문서 참조, 처리 명령 등으로 이루어진다. XML 문서는 엔터티라는 개념을 활용하여 물리적으로 떨어진 여러 정보의 모음으로 구성된다.
- XML 문서는 논리적으로 문서 프롤로그와 루트 엘리먼트 이하의 바디로 구성된다. 문서 프롤로그는 다시 XML 선언과 문서 타입 선언으로 이루어진다.

- 엘리먼트는 XML 문서를 구성하는 정보의 기본 단위이다. 엘리먼트는 시작태그, 컨텐츠, 마침태그로 구성된다.
- 애트리뷰트는 엘리먼트에 대한 추가 정보를 제공한다. 예를 들어, 엘리먼트의 서브타입, 아이디 혹은 중요도를 표현하는 데 이용된다.
- 엔터티는 문서의 일부를 담는 XML 문서 조각이다. 엔터티를 사용함으로써 중복되는 정보를 간략하게 나타낼 수 있고, 그림파일 혹은 음악파일 같은 텍스트가 아닌 데이터를 XML 문서 내에 포함시킬 수 있으며, 물리적으로 떨어진 정보로 구성된 하나의 문서를 생성할 수 있다.

2.9 연습문제

1. XML 문서는 일반적으로 내용(Content)과 마크업(Markup)으로 구성된다. XML 문서 내의 마크업의 기능을 설명하라.

2. XML 문서는 만족해야 하는 규칙의 범위에 따라 적합형식(Well-formed) 문서와 유효(Vaild) 문서로 구분된다. 적합형식 문서와 유효 문서의 정의를 각각 설명하라.

3. XML 문서가 구성하는 규약을 정의한 내용을 문서 모델(Document model)이라고 한다. XML 문서 모델을 생성하는 두 가지 방법은 무엇인가?

4. XML 문서의 기본 구조는 문서 프롤로그(Document prolog)와 바디(Body)로 이루어진다. 문서 프롤로그에서 기술되는 내용을 4가지 이상 설명하라.

5. XML 엘리먼트는 내용에 따라 4가지로 구분할 수 있다. XML 엘리먼트의 종류 4가지는 무엇인가?

6. 어떠한 의미에서 애트리뷰트를 "엘리먼트를 위한 메타데이타"라고 생각할 수 있는가?

7. 엔터티(Entity)는 XML 문서 내용의 일부분을 담을 수 있는 저장소이다. 엔터티가 유용하게 사용될 수 있는 상황을 3가지 이상 설명하라.

03

CHAPTER

DTD(Document Type Definition)

XML에서는 사용자가 원하는 태그를 이용하여 자유롭게 문서를 작성할 수 있다. 그러나, 서로 약속된 정보를 주고 받아야 하는 상황에서는 XML 문서 내에 어떤 정보가 어떠한 순서로 나타나야 한다는 등의 조건을 기술할 필요가 있다. XML 문서가 지켜야 할 규약을 기술한 정보를 문서모델(Document model)이라고 한다. XML 문서모델을 작성하는 방법으로는 DTD와 XML Schema가 있다. 3장에서 DTD에 대해 살펴볼 것이고, 5장에서 XML Schema를 살펴볼 것이다. 이 장에서는 DTD를 이용하여 XML 문서가 지켜야 하는 규약을 기술하는 방법에 대해 알아보도록 한다. 또한, DTD 설계 및 XML 문서 작성 예제, 그리고 XML Schema와 비교한 DTD 특성을 소개할 것이다.

3.1 문서모델(Document Model)

문서모델이란 문서가 준수하여야 하는 규칙들의 집합이다. XML에서는 DTD와 XML Schema를 이용하여 문서모델을 작성할 수 있다.

3.1.1 문서모델의 필요성

문서모델은 XML 문서가 유효한지를 판단하는 기준으로 사용된다. 하나의 XML 문서는 문서모델에 기술된 규약의 준수 여부에 따라 유효성 여부가 결정된다. 문서모델을 이용하는 경우에 장점들은 다음과 같다.

- 어떤 내용이 어떠한 순서로 전개되어야 한다는 것을 명시할 수 있으므로, XML 문서의 구조를 일관되게 유지할 수 있다. XML 문서의 유효성을 검증하는 데 유효성 검사기를 이용할 수 있음은 2장에서 언급하였다. XML 응용프로그램들은 이러한 유효성 검사기를 사용함으로써 추가적인 코드의 작성 없이 XML 문서가 유효한지 판단할 수 있다.
- 문서를 읽는 주체는 앞으로 어떠한 흐름으로 내용이 전개될 것인가를 미리 예측할 수 있으므로, XML 문서에 대한 가독성이 증대될 수 있다. 만약 문서를 읽는 주체가 소프트웨어인 경우라면, 모든 상황을 고려할 필요 없이 예측 가능한 상황만을 처리하도록 구현할 수 있기 때문에 응용프로그램 작성 또한 간단해진다.
- 지능적인 XML 응용프로그램의 작성이 가능해진다. 예를 들어, 문서모델 정보를 활용하는 XML 편집기는 상황에 맞게 현재 어떤 엘리먼트를 작성해야 하는지 혹은 애트리뷰트의 값으로 어떤 값이 가능한지 등을 사용자에게 알려줄 수 있다. 이로써 문서 작성자는 XML 문서를 편리하게 작성할 수 있다. 이러한 기능을 제공하는 XML 편집기로는 2장에서 소개한 XMLSpy가 있다.

3.1.2 문서모델과 문서 인스턴스와의 관계

문서모델과 XML 문서와의 관계는 객체지향 프로그래밍에서 클래스(Class)와 객체(Object)의 관계로 비유될 수 있다. 즉, 문서모델은 XML 문서의 틀을 제공한다. 이러한 의미에서, XML 문서는 문서모델과 대응적인 의미로 문서 인스턴스(Document instance)라고 불리기도 한다. XML 문서는 문서모델의 준수 여부에 따라 유효 XML 문서와 유효하지 않은 XML 문서로 분류된다. 2장에서 유효 XML 문서란 적합형식 XML 문서이면서 동시에 문서모델을 만족하는 유효 문서임을 언급하였다.

3.2 DTD(Document Type Definition)

DTD는 XML 문서모델을 작성하는 한 가지 방식이다. XML에서 사용되는 DTD는 SGML에서 사용된 DTD로부터 유래된다. XML DTD 관련 내용은 XML 1.1 표준 스펙 내에 기술되어 있다.

이번 절에서는 DTD를 이용하여 XML 문서모델을 정의하는 방법에 대해서 살펴보도록 하자. DTD 문서모델은 그림 3.1에서와 같이 DTD 선언들로 구성된다. 그리고, DTD 선언들은 엘리먼트 선언, 애트리뷰트 선언, 엔터티 선언, 노테이션 선언 등의 4 가지로 구성된다.

그림 3.1 DTD 문서모델 DTD 문서모델은 DTD 선언들의 집합이다

DTD는 이를 참조하는 XML 문서의 '어휘'와 '문법'을 결정한다고 생각할 수 있다. DTD는 XML 문서 내에서 사용될 수 있는 엘리먼트명, 애트리뷰트명 등을 지정한다는 점에서 XML 문서의 어휘를 결정한다고 말할 수 있다. 또한, DTD는 엘리먼트의 내용으로 무엇이 나타날 수 있는지, 애트리뷰트가 어떠한 타입을 가져야 하는지, 그리고 애트리뷰트가 반드시 나타나야 하는지 등을 지정한다는 점에서 XML 문서의 문법을 결정한다고 말할 수 있다. DTD 선언으로 지정할 수 있는 사항들은 다음과 같다.

- 엘리먼트 내에 어떤 엘리먼트가 나타나야 하며, 어느정도의 빈도로 나타나야 하는지를 지정할 수 있다. 그리고, 엘리먼트의 내용으로 다른 특정 엘리먼트만 올 수 있는지 혹은 문자 데이터(텍스트)만 올 수 있는지를 지정할 수 있다. 이를 위하여 DTD 엘리먼트 선언이 사용된다.
- 엘리먼트 내에 어떠한 애트리뷰트가 존재할 수 있는지를 지정할 수 있다. 그리고 애트리뷰트의 타입과 기본값을 지정할 수 있다. 이를 위하여 DTD 애트리뷰트 선언이 사용된다.
- 이 외에도 DTD 선언 일부가 재사용될 수 있도록 파라미터 엔터티를 선언할 수 있고, XML 내용 일부가 재사용될 수 있도록 일반 엔터티를 선언할 수 있다. 그리고 XML이 아닌 외부 자원을 문서 내에 포함시키고자 할 때 노테이션(Notation) 선언이 사용될 수 있다.

예 3.1은 주문 관련 XML 문서에 대한 문서모델을 보여준다. 예 3.1에서와 같이 DTD는 XML 문법이 아닌 별도의 문법을 가진다. 예를 들어, DTD 선언은 시작태그와 마침태그로 이루어지지 않는다. 여기에서는 DTD 선언은 < 문자로 시작하고 > 문자로 끝난다는 것과 DTD 내에서의 주석은 XML 주석과 동일하게 표시됨을 기억해 두자.

예 3.1 Order.dtd 문서내용

```
<!--"Order.dtd" -->
<!-- 일반 엔터티 선언의 예 -->
<!ENTITY checkReceiver "수령자를 반드시 확인해주세요">
<!ENTITY isFragile "깨어지기 쉽습니다">

<!-- 파라미터 엔터티 선언의 예 -->
<!ENTITY % IDtype "ID #REQUIRED">

<!-- 엘리먼트 선언의 예 -->
<!ELEMENT Order (CustomerInfo, OrderInfo)>
<!ELEMENT CustomerInfo (Name, Email?, Phone, Address, CreditCard)>
<!ELEMENT OrderInfo ((CD|DVD|Book)+, Shipping, TotalCost)>
<!ELEMENT Name (LastName, FirstName)>
<!ELEMENT Phone (Wired, Mobile?)>
<!ELEMENT Wired (PhoneNumber)>
<!ELEMENT Mobile (PhoneNumber)>
<!ELEMENT Address (BillingAddress?, ShippingAddress)>
<!ELEMENT BillingAddress (Country, State?, City, DetailedAddress, ZipCode)>
<!ELEMENT ShippingAddress (Country, State?, City, DetailedAddress, ZipCode)>
```

```
<!ELEMENT CreditCard (CardNumber, ExpirationDate)>
<!ELEMENT ExpirationDate (Year, Month)>
<!ELEMENT CD (Title, Subtitle*, Price, Quantity)>
<!ELEMENT DVD (Title, Subtitle*, Price, Quantity)>
<!ELEMENT Book (Title, Subtitle*, Price, Quantity)>
<!ELEMENT Shipping (Cost, HandlingNote?)>
<!ELEMENT LastName (#PCDATA)>
<!ELEMENT FirstName (#PCDATA)>
<!ELEMENT Email (#PCDATA)>
<!ELEMENT PhoneNumber (#PCDATA)>
<!ELEMENT Country (#PCDATA)>
<!ELEMENT State (#PCDATA)>
<!ELEMENT City (#PCDATA)>
<!ELEMENT DetailedAddress (#PCDATA)>
<!ELEMENT ZipCode (#PCDATA)>
<!ELEMENT CardNumber (#PCDATA)>
<!ELEMENT Year (#PCDATA)>
<!ELEMENT Month (#PCDATA)>
<!ELEMENT Title (#PCDATA)>
<!ELEMENT Subtitle (#PCDATA)>
<!ELEMENT Price (#PCDATA)>
<!ELEMENT Quantity (#PCDATA)>
<!ELEMENT Cost (#PCDATA)>
<!ELEMENT HandlingNote (#PCDATA)>
<!ELEMENT TotalCost (#PCDATA)>
<!-- 애트리뷰트 선언의 예 -->
<!ATTLIST Order  orderNumber %IDtype;>  <!-- 파라미터 엔터티 참조의 예 -->
!ATTLIST Phone  countryCode CDATA "82">
<!ATTLIST CreditCard type (SAMSUNG|LG|BC|HYUNDAE|LOTTE) #REQUIRED>
<!ATTLIST Price  currency (원|달러) "원">
<!ATTLIST Book  isbn ID #REQUIRED>
<!ATTLIST Shipping  type (STANDARD|EXPRESS) "STANDARD">
<!ATTLIST Cost  currency (원|달러) "원">
<!ATTLIST TotalCost  currency (원|달러) "원">
<!-- End of "Order.dtd" -->
```

|XML 문서에서 DTD 지정하기|

DTD는 XML 문서 내에 포함되거나 별도의 외부 파일에 저장될 수 있다. XML 문서 내에 포함된 DTD를 내부 서브셋(Internal subset)이라 하고, 별도의 외부 파일에 저장된 DTD를 외부 서브셋(External subset)이라고 한다. 외부 서브셋은 확장자가 .dtd인 외부 파일에 저장된다. DTD를 반드시 내부 서브셋에만 두어야 하거나 혹은 외부 서브셋에만 두어야 한다는 규정은 없다. 일반적으로 DTD를 공유해야 할 필요가 있는 경우 외부 서브셋을 사용하고, DTD가 문서마다 독립적으로 사용되거나 간단한 경우 내부 서브셋을 사용한다. 단, 외부 서브셋을 사용하는 경우 로컬상이든 네트워크상이든 외부 파일을 읽어야 하므로 내부 서브셋을 사용하는 것보다 문서의 처리 성능이 좋지 않을 수 있다. 그리고 내부와 외부 서브셋을 함께 사용하는 경우도 있다. 이 경우에는 내부 서브셋의 DTD 선언이 외부 서브셋의 DTD 선언보다 높은 우선순위를 가진다. 즉, 내부 서브셋과 외부 서브셋에 동일한 선언이 있는 경우 내부 DTD 선언만이 적용된다. 외부 서브셋의 DTD 선언을 현재의 상황에 맞게 교정할 필요가 있는 경우에 내부 서브셋을 적절히 변경시켜 사용하도록 하자.

예 3.1은 DTD가 별도의 외부 파일(Order.dtd)에 저장된 경우이다. 이러한 경우, XML 문서 내에서 외부 DTD 파일을 지정해야 한다. 2장에서 간단히 언급한 바와 같이 DTD의 지정은 문서 타입 선언에서 이루어진다. 그림 3.2에서와 같이 문서 타입 선언은 XML 문서 내 XML 선언과 바디 사이에 나타난다. 즉, <?xml version='1.1'?>과 같은 XML 선언 이후에 나타난다. 만약, DTD 문서모델을 사용하지 않는 경우에는 문서 타입 선언이 나타나지 않을 수 있다.

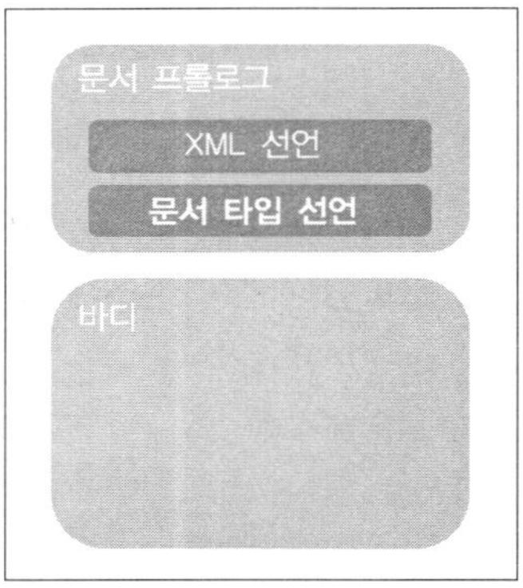

그림 3.2 문서 타입 선언 문서 타입 선언은 XML 선언 이후 바디 이전에 나타난다.

문서 타입 선언의 지정 방식으로는 그림 3.3과 같이 두 가지가 있다. 문서 타입 선언은 항상 '<!DOCTYPE'으로 시작하고 ']>'로 종료한다. '<!DOCTYPE' 이후에 루트엘리먼트명을 지정하고 SYSTEM 키워드 이후에 외부 서브셋으로 사용할 DTD 파일의 위치를 URI로 지정한다. 지금까지가 외부 서브셋을 지정한 것이고, 이후의 내부 서브셋은 '[' 문자 다음에 내부 서브셋으로 사용할 DTD 선언들로 정의된다. 마지막으로는 문서 타입 선언의 종료를 나타내는 ']>'가 나타난다. 외부 서브셋은 SYSTEM 키워드 대신에 PUBLIC 키워드를 사용할 수 있으며, 이후에 공개식별자와 URI가 뒤따른다. PUBLIC 키워드를 사용한 경우는 우선적으로 공개식별자를 이용하여 외부 DTD 파일을 찾고, 만약 실패한 경우에는 URI 정보를 사용한다. PUBLIC 키워드를 이용한 경우에는 URI 부분은 없어도 무관하다. URI와 공개식별자 정보는 모두 따옴표로 둘러싸여야 한다. 그림 3.3에서 외부 서브셋을 생략할 경우에는 'SYSTEM URI' 혹은 'PUBLIC 공개식별자 URI' 부분을 삭제하면 되고, 내부 서브셋을 생략할 경우에는 '[내부서브셋]>' 부분을 삭제하면 된다.

```
<!DOCTYPE 루트엘리먼트명 SYSTEM "URI" [
                    내부서브셋
]>
```

```
<!DOCTYPE 루트엘리먼트명 PUBLIC "공개식별자" "URI" [
                    내부서브셋
]>
```

그림 3.3 문서 타입 선언 방식 문서 타입 선언 방식으로는 두 가지가 있다. 두 방식의 내부 서브셋 선언 방식은 동일하며, 외부 서브셋 선언하고자 하는 경우 SYSTEM 혹은 PUBLIC 키워드를 사용하면 된다.

예 3.2는 SYSTEM 키워드를 사용하여 외부 서브셋(Order.dtd)을 지정한 XML 문서이다. 이 예에서는 XML 파일(Order.xml)과 동일한 폴더 내에 외부 DTD 파일이 위치한 경우이므로 외부 서브셋에 대한 URI 정보로 DTD 파일 이름을 바로 기술하였다. 로컬 주소가 아닌 네트워크 주소를 사용해도 된다. 예를 들어, 그림 3.3의 "URI" 값으로 "http://dbopirus.kaist.ac.kr/~yhroh/Order.dtd"와 같은 네트워크 주소를 사용할 수 있다.

예 3.2 **Order.xml 문서내용**

```
<?xml version="1.1" encoding="euc-kr"?>          ①
<!DOCTYPE Order SYSTEM "Order.dtd">              ②
<Order orderNumber="n002">                       ③

   <!-- Order 엘리먼트 이하 생략 -->             ④

</Order>                                         ⑤
```

내부 서브셋만을 지정하고자 하는 경우에는 SYSTEM, PUBLIC 같은 키워드를 사용하지 않으면 된다. 예 3.3에서 ③~⑦은 문서 내부에 DTD 선언들이 기술된 것을 보여준다. 예 3.3에서의 DTD 선언은 엘리먼트 선언으로 구성되어 있다. DTD 엘리먼트 선언에 대한 자세한 내용은 3.2.1 엘리먼트 선언 절에서 자세히 살펴보도록 하고, 지금은 다음 사항을 기억해 두기로 하자. ③은 Book 엘리먼트의 내용이 엘리먼트들만으로 이루어지며, 그 내용으로는 Title 엘리먼트, 0개 이상의 Subtitle 엘리먼트, Price 엘리먼트, 그리고 Quantity 엘리먼트가 나타나야 함을 명시하고 있다. ④~⑦은 Title, Subtitle, Price, Quantity 엘리먼트의 내용이 문자 데이터이어야 함을 각각 명시하고 있다.

앞서 언급한 바와 같이, 여러 XML 문서들이 DTD를 공유하는 경우에 외부 서브셋을 사용하는 것이 유용하다. 만약, DTD가 공유되는 상황에서 외부 서브셋을 사용하지 않는다면 동일한 DTD 선언이 여러 XML 문서 내에 중복적으로 기술되어야 할 것이다. 뿐만 아니라, DTD가 변경되는 경우 관련된 모든 XML 문서 내의 선언을 변경해 주어야 할 것이다. 이 경우 외부 서브셋을 사용했더라면 한 번의 변경만으로 충분하다. 이와 같이 DTD가 공유되는 상황에서는 외부 서브셋의 사용이 관리적인 측면에서 보다 효율적이다.

예 3.3 Book.xml 문서내용

```
<?xml version="1.1" encoding="euc-kr"?>                        ①
<!DOCTYPE Book [                                               ②
   <!ELEMENT Book (Title, Subtitle*, Price, Quantity)>         ③
   <!ELEMENT Title (#PCDATA)>                                  ④
   <!ELEMENT Subtitle (#PCDATA)>                               ⑤
   <!ELEMENT Price (#PCDATA)>                                  ⑥
   <!ELEMENT Quantity (#PCDATA)>                               ⑦
]>                                                             ⑧
<Book>                                                         ⑨
   <Title>나의 라임 오렌지 나무</Title>                          ⑩
   <!-- 부제목(Subtitle)이 올 수 있음 -->                        ⑪
   <Price>7000</Price>                                         ⑫
   <Quantity>1</Quantity>                                      ⑬
</Book>                                                        ⑭
```

3.2.1 엘리먼트 선언

2장에서 살펴본 바와 같이 엘리먼트는 XML 문서를 구성하는 기본 구성 단위이다. 엘리먼트 선언으로 XML 문서 내 각 엘리먼트에 대해 고유한 조건을 명시할 수 있다. 엘리먼트 선언은 크게 두 가지 의미를 갖는다. 첫째, 엘리먼트 선언은 엘리먼트의 내용-모델을 기술한다. 내용-모델이란, 엘리먼트의 내용이(즉, 시작태그와 마침태그 사이에) 어떠한 모습을 갖게 될 것인가를 표현하는 것이다. 내용-모델은 5가지로 구분된다: ① 텍스트만 가지는 경우, ② 엘리먼트만 가지는 경우, ③ 텍스트와 엘리먼트 모두 가지는 경우가 있고, 특별한 경우로서 ④ EMPTY 엘리먼트인 경우와 ⑤ ANY 엘리먼트인 경우가 있다. 둘째, 엘리먼트 선언은 내용-모델에 기술되어 있는 특정 이름의 엘리먼트만이 서브 엘리먼트로 사용될 수 있도록 한다. 위에서 언급한 내용-모델의 종류에서 ② 엘리먼트만 가지는 내용-모델과 ③ 텍스트와 엘리먼트 모두 가지는 내용-모델이 이와 관련있다.

엘리먼트를 선언하는 방식은 그림 3.4와 같다. '<!ELEMENT'로 시작하고, 이름은 선언하고자 하는 엘리먼트의 이름을 의미하며, 이후에 괄호 속에 내용-모델이 기술된다. 그리고 '>'로 선언이 끝난다. 이제 내용-모델에 관하여 좀 더 자세히 살펴보자.

```
<!ELEMENT  이름  (내용-모델)>
```

그림 3.4 엘리먼트 선언 '<!ELEMENT'로 선언이 시작되며 엘리먼트 이름과, 괄호 내에 내용-모델이 기술된다. 그리고 '>'로 선언이 끝난다.

|내용-모델|

- 텍스트(문자 데이터)만으로 이루어진 내용

엘리먼트 선언 예]

```
<!ELEMENT Subtitle (#PCDATA)>
```

내용-모델로 #PCDATA를 지정하면, 엘리먼트의 내용으로 문자 데이터만이 사용 가능하다. 엘리먼트의 내용으로 서브 엘리먼트는 사용될 수 없다. 위의 엘리먼트 선언을 따르는 Subtitle 엘리먼트의 예는 아래와 같다.

엘리먼트 예]

```
<Subtitle>7 Steps to Living at Your Full Potential</Subtitle>
```

- 엘리먼트만으로 이루어진 내용

엘리먼트 선언 예]

```
<!ELEMENT Order (CustomerInfo, OrderInfo)>
<!ELEMENT CustomerInfo (Name, Email?, Phone, Address, CreditCard)>
<!ELEMENT OrderInfo ((CD|DVD|Book)+, Shipping, TotalCost)>
```

내용-모델로 서브 엘리먼트들의 이름을 지정하면, 서브 엘리먼트들만이 지정된 순서에 따라 위치할 수 있다. 엘리먼트의 내용으로 문자 데이터는 사용될 수 없다. 이 엘리먼트 선언에서는 서브 엘리먼트의 이름, 순서 및 횟수를 지정할 수 있다.

위의 첫 번째 엘리먼트 선언에서 Order 엘리먼트는 서브 엘리먼트로 CustomerInfo 엘리먼트와 OrderInfo 엘리먼트를 순서대로 포함한다는 것을 지정하고 있다. 두 번째 엘리먼트 선언에서 CustomerInfo 엘리먼트는 첫번째와 유사하게 Name, Email, Phone, Address, CreditCard등의 서브 엘리먼트를 이 순서대로 가짐을 지정한다. ?, *, + 연산자를 이용하여 서브 엘리먼트의 횟수를 지정할 수 있다. ?는 0개 혹은 1개를 의미하고, *은 0개 이상을 의미하고, 그리고 +는 1개 이상을 의미한다. 이러한 연산자를 사용하지 않은 경우에는 반드시 한번 나타나야 한다는 것을 의미한다. 위의 예에서는 Email 엘리먼트가 0번 혹은 1번 나타나야 하고, 그 이외의 다른 엘리먼트들은 명시된 순서에 따라 반드시 한번 나타나야 함을 지정하고 있다. 세 번째 엘리먼트 선언에서도 OrderInfo 엘리먼트는 서브 엘리먼트만을 내용으로 가져야 함을 지정하며, OrderInfo 엘리먼트는 첫번째 서브 엘리먼트가 CD, DVD, 혹은 Book 중 하나가 되도록 지정하고 있다. 이것은 (CD | DVD | Book)과 같이 괄호 속에 | 연산자로 서브 엘리먼트들을 연결시킴으로써 표현할 수 있다. 또한, 하나 이상이 있을 수 있음을 표현하기 위해 + 연산자를 사용하였다. 위의 엘리먼트 선언들을 모두 만족하는 XML 문서의 일부로 다음과 같은 예가 있을 수 있다. 단, 아래의 예에서 Name, Email, Phone, Address, CreditCard, CD, DVD, Book, Shipping, TotalCost등의 엘리먼트는 내용-모델이 #PCDATA으로 선언되었다고 가정한다.

엘리먼트 예]

```
<Order>
  <CustomerInfo>
    <Name>홍길동</Name>
    <!-- Email은 없어도 엘리먼트 선언을 만족한다 -->
    <Email>honggd@yahoo.com</Email>
    <Phone>02-754-4567</Phone>
```

```
    <Address>대한민국 서울 중구 남대문로2가 395번지
    100-092</Address>
    <CreditCard>0987-7654-4321-1234</CreditCard>
  </CustomerInfo>
  <OrderInfo>
    <!-- CD 혹은 DVD 혹은 Book가 하나 이상 나타나야 한다. -->
    <CD>윤도현 밴드 6집 [Yb] Stream &#9317;</CD>
    <DVD>반지의 제왕</DVD>
    <CD>여행스케치</CD>
    <Book>나의 라임 오렌지 나무</Book>
    <Shipping>STANDARD 3000원</Shipping>
    <TotalCost>46000원</TotalCost>
  </OrderInfo>
</Order>
```

- 텍스트와 엘리먼트 모두로 이루어진 내용

엘리먼트 선언 예]

```
<!ELEMENT Paragraph (#PCDATA | Keyword)*>
<!ELEMENT Keyword (#PCDATA)>
```

엘리먼트 내용으로 텍스트와 서브 엘리먼트들이 혼용되어 사용될 수 있다. 이러한 내용-모델의 엘리먼트 선언은 반드시 위와 같이 (#PCDATA | 서브_엘리먼트_명 | 다른_서브_엘리먼트_명 | … | 마지막_서브_엘리먼트_명)*과 같은 방식으로 선언하여야 한다. 이 선언으로 서브 엘리먼트의 횟수 및 순서는 제한되지 않는다. * 연산자의 의미는 0개 이상이므로, Paragraph 엘리먼트 내에 텍스트 및 각 서브 엘리먼트는 존재해도 되고 존재하지 않아도 된다. 다음은 XML 문서의 예이다.

엘리먼트 예]

```
<Paragraph>
        Use your words to speak <Keyword>blessings</Keyword>over people.
        Start declaring greate things in store for her future.
        Speak <Keyword>positive words</Keyword> that buid up and encourage.
</Paragraph>
```

이 외에도 두 가지의 특별한 엘리먼트 선언 방식이 있다. 하나는, 빈 엘리먼트(Empty element) 선언으로, 이 선언은 내용이 전혀 존재하지 않아야 함을 지정한다. 빈 엘리먼트를 선언하는 방법은 앞의 방식과는 다르다. 다음의 예는 빈 엘리먼트 선언 방식을 보여준다.

엘리먼트 선언 예]

```
<!ELEMENT Book EMPTY>
```

빈 엘리먼트로 선언된 Book 엘리먼트는 시작태그와 마침태그 사이에 공백문자도 가져서는 안된다. Book 엘리먼트는 XML 문서 내에서 아래와 같은 방식으로만 사용될 수 있다.

엘리먼트 예]

```
<Book></Book> 혹은 <Book/>
```

빈 엘리먼트는 애트리뷰트 값으로 정보를 충분히 표현할 수 있을 때 사용된다. 다음 절에서 설명될 애트리뷰트 선언이 추가된 XML 문서의 예도 생각해 볼 수 있다.

엘리먼트 예]

```
<Book isbn="i1234"></Book> 혹은 <Book isbn="i1234"/>
```

마지막으로, 특별한 엘리먼트 선언으로 ANY 엘리먼트가 있다. 이 엘리먼트 선언은 모든 적합형식 XML 문서의 일부를 엘리먼트의 내용으로 가질 수 있도록 지정한다.

엘리먼트 선언 예]

```
<!ELEMENT Book ANY>
```

이 경우 Book 엘리먼트는 빈 엘리먼트, 문자 데이터, 다른 엘리먼트, 주석, 처리명령, CDATA 영역 등 어떠한 것이든 적합 형식이기만 하면 내용으로 가질 수 있다. 이 선언은 유효성 검사를 위한 제약을 거의 가지지 않는 것을 의미한다.

3.2.2 애트리뷰트 선언

애트리뷰트 선언으로 각 애트리뷰트에 대한 제약을 표현할 수 있다. 앞서 언급한 바와 같이, 애트리뷰트는 엘리먼트에 대한 추가적인 정보를 기술하는 데 이용된다. 애트리뷰트는 엘리먼트 시작태그에 나타나며, 하나의 엘리먼트에는 공백문자로 띄워진 여러 개의 애트리뷰트들이 존재할 수 있다. 애트리뷰트 선언은 한 엘리먼트 내에 다수의 애트리뷰트들의 제약을 표현할 수 있는 그림 3.5와 같은 형식을 갖는다.

```
<!ATTLIST 엘리먼트_이름
            애트리뷰트_이름  타입  추가정보
            애트리뷰트_이름  타입  추가정보
            ...
            애트리뷰트_이름  타입  추가정보
>
```

그림 3.5 애트리뷰트 선언 한 엘리먼트 내의 다수 애트리뷰트들에 대한 제약을 표현할 수 있다.

그림 3.5에서와 같이 애트리뷰트 선언은 '<!ATTLIST'로 시작하며, 애트리뷰트가 어느 엘리먼트에 속하는가를 알려주기 위해 엘리먼트 이름부터 명시한다. 그 이후에, 애트리뷰트 이름, 타입, 그리고 추가정보가 기술된다. 마지막으로, '>'로 애트리뷰트 선언이 끝난다. 애트리뷰트 선언에 나타나는 각 항도의 의미를 간단히 살펴보자.

- 엘리먼트_이름: 애트리뷰트가 어느 엘리먼트에 속하는가를 기술한다.
- 애트리뷰트_이름: 제약하고자 하는 애트리뷰트의 이름을 지정한다.
- 타입: 애트리뷰트가 어떠한 값을 가질 수 있는지와 관련된 타입을 지정한다.
- 추가정보: 애트리뷰트가 XML 문서에 반드시 나타나야 하는지, 기본값은 어떤 값으로 가질 것인지에 대한 추가정보를 지정한다.

다음은 애트리뷰트 선언의 예를 보여준다.

애트리뷰트 선언 예]

```
<!ATTLIST  Book  isbn  ID  #REQUIRED>
```

이는 Book 엘리먼트 내의 isbn 애트리뷰트에 관한 선언이다. 이 애트리뷰트의 타입은 ID로 지정되었다. 이 타입은 XML 문서 내에서 Book 엘리먼트의 isbn 애트리뷰트의 값이 고유해야 함을 의미한다. 그리고, 이 애트리큐트의 추가정보는 #REQUIRED로 지정되었다. 이 추가정보는 Book 엘리먼트가 나타날 때마다 isbn 애트리뷰트가 반드시 나타나야 함을 의미한다.

애트리뷰트 선언 예]

```
<!ATTLIST  Phone  countryCode  CDATA  "82">
```

이는 Phone 엘리먼트 내의 countryCode 애트리뷰트에 관한 선언이다. 이 애트리뷰트의 타입은 CDATA로 지정되었다. 이 타입은 XML 문서 내에서 Phone 엘리먼트 내의 countryCode 애트리뷰트의 값이 문자 데이터임을 의미한다. 문자 데이터 내에서 문자 엔터티 참조나 내부 일반 엔터티 참조는 나타날 수 있지만 엘리먼트나 처리명령은 나타날 수 없다. 그리고 애트리뷰트의 추가정보는 "82"로 지정되었다. 이 추가정보는 기본값을 지정하는 것으로, 문서 작성자가 Phone 엘리먼트의 countryCode 애트리뷰트를 기술하지 않았을 경우에도 자동으로 countryCode="82"라는 값을 갖게 됨을 의미한다.

애트리뷰트 선언 예]

```
<!ATTLIST Price currency (won|dollar) "won">
```

이는 Price 엘리먼트 내의 currency 애트리뷰트에 관한 선언이다. 이 애트리뷰트의 값으로는 "won" 혹은 "dollar" 둘 중의 하나만을 가질 수 있도록 지정되었다. 만약, '대문자_알파벳'이라는 애트리뷰트 값으로 A, B, …, Z 중의 하나라는 것을 표현하고 싶다면 아래와 같다.

```
대문자_알파벳 (A|B|C|D|E|F|G|H|I|J|K|L|M|N|O|P|Q|R|S|T|U|V|W|X|Y|Z)
```

이 예에서도 추가정보로 기본값을 지정하고 있다. 이는 Price 엘리먼트의 currency 애트리뷰트를 기술하지 않았을 경우에도 자동으로 currency="won"이라는 값을 갖게 됨을 의미한다.

| 애트리뷰트 타입 및 추가정보 |

이미 앞의 예에서 ID, CDATA, 혹은 열거된 리스트 등의 타입과 #REQUIRED, 기본값 등을 간단히 언급하였다. 여기서는 애트리뷰트 타입 및 추가정보에 대하여 자세히 알아보자. 우리는 애트리뷰트 타입을 기술함으로써 애트리뷰트가 어떠한 값을 가져야 하는지를 지정할 수 있다. DTD에서 기술할 수 있는 애트리뷰트 타입은 다음과 같다.

- CDATA: CDATA로 지정된 애트리뷰트는 그 값으로 어떠한 문자 데이터도 가능하다. DTD가 유효한 XML 문서에 대한 모델을 지정하는 데 사용된다는 점을 고려할 때, CDATA 타입의 애트리뷰트를 사용하는 것은 거의 제약을 두지 않는 것과 같다. 애트리뷰트 선언의 예는 다음과 같다.

애트리뷰트 선언 예]

```
<!ATTLIST Phone countryCode CDATA #IMPLIED>
```

이 예에서 추가정보는 #IMPLIED로 지정되었다. 이것은 Phone 엘리먼트가 나타날 때마다 countryCode 애트리뷰트는 반드시 나타나지 않아도 됨을 의미한다. 이 타입의 추가정보로는 #REQUIRED, #IMPLIED, 기본값, '#FIXED 고정값'을 사용할 수 있다. #REQUIRED는 애트리뷰트가 반드시 나타나야 한다는 것을 의미한다. '#FIXED 고정값'은 특정 값으로 애트리뷰트의 값을 고정시키기 위하여 사용된다. #IMPLIED와 기본값의 의미는 이미 언급한 바가 있다.

- NMTOKEN(Named token) 혹은 NMTOKENS: CDATA 타입은 애트리뷰트 값으로 어떠한 문자 데이터도 제약 없이 허용하지만, NMTOKEN 타입은 애트리뷰트 값으로 XML NameChar 문자들만 허용한다. XML NameChar 문자는 Unicode 알파벳, 숫자, 그리고 4가지 문자(".", "_", ":", "-")를 의미한다.

애트리뷰트 선언 예]

```
<!ATTLIST Software version NMTOKEN "version_7">
```

이 예에서는 NMTOKEN 타입을 지정함으로써 Software 엘리먼트의 version 애트리뷰트의 값으로 XML NameChar 문자들만 사용되도록 지정하였다. 다음은 NMTOKEN 타입의 애트리뷰트 예이다.

유효한 애트리뷰트 예]

```
<Software version=".1"/>
<Software version="_v2"/>
<Software version="prototype:version0.1"/>
```

다음은 유효하지 않은 예이다.

유효하지 않은 애트리뷰트 예]

```
<Software version="*.1"/> 혹은
<Software version="+v2"/> 혹은
<Software version="prototype;version0.1"/>
```

NMTOKENS 애트리뷰트 타입은 애트리뷰트의 값이 공백문자로 구분된 하나 이상의 NMTOKEN 값이 되어야 함을 지정한다. 다음은 NMTOKENS 애트리뷰트 타입 선언 및 애트리뷰트의 예이다.

애트리뷰트 선언 예]

```
<!ATTLIST Software descriptions NMTOKENS #REQUIRED>
```

애트리뷰트 예]

```
<Software descriptions="updatedAt12AM human-friendlyGUI"/>
```

이 예에서 Software 엘리먼트의 descriptions 애트리뷰트는 공백으로 구분된 NMTOKEN 타입의 두 가지 값을 가지므로, NMTOKENS 타입으로 유효하다. NMTOKEN 및 NMTOKENS 애트리뷰트 타입의 추가정보는 #REQUIRED, #IMPLIED, 기본값, '#FIXED 고정값'을 사용할 수 있다.

- ID: ID 타입은 애트리뷰트 값이 XML 문서 내에서 고유해야 함을 지정한다. ID 타입 애트리뷰트의 값으로 동일한 값을 사용하는 XML 문서는 유효하지 않다. 또한, ID 타입은 애트리뷰트 값이 XML 명명(Naming) 규칙을 따라야 함을 지정한다. XML 명명 규칙은 다음과 같다.
  - 시작 문자로 언더스코어(_)와 유니코드 알파벳만이 가능하다.
  - 시작 문자 이후에 유니코드 알파벳, 숫자, 하이픈(-), 언더스코어(_), 그리고 마침표(.)만이 가능하다.

그럼, ID 타입 애트리뷰트 선언 및 애트리뷰트 예를 살펴보자.

애트리뷰트 선언 예]

```
<!ATTLIST Order orderNumber ID #REQUIRED>
```

유효한 애트리뷰트 예]

```
<Order orderNumber="n001"/> 혹은 <Order orderNumber="_007"/>
```

유효하지 않은 애트리뷰트 예]

```
<Order orderNumber="001"/> 혹은 <Order orderNumber="n007:1"/>
```

위의 예는 XML의 명명 규칙을 따르고 있기 때문에 유효한지, 그렇지 않기 때문에 유효하지 않은지를 보여준다. IT 분야에서 일반적으로 ID 타입의 값으로 숫자를 사용하는 경우가 많으나, XML 명명 규칙에 의하면 ID 타입 애트리뷰트의 값이 숫자로 시작할 수 없음에 주의하자. ID 애트리뷰트 타입의 추가정보로는 #REQUIRED 혹은 #IMPLIED만을 사용할 수 있다. 기본값 및 '#FIXED 고정값' 형식은 ID 타입의 "고유해야 한다"는 의미와 어긋나기 때문에 사용할 수 없다.

- IDREF 혹은 IDREFS: IDREF 혹은 IDREFS 타입은 애트리뷰트 값이 동일한 XML 문서 내에 있는 ID 타입의 애트리뷰트 값을 참조해야 함을 지정한다. 만약, 이 타입의 애트리뷰트 값이 XML 문서 내의 ID 타입 애트리뷰트 값으로 존재하지 않는다면 XML 문서는 유효하지 않게 된다.

애트리뷰트 선언 예]

```
<!ATTLIST Order  orderNumber  ID  #REQUIRED>
<!ATTLIST Book
   isbn  ID  #REQUIRED
   relatedBookId  IDREF  #IMPLIED>
```

애트리뷰트 예]

```
<Order orderNumber="order1234"/>
<Book  isbn="n001"/>
<Book  isbn="n007"  relatedBookId="n001"/>
```

위의 애트리뷰트 예에서 두 번째 Book 엘리먼트의 relatedBookId 애트리뷰트의 값 "n001"은 ID 타입 isbn 애트리뷰트의 값인 "n001"을 참조하고 있으므로 유효하다. IDREFS 애트리뷰트 타입은 애트리뷰트의 값이 공백문자로 구분된 하나 이상의 IDREF 값을 가져야 함을 지정한다.

애트리뷰트 선언 예]

```
<!ATTLIST Book
   id  ID  #REQUIRED
   relatedBookIds  IDREFS  #IMPLIED
>
```

애트리뷰트 예]

```
<Book  id="n001"/>
<Book  id="n002"/>
<Book  id="n003"/>
<Book  id="n007"  relatedBookIds="n001  n002  n003"/>
```

이 예에서 Book 엘리먼트의 relatedBookIds 애트리뷰트는 ID 타입의 애트리뷰트 값들을 가지므로 유효하다.

IDREF 혹은 IDREFS 애트리뷰트 타입의 추가정보로는 #IMPLIED, #REQUIRED, 기본값, 혹은 '#FIXED 고정값'을 사용할 수 있다. 단, 기본값과 고정값으로 사용되는 값은 반드시 XML 문서 내의 ID 타입 애트리뷰트 값으로 존재하여야 한다.

- 열거형 리스트: 이 타입은 애트리뷰트의 값이 애트리뷰트 선언에서 나열한 몇 가지 값 중에서 하나의 값을 가져야 함을 지정한다. 예를 들어, Price 엘리먼트에서 currency 애트리뷰트의 값은 반드시 'won'이나 'dollar' 값 중에서 하나를 가져야 함을 지정하고자 한다면, 아래와 같이 선언하면 된다.

애트리뷰트 선언 예]

```
<!ATTLIST  Price  currency (won|dollar) "won">
```

애트리뷰트 예]

```
<Price currency="dollar">10,000</Price>
```

열거형 리스트 애트리뷰트 타입의 추가정보로는 #IMPLIED, #REQUIRED, 기본값, 혹은 '#FIXED 고정값'을 사용할 수 있다. 단, 기본값과 고정값으로 사용되는 값은 반드시 열거된 리스트 중 하나의 값이어야 한다. 예를 들어, 위의 선언에서는 추가정보로 열거된 리스트 중의 하나인 "won"을 기본값으로 사용하고 있다.

- ENTITY 혹은 ENTITIES: 이 타입은 애트리뷰트 값이 일반 엔터티 이름이어야 함을 지정한다. 즉, 이 타입의 선언으로는 엔터티 선언에서 사용된 엔터티 이름만이 ENTITY 타입의 애트리뷰트 값으로 사용될 수 있다. 엔터티 선언에 대해서는 3.2.4절에서 살펴보기로 하고, 여기에서는 엔터티 선언이 이루어졌다고 가정하자. 따라서 이것을 어떻게 애트리뷰트의 속성 값으로 사용할지를 살펴보기로 한다.

애트리뷰트 선언 예]

```
<!ATTLIST Book bookImg  ENTITY  #IMPLIED>
<!ENTITY img1 SYSTEM "bookImg1">
```

애트리뷰트 예]

```
<Book  bookImg="img1"/>
```

이 예에서 Book 엘리먼트의 bookImg 애트리뷰트는 ENTITY를 값으로 가지는 것이 선언되어 있으며, bookImg 애트리뷰트 값으로 img1 엔터티 이름을 가지므로 유효하다.

ENTITIES 타입은 애트리뷰트 값이 공백문자로 구분된 하나 이상의 ENTITY 값이어야 함을 지정한다. ENTITY 및 ENTITIES 애트리뷰트 타입의 추가정보로는 #REQUIRED, #IMPLIED, 기본값, '#FIXED 고정값'을 사용할 수 있다.

- NOTATION: 이 타입은 애트리뷰트 값이 노테이션 이름이어야 함을 지정한다. 즉, 이 타입의 선언으로 노테이션 선언에서 사용된 노테이션 이름만이 NOTATION 타입 애트리뷰트의 값으로 사용될 수 있다. 또한, NOTATION 타입은 애트리뷰트 값이 XML 명명(Naming) 규칙을 따라야 함을 지정한다. XML 명명 규칙은 이미 소개하였다. 노테이션 선언에 대해서는 3.2.3절에서 살펴볼 것이다. 여기서는 노테이션 선언이 이루어졌다고 가정을 하고, 이것이 어떻게 애트리뷰트의 속성 값으로 사용되는지를 살펴보기로 한다.

애트리뷰트 선언 예]

```
<!NOTATION gif SYSTEM "http://dbserver.kaist.ac.kr/yhroh/programs/gifViewer.exe">
<!NOTATION jpg SYSTEM "http://dbserver.kaist.ac.kr/yhroh/programs/jpgViewer.exe">

<!ATTLIST Book bookImgType  NOTATION  (gif|jpg)  #IMPLIED>
```

애트리뷰트 예]

```
<Book  bookImgType="jpg">나의 라임 오렌지 나무</Book>
```

위의 예에서 Book 엘리먼트 내의 bookImgType 애트리뷰트가 NOTATION 타입으로 선언되어 있고, 이 애트리뷰트 값으로 jpg 노테이션 이름을 가지므로 유효하다. 하나의 엘리먼트는 단 하나의 NOTATION 타입 애트리뷰트를 가질 수 있다. 빈 엘리먼트(Empty element)는 NOTATION 타입 애트리뷰트를 사용할 수 없음에 주의하자. NOTATION 애트리뷰트 타입의 추가정보로는 #REQUIRED, #IMPLIED, 기본값, '#FIXED 고정값'을 사용할 수 있다.

3.2.3 노테이션(Notation) 선언

XML 문서는 텍스트인 문자 정보뿐만 아니라 이미지, 소리 등과 같은 이진(Binary) 데이터도 담을 수 있다. 2장에서 살펴본 것처럼, XML 문자 정보가 아닌 데이터는 파싱되지 않은 엔터티로 선언된 이후에 XML 문서에 포함된다. 이 절에서 소개할 노테이션 선언은 파싱되지 않은 엔터티(즉, XML 문자 정보가 아닌 데이터)의 유형(데이터 타입 혹은 처리할 응용프로그램 위치)을 정의하는 데 이용된다. 그리고 앞서 살펴본 NOTATION 타입 애트리뷰트의 값으로 이용되는 노테이션의 이름을 정의하는 데도 이용된다.

우리는 노테이션 선언을 이용하여 XML 응용프로그램에게 데이터의 타입 및 데이터를 처리하는 데 활용 가능한 외부 응용프로그램의 위치를 알려줄 수 있다. XML에서 규정한 문자 정보 이외의 데이터를 처리해 주는 것은 XML 응용프로그램의 몫이다.

| 노테이션 선언하기 |

노테이션은 그림 3.6에서와 같이 두 가지 방식으로 선언될 수 있다. 노테이션 선언은 '<!NOTATION'으로 시작하고, 노테이션 이름이 온 후에는 SYSTEM 혹은 PUBLIC 키워드를 사용한다. SYSTEM 및 PUBLIC 이후의 정보는 이 책의 2장과 3장을 걸쳐 언급한 것과 동일한 내용을 수반한다. URI는 XML이 아닌 외부 파일을 지정하거나 외부 응용프로그램을 지정하는데 사용되며, 공개식별자는 기업 혹은 단체에서 정하여 특정 의미를 가지며 동작하기로 약속된 지정자이다.

```
<!NOTATION 노테이션_이름  SYSTEM  "URI">
<!NOTATION 노테이션_이름  PUBLIC  "공개식별자"  "URI">
```

그림 3.6 노테이션 선언 노테이션은 두 가지 방식으로 선언될 수 있다.

노테이션 선언에서의 URI 자리에는 "Graphic Interchange Format"과 같은 파일의 포맷을 설명하는 문자열이 위치할 수 있다. XML 파서는 이러한 정보를 XML 응용프로그램에게 전달해 주는 역할만을 담당하며, XML 응용프로그램은 이러한 내용을 해석하여 적절히 동작하도록 작성되어야 한다.

노테이션 선언 내의 '노테이션_이름'은 언급한 바와 같이 파싱되지 않은 외부 엔터티(Unparsed entity)의 유형 값으로 사용되거나 NOTATION 타입 애트리뷰트 값으로 이용된다. 외부 엔터티의 유형 값으로 사용되는 예는 2장에서 살펴보았고, NOTATION 타입 애트리뷰트 값으로 이용된 예는 3.2.2절에서 살펴보았다.

3.2.4 엔터티(Entity) 선언

우리는 2장에서 XML 물리적 구조를 설명할 때 이미 엔터티에 대한 기본 개념 및 사용법에 대하여 살펴보았고, 특히 일반 엔터티에 대해서는 상세히 알아보았다. 이번 절에서는 2장에서 언급하지 않은 파라미터 엔터티에 대하여 살펴보기로 한다.

| 파라미터 엔터티(Parameter entity) |

파라미터 엔터티는 DTD 선언의 일부를 담아두는 그릇에 비유된다. DTD 작성자는 파라미터 엔터티를 이용하여, 선언의 일부가 필요한 위치마다 DTD를 참조시킴으로써 편리하게 DTD를 작성할 수 있다.

그림 3.7은 파라미터 엔터티 선언 방법을 보여준다. 엔터티 선언은 '<!ENTITY' 로 시작하여, % 문자와 엔터티 이름이 온 후에 참조될 때 대치될 내용이 위치한다. 대치될 내용을 지정하는 또 다른 방법으로 SYSTEM 혹은 PUBLIC 키워드를 사용할 수 있다. 파라미터 엔터티 선언은 일반 엔터티 선언과는 달리 % 기호를 사용함을 주목하자. % 기호 다음에 나타나는 '엔터티이름'은 XML 명명 규칙을 준수해야 한다. '대치될내용', URI 혹은 공개식별자로 가리켜지는 파일의 내용은 XML 문법에 맞게 작성되어야 한다. 파라미터 엔터티 참조는 선언에서 정의된 내용으로 단순 대치될 것을 의미하므로 대치가 이루어진 후에 XML 문법에 맞도록 엔터티 선언 및 참조가 이루어져야 한다.

```
<!ENTITY  % 엔터티이름  "대치될내용" >
<!ENTITY  % 엔터티이름  SYSTEM  "URI" >
<!ENTITY  % 엔터티이름  PUBLIC  "공개식별자"  "URI" >;
```

그림 3.7 파라미터 엔터티 선언 방법 파라미터 엔터티의 선언 방법에는 % 기호가 이용된다.

엔터티의 참조하는 방식은 2장에서 언급한 바와 같이 그림 3.8과 같다. 이 그림에서 파라미터 엔터티 참조는 % 기호로 시작되는 것에 주목하자. 파라미터 엔터티는 DTD 선언 일부를 담는 데 이용되므로, 엔터티 참조는 반드시 DTD 내에서 이루어져야 한다. 파라미터 엔터티는 XML 문서의 내용에서는 참조되어서는 안된다.

```
파라미터 엔터티 참조법: %엔터티이름;

일반 엔터티 참조법: &엔터티이름;
```

그림 3.8 엔터티 참조 방법 엔터티 참조 방법은 파라미터 엔터티와 일반 엔터티에 따라 서로 다른 문법을 가진다.

파라미터 엔터티 선언 예]

```
<!ENTITY  %  ID_REQ   "ID  #REQUIRED" >
<!ENTITY  %  IDREF_IMP   "IDREF  #IMPLIED" >
```

파라미터 엔터티 참조 예]

```
<!ATTLIST DVDItem
        id %ID_REQ;
>
<!ATTLIST BookTopic
        id  %ID_REQ;
>
<!ATTLIST BookItem
        id  %ID_REQ;
        relatedDVDItem %IDREF_IMP;
        relatedBookTopic %IDREF_IMP;

>
```

위 예에서 ID_REQ 파라미터 엔터티는 DVDItem 엘리먼트, BookTopic 엘리먼트, BookItem 엘리먼트의 id 애트리뷰트 선언에 편리하게 이용되었다. IDREF_IMP 파라미터 엔터티는 BookItem 엘리먼트의 relatedDVDItem 애트리뷰트와 relatedBookTopic 애트리뷰트 선언에 편리하게 이용되었다. 위의 예에서와 같이 파라미터 엔터티는 자주 사용되는 DTD 선언 일부를 담고 재사용하는 데 유용하게 활용될 수 있다.

3.3 DTD 설계 및 XML 문서 작성

지금까지 XML의 기본 문법(2장)과 DTD 선언 방법(3.1절, 3.2절)에 대하여 모두 살펴보았다. 이 절에서는 시나리오가 주어졌을 경우에, 지금까지 언급한 DTD 문법을 사용하여 DTD를 설계하고, 이를 기반으로 내용을 XML으로 마크업하여 최종 XML 문서를 작성하는 과정을 설명한다.

|시나리오|

당신은 대형 DVD 유통 회사의 직원이며, DVD 관련 DTD를 설계하고 XML 문서를 작성하는 작업을 부여받았다. 당신은 이 작업의 결과물인 그림 3.9의 dvd.dtd 파일과 dvd.xml 파일을 완성하여야 한다.

```
<?xml version="1.0" encoding="euc-kr"?>

<!-- 작성해야 할 부분 -->
```

dvd.dtd

```
<?xml version="1.0" encoding="euc-kr"?>
<!DOCTYPE DVD SYSTEM "./dvd.dtd">
<DVD>
        <!— 작성해야 할 부분 -->
</DVD>
```

dvd.xml

그림 3.9 DTD 설계 및 XML 문서 작성 DTD 설계 및 XML 문서 작업을 하여 dvd.dtd 및 dvd.xml을 완성하시오.

우선, XML의 버전은 현재 XML 관련 툴에서 널리 지원되고 있는 1.0을 설정하도록 하자. 그리고, 한국어를 사용할 수 있도록 인코딩은 euc-kr로 설정하자. DTD 선언은 외부 파일에 둘 것이므로, XML 문서 내 문서 타입 선언(dvd.xml 두 번째 줄)에서 SYSTEM 키워드를 사용하여 dvd.dtd 위치를 지정하자(동일 폴더 내에 위치한다고 가정한다).

|DTD 설계하기|

DTD를 설계하기 이전에 실제적인 XML 문서 내용을 구상하여야 한다. 이는 XML 문서의 모습을 결정하는 작업이므로 매우 중요하다. 이 예에서는 다음과 같은 정보를 이용하여 XML 문서를 구성한다고 가정한다. 실제로 DVD에는 비디오, 오디오 및 자막 관련 등의 추가적인 정보들이 필요할 수 있다.

① DVD 정보는 0개 이상의 DVD 아이템들로 구성된다.
② 각 DVD 아이템은 제목, 부제목(0개 이상), 감독, 주연, 상연시간, 및 가격 정보를 가진다.
③ 감독은 이름 정보(1개 이상)를 가진다.
④ 주연은 이름 정보(1개 이상)를 가진다.
⑤ 각 DVD 아이템은 유일하게 식별 가능한 DVD_ID 정보를 반드시 가진다.
⑥ 상영시간의 단위는 “minute” 혹은 “hour” 중의 하나가 가능하다(기본값은

"minute").

⑦ 가격의 단위(통화)는 "won"만 사용 가능하다.

이상에서 언급한 각 정보에 대응하는 DTD 선언을 설계해보자.

① DVD 정보는 0개 이상의 DVD 아이템으로 구성된다.

- 적합 형식 XML 문서는 반드시 루트 엘리먼트를 가져야 하므로 아래와 같이 DVD 엘리먼트를 선언하자.

```
<!ELEMENT  DVD …
```

- DVD 엘리먼트는 0개 이상의 DVD 아이템으로 구성되므로 DVD 엘리먼트의 서브 엘리먼트로 DVDItem을 두자. 그리고, DVDItem은 0개 이상이 존재할 수 있으므로 * 연산자를 사용하자. 그림 3.10은 지금까지 작성된 DTD 선언을 보여준다.

```
<?xml version="1.0" encoding="euc-kr"?>
<!ELEMENT  DVD  (DVDItem*)>
```

dvd.dtd

그림 3.10 DTD 설계 과정: 첫 번째 정보 이용하여 DTD 설계한 결과

③ 각 DVD 아이템은 제목, 부제목(0개 이상), 감독, 주연, 상연시간, 및 가격 정보를 가진다.

- 각 DVD 아이템은 제목, 부제목, 감독, 주연, 상연시간, 가격 정보를 가지므로 아래와 같이 DVDItem 엘리먼트의 서브 엘리먼트를 선언하자.

```
<!ELEMENT  DVDItem  (Title, SubTitle, Director, Actor, Length, Price)>
```

- DVDItem 엘리먼트의 부제목은 0개 이상일 수 있으므로 * 연산자를 사용하자. 그림 3.11은 지금까지 작성된 DTD 선언을 보여준다.

```
<!ELEMENT  DVDItem  (Title, SubTitle*, Director, Actor, Length, Price)>
```

```
<?xml version="1.0" encoding="euc-kr"?>

<!ELEMENT  DVD  (DVDItem*)>
<!ELEMENT  DVDItem  (Title, SubTitle*, Director, Actor, Length, Price)>
```

dvd.dtd

그림 3.11 DTD 설계 과정: 두 번째 정보까지 이용하여 DTD 설계한 결과

③ 감독은 이름 정보(1개 이상)를 가진다.

- 감독은 이름 정보를 1개 이상 가질 수 있으므로 + 연산자를 사용하여 아래와 같이 Director 엘리먼트를 선언하자.

```
<!ELEMENT  Director  (Name+)>
```

④ 주연은 이름 정보(1개 이상)를 가진다.

- 주연은 이름 정보를 1개 이상 가질 수 있으므로 + 연산자를 사용하여 아래와 같이 Actor 엘리먼트를 선언하자.

```
<!ELEMENT  Actor  (Name+)>
```

- 엘리먼트 내용에 대한 특별한 제약 사항 없이 일반적인 마크업 문자 데이터가 내용인 경우에는 엘리던트 내용-모델을 #PCDATA로 지정하면 된다. 따라서, 다음과 같은 엘리먼트 선언들을 가지게 된다. 그림 3.12는 지금까지 작성된 DTD 선언을 브여준다.

```
<!ELEMENT  Title      (#PCDATA)>
<!ELEMENT  SubTitle   (#PCDATA)>
<!ELEMENT  Name       (#PCDATA)>
<!ELEMENT  Length     (#PCDATA)>
<!ELEMENT  Price      (#PCDATA)>
```

```
<?xml version="1.0" encoding="euc-kr"?>

<!ELEMENT  DVD        (DVDItem*)>
<!ELEMENT  DVDItem    (Title, SubTitle*, Director, Actor, Length, Price)>
<!ELEMENT  Director   (Name+)>
<!ELEMENT  Actor      (Name+)>
<!ELEMENT  Title      (#PCDATA)>
<!ELEMENT  SubTitle   (#PCDATA)>
<!ELEMENT  Name       (#PCDATA)>
<!ELEMENT  Length     (#PCDATA)>
<!ELEMENT  Price      (#PCDATA)>
```

dvd.dtd

그림 3.12 DTD 설계 과정: 네번째 정보까지 이용하여 DTD 설계한 결과

⑤ 각 DVD 아이템은 유일하게 식별 가능한 DVD_ID 정보를 반드시 가진다.

- DVDItem 엘리먼트 내에 DVD_ID 애트리뷰트를 선언하자. 애트리뷰트를 선언할 때는 타입과 추가정보를 지정해야 한다.
  - 타입: 이 정보는 문서 내에서 유일해야 하므로 ID 타입을 사용하자.
  - 추가정보: 이 정보는 반드시 있어야 하므로 #REQUIRED를 사용하자.
    애트리뷰트 선언은 다음과 같다.

```
<!ATTLIST  DVDItem  DVD_ID  ID  #REQUIRED>
```

⑥ 상영시간의 단위는 “minute” 혹은 “hour” 중의 하나가 가능하다(기본값은 “minute”).

- Length 엘리먼트 내에 timeUnit 애트리뷰트를 선언하자.
  - 타입: “minute”와 “hour” 중 하나의 값을 가져야 하므로 열거된 리스트 타입을 사용하자.
  - 추가정보: “hour”를 기본값으로 설정하자.

애트리뷰트 선언은 다음과 같다.

```
<!ATTLIST  Length  timeUnit  (minute | hour) “minute”>
```

⑦ 가격의 단위(통화)는 “won”만 사용 가능하다.

- Price 엘리먼트 내에 currency 애트리뷰트를 선언하자.

- 타입: "won"이라는 값은 문자 데이터이므로 CDATA 타입을 사용한다.
- 추가정보: 하나의 값으로 고정하고자 하므로 #FIXED를 이용한다.

애트리뷰트 선언은 다음과 같다.

```
<!ATTLIST Price currency CDATA #FIXED "won" >
```

그림 3.13은 최종적으로 작성된 dvd.dtd를 보여준다.

```
<?xml version="1.0" encoding="euc-kr"?>

<!ELEMENT DVD       (DVDItem*)>
<!ELEMENT DVDItem   (Title, SubTitle*, Director, Actor, Length, Price)>
<!ELEMENT Director  (Name+)>
<!ELEMENT Actor     (Name+)>
<!ELEMENT Title     (#PCDATA)>
<!ELEMENT SubTitle  (#PCDATA)>
<!ELEMENT Name      (#PCDATA)>
<!ELEMENT Length    (#PCDATA)>
<!ELEMENT Price     (#PCDATA)>
<!ATTLIST DVDItem  DVD_ID   ID  #REQUIRED>
<!ATTLIST Length   timeUnit (minute|hour)  "minute" >
<!ATTLIST Price    currency CDATA  #FIXED  "won" >
```

dvd.dtd

그림 3.13 DTD 설계 과정: 최종적으로 작성된 DTD 선언

표 3.1 DVD 아이템 정보

DVD ID	D1000	D1001
제목	디 워	13일의 금요일 ⑥
부제목		〈제이슨 살아있다〉
감독 이름	심형래	톰 맥러플린
주연 배우 이름	제이슨 베어, 아만다 브룩스	톰 매튜
상연시간	1.5시간	87분
가격	20000원	17000원

|XML 문서 작성하기|

표 3.1의 정보를 XML 마크업하여 XML 문서를 작성해보자. 단, 앞에서 선언한 DTD 선언을 준수하도록 작성하자.

루트 엘리먼트는 DVD이고, DVDItem 엘리먼트를 0개 이상 가질 수 있으므로, 그림 3.14와 같이 <DVD> 아래에 <DVDItem>을 두자. DVDItem 엘리먼트는 Title, SubTitle, Director, Actor, Length, Price 서브 엘리먼트를 순서대로 가져야 하므로 (단, SubTitle은 0개 이상일 수 있다), <DVDItem> 아래에 순서대로 나열하자. 우선 Title 엘리먼트는 #PCDATA 타입이므로, <Title>과 </Title> 사이에 DVD 아이템 제목인 '디 워'를 기술하자. 지금까지 작성한 XML 문서는 그림 3.14와 같다.

```
<?xml version="1.0" encoding="euc-kr"?>
<!DOCTYPE DVD SYSTEM "./dvd.dtd">

<DVD>
    <DVDItem>
            <Title>디 워</Title>

            <!-- 기술해야 할 부분 -->

</DVD>
```

dvd.xml

그림 3.14 XML 문서 작성 과정: Title 엘리먼트까지 작성한 결과

이와 같은 방법으로 첫 번째 DVD 아이템에 대하여 <SubTitle> 이하의 엘리먼트 관련 XML 마크업을 할 수 있을 것이다. 첫 번째 DVD 아이템에 대하여 애트리뷰트 관련 XML 마크업을 하여보자. 우선, DVD_ID 애트리뷰트는 DVDItem 엘리먼트 내에 위치함을 DTD에서 확인하자. 그리고, 첫 번째 DVD 아이템의 ID 값이 "D1000"이므로 <DVDItem> 내에 'DVD_ID="D1000"'을 기술하자. timeUnit 애트리뷰트는 Length 엘리먼트 내에 위치함을 DTD에서 확인하자. 첫번째 DVD 아이템의 timeUnit 값이 'hour'이므로, <Length> 내에 'timeUnit="hour"'를 기술하자. currency 애트리뷰트는 'won' 기본값을 가지는 것으로 선언되었음을 DTD에서 확인하자. 기본값 'won'을 가지므로 XML 문서에 currency 애트리뷰트를 기술하지 않아도 자동으로 'currency="won"'이 기술될 것임을 알 수 있다. 따라서, 우리는 굳이 기술하지 않아도 된다. 그림 3.15는 첫 번째 DVD 아이템까지 작성한 XML 문서를 보여준다.

```
<?xml version="1.0" encoding="euc-kr"?>
<!DOCTYPE DVD SYSTEM "./dvd.dtd">

<DVD>
        <DVDItem DVD_ID="D1000">
                <Title>디 워</Title>
                <Director>
                        <Name>심형래</Name>
                </Director>
                <Actor>
                        <Name>제이슨 베어</Name>
                        <Name>아만다 브룩스</Name>
                </Actor>
                <Length timeUnit="hour">1.5</Length>
                <Price>20000</Price>
        </DVDItem>

        <!-- 기술해야 할 부분 -->

</DVD>
```

dvd.xml

그림 3.15 XML 문서 작성 과정: 첫 번째 DVD 아이템에 대해 XML 마크업 한 결과

표 3.1의 두 번째 DVD 아이템도 첫 번째 DVD 아이템과 동일한 방법으로 마크업할 수 있다. 단, 첫 번째 DVD 아이템은 부제목이 없었지만, 두 번째 아이템에서는 부제목이 있다는 것에 주의하자. 그리고, 부제목에는 < 와 > 문자가 포함되어 있으므로 CDATA 영역을 이용해 보도록 하자. CDATA 영역 내에서는 모든 문자가 그대로 해석되므로, < 문자 대신 "<"를 사용하지 않아도 된다. Title 엘리먼트의 내용 ⑥을 표시하기 위해서는 번호 문자 엔터티 참조인 "⑥"을 이용하도록 하자. Length 엘리먼트 내의 timeUnit 애트리뷰트는 'minute' 기본값을 가지는 것으로 선언되었음을 DTD에서 확인하자. 기본값 'minute'를 가지므로 XML 문서에 timeUnit 애트리뷰트를 기술하지 않아도, 자동으로 'timeUnit="minute"'가 기술될 것을 알 수 있으므로 굳이 기술하지 않아도 된다. 그림 3.16은 두 번째 DVD 아이템까지 작성한 XML 문서를 보여준다.

```
<?xml version="1.0" encoding="euc-kr"?>
<!DOCTYPE DVD SYSTEM "./dvd.dtd">

<DVD>
        <DVDItem DVD_ID="D1000">
                <Title>디 워</Title>
                <Director>
                        <Name>심형래</Name>
                </Director>
                <Actor>
                        <Name>제이슨 베어</Name>
                        <Name>아만다 브룩스</Name>
                </Actor>
                <Length timeUnit="hour">1.5</Length>
                <Price>20000</Price>
        </DVDItem>
        <DVDItem DVD_ID="D1001">
                <Title>13일의 금요일 &#9317;</Title>
                <SubTitle>
                        <![CDATA[<제이슨 살아있다>]]>
                </SubTitle>
                <Director>
                        <Name>톰 맥러플린</Name>
                </Director>
                <Actor>
                        <Name>톰 매튜</Name>
                </Actor>
                <Length>87</Length>
                <Price>17000</Price>
        </DVDItem>
</DVD>
```

dvd.xml

그림 3.16 XML 문서 작성 과정: 표3.1을 XML 마크업한 결과

지금까지 dvd.dtd 및 dvd.xml의 작성을 완료하였다. dvd.xml이 적합형식 XML 문서인지 유효 XML 문서인지 확인해보자. dvd.xml이 적합형식 XML 문서인지를 확인하기 위해서 인터넷 익스플로러(IE)를 이용하여 파일을 열어 보자. IE는 XML 파서를 내장하고 있으며, 적합형식 XML 문서의 경우 파싱 결과를 화면에 보여준다. 그림 3.17은 dvd.xml이 적합형식 XML 문서임을 보여준다.

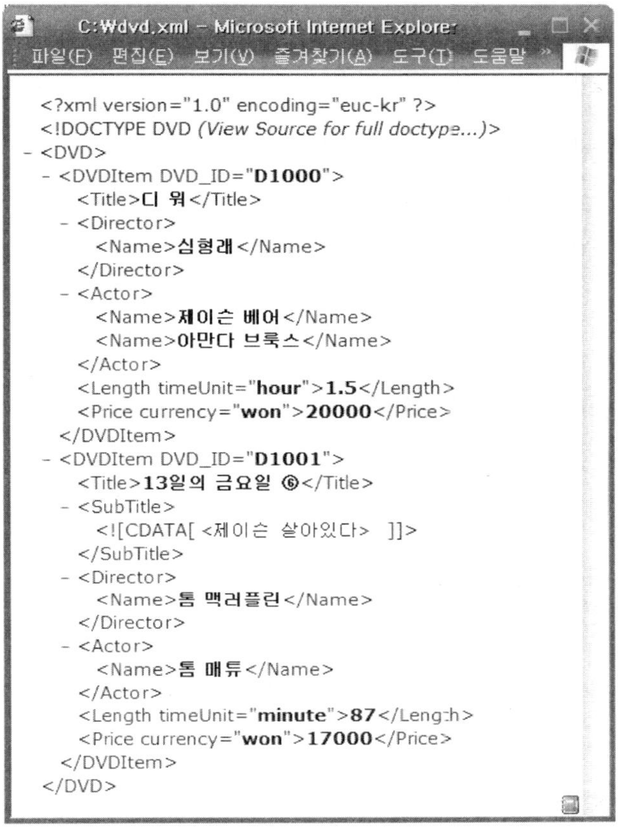

그림 3.17 XML 문서 적합-형식 검사 결과: IE를 이용하여 적합형식 XML 문서임을 확인할 수 있다.

다음으로 dvd.xml이 유효 XML 문서인지를 검사하기 위해 W3C에서 제공하는 유효성 검사기(http://validator.w3.org)를 사용하자. Validate by URI 탭 및 Validate by File Upload 탭을 이용하는 경우에는 dvd.dtd 문서를 네트워크 상에서 접근 가능한 곳에 두고, 문서 타입 선언 내의 URI를 해당 주소로 변경하여야 한다. 다음은 수정된 문서 타입 선언의 예이다. 독자들이 개인적으로 검사하는 경우에는 자신의 시스템에 적합한 URI로 변경해야 할 것이다.

```
<!DOCTYPE DVD SYSTEM "http://dbopirus.kaist.ac.kr/~yhroh/dvd.dtd">
```

Validate by Direct Input 탭을 이용하는 경우 dvd.dtd 내의 DTD 선언을 dvd.xml 내의 내부서브셋으로 선언한 후 (DTD 선언을 포함한) XML 문서를 검사하면 된다. 그림 3.18은 dvd.xml이 유효 XML 문서임을 보여준다.

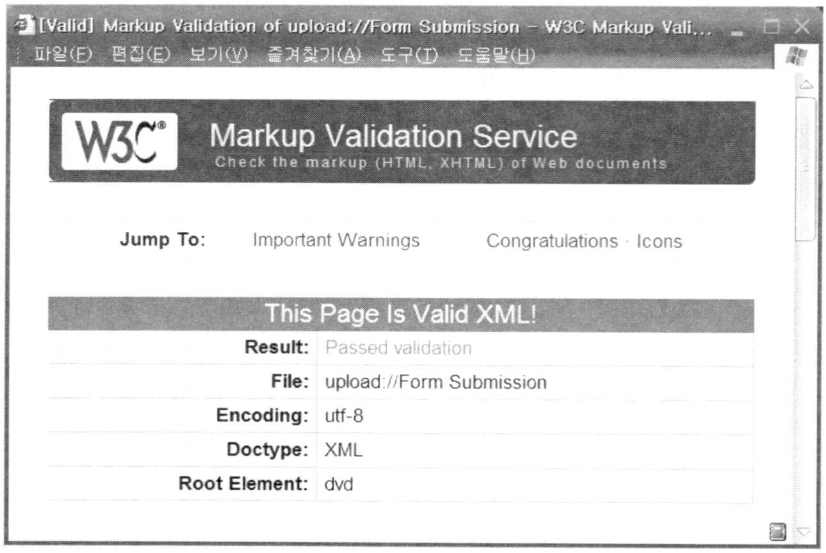

그림 3.18 XML 문서 유효 검사 결과: W3C 유효성 검사기를 이용하여 유효 XML 문서임을 확인할 수 있다.

3.4 유효 XML 문서 예제

이 절에서는 유효 XML 문서에 대한 두 가지 예제를 보여준다. 첫 번째 예제는 출판사나 서점에서 관리되는 도서에 대한 유효 XML 문서이다.

```
<?xml version="1.1" encoding="euc-kr"?>
<!DOCTYPE Books[
   <!ELEMENT Books (BookList, SubjectList)>
   <!ELEMENT BookList (BookItem*)>
   <!ELEMENT SubjectList (Domestic, Foreign)>
   <!ELEMENT BookItem (Title, Subtitle*, Author, Translator?, Publisher,
PublishedDate?, Contents?, CustomerReview?, RelatedItems?, Price, Quantity)>
   <!ELEMENT Author (Name+)>
   <!ELEMENT Translator (Name+)>
   <!ELEMENT PublishedDate (Year, Month, Day)>
   <!ELEMENT Contents (Topic+)>
   <!ELEMENT RelatedItems (BookTitle+)>
   <!ELEMENT Price (ListPrice, SellingPrice)>
   <!ELEMENT Domestic (Subject+)>
```

```
  <!ELEMENT Foreign (Subject+)>
  <!ELEMENT Title (#PCDATA)>
  <!ELEMENT Subtitle (#PCDATA)>
  <!ELEMENT Email (#PCDATA)>
  <!ELEMENT Name (#PCDATA)>
  <!ELEMENT Publisher (#PCDATA)>
  <!ELEMENT Year (#PCDATA)>
  <!ELEMENT Month (#PCDATA)>
  <!ELEMENT Day (#PCDATA)>
  <!ELEMENT Topic (#PCDATA)>
  <!ELEMENT CustomerReview (#PCDATA)>
  <!ELEMENT BookTitle (#PCDATA)>
  <!ELEMENT ListPrice (#PCDATA)>
  <!ELEMENT SellingPrice (#PCDATA)>
  <!ELEMENT Subject (#PCDATA)>
  <!ELEMENT Quantity (#PCDATA)>
  <!ATTLIST BookItem  isbn ID #REQUIRED  subjectID IDREFS #REQUIRED>
  <!ATTLIST BookTitle  isbn IDREF #REQUIRED>
  <!ATTLIST Price  currency (원|달러) "원">
  <!ATTLIST SellingPrice  discountRate CDATA #IMPLIED>
  <!ATTLIST Cost  currency (원|달러) "원">
  <!ATTLIST Subject  subjectID ID #REQUIRED  description CDATA #REQUIRED>
]>
<Books>
  <BookList>
    <BookItem isbn="i1887902805" subjectID="C">
        <Title>Xml Learning by Example</Title>
        <Subtitle>Xml Learning</Subtitle>
            <Author>
            <Name>Mellor, Robert B.</Name>
        </Author>
        <!-- 역자(Translator)가 올 수 있음 -->
        <Publisher>Franklin Beedle Assoc</Publisher>
        <PublishedDate>
                <Year>2002</Year>
                <Month>9</Month>
                <Day>1</Day>
        </PublishedDate>
        <Contents>
            <Topic>XML overview</Topic>
            <Topic>XPointer </Topic>
            <Topic>XLink</Topic>
            <Topic>Presentation with Cascading Style Sheets (CSS)</Topic>
            <Topic>Document Type Definitions (DTDs) </Topic>
            <Topic>XML Schema</Topic>
            <Topic>Transformation with XSLT </Topic>
        </Contents>
        <!-- CustomerReview는 5점 만점 -->
        <CustomerReview>3</CustomerReview>
        <RelatedItems>
            <BookTitle isbn="i0764547607">XML Bible</BookTitle>
        </RelatedItems>
        <Price currency="원">
```

```
            <ListPrice>30000</ListPrice>
            <SellingPrice discountRate="0.1">27000</SellingPrice>
        </Price>
        <Quantity>3</Quantity>
    </BookItem>
    <BookItem isbn="i0764547607" subjectID="컴" >
        <Title>XML Bible</Title>
        <Author>
            <Name>Elliotte Rusty Harold</Name>
        </Author>
        <Translator>
            <Name>김용권</Name>
        </Translator>
        <Publisher>정보문화사</Publisher>
        <PublishedDate>
                <Year>2000</Year>
                <Month>1</Month>
                <Day>15</Day>
        </PublishedDate>
        <CustomerReview>4</CustomerReview>
        <Price currency="원">
            <ListPrice>30000</ListPrice>
            <SellingPrice discountRate="0.3">21000</SellingPrice>
        </Price>
        <Quantity>1</Quantity>
    </BookItem>
    <BookItem isbn="i8989800196" subjectID="예 건">
        <Title>명화와 의학의 만남</Title>
        <Author>
            <Name>문국진</Name>
        </Author>
        <Publisher>예담</Publisher>
        <PublishedDate>
                <Year>2002</Year>
                <Month>11</Month>
                <Day>25</Day>
        </PublishedDate>
        <CustomerReview>4</CustomerReview>
        <Price currency="원">
            <ListPrice>16500</ListPrice>
            <SellingPrice>16500</SellingPrice>
        </Price>
        <Quantity>1</Quantity>
    </BookItem>
</BookList>
<SubjectList>
    <Domestic>
        <Subject subjectID="건" description="건강"/>
        <Subject subjectID="경" description="경제경영"/>
        <Subject subjectID="소" description="소설"/>
        <Subject subjectID="시" description="시"/>
        <Subject subjectID="아" description="아동"/>
        <Subject subjectID="어" description="어학"/>
```

```
        <Subject subjectID="여" description="여성"/>
        <Subject subjectID="예" description="예술"/>
        <Subject subjectID="인" description="인문과학"/>
        <Subject subjectID="정" description="정치사회"/>
        <Subject subjectID="종" description="종교"/>
        <Subject subjectID="컴" description="컴퓨터"/>
    </Domestic>
    <Foreign>
        <Subject subjectID="A" description="Arts"/>
        <Subject subjectID="B" description="Children"/>
        <Subject subjectID="C" description="Computer"/>
        <Subject subjectID="E" description="EconomyManagement "/>
        <Subject subjectID="F" description="Fiction"/>
        <Subject subjectID="H" description="Health"/>
        <Subject subjectID="L" description="Language"/>
        <Subject subjectID="O" description="Poetry"/>
        <Subject subjectID="P" description="PoliticsSociology"/>
        <Subject subjectID="R" description="Religion"/>
        <Subject subjectID="S" description="CulturalSciences"/>
        <Subject subjectID="W" description="Women"/>
    </Foreign>
  </SubjectList>
</Books>
```

두 번째 예제는 서신을 표현하는 유효 XML 문서이다.

```
<?xml version="1.1" encoding="euc-kr"?>
<!DOCTYPE 편지 [
  <!ELEMENT 편지 (보내는사람, 받는사람, 내용)>
  <!ELEMENT 보내는사람 (성명, 주소)>
  <!ELEMENT 받는사람 (성명, 주소)>
  <!ELEMENT 성명 (성?, 명)>
  <!ELEMENT 주소 (국가, 주?, 시, 세부주소, 우편번호)>
  <!ELEMENT 내용 (첫머리, 본문, 끝맺음, 추신?)>
  <!ELEMENT 첫머리 (호칭, 문단*)>
  <!ELEMENT 본문 (문단+)>
  <!ELEMENT 끝맺음 (문단*, 날짜, 서명)>
  <!ELEMENT 날짜 (년, 월, 일)>
  <!ELEMENT 성 (#PCDATA)>
  <!ELEMENT 명 (#PCDATA)>
  <!ELEMENT 국가 (#PCDATA)>
  <!ELEMENT 주 (#PCDATA)>
  <!ELEMENT 시 (#PCDATA)>
  <!ELEMENT 세부주소 (#PCDATA)>
  <!ELEMENT 우편번호 (#PCDATA)>
  <!ELEMENT 호칭 (#PCDATA)>
  <!ELEMENT 문단 (#PCDATA)>
  <!ELEMENT 년 (#PCDATA)>
  <!ELEMENT 월 (#PCDATA)>
  <!ELEMENT 일 (#PCDATA)>
  <!ELEMENT 서명 (#PCDATA)>
```

```
  <!ELEMENT 추신 (#PCDATA)>
  <!ATTLIST 편지  보안수준 (높음|중간|낮음) "높음">
]>
<편지 보안수준="높음">
  <보내는사람>
    <성명>
      <성>정</성>
      <명>은정</명>
    </성명>
    <주소>
      <국가>대한민국</국가>
      <시>서울</시>
      <세부주소>강남구 삼성동 144-17번지</세부주소>
      <우편번호>135-090</우편번호>
    </주소>
  </보내는사람>
  <받는사람>
    <성명>
      <성>홍</성>
      <명>길동</명>
    </성명>
    <주소>
      <국가>대한민국</국가>
      <시>서울</시>
      <세부주소>중구 남대문로2가 395번지</세부주소>
      <우편번호>100-092</우편번호>
    </주소>
  </받는사람>
  <내용>
    <첫머리>
      <호칭>홍길동 님</호칭>
      <문단>안녕하십니까? ABC XML DB에 관해 문의하신 내용의 답변을
          드립니다.
      </문단>
    </첫머리>
    <본문>
      <문단>
        ABC XML DB는 ABC Database와 함께 이용할 수 있는 기술입니다. 이는
        W3C XML 데이터 모델을 ABC Database에 수용한 것입니다. 따라서,
        고객님께서는 ABC XML DB를 통해 관계형 데이터베이스 기술의 모든
        장점과 XML의 장점을 완벽하게 활용하실 수 있습니다.
      </문단>
      <문단>
        ABC XML DB는 XML 저장소를 제공합니다. 이는 표준 프로토콜에서
        접근하고 SQL을 통해 질의할 수 있는 모듈입니다. 그리고, 네이티브 XML
        타입을 제공합니다. 이 외에도 ABC XML DB는 DOM, XML Schema, XPath,
        XSLT 등을 지원합니다.
      </문단>
    </본문>
    <끝맺음>
      <문단>
        더 궁금한 사항이 있으시면, 언제라도 편지 주십시오.
        그럼, 이만 줄이겠습니다.
```

```
      〈/문단〉
      〈날짜〉
         〈년〉2007〈/년〉
         〈월〉8〈/월〉
         〈일〉12〈/일〉
      〈/날짜〉
      〈서명〉정은정 올림〈/서명〉
   〈/끝맺음〉
   〈추신〉
      이메일(jej@abc.com)로 질문을 주시면, 보다 빠른 답변을 드릴 수 있습니다.
   〈/추신〉
 〈/내용〉
〈/편지〉
```

3.5 DTD와 XML Schema

XML 문서모델은 DTD 혹은 XML 스키마를 이용하여 작성할 수 있다. DTD와 XML Schema 모두 W3C XML 표준으로 채택되어 있는 상태이므로, 현재 XML 문서모델을 작성하는 방법으로 두 가지 표준이 동시에 존재하고 있는 상황이다.

XML은 e-비즈니스, 웹 서비스, 이질적 시스템 간의 통합 등의 근간 기술로 활용되며 웹 환경에서 데이터 교환 표준으로 자리매김하고 있다. XML의 활용성이 증대됨에 따라 정교하거나 복잡한 XML 문서모델을 기술해야 하는 필요성이 대두되었고 이와 함께 DTD의 표현력의 한계점이 점차 지적되기 시작하였다. W3C에서는 이러한 배경에서 DTD의 대안으로 XML Schema를 제안하였다.

이 절에서는 XML Schema와 비교하여 DTD가 가지는 장점 및 단점에 관하여 간단히 살펴보기로 하자. XML Schema는 다음 장에서 자세히 살펴볼 것이다. 먼저 DTD의 장점은 다음과 같다.

- DTD는 오래 전부터 사용되어 온 SGML으로부터 유래되었기 때문에 널리 알려져 있다.
- DTD는 SGML 표준의 일부분이기 때문에, 이미 개발된 SGML 도구들이 재사용될 수 있다.
- DTD는 문서모델을 작성하는 다른 기술들에 비해 비교적 문법이 간단하다.
- DTD는 동일한 정보에 대한 문서모델을 작성할 때, 다른 기술들에 비해 선언의 양이 적다.

반면, DTD는 아래와 같은 한계점들을 가지고 있다. 아래의 사항들은 DTD의 대안으로 XML Schema가 제안된 근거이기도 하다.

- DTD는 적합-형식 XML 문서가 아니다. 이는 모든 유효성 검사기는 XML 파서이외에 별도의 DTD 파서를 가져야 한다는 것을 의미한다.
- XML 네임스페이스(5장에서 소개됨)란 동일한 이름을 가지는 엘리먼트나 애트리뷰트를 구별해줄 수 있는 기법이다. DTD는 XML 네임스페이스(Namespace)를 지원하지 않는다.
- DTD는 데이터에 대한 다양한 타입을 지원하지 않는다. DTD는 엘리먼트의 내용에 대한 타입으로 #PCDATA로 선언되는 텍스트 문자열만을 제공한다. 또한, DTD는 기존의 프로그래밍 언어 혹은 데이터베이스 질의 언어에서 지원하는 다양한 타입(예: 실수, 정수, 날짜, 시간 등)을 지원하지 못한다.
- DTD는 상속과 같은 객체-지향 개념을 지원하지 못한다. 객체-지향 기술에서는 클래스 간의 상속 개념이 기본적으로 제공되지만, DTD에서는 엘리먼트 선언 간의 상속이 지원되지 않는다.

3.6 요약

- 문서모델이란 문서가 준수해야 하는 규약의 집합이며, XML 문서모델 표준으로는 DTD와 XML Schema가 있다.
- 유효 XML 문서란 XML 문법 및 문서모델 내의 규약을 준수하는 XML 문서이다.
- DTD 선언에는 엘리먼트 선언, 애트리뷰트 선언, 엔터티 선언, 그리고 노테이션 선언이 있다.
- DTD는 별도의 외부 파일에 저장되거나 XML 문서 내에 포함된다. DTD가 외부 파일에 저장된 경우 외부 서브셋이라 하고, XML 문서 내에 포함된 경우 내부 서브셋이라 한다. 내부 서브셋과 외부 서브셋은 동시에 모두 존재할 수 있으며, 내부 서브셋의 효과는 외부 서브셋의 효과보다 우선한다.
- DTD 엘리먼트 선언은 엘리먼트의 내용-모델을 기술한다. 엘리먼트의 내용-모델은 5가지가 있다.
- DTD 애트리뷰트 선언은 엘리먼트 이름, 애트리뷰트 이름, 타입, 그리고 추가정보를 기술한다. 애트리뷰트 타입으로 애트리뷰트 값으로 어떠한 값이 올 수 있는지를 지정하며, 추가정보로 애트리뷰트가 반드시 나타나야 하는지와 기본

값 등을 지정한다.

- DTD 노테이션 선언은 XML파서에게 이 데이터가 XML 문자 정보가 아닌 데이터라는 사실을 알려주기 위한 목적으로 사용된다.
- DTD 엔터티 선언은 엔터티 이름과 내용 혹은 내용을 담은 파일의 위치를 지정한다. 엔터티 참조가 XML 문서 내에서 이루어지는 엔터티를 일반 엔터티라 하고, DTD 내에서 이루어지는 엔터티를 파라미터 엔터티라 한다. 파라미터 엔터티는 선언 및 참조 시에 % 기호를 사용한다는 점에서 일반 엔터티와 차이점이 있다.
- DTD는 XML Schema에 비해 널리 알려져 있고 간단하다는 장점이 있지만, 표현력이 부족하다는 단점이 있다.

3.7 연습문제

1. 문서 모델(Document Model)은 XML 문서의 유효성의 판단 기준으로 사용된다. 문서 모델을 이용할 때 얻을 수 있는 장점을 2가지 이상 설명하라.

2. DTD 문서 모델은 개념적으로 DTD 선언들로 구성된다. DTD 선언의 네 가지 종류는 무엇인가?

3. XML 문서에서 DTD를 지정할 때, 내부 서브셋(Internal subset) 혹은 외부 서브셋(External subset)으로 지정할 수 있다. 내부 서브셋의 사용이 유용한 상황과 외부 서브셋의 사용이 유용한 상황을 각각 설명하라.

4. DTD 엘리먼트 선언은 이름과 내용-모델(Content-model)로 구성된다. 내용-모델의 다섯 가지 종류는 무엇인가?

5. XML 문서 내의 애트리뷰트가 어떠한 값을 가져야 하는가는 DTD 애트리뷰트 타입을 선언함으로써 규정할 수 있다. 만약 애트리뷰트 값으로 고유한 값을 사용해야 한다면, 어떤 애트리뷰트 타입을 선언해야 하는가?

6. XML 문자 정보가 아닌 데이터를 XML 문서에 포함하고 싶은 경우에 필요한 DTD 선언은 무엇인가?

7. 엔터티 선언은 DTD에서 이루어지며, 엔터티 참조는 XML 문서 혹은 DTD 내에서 이루어진다. 참조가 XML 문서 내에서 이루어지는 엔터티와 DTD 내에서 이

루어지는 엔터티의 명칭은 무엇인가?

|프로젝트|

8. 온라인 상에서 도서를 판매하는 book.com 회사는 도서 정보를 XML로 표현하기로 하였다. 이 회사의 직원인 당신은 XML 문서 모델을 DTD로 디자인하여야 한다. 다음의 디자인 관련 요구사항을 준수하여 DTD를 작성하시오.

- DTD 디자인 관련 요구사항
  - 아래 애트리뷰트 타입을 사용하시오.
    - ID, IDREF, IDREFS
    - 열거형 리스트
    - CDATA
    - ENTITY
  - 노테이션 선언을 사용하시오.
  - 파싱되지 않는 외부 엔터티를 사용하시오.
  - 아래 DTD 디자인 정보를 표현하시오.

- DTD 디자인 정보
  - 루트엘리먼트는 Books이며, 서브 엘리먼트로 BookList, SubjectList를 가진다. BookList는 도서 리스트, SubjectList는 주제 리스트를 의미한다.
  - BookList 엘리먼트는 서브 엘리먼트로 BookItem을 가진다. BookItem은 도서를 나타내며, 0번 이상 나타난다.
  - BookItem 엘리먼트는 서브 엘리먼트로 Title, SubTitle, Author, Translator, Publisher, PublishedDate, Content, CustomerReview, RelatedItems, Price, Quantity를 가진다. Title은 제목, SubTitle은 부제목, Author는 저자, Translator는 역자, Publisher는 출판사, PublishedDate는 출판일, Content는 내용, CustomerReview는 도서 평, RelatedItems는 관련 도서들, Price는 가격, Quantity는 보유량을 의미한다.
  - BookItem 엘리먼트는 ISBN, subjectIDsReference, picture 애트리뷰트를 가진다. subjectIDsReference는 주제 ID 참조값, picture는 표지 그림을 의미한다.
  - ISBN 애트리뷰트는 유일한 값이며 반드시 나타난다.

- subjectIDsReference 애트리뷰트는 subjectID 애트리뷰트 값들을 참조한다.
- picture 애트리뷰트는 엔터티 타입이며, 반드시 나타난다.
- SubTitle 엘리먼트는 0번 이상 나타난다.
- Author 엘리먼트는 서브 엘리먼트로 Name을 가진다. Name은 1번 이상 나타난다.
- Translator 엘리먼트는 나타나지 않을 수 있으며, 서브 엘리먼트로 Name을 가진다. Name은 1번 이상 나타난다.
- PublishedDate 엘리먼트는 나타나지 않을 수 있으며, 서브 엘리먼트로 Year, Month, Day를 가진다.
- Content 엘리먼트는 나타나지 않을 수 있으며, 서브 엘리먼트로 Topic을 가진다. Topic은 주제를 나타내며, 1번 이상 나타난다.
- CustomerReview 엘리먼트는 나타나지 않을 수 있다.
- RelatedItems 엘리먼트는 나타나지 않을 수 있으며, 서브 엘리먼트로 BookItemReference를 가진다. BookItemReference는 관련도서를 나타내며, 1번 이상 나타난다.
- BookItemReference 엘리먼트는 isbnReference 애트리뷰트를 가진다. isbnReference는 ISBN 참조값을 나타내며, ISBN 애트리뷰트의 값을 참조한다.
- Price 엘리먼트는 서브 엘리먼트로 ListingPrice, SellingPrice를 가진다. ListingPrice는 정가, SellingPrice는 판매가를 의미한다.
- Price 엘리먼트는 currency 애트리뷰트를 가진다. currency는 통화를 의미한다.
- currency 애트리뷰트는 "원" 혹은 "달러" 중 하나의 값이어야 하며, 기본값은 "원"이다.
- SubjectList 엘리먼트는 서브 엘리먼트로 Domestic, Foreign을 가진다. Domestic은 국내, Foreign은 국외를 의미한다.
- Domestic 엘리먼트는 서브 엘리먼트로 Subject를 가진다. Subject는 주제를 의미하며, 1번 이상 나타난다.
- Foreign 엘리먼트는 서브 엘리먼트로 Subject를 가진다. Subject는 주제를 의미하며, 1번 이상 나타난다.
- Subject 엘리먼트는 애트리뷰트 subjectID, description을 가진다. subjectID는 주제어, description은 subjectID의 설명을 의미한다.
- subjectID 애트리뷰트는 유일한 값이어야 하며 반드시 나타나야 한다(예: A, C).
- description 애트리뷰트는 반드시 나타나야 한다(예: Art, Computer).

04
CHAPTER

CSS(Cascading Style Sheets)

지금까지는 XML 문서를 구성하는 방법에 대해서 다루어 왔지만, XML 문서의 내용을 효과적으로 웹 브라우저에 표현하는 방법 역시 필요할 것이다. HTML에는 문서의 내용을 화면에 표현하기 위한 기본적인 마크업(태그)들이 정의되어 있지만, XML에서 사용되는 마크업들은 문서 내용의 의미와 구조를 나타내는 역할을 한다. 그래서, XML 문서의 내용을 웹 브라우저에 표현하기 위해서는 XML 문서의 표현 스타일을 다룰 수 있는 방법이 필요하다. 현재 XML 문서를 화면에 표현하는 방법으로는 CSS(Cascading Style Sheets)와 XSL(eXtensible Stylesheet Language)이 있다. 이번 장에서는 웹 문서에 스타일 정보를 추가하는 가장 간단한 방법인 CSS에 대해서 살펴볼 것이다. 먼저, 스타일시트(Stylesheets)가 무엇이고 XML 문서에서 스타일시트가 필요한 이유에 대해서 설명한다. 그리고, XML 문서의 내용을 화면에 표현하기 위해 CSS와 XSL을 적용하는 방법에 대해서도 알아본다. 마지막으로 CSS 문법 및 속성에 대해서 살펴보고 XML 문서에서 CSS를 이용하는 방법을 설명한다. XSL에 대해서는 9장과 11장에서 다룬다.

4.1 스타일시트 (Stylesheets)

4.1.1 스타일시트란?

스타일시트(Stylesheets)는 웹 문서의 내용에 스타일 정보(예, 폰트, 색상, 여백 등)를 적용하여 어떻게 표현할 것인지를 설정하는 표현 언어이다. 표현의 형태는 파일, 프린터 등을 이용한 출력물이나 애플리케이션에서 관리되는 특정 영역 등으로 이루어질 수 있으며, 일반적인 문서 편집(예: Word, HWP, LaTex 등)에서 제공되는 다양한 스타일을 적용할 수 있다. 이 책에서는 특히 웹 브라우저를 이용하여 XML 문서의 내용을 표현하는 경우를 고려하겠다.

웹에서 사용할 수 있는 스타일시트로는 W3C에서 현재 CSS와 XSL에 대해서 표준화 작업을 하고 있다. 이들에 대한 표준화 활동은 각각 CSS 워킹그룹(Working group)과 XSL 워킹그룹을 통하여 진행하고 있으며, W3C에서 진행 중인 스타일시트 표준화 작업에 관련된 구체적인 활동 내용은 웹사이트 "http://www.w3.org/Style/Activity"에서 확인할 수 있다. 스타일시트에 대한 이러한 활동은 W3C가 1994년에 설립된 이후 지속적으로 발전되어 왔으며 지금까지 여러 개의 W3C 확정-권고안 표준 문서들을 발표하였다. 대표적인 것으로는 CSS1, CSS2, XPath, XSLT 등이 있다. 특히, CSS는 현재 대부분의 웹 브라우저에 의해서 구현되어 있다. W3C Style Activity에서는 XSL에 대한 개발을 병행하고 있는데, XSL은 XSLT와 XSL-FO로 구성되어 있으며, 각각은 9장과 11장에서 다룰 예정이다.

웹 문서에 스타일시트를 첨가할 수 있게 함으로써, 새로운 문서 태그를 추가하거나 혹은 웹 문서가 플랫폼에 독립적으로 만들어 진다는 장점을 유지하면서 문서가 화면에 표현되는 형태를 지정할 수 있다. 스타일시트를 사용하여 문서 내용(Document contents)과 표현(Presentation)을 서로 독립적으로 관리하는 것은 아래와 같은 장점을 갖는다.

- 하나의 스타일시트를 여러 개의 데이터 파일에 대한 스타일 설정이나 화면 표현에 공유할 수 있다. 서로 다른 데이터 파일에 대하여 동일한 출력 형식을 유지하고자 할 때 유용하다.
- 하나의 데이터 파일에 대해 다양한 출력 형태를 지원할 수 있다. 문서의 내용과 표현이 서로 독립적이므로 표현 형태에 따라 적합한 스타일시트를 정의하여 문서의 내용에 선택적으로 적용할 수 있다.

- 플랫폼에 독립적으로 출력 형태를 유지할 수 있다. HTML 문서를 웹 브라우저를 통해 볼 경우, 사용하는 웹 브라우저, 운영체계, 하드웨어 장비 등에 따라서 다르게 보일 수 있다. 그러나 스타일시트를 사용하면 플랫폼에 상관없이 항상 동일한 형태의 출력을 유지할 수 있다.
- 유지보수의 비용을 절약할 수 있다. 예를 들어, XML문서의 내용과 웹 브라우저 등에 그 내용을 화면에 표현하는 스타일이 정의되어 있다고 하자. 만약 XML 문서의 특정 엘리먼트의 내용에 기존과 다른 스타일을 적용하고자 한다면, 해당 엘리먼트에 대해서 정의된 스타일 부분을 수정하면 된다. 이는 마치 엔터티를 정의하여 XML 문서에서 반복하여 사용하는 경우에 엔터티 선언 부분만 수정함으로써 XML 문서에서의 관련된 내용을 모두 수정할 수 있는 것과 동일한 개념이다.

4.1.2 CSS와 XSL

W3C에서는 웹 문서에 대한 스타일시트 표준으로 CSS와 XSL을 정의하고 있음을 언급한 바가 있다. 여기에서는 CSS와 XSL의 개념에 대해서 간단히 살펴보고, 이들 사이의 차이점에 대해서 알아보자.

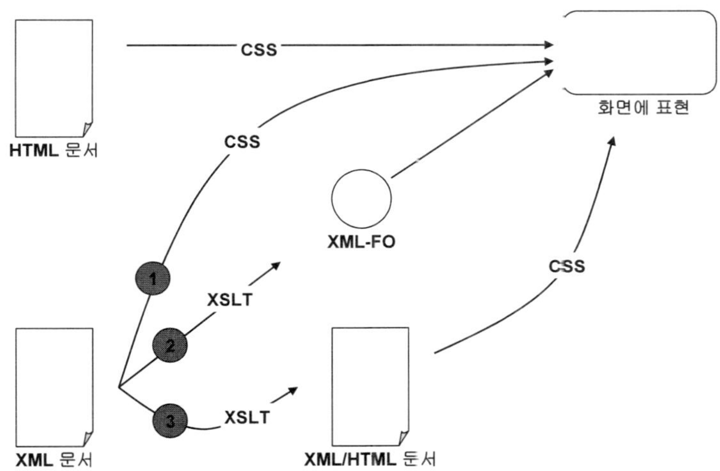

그림 4.1 화면에 문서를 표현하기 위한 CSS 및 XSLT의 적용 과정

CSS(Cascading Style Sheets)는 HTML, XML과 같은 구조화된 문서에 스타일을

부여할 수 있는 스타일시트 언어이다. CSS에서 스타일 설정은 HTML과 XML의 태그에 대한 스타일을 설정하여 웹 브라우저에서 스타일이 설정된 태그의 내용이 원하는 형태로 표현될 수 있도록 한다. CSS의 가장 큰 특징은 HTML과 XML 문서 모두에 사용될 수 있다는 것이다.

한편, XSL(eXtensible Stylesheet Language)은 XML 문서를 다른 형식의 문서로 변환(Transformation)하여 화면에 표현되게 하는 것으로 여기에 사용되는 표준들은 XSLT, XPath, XSL-FO 등의 3가지가 있다. XSLT(XSL Transformations)는 하나의 XML 문서를 다른 형식의 XML 혹은 HTML 문서로 변환할 때 사용되며, XPath(XML Path Language)는 XML 문서의 특정 부분을 접근할 때 사용되는 일종의 질의 언어이다. 그리고, XSL-FO(XSL Formatting Objects)는 XML 문서를 화면 등에 표현하는 방법을 제공한다. 특히, XSL-FO는 CSS와 같이 XML 문서를 웹 브라우저에 표현되도록 스타일 정보를 설정할 수 있을 뿐만 아니라 PDF, PostScript, Microsoft RTF 또는 TEX 등과 같은 고수준의 출력을 지원할 수도 있다. XPath는 8장, XSLT는 9장, XSL-FO는 11장에서 각각 다룰 것이다.

그림 4.1에서 보듯이 HTML 문서는 CSS를 이용하여 화면에 표현된다. XML 문서는 출력을 위해 3가지 방법을 사용할 수 있다. 첫 번째 방법은 HTML과 같이 CSS를 바로 XML 문서에 적용하는 것이고, 두 번째 방법은 XSLT를 이용하여 XML 문서를 XSL-FO로 변환한 후에 화면 등에 표현하는 것이며, 마지막 세 번째 방법은 XSLT를 이용하여 다른 XML 혹은 HTML 문서로 변환하고 이후에 CSS를 적용하는 것이다. 결국, XML 문서를 표현하는 방법은 크게 CSS와 XSL을 사용하는 두 가지로 나눌 수 있다.

그러면, 어떤 경우에 CSS를 사용하고, 어떤 경우에 XSL을 사용하는가? 이들 사이에는 어떤 차이가 있는가? W3C에서는 위의 질문에 대해서 "가능하면 CSS를 사용하고, XSL은 꼭 필요한 경우에만 사용하라"고 권하고 있다. CSS는 배우기 쉽고, 사용하기도 편하며, 스타일의 설정과 유지보수가 간편하다. CSS가 이러한 장점이 있는 반면에 기능적인 측면에서는 XSL과 비교하여 다소 제한적이다. 결국, CSS를 이용하여 간편하게 스타일시트를 사용할 것을 권하지만, CSS만으로는 원하는 기능이 부족하다면 XSL을 사용할 것을 권한다. CSS와 XSL의 차이점은 아래와 같다.

- XSL은 XML 문서에 대해서만 출력 스타일을 적용할 수 있지만, CSS는 HTML과 XML 문서 모두에 사용될 수 있다. 유래를 보면, CSS는 처음에 HTML 문서의 스타일시트를 위해서 고안되었고, XSL은 XML 문서의 출력을 위해서 새롭게 정의된 스타일시트 언어이다.

- XSL은 XML문서를 다른 형식의 새로운 문서로 변환할 수 있는 기능을 가지고 있지만, CSS는 현재의 문서 내용에 스타일만을 설정할 수 있다. 따라서, 문서 내용의 구성을 바꾸거나 형식을 변형하고자 할 경우에는 XSL을 사용해야 한다.
- 스타일을 설정을 위한 언어 문법의 측면에서 보면, CSS는 CSS 자체의 문법을 사용하지만, XSL은 XML과 동일한 언어 문법을 가진다.

4.2 CSS 기초

4.2.1 CSS 배경

CSS(Cascading Style Sheets)는 HTML과 XML 같은 구조화된 문서에 스타일 정보를 설정할 수 있는 스타일시트 언어로서 처음에는 HTML 문서를 보다 다양하면서도 플랫폼 독립적인 출력 형태를 보장하기 위해서 고안되었다. HTML 문서에 사용되는 태그들은 그 자체가 어떻게 출력될 것인지에 대한 기본적인 스타일 정보를 가지고 있지만 웹 브라우저에 따라 다르게 보인다는 문제를 갖고 있었으며, 이를 해결하기 위한 하나의 방안으로 CSS의 개발이 고려되었다.

CSS의 역사는 1994년부터 시작된다. CERN은 웹 태동의 근원지로서 웹을 전자출판의 플랫폼으로 사용하기 시작하였다. 그러나 출판 플랫폼이 가져야 할 중요한 부분 중의 하나인 웹 문서에 스타일을 적용하는 어떠한 방법도 존재하지 않았다. 다시 말해서, 웹 페이지를 신문과 같은 형식으로 표현할 수 없었다. 이에 MIT 미디어 연구소에서 개인 신문 출판 분야를 연구한 Hakon이 웹에서의 스타일시트 언어의 필요성에 대해서 언급하면서 1994년 10월에 Cascading HTML Style Sheets라는 초안을 발표하였다. 이 CSS 초안에 관심을 보인 사람들 중에는 Argo라는 스타일시트를 가진 브라우저를 개발한 Bert Bos가 있었는데, 그는 이후에 Hakon과 공동 연구를 하게 되었다. CSS 초안과 Argo 스타일 언어는 현재의 CSS와는 다른 모습이었지만 서로의 기본적인 개념을 인식하기에는 문제가 없었다. 그러나 그 당시에 CSS는 유일한 스타일시트 언어는 아니었으며 각 웹 브라우저마다 전용 스타일시트 언어를 지원하고 있었다. 예를 들면, Next 브라우저, Pei Wei의 Viola 브라우저, Hyper-G 시스템을 위한 Harmony 브라우저 등이 있다. 특히, ISO에서는 SGML 문서를 출판하기 위해 DSSSL(Document Style Semantics and Specification Language)이라는 복잡한 스타일 및 변환 언어를 개발하고 있었다. DSSSL 역시 HTML에 적용될 수 있지만 CSS를 다른 것과 구별되도록 만드는 중요한 특징은 웹에서 문서의 스타일은 문서를 작성한 작성자나 독자에 의해서 설계되는 것이 아니라, 작성자나 독자의 의도뿐만 아니라 디스플레이 기기와 브라우저의 능력 등이 어떠한 형태로든 합쳐져서 적용되어야 한다는 것이다. 결국, 현재 모습과 같은 최초 CSS는 1994년 11월 시카고 웹 컨퍼런스에서 발표되었으며, 이듬해인 1995년 4월 웹 컨퍼런스에서 다시 논의되었다.

1995년에 W3C는 미래의 HTML 표준 스펙을 검증하기 위해 HTML ERB (Editorial Review Board)를 구성하였는데, 스타일시트 역시 이 위원회의 주요 관심 분야에 속하게 되었다. HTML ERB는 1996년 12월에 W3C 확정-권고안으로 CSS 레벨 1(CSS1)을 최종적으로 발표했다. 이후 1997년 2월에 CSS는 W3C에 독립적인 워킹그룹을 구성하여 CSS1에서 다루지 못한 새로운 기능들을 추가하였으며, 이의 결과로 1998년 5월에 CSS 레벨 2를 W3C 확정-권고안으로 채택하였다. 1999년 1월에는 기존의 CSS1을 교정하였으며, 2007년 7월에는 CSS2의 교정본인 CSS2.1을 W3C 후보-권고안으로 발표한 상태이다. 그리고 CSS 레벨 3는 현재 개발 진행 중에 있다.

CSS는 다양한 레벨과 프로파일(Profile)을 가지고 있다. 즉, 데스크탑 브라우저는 CSS 레벨 1, 2, 3을 구현하며, 다른 프로그램은 자신의 플랫폼(즉, 모바일 폰, PDA, TV, 프린터 등)에 적합한 프로파일을 개발한다. CSS1에서는 CSS의 거의 모든 프로파일에서 필요한 폰트, 여백, 색상 등의 스타일 정보에 대한 특징들을 포함하고 있다. CSS2(CSS2.1)는 CSS1의 내용에 추가적으로 절대 좌표 엘리먼트, 자동 번호 매김, 페이지 구분, 오른쪽에서 왼쪽으로 가로쓰기 등의 기능을 포함한다. 그리고, CSS3는 CSS2의 내용에 추가하여 새로운 선택자(Selector), 가상 경계선, 배경, 세로쓰기, 사용자 상호작용 등의 기능을 확장하고 있다. 이외에, 모바일 폰과 PDA와 같은 기기를 위한 CSS Mobile Profile 2.0이 2006년 12월 W3C 표준-초안 상태가 되었으며, 저가형 프린터를 위한 CSS Print Profile은 2006년 10월에 역시 W3C 표준-초안 상태에 있다. 그리고 TV 플랫폼을 위한 CSS TV Profile 1.0은 2003년 5월에 W3C 후보-권고안으로 발표되었다.

현재 CSS를 지원하는 웹 브라우저들은 CSS 레벨 표준의 지원 정도에 따라 다른 수준의 스타일 설정을 제공하고 있다. 마이크로소프트사의 인터넷 익스플로러는 CSS 레벨 1은 모두 지원하지만 CSS 레벨 2는 부분적으로 지원하고 있으며, 넷스케이프의 경우에는 CSS 레벨 2까지 지원하고 있다. 그 밖에, KDE(K Desktop Environment, http://www.kde.org) 프로젝트에서는 CSS2.1 전체와 CSS3의 선택자 부분을 지원하는 Konqueror 브라우저를 2005년 3월에 발표하였고, ANT 소프트웨어에서는 IPTV와 디지탈 홈 임베디드 브라우저인 Galio와 Fresco를 2005년 2월에 발표했는데 CSS2.1, CSS TV Profile, 일부 CSS3 기능 등을 지원한다. CSS 브라우저에 대한 보다 자세한 내용은 "http://www.w3.org/Style/CSS/"을 참조하기 바란다. 이 책에서는 CSS 레벨 1과 마이크로소프트사의 인터넷 익스플로러 최신 버전을 기준으로 설명할 것이다.

4.2.2 HTML 문서에 CSS 사용하기

CSS는 처음에는 HTML문서에 스타일을 설정하기 위해서 제안되었지만, CSS 스타일을 정의하는 방법은 HTML 문서에서나 XML 문서에서나 동일하다. 여기서는 먼저 데스크탑 브라우저 환경에서 HTML 문서에 CSS를 설정하여 출력하는 예제를 통해서 스타일을 사용하는 방법에 대해서 알아보도록 한다.

CSS는 크게 3가지 방법으로 스타일을 설정할 수 있는데 외부(External) CSS선언, 내부(Internal) CSS 선언, 그리고 인라인(Inline) CSS 선언이 있다. 외부 선언은 HTML 문서 외부에 독립적으로 선언된 CSS 파일을 가져와서 스타일을 설정하는 경우를 의미하고, 내부 선언은 HTML 문서의 HEAD 태그 내에 CSS로 스타일을 선언하는 경우이며, 인라인 선언은 스타일을 적용하고자 하는 HTML 문서의 태그 내부에서 CSS가 사용되는 경우를 의미한다. 여기서, 내부 및 인라인으로 선언된 CSS인 경우는 해당 HTML 문서의 스타일만을 설정하는데 사용하므로 여러 HTML 문서들에 대한 재사용성은 지원하지 못하지만, 스타일 설정을 간편하고 빠르게 작성할 수 있다는 장점이 있다. 외부 선언의 경우는 HTML 문서와는 독립적인 CSS 파일로 스타일을 설정하여 재사용성과 유지보수의 관점에서 장점이 있기 때문에 XML 문서에서는 주로 외부 선언 방법을 사용한다. 예 4.1은 내부 선언을 사용하여 스타일을 적용한 HTML 문서이고, 그림 4.2는 예 4.1의 HTML 문서를 웹 브라우저를 통해서 출력시킨 모습이다.

예 4.1 Sample4-1.html 문서: CSS 내부 선언을 포함한 HTML 문서

```
<HTML>
  <HEAD>
    <TITLE> Notification message </TITLE>
    <STYLE type="text/css">
    <!-- h1{
```

```
      display: block;
      font-size: 18pt;
      font-weight: bold;
      text-decoration: underline;
      text-align: center;
      background-color: yellow;  }
    h2{display: block;
      font-size: 12pt;
      line-height: 25%; }
    h3{display: block;
      font-size: 10pt;
      padding-left: 30px;  }
    h4{display: block;
      font-size: 10pt;
      padding-left: 60px;
      color: green;   }
    h4 A {color: red;} -->
  </STYLE>
</HEAD>
<BODY>
<h1>Notification for your order.</h1>
<h2>From: amazon.com</h2>
<h2>To: John Smith</h2>
<h2>Date: July 13, 2007</h2>
<h2>Subject: Thanks for shopping!</h2>
<h2>Body:</h2>
<h3>You ordered item(s) below:</h3>
<h4>- XML beginner: 15.00$</h4>
<h4>- Using CSS for XML: 10.55$ <A>(24% sale)</A></h4>
<h3>If there are some problems, send mail to us until July 15, 2007.</h3>
</BODY>
</HTML>
```

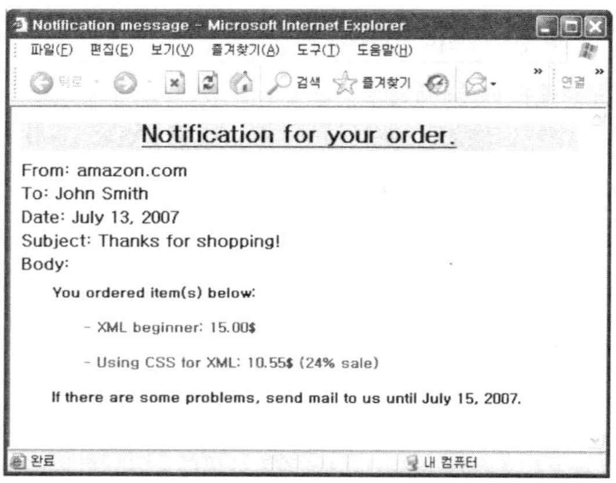

그림 4.2 예 4.1의 HTML 문서를 웹 브라우저에 표현

CSS를 사용한 스타일 선언은 예 4.2와 같이 하나의 선택자 내부에 속성이름과 속성값의 쌍이 반복해서 나타난다. 선택자는 스타일을 적용하고자 하는 HTML 문서에서의 태그 이름을 나타내고, 속성 정의 부분에는 선택자(즉, 태그 이름)에 적용하고 싶은 속성의 이름과 값의 목록을 명시하여 스타일을 정의한다. 예 4.1의 Sample4-1.html을 보면 선택자 h1에는 6개의 속성이 선언되어 있으며, 이 속성들은 동일한 문서의 BODY 태그 내부에 있는 h1 태그의 내용을 표현하는 스타일로 적용된다. 스타일 설정은 STYLE 태그 내에 존재하며, h1 이전에 사용된 '<!--'는 본래 HTML 주석을 의미하는 문자열이지만 CSS를 인식하지 못하는 이전 버전의 웹 브라우저는 스타일 선언 부분을 주석으로 해석하도록 하기 위함이다.

예 4.2 **CSS 스타일 정의 문법**

```
선택자{
    속성이름: 속성값;
    속성이름: 속성값;
    ...
}
```

예 4.1에서 선언된 속성의 내용을 살펴보면 먼저 'display: block;'은 태그로 둘러싸인 내용을 하나의 블록으로 취급하라는 것으로 해당 태그의 내용은 새로운 줄에서 시작하고 그 다음의 태그 내용도 새로운 줄에서 시작하도록 한다. 그리고, 'font-size: 18pt;'는 글자 크기를 18 포인트로 만들고, 'font-weight: bold;'은 글자를 진하게 하며, 'text-decoration: underline;'은 글자에 밑줄을 긋는다. 다음으로 'text-align: center;'은 글자를 가운데로 정렬하고, 'background-color: yellow;'은 배경을 노란색으로 설정한다. 기타 다른 선택자 h2, h3, h4 또한 같은 방법으로 해석을 할 수 있다. 특히, h4 내부의 A 선택자는 상속 기능을 사용한 것인데 이에 대해서는 4.3절에서 다룰 것이다.

외부 선언은 HTML 문서 외부에 있는 CSS 파일을 연결해서 사용하는 방법으로 HTML 문서에서는 예 4.3과 같이 LINK 태그를 이용하여 대상으로 하는 CSS 문서를 참조한다. 예 4.3은 sty.css 파일에서 선언된 스타일을 사용한다는 것을 명시하고 있으며, 일반적으로 CSS 파일은 확장자로 .css를 사용한다. 이러한 외부 선언의 이점은 여러 HTML 문서가 하나의 CSS 문서를 공유할 수 있다는 점과 CSS 문서의 스타일을 교정했을 때 동시에 관련된 모든 HTML 문서에 적용된다는 점이다.

예 4.3 **외부 선언된 CSS 파일의 연결**

```
<LINK rel="stylesheet" type="text/css" href="sty.css">
```

한편, 인라인 선언은 HTML에서 사용하는 태그 내부에 직접 스타일 선언을 명시하는 방법이다. 이 방법은 HTML 문서에 나타나는 태그별로 세부적인 스타일을 설정할 수 있는 장점을 가지고 있는 반면에 수정을 하고자 할 경우 해당 내용을 모두 찾아서 변경해야 하는 단점이 있다. 예 4.4는 태그 A의 내용인 "Yahoo.com"에 대해서 하이퍼링크(Hyperlink)를 설정하고 (이는 CSS 스타일 선언이 아님), 12pt의 글자 크기와 red(빨강)의 글자 색상을 인라인 선언으로 선언한 예를 보여준다.

예 4.4 **CSS의 인라인 선언 예**

```
My favorite site is <A href="http://www.yahoo.com" style="font-size: 12pt; color:
red">Yahoo.com</A>
```

4.2.3 CSS 문서의 유효성 검사

웹 문서에 CSS 스타일을 적용할 때는 크게 두 가지 사항을 고려해야 한다. 하나는 스타일 설정을 위해서 사용되는 CSS의 적합한 레벨을 선택하는 것이고, 다른 하나는 CSS 스타일을 파싱하는 웹 브라우저가 CSS의 어떤 레벨까지 지원하는지를 확인하는 것이다. 현재 CSS는 레벨 2까지 표준화되어 있고 레벨 1과 2의 기본적인 속성들은 큰 차이가 없다. 그러나 웹 브라우저 중에는 CSS 레벨 1만을 지원하는 경우가 있으므로(예, 마이크로소프트 인터넷 익스플로러 6.x 버전) 사용 시 고려되어야 한다.

스타일 설정을 위해 CSS를 올바르게 작성했는지를 직접 웹 브라우저를 실행함으로써 쉽게 확인할 수도 있지만, 구체적으로 어느 부분에서 오류가 발생했는지를 확인할 수 있어야 한다. 이를 위해 CSS 문서의 유효성 검사 도구(즉, Validator)를 사용하는데 W3C에서도 이를 지원하고 있다. 웹 사이트 "http://jigsaw.w3.org/css-validator/"에 방문하면 CSS 파일이 있는 URL을 입력하거나, CSS 텍스트를 입력하거나, 혹은 CSS 파일을 업로드하여 유효성 검사를 할 수 있다. 또한, CSS 문서를 작성하는데 도움을 주는 저작 도구(Authoring tools)들이 지원되고 있는데 많은 저작 도구들은 자체적으로 유효성 검사를 지원하고 있다.

4.3 XML문서에 CSS 사용하기

4.3.1 XML과 HTML

CSS는 HTML 문서뿐만 아니라 XML 문서에 대해서도 스타일을 설정할 수 있다. 그러면, HTML과 XML 문서에서 태그로 둘러싸인 부분에 스타일 설정이 적용되었을 때 화면에 표현되는 관점에서 어떤 차이가 있는 것일까? HTML 문서에서 사용되는 태그는 그 자체가 고유한 기능적인 의미를 갖는 동시에 출력을 위한 스타일 정보를 제공하고 있다. 물론, 어떤 태그들은 기능적인 의미만을 갖고 스타일 정보는 생략되어 있지만, HTML 태그들은 그 자체도 훌륭한 스타일이 되기도 한다. 예를 들어, 제목 태그로 사용되는 h1, h2, h3, h4, h5, h6 등의 경우에 해당 태그로 둘러싸인 텍스트는 제목이라는 기능적인 의미를 가지고 있다. 또한, 추가적으로 텍스트는 h1~h6 중에서 숫자가 작을수록 큰 글자로 출력을 하고 그 이후의 내용은 자동 줄 바꿈을 하는 스타일 속성을 가지고 있다. 하지만 HTML 태그들은 웹 브라우저를 개발하는 회사마다 서로 다르게 구현되며, 때로는 운영체제에 따라서도 서로 다르게 보이기도 한다. 그러나 CSS를 통한 스타일 설정으로 이러한 문제점을 해결할 수 있다.

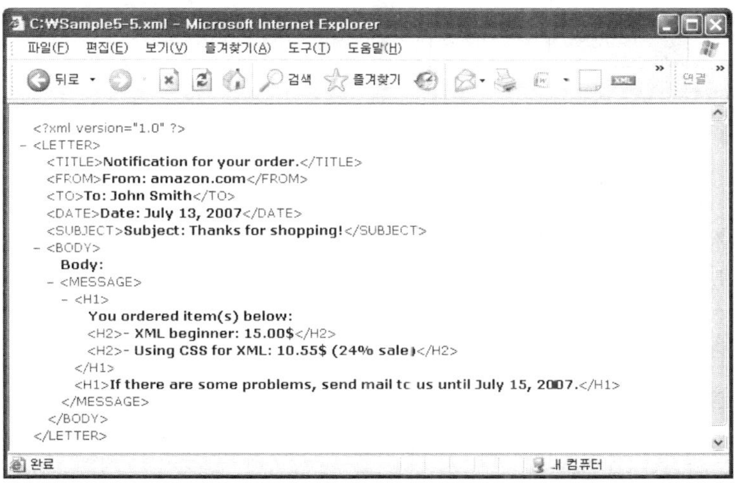

그림 4.3 스타일을 지정하지 않은 XML문서의 출력

XML에서의 엘리먼트는 해당 문서를 만든 저자에 의해서 의미가 부여되며 동시에 엘리먼트 사이에 구조화된 관계 정보를 포함하고 있지만, 웹 브라우저에서 보여지는 형태에 대한 스타일 정보는 가지고 있지 않다. 예 4.5 Sample4-5.xml 문서는 LETTER를 루트 엘리먼트로 가지는 XML 문서의 한 예인데, 사용된 태그들은 의미적인 정보만을 가지고 있고 웹 브라우저에 대한 스타일 정보는 전혀 갖고 있지 않음을 알 수 있다. 만약 예 4.5의 문서를 웹 브라우저를 통해서 보면, 그림 4.3과 같이 전혀 스타일 속성이 적용되지 않은 XML 문서 자체를 보여줌을 확인할 수 있다. 따라서 XML 문서에서는 각 엘리먼트에 대한 적절한 스타일을 설정할 필요성이 있으며, 이에 대한 방법으로 CSS와 XSL을 사용하고 있다.

예 4.5 Sample4-5.xml 문서

```
〈?xml version="1.0"?〉
〈LETTER〉
  〈TITLE〉Notification for your order.〈/TITLE〉
  〈FROM〉From: amazon.com〈/FROM〉
  〈TO〉To: John Smith〈/TO〉
  〈DATE〉Date: July 13, 2007〈/DATE〉
  〈SUBJECT〉Subject: Thanks for shopping!〈/SUBJECT〉
  〈BODY〉Body:
    〈MESSAGE〉
      〈H1〉You ordered item(s) below:
         〈H2〉- XML beginner: 15.00$〈/H2〉
         〈H2〉- Using CSS for XML: 10.55$ (24% sale)〈/H2〉
      〈/H1〉
      〈H1〉If there are some problems, send mail to us until July 15, 2007.〈/H1〉
    〈/MESSAGE〉
  〈/BODY〉
〈/LETTER〉
```

4.3.2 XML 문서에 CSS 스타일 지정

XML 문서는 일반적으로 규정된 문서 모델에 따라 문서 내용을 기술하고 있기 때문에 문서 내부에 CSS를 가지고 있는 것은 적절하지 않다. 일반적으로 CSS를 외부 파일로 작성하고 XML 문서에서 연결하는 외부 선언 방법을 사용한다. 이와 같은 방법은 유사한 내용과 구조를 가진 XML 문서들 사이에 하나의 CSS를 공유할 수 있다는 장점이 있다.

XML 문서에서는 시작 부분에 <?xml-stylesheet ... ?>라는 처리명령을 사용하여 적용하고자 하는 CSS 파일의 위치를 지정한다. 그리고, 웹 브라우저는 XML 문서를 읽어 들이면서 <?xml-stylesheet ... ?> 처리명령을 만났을 때 지정된 CSS 파일을 가져와서 엘리먼트 별로 정의된 스타일을 적용하여 XML 문서의 내용을 화면에 보여준다 (그림 4.4). 만약 스타일이 설정되어 있지 않은 엘리먼트의 경우에는 상속받은 스타일 속성이 있다면, 그 속성을 적용하고 그렇지 않으면 기본적인 스타일 설정(환경에 따라서 상이함)으로 보여준다. 예 4.6은 XML 문서에서 xml-stylesheet 처리명령을 사용하는 방법을 보여주고 있다.

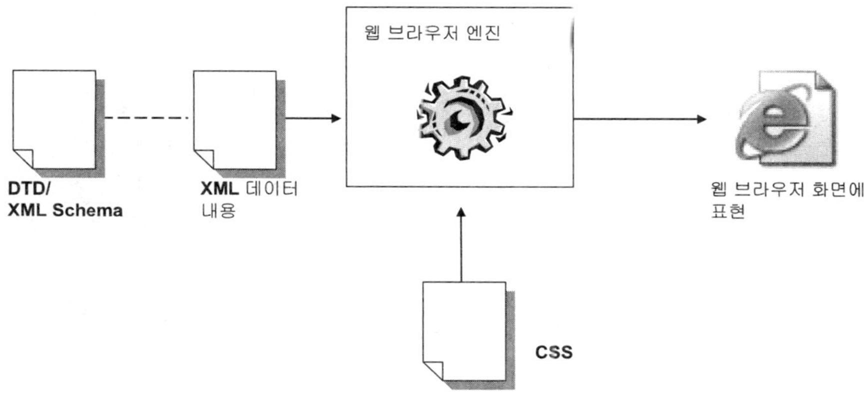

그림 4.4 XML 문서에 CSS 스타일 적용

예 4.6 **XML문서에서 xml-stylesheet 처리명령 사용법**

```
사용형식:
<?xml-stylesheet
type = "MIME-type"
href = "url-of-stylesheet"
?>

사용예:
<?xml-stylesheet
type = "text/css"
href = "sample.css"
?>
```

웹 브라우저가 XML 문서를 처리하는 과정에서 xml-stylesheet 처리명령을 만나게 되면 이 처리명령에 정의되어 있는 애트리뷰트 정보로부터 XML 문서에 적용할 스타일시트를 결정한다. xml-stylesheet 처리명령의 type 애트리뷰트는 외부로부터 가져오는 데이터의 형태를 정의하고, href 애트리뷰트는 웹에 존재하는 자원을 지칭한다. 일반적으로 type 애트리뷰트의 값은 "text/css"이고 href 애트리뷰트의 값은 CSS 파일이 위치하는 URL 정보가 된다.

예 4.7에서는 Sample4-5.xml 문서에 xml-stylesheet 처리명령을 추가하고, Sample4-5.css를 스타일시트 파일로 구성하고 있다. 예 4.7의 XML 문서를 웹 브라우저를 통하여 표현한 모습은 그림 4.5와 같다. 한가지 주목할 사항은, XML 문서에서는 대소문자를 구분하지만 CSS 문서에서는 대소문자를 구분하지 않는다는 것이다. 그러므로, CSS의 구분자 이름이 소문자로 되어 있고 XML 문서에서 대응하는 엘리먼트 이름이 대문자로 되어 있어도 웹 브라우저는 자동으로 해당 XML 엘리먼트에 스타일 속성을 적용한다. 이 사실은 편리한 점도 있지만 XML 문서의 측면에서는 큰 제한사항에 속한다. 예를 들면, XML에서는 대소문자를 구분하기 때문에 title과 Title 엘리먼트를 서로 다르게 인식한다. 그러나, CSS에서는 대소문자를 구분하지 않기 때문에 XML의 title과 Title 엘리먼트에 대해서 동일한 스타일을 적용한다. 따라서, CSS을 이용하여 XML 문서의 스타일을 설정할 때는 서로 다른 스타일을 적용하고자 하는 XML 엘리먼트들은 완전히 다른 이름을 가져야 한다 (즉, 단지 대소문자만 다르게 해서는 안 된다). 사실 이것은 XML 문서 작성의 원칙에 어긋나지만 CSS가 HTML과 XML 문서 모두에 적용되기 때문에 발생하는 근원적인 문제이다. 이를 해결하기 위해서는 나중에 설명하겠지만 CSS에서 ID를 이용하여 선택자를 설정하거나 혹은 XSL을 사용하면 된다.

예 4.7 XML 문서에 CSS의 적용

```
XML 문서: Sample4-5.xml의 두 번째 줄에 아래의 내용을 추가한다
<?xml-stylesheet
type = "text/css"
href = "Sample4-5.css"
?>

CSS 문서: Sample4-5.css 파일을 아래와 같이 작성한다
TITLE {
        display: block;
        font-size: 18pt;
        font-weight: bold;
        text-decoration: underline;
        text-align: center;
        background-color: yellow;
        color: blue;
```

```
        margin-bottom: 20pt;
}
FROM, TO, DATE, SUBJECT, BODY{
        display: block;
        font-size: 13pt;
        color: black;
        margin-bottom: 5pt;
}
H1{
        display: block;
        font-size: 12pt;
        color: black;
        padding-left: 20pt;
        padding-top: 5pt;
}
H2{
        display: block;
        font-size: 12pt;
        color: green;
        padding-left: 10pt;
}
```

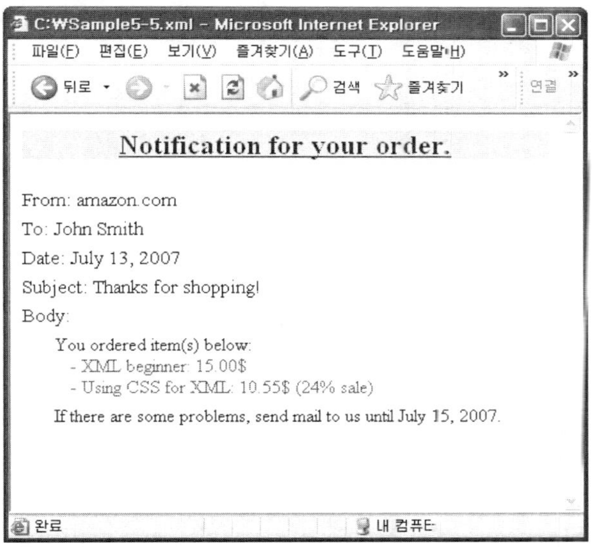

그림 4.5 예 4.7의 실행결과

4.3.3 스타일을 적용할 엘리먼트의 선택

4.3.2절에서는 XML 문서에 대해 CSS 스타일을 설정하는 방법과 선언된 스타일

정보를 XML 문서에 적용하는 방법에 대해서 살펴보았다. 이 절에서는 CSS에서 스타일을 설정할 때 스타일 적용 대상이 되는 XML 엘리먼트를 보다 다양하면서도 세밀하게 선택하는 방법들에 대해서 알아본다.

- **동일한 스타일을 가진 엘리먼트들의 그룹화:** 서로 다른 XML 엘리먼트들에 대해서 동일한 스타일을 적용하고자 하는 경우에, 각각의 엘리먼트에 대해서 스타일을 중복적으로 기술하는 것보다 엘리먼트를 그룹화하여 하나의 스타일을 선언하여 사용하는 것이 유용하다. 이때, 엘리먼트들은 콤마(,)로 구분하여 나열하고 이들에게 적용할 스타일을 선언한다. 예 4.8은 FROM, TO, DATE, SUBJECT, BODY 엘리먼트에 동일한 스타일을 적용하고 있다.

예 4.8 **동일한 스타일을 가진 엘리먼트들의 그룹화**

```
FROM, TO, DATE, SUBJECT, BODY{
        display: block;
        font-size: 13pt;
        color: black;
        margin-bottom: 5pt;
}
```

- **스타일 상속**: 상속(Inheritance)이란 부모 또는 상위 계층의 속성을 자식 혹은 자손 계층이 이어받는 것을 말한다. Java와 C++와 같은 객체지향언어에서 말하는 상속의 개념과 거의 유사하다. XML 문서에 대한 스타일 설정에서 상속이라는 개념을 사용하게 된 것은 엘리먼트들 사이의 포함 관계가 명확한 XML 문서의 구조적인 특성 때문이다. 예를 들어, <H1><H2>…</H2></H1>의 구조를 가진 XML 문서의 한 부분에서 H1 엘리먼트는 H2 엘리먼트의 부모 엘리먼트가 된다. 여기서 각 엘리먼트에 대한 스타일을 설정하게 되면 H2는 H1에서 설정한 스타일의 속성들을 상속받게 된다. 그러나, 부모 엘리먼트와 자식 엘리먼트가 동일한 스타일 속성을 선언하고 있다면 부모 엘리먼트에서 정의된 스타일 속성 값은 자식 엘리먼트에서는 무시된다. 예 4.9는 예 4.7에서 설명된 Sample4-5.css 내용 중에서 H1의 내용에 text-decoration 속성을 추가하고 있다.

예 4.9 **상속 기능: H1에서 정의된 스타일 속성은 자식 엘리먼트 H2에서도 적용된다.**

```
H1{
        display: block;
        font-size: 12pt;
        padding-left: 20pt;
        padding-top: 5pt;
        text-decoration: underline;
}
```

Sample4-5.xml 내용에서 보듯이 H1은 H2의 부모 엘리먼트로서 H1에서 정의된 스타일은 H2에서도 적용이 된다. 따라서, 예 4.9의 text-decoration 속성 값으로 H1 엘리먼트의 내용에 밑줄을 긋도록(underline) 설정하였으므로 H2의 텍스트 내용에도 밑줄이 그어지게 된다.

만약, 부모 엘리먼트로부터 특정 스타일을 상속 받고 싶지 않을 경우에는 자식 엘리먼트의 스타일 선언부에서 해당 스타일의 속성을 원하는 값으로 재선언하면 된다. 또한, 부모 엘리먼트에는 없지만 자식 엘리먼트에서 새로운 스타일을 자유롭게 추가할 수 있다.

XML 문서에서는 동일한 이름의 엘리먼트라 하더라도 서로 다른 부모 및 자식 엘리먼트들을 가질 수 있다. 이러한 경우에 특정 부모 엘리먼트의 자식 엘리먼트에만 선언된 스타일이 적용되게 할 필요가 있다. 이를 위해서 스타일의 선택자를 명시할 때 공백을 사용하여 적용할 엘리먼트의 계층 관계를 표현할 수 있다. 예 4.10에서와 같이 A 엘리먼트가 여러 곳에서 사용되지만 특히 H2 엘리먼트의 자식 엘리먼트로 사용되는 A에 대한 스타일을 "H2 A"을 선택자로 사용하여 선언할 수 있다.

예 4.10 **상속 관계를 포함하는 스타일 선택자**

```
XML 문서: Sample4-5.xml에 <A> 내용을 아래와 같이 추가하여 수정한다
        <H2>- Using CSS for XML: 10.55$
            <A>(24% sale)</A>
        </H2>

CSS 문서: 아래의 내용을 추가한다.
H2 A{
      display: block;
      color: red;
      font-weight: bold;
}
```

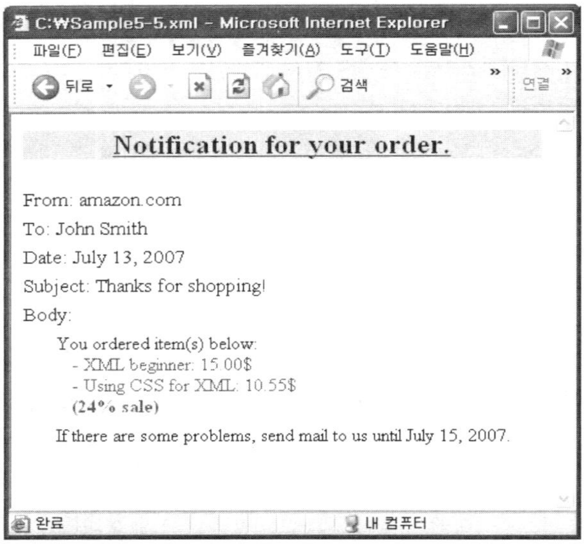

그림 4.6 예 4.10의 실행결과

|클래스(CLASS)|

클래스는 엘리먼트의 CLASS 애트리뷰트 값에 따라 특정 스타일을 적용하고자 할 경우에 사용한다. CLASS 애트리뷰트의 값에 대한 스타일 설정은 예 4.11과 같이 선택자와 CLASS 애트리뷰트의 값을 마침표(.)로 연결하여 사용한다.

예 4.11 클래스의 사용

```
사용법: 구분자로 마침표(.)를 사용
[선택자].[CLASS 애트리뷰트의 값]

CSS 문서: Sample4-5.css에 다음과 같은 내용을 추가한다.
     H2.CANCELLED{
                    text-decoration: line-through;
     }

XML 문서: Sample4-5.xml H2일부를 아래와 같이 수정한다.
<H2 CLASS="CANCELLED">
- Using CSS for XML: 10.55$
<A>(24% sale)</A>
</H2>
```

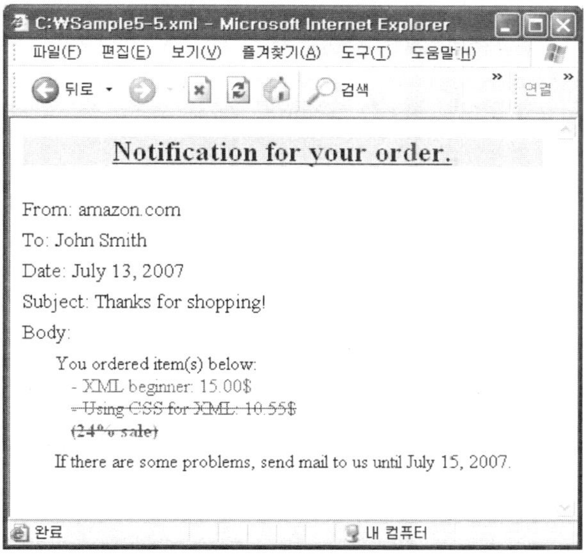

그림 4.7 예 4.11의 실행 결과

예 4.11에서 CSS 문서의 내용은 H2의 엘리먼트 중에서 CLASS 애트리뷰트의 값이 "CANCELLED"인 부분에 대해서는 텍스트 내용에 가운데 줄 긋기를(line-through) 하라는 의미이다. 그림 4.7은 예 4.11을 실행한 결과로서 CLASS 애트리뷰트의 값을 기반으로 스타일이 적용됨을 확인할 수 있다.

예 4.11에서 [선택자] 부분은 삭제하고 [CLASS 애트리뷰트의 값] 부분만을 사용한 경우를 특별히 무명 클래스(Anonymous class)라고 한다. 무명 클래스는 엘리먼트의 이름은 상관없이 CLASS 애트리뷰트의 값에 해당되는 모든 엘리먼트의 내용에 스타일을 적용하고자 할 경우에 사용된다.

- **ID:** ID는 앞에서 설명한 클래스와 유사하게 적용되는데, 엘리먼트의 ID 애트리뷰트 값에 따라 특정 스타일을 적용하고자 할 경우에 사용한다. ID 애트리뷰트 값에 대한 스타일 설정은 예 4.12과 같이 선택자와 ID 애트리뷰트의 값을 # 기호로 연결하여 사용한다. 물론, 선택자는 생략되고 # 기호와 ID 애트리뷰트의 값만이 존재하면 앞의 무명 클래스의 경우와 동일하게 엘리먼트의 이름은 상관없이 ID 애트리뷰트의 값에 해당되는 엘리먼트의 내용에 스타일을 적용하고자 할 경우에 사용된다.

예 4.12 **ID의 사용**

```
사용법: 구분자로 '#' 을 사용
[선택자]#[ID 애트리뷰트의 값]
```

4.4 CSS 속성들

CSS 스타일을 선언할 때 사용되는 속성(Property)들에는 다양한 종류가 있다. CSS 표준 스펙에서 언급하고 있는 모든 속성들을 설명하기에는 너무 내용이 방대하기 때문에 기본적이면서도 자주 사용되는 박스 모델(Box model), 텍스트(Text), 폰트(Font), 색상(Color), 배경(Background) 등과 같은 속성들을 설명하고자 한다.

4.4.1 박스(Box)

박스는 한 엘리먼트의 내용이 화면에 표현될 때 보여지는 영역을 의미한다. 즉, 엘리먼트의 내용을 하나의 박스라는 개념으로 관리한다. 박스 모델에서 사용하는 주요 속성들은 여백을 나타내는 margin, 박스의 경계를 나타내는 border, border와 엘리먼트 내용 사이에 공백으로 채워지는 padding, 그리고 박스의 너비와 높이를 의미하는 width와 height가 있다. 예 4.13은 XML 문서와 그에 대한 박스 스타일 선언을 한 CSS 파일이며 이는 그림 4.8과 같이 보여진다. 먼저, 각 속성 값에서 사용되는 단위를 요약하면, 'pt'는 폰트 크기를 나타내는 포인트이며, '%'는 백분율이고, 'em'는 현재 사용되는 폰트의 크기와 동일함을 의미하고, 'px'는 픽셀(Pixel)을 나타낸다. 그러면 각 속성에 대해서 좀 더 상세히 살펴보자.

예 4.13 **박스 사용의 예**

```
XML 파일:
<?xml version="1.0"?>
<?xml-stylesheet type="text/css" href="Sample.css"?>
<CU>The box properties set the size, circumference and position of the boxes that
represent elements.
<B>The margin properties</B> set the margin of an element.
The 'margin' property sets the margin for all four sides
```

```
while the other margin properties only set their respective side.
<B>The padding properties</B> describe how much space to insert between the
border
and the content (e.g., text or image).
The 'padding' property sets the padding for all four sides
while the other padding properties only set their respective side.
<B>The border properties</B> set the borders of an element.
Each element has four borders, one on each side, that are defined by their width,
color and style.
<B>The 'width' and 'height' properties</B> set the size of the box,
and the 'float' and 'clear' properties can alter the position of elements. </CU>

CSS 파일:
CU {
   font-size:          13pt;
   background-color: #FFFFCC;
   display:            block;

   border-top:          double red;
   border-right:       dotted blue;
   border-bottom:      dashed black;
   border-left:        solid  blue;

   width:               650px;

   margin-left:        20px;
   margin-top:          100px;

   padding-left:       50px;
   padding-top:         100px;
   padding-right:      100px;
   padding-bottom:     50px;
}

CU B {
   font-weight: bold;
}
```

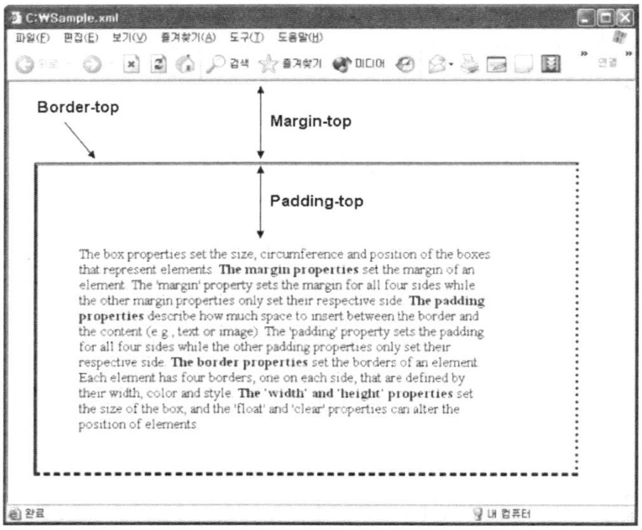

그림 4.8 박스 속성의 의미

박스 모델에서 경계를 나타내는 border 속성들은 경계선의 너비(border-width), 경계선의 색상(border-color), 그리고 경계선의 스타일(border-style) 등의 세 가지 속성을 나타내며 이들 각각에 대해 경계선의 위치에 따라 상단(top), 우측(right), 하단(bottom), 좌측(left) 등의 네 방향에 대한 구체적인 속성을 표현한다.

- **border-top-width:** 이 속성은 엘리먼트의 상단 경계선의 너비를 설정한다. 속성 값으로는 ‘thin’, ‘medium’, ‘thick’, 숫자값 등으로 표현할 수 있다. 기본값은 ‘medium’이고, ‘thin’ <= ‘thick’의 관계가 있다. 그러나 ‘thin’, ‘medium’, ‘thick’과 같은 값은 웹 브라우저마다 다르게 표현된다. 그래서 속성 값을 ‘2em’과 같이 숫자로 설정할 수 있는데, 여기서 ‘em’의 단위는 현재 사용하고 있는 폰트의 크기와 동일하다는 의미를 나타낸다.

- **border-right-width:** 이 속성은 엘리먼트의 우측 경계선의 너비를 설정한다는 것을 제외하고는 border-top-width와 동일하다.

- **border-bottom-width:** 이 속성은 엘리먼트의 하단 경계선의 너비를 설정한다는 것을 제외하고는 border-top-width와 동일하다.

- **border-left-width:** 이 속성은 엘리먼트의 좌측 경계선의 너비를 설정한다는 것을 제외하고는 border-top-width와 동일하다.

- **border-width:** 이 속성은 border-top-width, border-right-width, border-bottom-width, border-left-width 등의 네 개 값의 설정을 한꺼번에 할 수 있도록 한다. 속성 값의 해석은 다음과 같다. 한 개의 값만이 존재하면, 네 방향 경계선에 동일한 값이 설정된다. 두 개의 값이 존재하면, 첫 번째 값은 상단과 하단 경계선의 너비이고, 두 번째 값은 우측과 좌측 경계선의 너비이다. 세 개의 값이 존재하면, 첫 번째 값은 상단 경계선의 너비, 두 번째 값은 우측과 좌측 경계선의 너비, 세 번째 값은 하단 경계선의 너비를 의미한다. 네 개의 값이 존재하면, 순서대로 상단, 우측, 하단, 그리고 좌측 경계선의 너비가 된다.
  예) H1 { border-width: thin} /* thin thin thin thin */
  H1 { border-width: thin thick} /* thin thick thin thick */
  H1 { border-width: thin thick medium} /* thin thick medium thin */
  H1 { border-width: thin thick medium thin} /* thin thick medium thin */

- **border-color:** 이 속성은 엘리먼트의 네 경계선의 색상을 설정한다. 속성 값으로 한 개에서 네 개까지 가질 수 있으며, 해석 방법은 border-width와 동일하다. 만약, 이 속성이 설정되어 있지 않으면 엘리먼트의 color 속성 값을 상속받아 동일하게 사용한다.

- **border-style:** 이 속성은 엘리먼트의 네 경계선의 스타일을 설정한다. 속성 값으로 한 개에서 네 개까지 가질 수 있으며, 해석 방법은 border-width와 동일하다. 가능한 속성 값으로는 'none', 'dotted', 'dashed', 'solid', 'double', 'groove', 'ridge', 'inset', 'outset' 등이 있다. 기본 속성 값은 'none' 이기 때문에 이 속성을 설정하지 않으면 경계선이 보이지 않게 된다. 아래 예에서는 상단과 하단 경계선은 'solid' 이고 우측과 좌측 경계선은 'dotted' 경계선임을 설정하고 있다.
  예) #xy34 { border-style: solid dotted}

- **border-top:** 이 속성은 엘리먼트의 상단 경계선과 관련된 width, style, color 값을 한꺼번에 설정하도록 한다. 생략된 값들은 해당 속성의 기본값으로 설정된다. 이 속성에서 주목할 사항은 border-style 속성은 네 개 값으로 각 방향의 경계선에 대해 속성 값을 설정할 수 있지만, 이 속성은 단지 하나의 style 값만을 사용할 수 있다는 점이다.
  예) H1 { border-top: thick solid red}

- **border-right:** 이 속성은 엘리먼트의 우측 경계선과 관련된 width, style, color 값을 한꺼번에 설정하도록 하며, 기타 다른 사항은 border-top과 동일하다.

- **border-bottom:** 이 속성은 엘리먼트의 하단 경계선과 관련된 width, style, color 값을 한꺼번에 설정하도록 하며, 기타 다른 사항은 border-top과 동일하다.

- **border-left:** 이 속성은 엘리먼트의 좌측 경계선과 관련된 width, style, color 값을 한꺼번에 설정하도록 하며, 기타 다른 사항은 border-top과 동일하다.

- **border:** 이 속성은 엘리먼트의 네 개 경계선에 대해 모두 동일한 width, style, color 속성을 설정할 때 사용된다. 이는 border 속성은 아래에서 설명할 margin 이나 padding 속성들과는 달리 네 개 경계선에 대해 서로 다른 값을 설정할 수 없음을 의미한다.
  예) P { border: solid red}

박스 모델에서 엘리먼트 경계선의 바깥 부분의 여백을 지정하는 margin 속성은 여백의 위치에 따라 상단(top), 우측(right), 하단(bottom), 좌측(left) 여백의 크기를 설정한다.

- **margin-top:** 이 속성은 엘리먼트의 상단 여백을 설정한다. 속성 값으로는 숫자, 백분율, 'auto' 등이 가능하고, 기본값은 0이며 음수는 허용되지 않는다.
  예) H1 { margin-top: 2em }

- **margin-right:** 이 속성은 엘리먼트의 우측 여백을 설정하는 것을 제외하고는 margin-top과 동일하다.

- **margin-bottom:** 이 속성은 엘리먼트의 하단 여백을 설정하는 것을 제외하고는 margin-top과 동일하다.

- **margin-left:** 이 속성은 엘리먼트의 좌측 여백을 설정하는 것을 제외하고는 margin-top과 동일하다.

- **margin:** 이 속성은 margin-top, margin-right, margin-bottom, margin-left의 네 개 속성을 한꺼번에 나타낸다. 앞에서 언급한 border-width의 속성 값과 동일한 방식으로 해석된다.
  예) BODY { margin: 2em }
  BODY { margin: 1em 2em }
  BODY { margin: 1em 2em 3em }

박스 모델에서 엘리먼트의 padding이라는 것은 엘리먼트의 내용과 경계선 사이에 공백으로 채워지는 부분을 나타내는데, padding 속성에는 padding-top, padding-right, padding-bottom, padding-left, 그리고 padding이 있으며, 이들은 각각 대응되는 margin 속성들과 동일한 방법으로 선언되고 해석된다. 그래서 여기에서는 단지 padding 속성들에 대한 예를 언급하기로 하겠다.

예) BLOCKQUOTE { padding-top: 0.3em }
BLOCKQUOTE { padding-right: 10px }
BLOCKQUOTE { padding-bottom: 2em }
BLOCKQUOTE { padding-left: 20% }
BLOCKQUOTE { padding: 1em 2em }

기타 박스 모델과 관련된 속성들은 아래와 같다.

- **width**: 이 속성은 엘리먼트의 너비를 나타내며, 블록 수준의 텍스트 엘리먼트에 적용될 수 있지만 또한 이미지와 같이 대체되는 엘리먼트(Replaced element)에서 width 속성 값에 맞도록 이미지의 크기를 조정하는데 효율적으로 사용될 수 있다. 속성 값으로는 숫자, 백분율, 그리고 'auto'가 가능하다. 음수는 허용되지 않으며 기본값은 'auto'이다. 그리고 아래의 height 속성 값이 'auto'이면 이미지의 종횡비는 유지되면서 이미지의 크기가 조절된다.
  예) IMG.icon { width: 100px }

- **height**: 이 속성은 엘리먼트의 높이를 나타내며, 위의 width 속성과 유사한 역할을 한다. 블록 수준의 텍스트 엘리먼트에 적용될 때 이 속성은 스크롤바(Scrollbar)을 사용하여 높이를 조정한다. 속성 값으로는 숫자와 'auto'만이 가능하고 음수 값은 허용되지 않는다. 그리고 기본값은 'auto'이다.
  예) IMG.icon { height: 100px }

- **float**: 이 속성은 엘리먼트가 나타나는 위치를 조정한다. 속성 값으로는 'left', 'right', 'none' 등이 가능하며 'none'이 기본값이다. 속성 값에 따라 엘리먼트를 왼쪽(left) 혹은 오른쪽(right)으로 움직이게 한다. 아래 예는 'CLASS=icon' 애트리뷰트를 가지는 모든 IMG 엘리먼트를 부모 엘리먼트의 왼쪽에 위치시킨다.

```
예) IMG.icon {
      float: left;
      margin-left: 0
      }
```

- clear: 이 속성은 위의 float 속성이 적용되지 않는 부분을 명시한다. 속성 값으로 'none', 'left', 'right', 'both' 등이며 'none'이 기본값이다. 아래 예에서 H1 엘리먼트는 왼쪽(left) 부분에 대해 float 속성을 적용할 수 없다.
  예) H1 { clear: left }

4.4.2 텍스트(Text)와 폰트(Font)

텍스트는 XML 문서에서 데이터를 저장하는 가장 일반적인 형식으로, 텍스트를 어떻게 보여줄 것인지에 대한 스타일을 설정하는 것 또한 XML 데이터를 보여주는 중요한 속성 중 하나이다. 현재 CSS1에서 정의된 텍스트 스타일 속성들은 8가지로 각각에 대해서는 아래에서 살펴본다.

- word-spacing: 이 속성은 단어 사이의 기본 공간에 추가적으로 띄어쓰기 공간을 지정한다. 속성 값으로는 'normal'과 숫자 값이 가능하지만 음수는 허용되지 않는다. 기본값으로는 'normal'이다. 웹 브라우저마다 띄어쓰기 공간의 크기가 다르기 때문에 실제로 반영되는 크기는 웹 브라우저마다 다를 수 있다. 아래의 예에서 H1 엘리먼트는 '1em' 만큼 증가된 단어 사이의 간격이 스타일로 적용된다.
  예) H1 { word-spacing: 1em }

- letter-spacing: 이 속성은 문자 사이의 기본 공간에 추가적으로 띄어쓰기 공간을 지정한다. 기타는 word-spacing과 동일하게 적용된다.
  예) BLOCKQUOTE { letter-spacing: 0.1em }

- text-decoration: 이 속성은 엘리먼트의 텍스트에 부가적으로 반영되는 장식을 나타내며, 가능한 속성 값으로는 'none', 'underline', 'overline', 'line-through', 'blink' 등이 있다. 이 속성이 텍스트가 없는 이미지 혹은 빈 엘리먼트에 적용될 때는 아무 영향이 없게 된다.
  예) A { text-decoration: underline }

- **vertical-align:** 이 속성은 엘리먼트의 세로 방향의 위치를 지정한다. 속성 값으로는 'baseline', 'sub', 'super', 'top', 'text-top', 'middle', 'bottom', 'text-bottom', 그리고 백분율 값이 가능하다. 기본값은 'baseline'이며, 이 속성 값은 부모 엘리먼트에 상대적인 의미를 가진다. 한 예로, 'baseline'은 이 속성이 적용되는 엘리먼트의 기준선(baseline)을 부모 엘리먼트의 기준선과 맞추라는 의미이다.

- **text-transform:** 이 속성은 엘리먼트 텍스트에서 사용되는 문자 언어를 대문자, 소문자 등으로 변환하도록 지정한다. 속성 값으로는 'capitalize', 'uppercase', 'lowercase', 'none' 등이 있으며 기본값은 'none'이다. 한 예로, 'capitalize'는 각 단어의 첫 번째 문자를 대문자로 변환하라는 의미이다.

- **text-align:** 이 속성은 엘리먼트 내부에서의 텍스트 정렬 방식을 지정한다. 속성 값으로는 'left', 'right', 'center', 'justify' 등이 있고, 기본값은 웹 브라우저에 따라 다르다.

- **text-indent:** 이 속성은 엘리먼트 텍스트의 첫 번째 줄에서의 들여쓰기 정도를 지정한다. 속성 값으로는 숫자와 백분율이 가능하며 기본값은 0이다. 그리고, 특별히 음수 값도 허용한다.

- **line-height:** 이 속성은 두 개의 인접한 텍스트 줄 사이의 거리를 설정한다. 속성 값으로는 'normal', 숫자, 백분율 등이 가능한데, 궁극적으로 이 속성 값은 현재 엘리먼트의 font-size 값에 상대적으로 결정된다. 기본값은 'normal'이며 음수는 허용되지 않는다. 아래 세 가지 예는 모두 동일한 line-height 값을 설정하고 있다.

  예)
  ```
  DIV { line-height: 1.2;   font-size: 10pt }
  DIV { line-height: 1.2em;   font-size: 10pt }
  DIV { line-height: 120%;   font-size: 10pt }
  ```

폰트 속성들을 설정하는 것은 가장 일반적인 스타일시트의 사용 예에 속한다. 그러나 아직 폰트에 대해 국제적으로 통용되는 분류법이 존재하지 않는다. 한 예로, 기울어진 텍스트를 보통 'italic'이라고 하지만 이외에도 'oblique', 'slanted', 'incline', 'cursive', 'kursiv' 등 다양하게 표현되고 있다. 현재 CSS1에서는 아래와 같이 여섯 가지의 폰트 속성들을 정의하고 있다.

- **font-family:** 이 속성은 사용하고자 하는 폰트의 목록을 콤마(,)로 구분하여 나

열한다. CSS1에서 사용되는 구체적인 폰트 목록은 관련 표준 스펙을 참고하기 바란다.

예) BODY { font-family: gill, helvetica, sans-serif }

- **font-style**: 이 속성은 글자체에서 'normal', 'italic', 'oblique' 사이에서 하나의 폰트 스타일을 선택한다. 기본값은 'normal'이다.

예) H1, H2, H3 { font-style: italic }

- **font-variant**: 이 속성은 글자체에서 'small-caps'라는 또 하나의 스타일을 지원하고 있다. 가능한 속성 값으로는 'normal'과 'small-caps'가 있으며, 'small-caps'는 글자 크기는 소문자이지만 모양은 대문자로 보이게 하는 속성 값이다.

- **font-weight**: 이 속성은 폰트의 진한 정도를 지정한다. 속성 값으로는 'normal', 'bold', 'bolder', 'lighter', 100, 200, 300, 400, 500, 600, 700, 800, 900 등이며 기본값은 'normal'이다. 여기서 'normal'은 400과 동일한 의미이고, 'bold'는 700과 동일하다.

- **font-size**: 이 속성은 폰트의 크기를 의미하는데, 지정하는 방법은 절대크기(Absolute-size), 상대크기(Relative-size), 숫자 값, 백분율 등으로 가능하다. 절대크기에 해당되는 속성 값으로는 'xx-small', 'x-small', 'small', 'medium', 'large', 'x-large', 'xx-large' 등이 있다. 상대크기에 해당되는 속성 값으로는 'larger'와 'smaller'가 있다. 이들 값을 해석하는 방법은 웹 브라우저마다 다를 수 있다. 기본값은 'medium'이다.

  예) P { font-size: 12pt }
  BLOCKQUOTE { font-size: larger }
  EM { font-size: 150% }
  EM { font-size: 1.5em }

- **font**: 이 속성은 이제까지 언급한 폰트 관련 속성들을 한꺼번에 지정할 수 있다. 속성 값에 나타나는 순서는 font-style, font-variant, font-weight, font-size, font-family 이고, 각 속성 항목은 생략 가능하다. 특히, font-size는 '/' 기호를 구분으로 하여 line-height 속성을 동반할 수 있다.

  예) P { font: 12pt/14pt sans-serif }
  P { font: 80% sans-serif }
  P { font: bold italic large palatino, serif }

예 4.14은 지금까지 설명한 텍스트 및 폰트 스타일 설정을 보여주는 XML과 CSS 문서이고 이를 웹 브라우저를 통해서 표현한 결과는 그림 4.9와 같다.

예 4.14 텍스트 및 폰트 설정의 예

```
XML 파일:
<?xml version="1.0"?>
<?xml-stylesheet type="text/css" href="Sample.css"?>
<INTRO>
<ABOUT>XML, <FS>the Extensible Markup Language</FS>, is a format for structured
documents and data on the Web.</ABOUT>
<ABOUT><SP>Work within the XML Activity is carried out by a number of Working
Groups, each developing a piece of the XML technology suite: <WG>XML schemas,
namespaces, XSL and XSLT, query languages, linking and other core XML
technologies</WG>.</SP>
</ABOUT>
</INTRO>

CSS 파일:
ABOUT{
   Font-size: 13pt;
   text-indent:          5%;
   display:              block;
   line-height:          200%;
}
ABOUT FS{
   text-transform:       uppercase,
   font-style:           italic;
}
ABOUT SP{
   word-spacing:         20px;
   line-height:          125%;
   font-variant:         small-caps;
}
ABOUT SP WG{
   font-weight: bold;
}
```

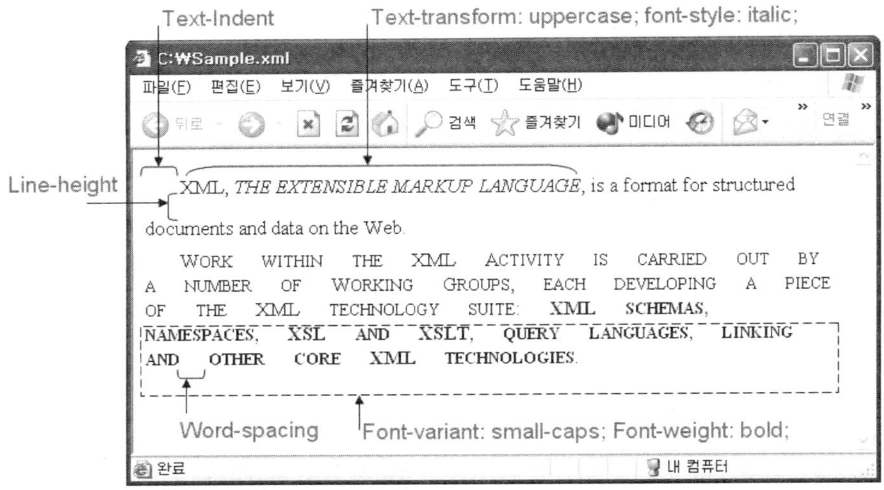

그림 4.9 예 4.14의 실행 결과

4.4.3 색상(Color)과 배경(Background)

색상과 배경은 그 자체로는 데이터 내용을 가지고 있지는 않지만 문서를 더욱 명확하게 보이게 하여 가독성을 향상시킬 수 있다. 여기에는 7가지 속성들이 정의되어 있으며 각각에 대한 자세한 내용은 아래에서 살펴본다.

- **color**: 이 속성은 엘리먼트의 텍스트 색상을 지정하는 것으로, 색상을 나타내는 단어(예: yellow, green, gray, blue 등)를 사용하거나 RGB 값을 이용하여 설정할 수 있다.
  예) EM { color: red }
  　　EM { color: rgb(255,0,0) }

- **background-color**: 이 속성은 엘리먼트의 배경색을 설정한다. 속성 값으로는 투명성을 나타내는 'transparent'와 color 값을 사용할 수 있다. 기본값은 'transparent'이다.
  예) H1 { background-color: #F00 }

- **background-image**: 이 속성은 엘리먼트의 배경 이미지를 지정한다. 속성 값으로는 'none'과 URL 값이 가능하며, 기본값은 'none'이다.
  예) BODY { background-image: url(marble.gif) }

```
P { background-image: none }
```

- **background-repeat**: 이 속성은 위의 background-image가 명시되었을 때 이 이미지가 반복해서 나타나는 형태를 결정한다. 속성 값으로는 'no-repeat', 'repeat', 'repeat-x', 'repeat-y' 등이 있으며, 기본값은 x 축과 y 축 방향 모두 반복해서 나타나는 'repeat'이다.

  예) BODY { background-image: url(marble.gif);
  background-repeat: repeat-y;
  }

- **background-attachment**: 이 속성은 background-image가 명시되었을 때 이 이미지가 화면에 고정되는지 아니면 문서 내용과 함께 스크롤되는지를 지정한다. 속성 값으로는 'scroll'과 'fixed'가 있고, 기본값은 'scroll'이다.

  예) BODY { background-image: url(marble.gif);
  background-repeat: repeat-y;
  background-attachment: fixed;
  }

- **background-position**: 이 속성은 background-image가 명시되었을 때 이 이미지의 최초 위치를 지정한다. 속성 값은 하나의 쌍으로 나타나는데 첫 번째 값은 세로 방향에서의 위치를, 두 번째 값은 가로 방향에서의 위치를 나타낸다. 세로 방향의 위치 값으로는 백분율, 숫자, 'top', 'center', 'bottom' 등이 가능하고, 가로 방향의 위치 값으로는 백분율, 숫자, 'left', 'center', 'right' 등이 가능하다. 예를 들어, 'top left'는 '0% 0%'와 동일하고, 'left center'는 '0% 50%'와 동일하다.

  예) BODY { background-image: url(marble.gif);
  background-attachment: fixed;
  background-position: 100% 100%;
  }

- **background**: 이 속성은 위에서 언급한 background-color, background-image, background-repeat, background-attachment, background-position을 한꺼번에 명시할 수 있다.

  예) P { background: url(chess.gif) gray 50% repeat fixed }

예 4.15 색상과 배경의 예

```
XML 파일:
<?xml version="1.0"?>
<?xml-stylesheet type="text/css" href="Sample.css"?>
<ABOUT>
<ABOUT>XML, <FS>the Extensible Markup Language</FS>, is a format for structured
documents and data on the Web.
<SP>Work within the XML Activity is carried out by a number of Working Groups,
each developing a piece of the XML technology suite: <WG>XML schemas,
namespaces, XSL and XSLT, query languages, linking and other core XML
technologies</WG>.</SP></ABOUT>
</ABOUT>

CSS 파일:
ABOUT{
   background-color: #EEEEEE;
   Font-size: 13pt;
   text-indent:          5%;
   display:              block;
   line-height:          200%;
   background-image: url(sample.jpg);
   background-repeat: no-repeat;
   backgroud-attachment: fixed;
  }
<!--sample.jpg는 원하는 그림 파일 이름을 넣는다 -->

CABOUT FS{
   text-transform:       uppercase;
   font-style:           italic;
}
ABOUT SP{
   word-spacing:         20px;
   line-height:        125%;
   font-variant:       small-caps;
}
ABOUT SP WG{
   font-weight: bold;
}
```

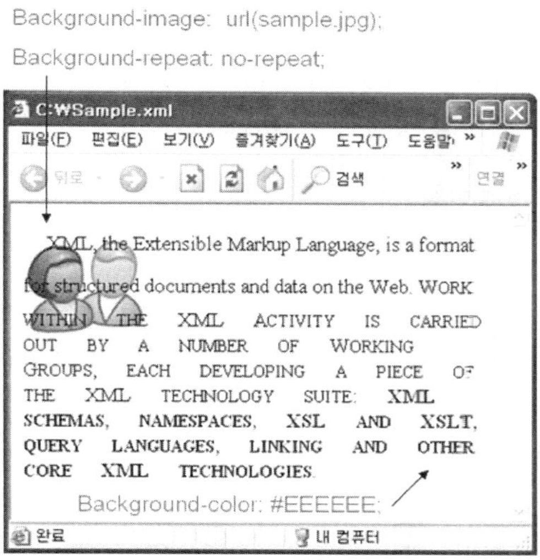

그림 4.10 예 4.15의 실행 결과

4.5 요약

- 스타일시트(Stylesheets)는 웹 문서의 내용에 스타일 정보(예: 폰트, 색상, 여백 등)를 적용하여 어떻게 표현할 것인지를 설정하는 표현 언어이다. 표현의 형태는 파일, 프린터 등을 이용한 출력물이나 애플리케이션에서 관리되는 특정 영역 등으로 이루어질 수 있으며, 일반적인 문서 편집(예: Word, HWP, LaTex 등)에서 제공되는 다양한 스타일을 적용할 수 있다.
- W3C에서 제공하는 웹 문서에 대한 스타일시트 표준 언어로는 CSS와 XSL이 있다.
- CSS(Cascading Style Sheets)는 HTML, XML과 같은 구조화된 문서에 스타일을 부여할 수 있는 가장 간단한 스타일시트 언어이다.
- XSL(eXtensible Stylesheet Language)은 XML문서를 다른 형식의 문서로 변환(Transformation)하여 화면에 표현되게 하는 것으로 관련 표준으로는 XSLT, XPath, XSL-FO 등이 있다.
- 스타일을 설정하기 위한 언어 문법에서 CSS는 CSS 자체의 문법을 사용하지만, XSL은 XML과 동일한 언어 문법을 갖는다.
- XML 문서에서는 시작 부분에 <?xml-stylesheet ... ?>라는 처리명령을 사용하

여 적용하고자 하는 CSS 파일의 위치를 지정한다. 웹 브라우저는 XML 문서를 읽어 들이면서 <?xml-stylesheet ... ?> 처리명령을 만났을 때 지정된 CSS 파일을 가져와서 엘리먼트 별로 정의된 스타일을 적용하여 XML 문서의 내용을 화면에 보여준다.

4.6 연습문제

1. 스타일시트(Stylesheets)란 웹 문서의 내용에 스타일 정보를 적용하여 어떻게 표현할 것인지를 설정하는 표현 언어이다. 웹 문서에 스타일시트를 지정함으로써 얻을 수 있는 장점을 3가지 이상 설명하라.

2. XML 문서를 화면에 표현하는 3가지 방식은 무엇인가? 3가지 방식 중에서 XML 문서 내용의 구성을 변형하지 않고, 간편하게 스타일을 설정하고자 할 경우에 적합한 방식은 무엇인가?

3. HTML의 태그와 XML의 엘리먼트는 웹 브라우저가 인식하는 과정에서 어떠한 차이점이 있는가?

4. CSS 스타일을 정의하는 3가지 방법으로 외부(External) CSS 선언, 내부(Internal) CSS 선언, 그리고 인라인(Inline) CSS 선언 방식이 있다. 이 중 재사용성과 유지보수의 관점에서 가장 좋은 방식은 무엇인가?

5. XML 문서에 CSS 스타일이 지정되어 있을 때 스타일 상속의 의미는 무엇인가? 만약 스타일 상속을 원하지 않은 경우에는 어떻게 하여야 하는가?

6. 이 책의 4.4절에서 설명한 주요 속성들을 이용하여 아래 XML문서에 대한 CSS를 작성하고 이를 웹 브라우저를 통하여 실행시켜 보시오.

```
<?xml version="1.0" encoding="euc-kr"?>
<편지>
  <보내는사람>
    <성명>
      <성>김</성><명>진희</명>
    </성명>
    <주소>
      <국가>대한민국</국가>
      <시>서울</시>
      <세부주소>강남구 삼성동 144-17번지</세부주소>
      <우편번호>135-090</우편번호>
    </주소>
```

```
  〈/보내는사람〉
  〈받는사람〉
    〈성명〉
      〈성〉홍〈/성〉〈명〉길동〈/명〉
    〈/성명〉
    〈주소〉
      〈국가〉대한민국〈/국가〉
      〈시〉서울〈/시〉
      〈세부주소〉중구 남대문로2가 395번지〈/세부주소〉
      〈우편번호〉100-092〈/우편번호〉
    〈/주소〉
  〈/받는사람〉
  〈내용〉
    〈첫머리〉
      〈호칭〉홍길동 님〈/호칭〉
〈문단〉안녕하십니까? ABC XML DB에 관해 문의하신 내용의 답변을 드립니다.〈/문단〉
    〈/첫머리〉
    〈본문〉
      〈문단〉ABC XML DB는 ABC Database와 함께 이용할 수 있는 기술입니다.
      이는 W3C XML 데이터 모델을 ABC Database에 수용한 것입니다. 따라서,
      고객님께서는 ABC XML DB를 통해 관계형 데이터베이스 기술의 모든 이점과
      XML의 이점까지 완벽하게 활용하실 수 있습니다.〈/문단〉
〈문단〉ABC XML DB는 XML 리파지토리를 제공합니다. 이는 표준 프로토콜에서 접근하고
SQL을 통해 질의할 수 있는 모듈입니다. 그리고, 네이티브 XML 타입을 제공합니다. 이
외에도 ABC XML DB는 DOM, XML스키마, XPath, XSLT 등을 지원합니다.〈/문단〉
    〈/본문〉
    〈끝맺음〉
      〈문단〉더 궁금한 사항이 있으시면, 언제라도 편지주십시오. 그럼, 이만
      줄이겠습니다.〈/문단〉
      〈날짜〉
        〈년〉2007〈/년〉〈월〉8〈/월〉〈일〉3〈/일〉
      〈/날짜〉
      〈서명〉김진희 올림〈/서명〉
    〈/끝맺음〉
  〈추신〉이메일(jhkim@ABC.com)로 질문을 주시면, 보다 빠른 답변을 드릴 수
있습니다.〈/추신〉
  〈/내용〉
〈/편지〉
```

| 프로젝트 |

7. 온라인 상에서 도서를 판매하는 book.com 회사는 도서 정보를 표현하는 XML 문서에 CSS 스타일을 적용하기로 하였다. 이 회사의 직원인 당신은 XML 문서를 다양한 고객들에게 적절하게 보여줄 수 있도록 2개의 CSS 문서를 작성하여야 한다. 다음의 디자인 관련 요구사항을 준수하여 book1.css 와 book2.css를 작성하라. 단, CSS 스타일을 적용할 XML 문서는 3.7절 8번 문서모델을 따르며,

XML 문서 에 <?xml-stylesheet type="text/css" href= … ?>가 포함되어 있다고 가정한다.

- book1.css 디자인 관련 요구사항
  - 아래 속성(Property)들을 1 회 이상 사용하라.
    - Font
      - font, font-weight, font-size, font-style, font-variant
    - Color and Background
      - color, background-color
    - Box(block)
      - width, height
      - border, margin, padding
    - Text
      - text-decoration, text-transformation, vertical-align
- book2.css 디자인 관련 요구사항
  - 아래 속성(Property)들을 1 회 이상 사용하고, 주어진 조건들을 만족하라.
    - Font
      - font-variant가 small-caps인 경우를 사용하라.
    - Color and Background
      - background-image를 사용하여 BookItem의 표지(그림)를 표시하라.
    - Box(block)
      - border-style이 none이 아닌 경우를 사용하라.
    - Text
      - word-spacing, letter-spacing을 사용하라.
    - 클래스, 무명 클래스, ID를 사용하라.

05

CHAPTER

XML Schema

3장에서 살펴본 DTD는 XML의 탄생 초기부터 사용되고 있는 문서 모델(Document model)로서 XML 인스턴스 문서의 구조를 정의하고 문서의 유효성을 확인하기 위한 도구로서 사용되어 왔다. DTD는 문법이 간단하여 쉽게 정의할 수 있는 장점이 있는 반면에 표현력에 제한이 있기 때문에 대안으로 쓰일 새로운 스키마의 필요성이 대두되었다. 이 장에서는 DTD의 대안으로 제안된 XML Schema의 특징을 살펴보고, 3장에서 DTD로 표현되었던 주문 예제에 대한 문서 모델을 XML Schema로 다시 표현하면서 XML Schema의 문법을 설명하도록 하겠다.

5.1 XML Schema의 탄생

마이크로소프트는 XML 1.0이 나오기 전부터 XML 문서모델을 위해 XML-Data라는 스키마 언어를 제안하여 사용하고 있었다. XML-Data는 XML Schema의 전신으로 XML Schema의 기본적인 요소들을 대부분 포함하고 있으며 마이크로소프트는 지금도 XML Schema와 함께 XDR(XML-Data Reduced)이라 불리는 XML-Data의 새 버전을 지원하고 있다. 이후 마이크로소프트는 IBM과 공동으로 Document Content Description라는 스키마 언어를 만들어 사용하기도 하였다.

한편, e-마켓플레이스의 대표적인 기업인 CommerceOne은 XML을 B2B 분야에 적용할 목적으로 SOX(Schema for Object-Oriented XML)를 만들어 XML의 문서 모델을 기술하는 데 사용하였다. 이 외에도 DDML(XSchema), Schematron, DSD, RELAX 등 많은 XML 관련 스키마 언어들이 난립하게 되면서 스키마 언어들 간의 상호운용성이 떨어지게 되었다. 이에 따라, 국제적으로 통일된 표준 스키마 언어의 필요성에 의해 관련 단체들이 W3C에 모여 2000년 10월 W3C XML Schema 후보-권고안을 발표하고, 2001년 3월 제안-권고안을 거쳐, 2001년 5월 최종적으로 W3C 확정-권고안을 완성하였다. 이후, 여러 번의 개정을 거쳐 가장 최근에는 2004년 10월 W3C 확정-권고안으로 XML Schema Second Edition이 발표된 상태이다.

5.2 XML Schema

초기 XML 문서의 스키마로서 많이 사용되어 온 DTD는 표현력이 부족하기 때문에 XML 문서의 구조를 기술하고 유효성을 확인하는 데 어려움이 있다. 예를 들어, DTD로는 문자열과 숫자를 모두 PCDATA 타입으로 정의하여 사용하는 등 다양한 타입 지원이 부족하고 많은 응용 분야에서 요구하는 복잡한 문서 모델을 기술하는 데도 어려움이 있다. XML Schema는 이러한 DTD 단점들을 해결할 수 있는 여러 유용한 특징들을 포함하고 있다. 대표적인 주요 특징들을 간략히 살펴보면 다음과 같다.

- **풍부한 데이터 타입의 제공:** DTD는 기본적으로 문자열 타입만을 지원하기 때문에 문자열 110과 숫자 110을 구분할 수 없다. 반면에, XML Schema는 문자열 타입(string) 뿐만 아니라 byte, integer, decimal, float 등과 같이 약 40개 이상의 기본 데이터 타입과 이를 확장한 다양한 구조적 타입을 제공한다. 또한, 제

한(Restriction)과 확장(Extension)을 이용하여 기존의 타입을 상속하고 새로운 타입을 정의할 수 있다. 즉, 프로그래밍 언어 및 데이터베이스 질의 언어에서 제공하는 데이터 타입 이상으로 다양한 타입을 제공한다. 따라서 응용프로그램 개발자 입장에서는 XML Schema로 정의된 XML 문서를 다루는 응용프로그램을 개발하는 것이 그만큼 더 쉽다.

- **XML 언어와 동일한 문법 사용:** DTD는 SGML에서 탄생했기 때문에 EBNF 형식을 기반으로 하고 있다. 결국, DTD를 정의하기 위해서는 XML 언어 이외의 DTD 문법을 추가적으로 익혀야 하는 부담이 있으며, XML 애플리케이션은 XML 언어와 DTD의 서로 다른 두 가지 문법을 모두 처리할 수 있는 파서가 필요하다. 반면에, XML Schema는 XML과 동일한 문법을 사용하기 때문에 추가적인 언어 문법을 학습할 필요가 없다. XML Schema 문법이 XML 문법과 동일하기 때문에 XML Schema 문법을 설명할 때 XML 문서의 구성 요소인 엘리먼트, 애트리뷰트 등의 명칭을 그대로 사용할 것이다. 또한, DOM, SAX, XSLT 등 XML 관련 기술을 그대로 XML Schema에 적용할 수 있다.

- **다양한 문서의 내용-모델을 정의:** 내용-모델(Contents-model)이란 서브 엘리먼트들에 대한 구성을 제한할 수 있는 방법을 말하며 DTD에서 표현 가능한 내용 모델은 간단한 순차 리스트나 선택 리스트 정도이기 때문에 복잡한 구조의 내용 모델을 자유롭게 표현할 수 없다. 그리고 DTD에서는 엘리먼트의 출현횟수(Cardinality)를 0, 1, many 등으로만 구분하기 때문에 "Quality 엘리먼트의 출현 횟수를 최대 5까지로 제한한다"는 식의 표현을 하지 못한다. XML Schema는 복합적인 내용-모델을 제공하며 엘리먼트의 출현 횟수에 대해서도 최소 및 최대 횟수를 표현할 수 있다. 또한, 모델 그룹(Model group), 애트리뷰트 그룹(Attribute group) 등을 정의하여 반복되는 코드를 줄임으로써 가독성과 유지보수성이 뛰어나다.

- **네임스페이스 지원:** XML 문서가 다른 XML 문서를 포함할 때 DTD로 정의된 문서들의 경우에는 양쪽 문서에 동일한 이름의 태그가 나타나는 경우가 발생한다. 이를 해결하기 위해서 DTD 문서 모델을 다시 정의해야만 한다. 하지만, XML Schema는 네임스페이스를 사용하여 이름 충돌 문제를 쉽게 해결할 수 있다. 또한, 네임스페이스를 사용함으로써 이름의 의미를 더욱 명확하게 정의할 수 있다. 네임스페이스에 대해서는 다음 절에서 더 자세하게 다룬다.

5.3 XML Schema 네임스페이스(Namespace)

XML Schema에서 element는 문서 모델 상의 새로운 엘리먼트를 선언하기 위해서 사용되는 용어이다. 하지만, element라는 용어는 화학 애플리케이션에서 물질을 구성하는 원소를 의미하는 엘리먼트로 사용될 수 있으며, 기하학에서는 도형을 구성하는 단위로 사용될 수도 있다. 이와 같이, 서로 다른 의미이지만 같은 이름을 가진 엘리먼트 간의 충돌은 언제든지 발생할 수 있기 때문에 충돌을 막기 위해서는 네임스페이스를 사용해 이름들의 그룹을 짓는 것이 필요하다.

네임스페이스는 엘리먼트와 애트리뷰트 이름들로 이루어진 그룹을 지칭한다. 네임스페이스는 URI와 지역이름(Local name)으로 구성되며, URI는 각각의 네임스페이스 그룹을 구별하는 식별자이고 지역이름은 네임스페이스 내에서 정의된 고유한 이름이다. 일반적으로는 고유한 식별자를 지정하는 보편적인 방법으로 URL이 사용되는데(URL은 URI의 하나의 모습임), 여기서 주목할 점은 URL은 실제로 존재하는 문서를 가리킬 필요가 없으며, 만약 실제로 문서가 존재한다고 해도 그 문서는 네임스페이스의 구성과는 직접적인 연관이 없다는 것이다. 즉, URI(혹은 URL)는 네임스페이스의 유일성 이외의 정보는 제공하지 않는다. XML Schema 파서의 입장에서도 네임스페이스는 문자열에 불과하기 때문에 “http://dbserver.kaist.ac.kr”과 “http://dbserver.kaist.ac.kr/”은 전혀 다른 네임스페이스로 인식된다. URI(혹은 URL) 기반의 네임스페이스에는 XML 명명 규칙에 어긋나는 문자를 포함할 수도 있다. 또한, 긴 문자열이기 때문에 자주 반복해서 쓰기에도 불편하다. 그래서 XML Schema 문서에서는 네임스페이스를 축약하는 접두사(Prefix)를 정의하여 사용한다.

|네임스페이스 선언|

XML Schema를 이용하여 문서 모델을 정의할 때, 문서 전체에서 유효한 네임스페이스는 xmlns 접두사를 사용하여 schema 엘리먼트에서 정의한다. 예 5.1의 두 번째 줄에서 네임스페이스 "http://dbserver.kaist.ac.kr"는 접두사 o로 축약되어 사용되고 있다.

예 5.1 XML Schema를 사용한 문서 모델 정의

```
<schema targetNamespace="http://dbserver.kaist.ac.kr"
xmlns:o="http://dbserver.kaist.ac.kr"
xmlns="http://www.w3.org/2001/XMLSchema">

    <element name="PhoneNumber" type="o:PhoneNumberType"/>
    <!—생략 –>
    <simpleType name="PhoneNumberType"/>
```

targetNamespace 애트리뷰트는 이 문서에서 새롭게 선언되는 엘리먼트와 타입이 속하게 되는 네임스페이스를 지정한다. 그러므로, 예 5.1의 마지막 줄에서 선언된 PhoneNumberType은 "http://dbserver.kaist.ac.kr" 네임스페이스에 속하게 되고 문서의 다른 부분에서 사용할 경우 접두사 o:와 함께 사용한다. 예제에서 Phone NumberType 타입의 엘리먼트 PhoneNumber를 정의하기 위해서 PhoneNumber의 type 값으로 o:PhoneNumberType이 쓰인 것을 확인할 수 있다.

접두사 선언 없이 단지 xmlns 애트리뷰트 값으로 정의된 네임스페이스를 기본네임스페이스(Default namespace)라고 한다. 예 5.1에서는 xmlns="http://www.w3.org/2001/XMLSchema"가 기본네임스페이스이다. 기본네임스페이스는 네임스페이스가 지정되지 않은(접두사 없이 사용된) 엘리먼트가 기본적으로 속하는 네임스페이스를 말한다. 네임스페이스가 지정되지 않은 엘리먼트는 기본적으로 부모 엘리먼트의 네임스페이스를 상속받으며 부모엘리먼트 역시 네임스페이스가 지정되지 않을 경우 기본네임스페이스에 속하게 된다. 앞의 예제에서는 schema와 element 엘리먼트가 기본네임스페이스에 속하게 된다. "http://www.w3.org/2001/XMLSchema" 네임스페이스는 XML Schema에서 미리 정의된 네임스페이스로, schema와 element 엘리먼트가 각각 XML Schema 문서의 루트와 XML 문서에서 사용될 엘리먼트를 선언하는 태그임을 나타낸다.

선언된 네임스페이스가 적용되는 범위는 네임스페이스가 선언된 엘리먼트와 그 서브 엘리먼트들이다. schema 엘리먼트에서 선언된 네임스페이스들은 schema 엘리먼트가 루트 엘리먼트이므로 전체 문서에 적용된다. 예 5.1에서는 schema 엘리먼트에서 모든 네임스페이스 선언이 이루어졌지만, 네임스페이스는 어떤 엘리먼트에서도 선언할 수 있다. PhoneNumber 엘리먼트가 자신의 영역 내에서 사용될 네임스페이스를 선언하고자 한다면 아래와 같이 선언하면 된다. 이 경우 네임스페이스는 선언된 엘리먼트와 그 서브 엘리먼트들에서만 유효하다.

```
<element name="PhoneNumber" type="n:PhoneNumberType"
xmlns:n="http://dbserver.kaist.ac.kr"/>
```

애트리뷰트는 접두사를 사용하지 않더라도 기본네임스페이스에 포함되지 않는다. 애트리뷰트는 기본적으로 어떠한 네임스페이스에도 속하지 않는다. 그러나 명시적으로 네임스페이스 접두사를 사용하여 네임스페이스를 지정할 경우 지정된 네임스페이스에 속하게 된다. 한 예로 뒤에서 언급할 네임스페이스가 지정된 xsi:nil 애트리뷰트가 있다.

5.4 XML Schema 문법

5.4.1 schema 엘리먼트

XML Schema 문서 역시 일종의 XML 문서이기 때문에 처리명령(Processing Instruction: PI)으로 시작하며 schema 엘리먼트를 루트 엘리먼트로 갖는다. 루트 schema 엘리먼트에서는 주로 문서 전체에서 사용되는 것들을 정의한다. 주로 기본네임스페이스(Default namespace)와 대상네임스페이스(Target namespace)가 정의되고, 네임스페이스의 축약형인 네임스페이스 접두사(Prefix)들이 정의된다.

이 장에서는 3장에서 DTD로 정의하였던 주문 문서 모델을 XML Schema 문서 모델로 만들면서 XML Schema의 문법을 설명하고자 한다. 지금부터는 설명의 편의를 위해 "XML Schema를 이용하여 문서 모델을 정의한 XML Schema 문서"를 간단히 "스키마 문서"라고 부르겠다. 또한, XML Schema로 정의된 문서 모델을 파싱하여 XML 애플리케이션에게 관련 정보를 제공할 수 있는 소프트웨어 모듈을 특별히 "스키마 프로세서" 혹은 "스키마 파서"라고 부르겠다. 먼저, 스키마 문서의 처음 부분을 살펴보자.

```
<?xml version="1.0" encoding="euc-kr"?>
<schema targetNamespace="http://dbserver.kaist.ac.kr"
xmlns:o="http://dbserver.kaist.ac.kr"
xmlns="http://www.w3.org/2001/XMLSchema"
elementFormDefault="qualified"
attributeFormDefault="unqualified">
```

기본네임스페이스로 XML Schema 엘리먼트들이 선언되어 있는 네임스페이스 "http://www.w3.org/2001/XMLSchema"를 지정하였다. 이제 이 스키마 문서에서는 문서 모델을 정의하는 데 사용하는 XML Schema 엘리먼트들을 접두사 없이 지역 이름만으로 간단히 사용할 수 있다. 새로 정의될 주문 관련 타입과 엘리먼트는 대상 네임스페이스 "http://dbserver.kaist.ac.kr"에 속할 것이며, 접두사 o로 지정하여 사용한다. 참고로, 스키마 문서는 일반적으로 확장자 .xsd를 사용한다.

5.4.2 기본 구성 요소

스키마 문서에서는 타입을 정의하고 엘리먼트와 애트리뷰트를 선언한다. 여기서, 엘리먼트와 애트리뷰트를 선언한다는 것은 엘리먼트와 애트리뷰트의 이름을 정의된 타입과 연관시키는 것을 의미한다. 아래는 가장 간단한 엘리먼트 선언의 예이다.

```
<element name="Quantity"/>
<element name="Quantity" type="anyType"/>
```

기본적으로 엘리먼트는 XML Schema의 element 엘리먼트를 이용하여 선언하며, name 애트리뷰트와 type 애트리뷰트를 지정해 주어야 한다. 이때, type은 생략 가능하다. 타입이 명시되지 않은 엘리먼트는 기본값으로 anyType을 가지게 되기 때문에 위의 두 선언은 동일한 의미를 가진다고 볼 수 있다 (anyType은 어떠한 내용도 포함할 수 있음을 의미한다).

```
<element name="Quantity" type="integer" minOccurs="0" maxOccurs=
"unbounded"/>
```

또한, minOccurs 애트리뷰트와 maxOccurs 애트리뷰트를 사용하여 엘리먼트의 최소 및 최대 빈도수를 지정하고 있다. 앞의 Quantity 엘리먼트 정의에서 최소빈도수가 0으로 설정되었기 때문에 Quantity 엘리먼트는 인스턴스 문서에서 나타나지 않을 수도 있으며 나타날 경우에는 최대 빈도수가 unbounded 이므로 그 횟수에 제한이 없다. 이는 DTD에서 * 연산자를 사용한 것과 같다.

```
<element name="Quantity" type="integer" default="10"/>
<element name="Quantity" type="integer" fixed="10"/>
```

엘리먼트 선언에 default 애트리뷰트가 사용되면 XML 인스턴스 문서에서 엘리먼트의 내용이 없을 경우에 사용될 기본값을 지정할 수 있다. 위의 예에서는 Quantity 엘리먼트가 인스턴스 문서에서 <Quantity/>와 같이 내용이 없는 경우에 <Quantity>

10</Quantity>와 같은 값을 자동으로 가지게 된다. 또한, fixed 애트리뷰트로 엘리먼트가 항상 특정한 값을 가지게 만들 수도 있다.

만약 Quantity 엘리먼트가 문서의 다른 곳에 이미 선언되어 있다면 ref 애트리뷰트를 사용하여 그 엘리먼트를 참조할 수 있다.

```
<element ref="Quantity"/>
```

단, ref에 의해 참조되는 엘리먼트는 전역적으로 선언되어 있어야 한다. 다시 말해서, Quantity 엘리먼트는 schema 엘리먼트의 바로 아래에 선언되어 있는 경우에만 ref 애트리뷰트를 통해 참조될 수 있으며 schema 이외의 다른 엘리먼트 안에 선언되어 있는 경우에는 참조할 수 없다. 그리고, ref 애트리뷰트에 의해 참조되는 엘리먼트는 이미 이름과 타입이 결정되어 있으므로 ref 애트리뷰트는 name, type 애트리뷰트와 함께 사용할 수 없다.

애트리뷰트는 XML Schema의 attribute 엘리먼트를 이용하여 선언하며 name 애트리뷰트와 type 애트리뷰트를 지정해 주어야 한다. 이때, type은 생략이 가능하다.

```
<attribute name="countryCode" type="string"/>
```

엘리먼트 선언에서는 type 애트리뷰트에 대한 특별한 제한사항이 없었지만, 애트리뷰트는 복합타입(Complex type)을 가질 수 없고 단순타입(Simple type)만을 가질 수 있다. 단순타입과 복합타입에 대해서는 다음 절에서 설명하겠다. type이 지정되지 않으면 attribute 엘리먼트는 기본적으로 anySimpleType 타입을 가지기 때문에 아래 두 선언은 동일한 의미를 가진다.

```
<attribute name="countryCode"/>
<attribute name="countryCode" type="anySimpleType"/>
```

애트리뷰트는 엘리먼트와는 달리 여러 번 나타날 수 없기 때문에 minOccurs 애트리뷰트와 maxOccurs 애트리뷰트를 사용하지 못한다. 하지만, use 애트리뷰트를 사용하여 애트리뷰트의 존재 유무를 설정할 수 있다. use 애트리뷰트는 required, optional, prohibited 세 가지 값 중 하나를 가질 수 있으며 기본값은 optional이다. 만약 required 값을 가질 경우 애트리뷰트는 항상 존재해야 하기 때문에 default 애트리뷰트를 사용할 수 없고, 반대로 optional 값일 경우에는 애트리뷰트가 존재하지 않을 수 있기 때문에 fixed 애트리뷰트를 사용할 수 없다. 그러므로, fixed와 default

는 다음과 같이 사용된다.

```
<attribute name="countryCode" type="string" use="optional" default="82"/>
<attribute name="countryCode" type="string" use="required" fixed="82"/>
```

엘리먼트와 애트리뷰트의 선언에서 default 애트리뷰트 의미에는 약간의 차이가 있다. 애트리뷰트 선언에서 default값은 애트리뷰트가 인스턴스 문서에 선언되지 않는 경우에 갖는 값을 말한다. 그러나, 엘리먼트 선언의 경우에는 인스턴스 문서에서 엘리먼트의 내용이 존재하지 않을 경우에 한해서 기본값이 사용되며 엘리먼트가 아예 존재하지 않을 경우에는 기본값이 제공되지 않는다.

5.4.3 단순타입(Simple Type)

XML Schema에서 제공되는 단순타입은 더 이상 나누어질 수 없는 타입을 말한다. 예를 들어, XML Schema의 date 타입은 날짜 정보를 나타낼 때 사용되며 그 내용은 연도, 월, 일로 구성된다. 그러나, date 타입을 사용하여 연도, 월, 일 정보를 개별적으로 다룰 수는 없다. 이를 위해서는 연도, 월, 일을 각각 개별적으로 나타내는 gYear, gMonth, gDay 타입을 사용하거나 연도와 월 또는 월과 일로만 이루어진 gYearMonth, gMonthDay 타입을 사용해야 한다. 이들 타입 역시 XML Schema 단순타입에 속한다. 또한, 단순타입은 자식 엘리먼트를 가질 수 없으며 애트리뷰트도 가질 수 없다.

단순타입은 미리 정의된 타입(Built-in types)과 사용자 정의 타입(User-derived types)으로 나눌 수 있으며, 미리 정의된 타입은 다시 기본 타입(Primitive types)과 유도된 타입(Derived types)으로 나눌 수 있다.

- 미리 정의된 타입(Built-in types)
  - 기본 타입(Primitive types)
    다른 타입으로부터 유도되지 않은 XML Schema의 근원적인 19가지 타입(표 5.1). 표 5.1에서 INF는 양의 무한대(Positive infinity), -INF는 음의 무한대(Negative infinity), 그리고 NaN는 숫자가 아님(Not-a-Number)을 의미한다.
  - 유도된 타입(Derived types)
    기본 타입이나 다른 유도된 타입에 제약을 가해 만들어진 25가지 타입(표 5.2)

- 사용자 정의 타입(User-derived types): 미리 정의된 타입을 기반으로 하거나 다른 사용자 정의타입을 기반으로 사용자가 새로 정의한 타입

표 5.1 미리 정의된 기본 타입(Built-in primitive types)

타입	설명	예
string	문자열	"대한민국"
boolean	참과 거짓	true, false, 0, 1
decimal	실수	−1.24, 0, 15751.5124
float	32비트 부동소수점 실수	−INF, INF, NaN, 241, −2E5, 5.32E−1
double	64비트 부동소수점 실수	−INF, INF, NaN, 241, −2E5, 5.32E−1
duration	PnYnMnDTnHnMnS형식의 시간 간격. nY(n년), nM(n개월), nD(n일), nH(n시간), nM(n분), nS(n초)	P1Y2M0DT14:24:55
dateTime	CCYY−MM−DDThh:mm:ss 형식의 날짜와 시간. CCYY(연도), MM(월), DD(일), T(날짜와 시간의 구분자), hh(시간), mm(분), ss(초)	1987−12−01T11:23:21
time	HH:MM:SS 형식의 시간	11:34:21
date	CCYY−MM−DD 형식의 날짜	2003−10−10
gYearMonth	CCYY−MM 형식의 연도와 월	2002−12
gYear	CCYY 형식의 연도	2005
gMonthDay	−−MM−DD 형식의 월과 일	−−09−01
gDay	−−−DD 형식의 날짜	−−−28
gMonth	−−MM−− 형식의 월	−−11−−
hexBinary	이진 데이터의 16진수 표현	0FB7
base64Binary	이진수의 Base64 형식(RFC−2045)	0F32
anyURI	URI 형식의 절대경로 혹은 상대경로	http://dbserver.kaist.ac.kr
QName	XML 한정된 이름(qualified name)	from:sender
NOTATION	XML NOTATION 애트리뷰트 타입	

표 5.2 미리 정의된 유도된 타입(Built-in derived types)

타입	근원 타입	설명	예
normalizedString	string	캐리지 리턴(Carriage return), 라인피드(New line), 탭(Tab)이 공백으로 변환된 문자열	"KOR JPN US"
token	normalizedString	캐리지 리턴, 라인피드, 탭이 없으며, 공백으로 시작되거나 끝나지 않고 연속된 공백도 존재하지 않는 스트링	"KOR JPN US"
language	token	RFC1766에 정의되어 있는 언어 지시자, 그리고 xml:lang에 사용할 수 있는 값	en-GB, en-US, fr
NMTOKEN	token	XML NMTOKEN 타입	CA
NMTOKENS	NMTOKEN	XML NMTOKENS 타입	CA CB CC
Name	token	XML 이름	recipe
NCName	name	접두사 없는 QName	sender
ID	NCName	XML ID 애트리뷰트 타입	
IDREF	NCName	XML IDREF 애트리뷰트 타입	
IDREFS	IDREF	XML IDREFS 애트리부트 타입	
ENTITY	NCName	XML ENTITY 애트리뷰트 타입	
ENTITIES	ENTITY	XML ENTITIES 애트리뷰트 타입	
integer	decimal	수학적 의미의 정수	-125, 0, 125, +8412
nonPositiveInteger	integer	양이 아닌 정수(0 포함)	-25, -518, 0
negativeInteger	nonPositiveInteger	음의 정수	-155
long	integer	-9223372036854775808 ~ 9223372036854775807 범위의 정수	-251, +5181548
int	long	-2147483648~2147483647 범위의 정수	-251, +5181548
short	int	-32768~37267 범위의 정수	-251, 0, +518
byte	short	-128~127 범위의 정수	-128, 0, 28
nonNegativeInteger	integer	음이 아닌 정수(0 포함)	0, 254, +5548
unsignedLong	nonNegativeInteger	0~18446744073709551615범위의 정수	0, 254, +5548
unsignedInt	unsignedLong	0~4294967295 범위의 정수	0, 254, +5548
unsignedShort	unsignedInt	0~65535 범위의 정수	0, 254, +5548
unsignedByte	unsignedShort	0~255 범위의 정수	0, 254, +254
positiveInteger	nonNegativeInteger	양의 정수(0 포함하지 않음)	254, +5548

|사용자 정의 단순타입 (User-derived simple types)|

지금까지 표 5.1과 표 5.2를 통하여 XML Schema의 단순타입 중에서 미리 정의된 타입의 두 가지 유형에 대해서 살펴보았다. 여기에서는 XML Schema의 또 다른 단순타입인 사용자 정의 타입에 대해서 알아볼 것이다. 사용자 정의 타입은 미리 정의된 타입이나 다른 사용자 정의 타입에 제한을 가하여 새로운 타입을 유도함으로써 생성된다. 기존의 타입을 제한하는 방법으로 타입특성(Facets)을 이용한다. 타입특성은 현재 17가지가 정의되어 있으며 각 타입마다 제한할 수 있는 타입특성이 지정되어 있다. 이에 대한 자세한 내용은 5.4.3절에서 다룬다. 여기서는 사용자 정의 타입을 생성하는 방법에 대해서 설명한다.

예 5.2 **1000~999의 범위를 가진 myInteger 사용자 정의 타입 생성**

```
<simpleType name="myInteger">
  <restriction base="integer">
    <minInclusive value="1000"/>
    <maxInclusive value="9999"/>
  </restriction>
</simpleType>
```

예 5.2에서는 단순타입인 사용자 정의 타입을 정의하고 있으므로 simpleType 엘리먼트를 이용하여 타입을 정의하고 있다. 타입 이름 myInteger는 name 애트리뷰트로 지정한다. myInteger 타입은 기존의 integer 타입에 제한(restriction)을 가하여 생성한 것이다. 제한은 restriction 엘리먼트를 통해 이루어지며 제한의 근간이 되는 근원타입은 base 애트리뷰트로 지정한다. 예에서는 제한의 내용으로 두 가지 타입특성을 사용하고 있다. minInclusive는 새롭게 정의되는 타입의 최소값(1000)을 제한하고, maxInclusive는 최대값(9999)을 제한한다. 타입 유도는 일종의 상속과 같은 것으로서 객체지향 프로그래밍에서 상속 객체를 부모 객체로 타입 변환을 할 수 있는 것처럼, 유도된 타입은 근원타입이 사용되는 곳에 사용될 수 있다.

|단순타입의 분류|

XML Schema 단순타입은 앞에서 언급한 바와 같이 크게 미리 정의된 타입과 사용자 정의 타입으로 나눌 수 있다. 또 다른 관점으로, 단순타입은 아래와 같이 원자 데이터 타입, 리스트 데이터 타입, 유니온 데이터 타입 등 세 가지로 분류할 수 있다.

- **원자(Atomic) 데이터 타입:** 더 이상 나누어질 수 없는 데이터 타입. 문자열(string) 타입은 원자 데이터 타입으로서 "A B C"는 A, B, C의 세 개의 서로 다른 문자로 나누어질 수 없는 단일 값이다. 표 5.1과 표 5.2의 미리 정의된 타입 중에서 NMTOKENS, IDREFS, ENTITIES 등을 제외한 모든 타입들이 원자 데이터 타입에 속한다. 일반적으로 원자 데이터 타입은 표 5.1의 기본 타입에 타입특성을 적용하여 생성되는 많은 타입들을 포함한다.

- **리스트(List) 데이터 타입:** 원자 데이터 타입에서 유도되는 타입. 이 타입은 리스트 타입이나 복합타입으로부터 유도할 수 없다. 미리 정의된 리스트 타입으로는 NMTOKENS, IDREFS, ENTITIES가 있으며, 리스트 내 각 아이템은 공백으로 구분한다. 그러므로 공백을 포함하는 아이템을 리스트에 사용해서는 안된다. 예를 들어 "good", "bad", "extremely bad"라는 세 개의 아이템으로 리스트를 만들 경우 "good bad extremely bad"와 같은 형식이 된다. 이는 의미상으로는 세 개의 아이템이지만 실제로는 "good", "bad", "extremely", "bad" 등과 같은 네 개의 아이템으로 인식된다. 아래는 string 타입을 아이템으로 가지는 리스트 타입을 정의한 것이다.

```
<simpleType name="components">
  <list itemType="string"/>
</simpleType>
```

- **유니온(Union) 데이터 타입:** 유니온 타입에 속하는 단순타입은 여러 개의 원자 데이터 타입 혹은 리스트 데이터 타입 중에서 하나를 선택하여 사용할 수 있다. 예를 들어, 여론 조사의 결과 값을 나타내는 새로운 타입을 score로 정의하고자 할 때, score 타입을 상황에 따라 integer 혹은 NMTOKEN 타입 중에서 하나가 되도록 하고 싶다면 아래와 같이 유니온 데이터 타입으로 선언하면 된다.

```
<simpleType name="score">
  <union memberTypes="integer NMTOKEN"/>
</simpleType>
```

5.4.4 타입특성(Facets)

XML Schema 표준 스펙에서 정의된 타입특성(Facets)은 크게 기본 타입특성

(Fundamental facets)과 제한 타입특성(Constraining facets)의 두 가지 유형으로 분류되며 총 17가지의 타입특성들이 정의되어 있다. 타입특성이란 한 데이터 타입이 다른 데이터 타입들과 구별되는 속성을 의미한다. 실제로 데이터 타입은 여러 타입특성을 가지고 있으며 데이터 타입들을 비교할 때에는 여러 타입특성을 종합적으로 비교한다. 기본 타입특성은 한 데이터 타입에 속하는 값의 특징을 정의하는 속성이다. 기본 타입특성으로는 equal, ordered, bounded, cardinality, numeric 등과 같이 5개의 속성들이 정의되어 있다. 기본 타입특성 적용은 XML Schema의 hasProperty 엘리먼트를 통해서 이루어진다. 제한 타입특성은 한 데이터 타입에서 허용되는 값의 범위를 제한하는 속성이며, 현재 12가지가 정의되어 있고 선택적으로 사용 가능하다. 제한 타입특성의 적용은 XML Schema의 hasFacet 엘리먼트를 통해서 이루어진다. XML Schema 스펙에서는 단순타입을 정의하면서 타입에 대한 타입특성을 함께 선언한다. 예 5.2는 XML Schema에서 명시한 string 타입 선언을 보여준다.

예 5.3 string 타입 선언 부분: XML Schema에서 string 타입은 6개의 제한 타입특성과 4개의 기본타입 특성이 적용되고 있다.

```
<simpleType name="string" id="string">
  <annotation>
    <appinfo>
      <hasFacet name="length"/>
      <hasFacet name="minlength"/>
      <hasFacet name="maxlength"/>
      <hasFacet name="pattern"/>
      <hasFacet name="enumeration"/>
      <hasFacet name="whitespace"/>
      <hasProperty name="ordered" value="false"/>
      <hasProperty name="bounded" value="false"/>
      <hasProperty name="cardinality"
         value="countably infinite"/>
      <hasProperty name="numeric" value="false"/>
    </appinfo>
    <documentation
      source="http://www.w3.org/TR/xmlschema-2/#string"/>
  </annotation>
  <restriction base="xs:anySimpleType">
    <whiteSpace value="preserve" id="string.preserve"/>
  </restriction>
</simpleType>
```

예 5.3의 string 타입은 6가지 제한 타입특성과 4가지 기본 타입특성을 적용하여 선언되었음을 확인할 수 있다. 여기서 주목할 사항은 아래서 설명할 5가지의 기본 타입특성 중에서 equal을 제외한 4가지는 미리 정의된 단순 타입에 속하는 44가지 타입(표 5.1의 기본 타입 19가지 + 표 5.2의 유도된 타입 25가지)에 모두 정의되어 있다는 점이다. 기본 타입특성 equal은 아직 해당하는 스키마가 없기 때문에 제외되어 있다. 따라서, 사용자 정의 타입을 생성할 때 기본 타입특성을 선택적으로 적용할 수는 없다. 사용자 정의 타입은 12가지 제한 타입특성을 사용하여 생성한다. 다음은 기본 타입특성에 속하는 5가지 속성을 설명한다.

- **equal**: 데이터 타입에서 허용되는 값들 사이의 동등(Equality)의 개념을 정의하는 속성이다. 즉, 임의의 두 개의 값 a와 b는 동등하거나(a=b로 표현됨) 혹은 동등하지 않는(a!=b로 표현됨) 두 가지 관계 중의 하나에 반드시 포함된다. 현재 equal 기본 타입특성에 대한 구체적인 스키마가 없어 XML Schema 데이터 타입 정의에는 사용되고 있지 않다.

- **ordered**: 데이터 타입에서 허용되는 값들 사이의 순서 관계를 정의한 속성으로 수학적인 순서 관계를 의미한다. 즉, 임의의 두 개의 값 a와 b에 대해서, a가 b보다 작은 경우는 a<b, a가 b보다 큰 경우는 a>b, 그리고 a와 b가 같은 경우는 a=b로 표현되는 세 가지 순서 관계를 나타낸다. 이 타입특성은 {false, partial, total}의 세 개 값 중에서 하나를 가질 수 있다. 타입특성 값이 false인 경우는 데이터 타입에서 허용하는 값들 사이의 순서 관계가 없음을 의미한다. 타입특성 값이 partial인 경우는 데이터 타입에서 허용하는 값들은 아래 세 가지 속성을 만족해야 한다.

  - 비재귀성(Irreflexivity): a<a인 관계를 만족하는 임의의 a값이 존재하지 않는다.

  - 비대칭성(Asymmetry): 모든 a와 b 값에 대해, a<b는 동시에 b<a 의미를 가지지 못한다.

  - 이행성(Transitivity): 모든 a, b, c값에 대해, a<b와 b<c가 만족하면 a<c도 만족한다.

  타입특성 값이 total인 경우는 partial의 세 가지 속성을 만족하면서 추가적으로 아래의 속성을 만족해야 한다.

- 모든 a와 b 값에 대해, a<b 혹은 b<a 혹은 a=b 중의 하나의 관계는 반드시 만족해야 한다.

- **bounded:** 이 타입특성은 boolean으로서 true 혹은 false 값을 가진다. 데이터 타입의 bounded 타입특성이 true라면, 데이터 타입에서 허용되는 값들은 {포함 상한(Inclusive upper bound), 배제 상한(Exclusive upper bound)} 중에서 하나의 속성과 {포함 하한(Inclusive lower bound), 배제 하한(Exclusive lower bound)} 중에서 하나의 속성을 가져야 한다. 이 타입특성의 값은 XML Schema 단순타입을 선언할 때 정의되는 다른 속성들의 값(즉, variety, facets, member type definitions 속성들의 값)에 따라 좌우된다. 이에 대한 보다 상세한 설명은 XML Schema 표준 스펙을 참조하기 바란다.

- **cardinality:** 이 타입특성은 {finite, countably infinite}의 두 가지 중에서 하나의 값을 가진다. 타입특성의 값이 finite인 경우는 데이터 타입에서 허용되는 값들의 개수가 유한함을 나타내고, countably infinite인 경우는 자연수처럼 셀 수는 있지만 무한함을 나타낸다. 위의 bounded 타입특성과 유사하게, 이 타입특성의 값은 XML Schema 단순타입을 선언할 때 정의되는 다른 속성들의 값(즉, variety, facets, member type definitions 속성들의 값)에 따라 좌우된다. 이에 대한 보다 상세한 설명은 XML Schema 표준 스펙을 참조하기 바란다.

- **numeric:** 이 타입특성은 boolean으로서 true 혹은 false 값을 가진다. 데이터 타입의 numeric 타입특성이 true라는 의미는 데이터 타입에서 허용되는 값이 개념적으로 정량적(Quantity)이라는 뜻이다. 위의 bounded 및 cardinality 타입특성과 유사하게, 이 타입특성의 값은 XML Schema 단순타입을 선언할 때 정의되는 다른 속성들의 값(즉, variety, facets, member type definitions 속성들의 값)에 따라 좌우된다. 이에 대한 보다 상세한 설명은 XML Schema 표준 스펙을 참조하기 바란다.

사용자 정의 타입은 미리 정의된 타입이나 다른 사용자 정의 타입에 제한을 가하여 새로운 타입을 유도함으로써 생성된다. 이때, 기존의 타입을 제한하는 방법으로 12가지의 제한 타입특성을 사용한다. XML Schema에서 미리 정의된 모든 단순타입들은 예 5.3의 string 데이터 타입에서와 같이 각 타입에 적용 가능한 타입특성(특별히, 제한 타입특성)을 명시하고 있다. 이것은 사용자가 string 타입에 제한을 가하여 새로운 사용자 정의 타입을 생성하고자 할 때 제한 타입특성으로 length, minLength, maxLength, pattern, enumeration, whitespace 등의 6가지 이외에는 사용할 수 없다는 것을 의미한다. 그럼, 12가지 제한 타입특성들에 대해서 살펴보도록 하자.

- **length, minLength, maxLength:** 이 타입특성들은 string 데이터 타입과 string에서 유도된 데이터 타입들에 의해서 허용되는 값의 길이, 최소 길이, 최대 길이를 제한한다. 문자열 데이터 타입인 경우는 문자의 개수, base64Binary와 같은 이진 데이터의 경우는 8진수의 개수를 의미한다. 특히, length 타입특성의 경우에 이 타입특성의 fixed 애트리뷰트가 true로 설정되었다면, 유도된 데이터 타입은 해당 개수(length 타입특성의 value 애트리뷰트의 값)만을 허용한다. 예를 들어, 한 글자로 이루어진 성과 하나 혹은 두 글자의 이름을 입력 받을 수 있는 엘리먼트를 XML Schema로 정의하면 예 5.4와 같다.

예 5.4 성과 이름의 길이를 제한하는 데이터 타입 정의

```
<simpleType name="LastNameType">
  <restriction base="string">
    <length value="1" fixed="true"/>
  </restriction>
</simpleType>
<simpleType name="FirstNameType">
  <restriction base="string">
    <minLength value="1"/>
    <maxLength value="2"/>
  </restriction>
</simpleType>
<element name="LastName" type="o:LastNameType"/>
<element name="FirstName" type="o:FirstNameType"/>
```

예 5.4에서는 string 데이터 타입으로부터 length 타입특성을 적용하여 LastNameType 데이터 타입을 생성하고 minLength와 maxLength 타입특성을 적용하여 FirstNameType 데이터 타입을 생성하고 있다. 특히, length 타입특성의 fixed 애트리뷰트가 true이므로 LastNameType 데이터 타입은 반드시 한 문자만을 허용한다. 예 5.4의 XML Schema를 기반으로 유효한 XML 문서 인스턴스로는 아래와 같다.

```
<FirstName>길동</FirstName> <-- 또는 <FirstName>민</FirstName> -->
<LastName>홍</LastName>
```

한편, 아래는 유효한 XML 문서 인스턴스가 아니다.

```
<FirstName>미리내</FirstName>
<LastName>남궁</LastName>
```

더불어, length 타입특성의 fixed 애트리뷰트를 사용하면 이 데이터 타입을 상속받아 새로운 사용자 정의 타입을 생성할 때 length 타입특성을 변경하지 못한다. 즉, 예 5.4의 LastNameType 데이터 타입에서 유도된 어떤 타입도 문자열의 길이를 변화시키지 못한다.

- **enumeration:** 새롭게 정의하고자 하는 데이터 타입에서 허용되는 값의 리스트를 선언한다. 예 5.5에서는 string 타입에 enumeration 타입특성을 적용하여 CardType 이라는 새로운 타입을 생성하고 있다. 이 타입의 값은 "MASTER"와 "VISA" 만 될 수 있다.

예 5.5 특정 값만을 허용하는 CardType 타입 정의

```
<simpleType name="CardType">
  <restriction base="string">
    <enumeration value="MASTER"/>
    <enumeration value="VISA"/>
  </restriction>
</simpleType>
```

- **pattern:** 이 타입특성을 이용하면 데이터 타입에서 허용되는 값의 형식을 정규식(Regular expression)으로 기술할 수 있다. 정규식에 대한 상세한 설명은 이 책의 범위를 벗어나므로 관련 문헌을 참고하기 바란다. 예 5.6에서는 전화번호 정보를 기술하는 데이터 타입을 정의하고 있다.

예 5.6 전화번호 정보를 표현하는 PhoneNumberType 정의

```
<simpleType name="PhoneNumberType">
  <restriction base="string">
    <pattern value="\d{3,4}-\d{4}|02-\d{3,4}-\d{4}|0\d{2}-\d{3,4}-\d{4}"/>
  </restriction>
</simpleType>
<element name="PhoneNumber" type="o:PhoneNumberType"/>
```

PhoneNumberType 타입은 string 타입에 pattern 타입특성을 적용하여 생성한 사용자 정의 타입으로 세 가지 종류의 전화번호 형식을 허용하고 있다. "\d{3,4}-\d{4}"는 세 자리 혹은 네 자리의 국번과 네 자리의 번호가 '-' 문자로 이어진 전화번호를 의미한다. "02-\d{3,4}-\d{4}"는 02로 시작하고 세 자리 혹은 네 자리 국번과 네 자리의 번호가 '-' 문자로 이어진 전화번호를 의미한다. 그리고, "0\d{2}-\d{3,4}-\d{4}"는 0으로 시작하는 세 자리 번호, 세 자리 혹은 네 자리 국번과 네 자리의 번호가 '-' 문자로 이어진 전화번호를 의미한다. 위의 세 가지 형식은 '|' 문자로 연결되어 있어서 이들 중에서 한 가지 형식이 선택된다. PhoneNumber 엘리먼트의 타입으로 PhoneNumberType가 사용되었으므로 XML 문서 인스턴스에서 유효한 PhoneNumber 엘리먼트는 아래와 같다.

```
<PhoneNumber>02-2423-2412</PhoneNumberType>
<PhoneNumber>032-123-4567</PhoneNumberType>
<PhoneNumber>051-2423-2412</PhoneNumberType>
```

표 5.3 문자클래스

문자 클래스	의 미
\s	XML 공백문자. 즉 스페이스(#x20), 탭(#x09), 라인피드(#x0A), 캐리지 리턴(#x0D)
\S	XML 공백문자를 제외한 문자
\d	숫자('0' 부터 '9' 까지의 숫자)
\D	숫자를 제외한 문자
\w	구분자를 제외한 Unicode 문자
\W	₩w 클래스에 해당되지 않는 문자들
\i	XML 명명규칙에 따라 이름의 첫 글자로 올 수 있는 문자들
\I	XML 명명규칙에 따라 이름의 첫 글자로 올 수 없는 문자들
\c	XML 명명규칙에 따라 이름에 사용할 수 있는 글자들
\C	XML 명명규칙에 따라 이름에 사용할 수 없는 글자들

'\d'는 한자리의 숫자(즉, 0부터 9까지)를 의미하는 문자클래스이며, 중괄호('{'와 '}')를 사용하여 문자의 자릿수를 추가하여 지정한다. 예를 들면, {m, n}은 m~n 자릿수를, {m, }은 m자릿수 이상을 의미한다. 그리고, 연산자 *, +, ?를 사용하면 각각 {0, }, {1, }, {0, 1}을 대신할 수 있다. 중괄호({, }), *, +, ? 등의 문자는 pattern 타입특성에서 사용되는 특수문자이기 때문에 이들 문자 자체를 pattern 타입특성에 사용하기 위해서는 \(역슬래쉬)와 함께 사용한다. 즉, '?' 문자를 표현하기 위해서는 '\?'과 같이 사용한다. 표 5.3은 pattern 타입특성에 사용할 수 있는 문자클

래스들과 각 문자클래스의 의미를 설명하고 있다.

정규식을 사용하여 pattern 타입특성을 다양한 형태로 활용할 수 있다. 한 예로 enumeration 타입특성과 마찬가지로 값을 열거하는 타입을 만들 수 있다. 그러나 예 5.7에서는 한 자리수의 짝수 타입을 enumeration과 pattern 타입특성을 이용하여 각각 정의하고 있지만 이들 타입에는 약간의 의미적 차이가 존재한다. 사용자 정의 타입 even1의 enumeration 타입특성은 값을 기준으로 제한하기 때문에 02, 008은 각각 2, 8과 동일한 값으로 판단되어 02, 008 등의 값도 유효하게 받아들인다. 반면에, even2의 pattern 타입특성은 숫자 형태 자체를 제한하기 때문에 02, 008 등의 값을 유효하게 받아들이지 않는다. 단지, 2, 4, 6, 8 값만을 허용할 뿐이다.

예 5.7 enumeration과 pattern 타입특성을 이용하여 한 자리수의 짝수 타입 정의

```
<simpleType name="even1">
  <restriction base="integer">
    <enumeration value="2"/>
    <enumeration value="4"/>
    <enumeration value="6"/>
    <enumeration value="8"/>
  </restriction>
</simpleType>

<simpleType name="even2">
  <restriction base="integer">
    <pattern value="2"/>
    <pattern value="4"/>
    <pattern value="6"/>
    <pattern value="8"/>
  </restriction>
</simpleType>
```

- **whiteSpace:** 스키마 프로세서가 공백문자들을 어떻게 처리해야 하는지를 기술한다. whiteSpace 타입특성은 preserve, replace, collapse 등의 세 가지의 값 중에서 하나를 가질 수 있다. 기본 속성은 preserve로서 인스턴스 문서의 모든 공백문자들을 처리하지 않은 채 그대로 보존한다. replace는 탭(tab, #x9), 라인 피드(line feed, #xA), 캐리지 리턴(carriage return, #xD)을 공백(space, #x20)으로 대치한다. 마지막으로 collapse는 replace의 역할을 수행하는 동시에 연속된 공백을 하나의 공백으로 줄이고, 문자열의 앞과 끝에 존재하는 공백문자는 제거한다.

예 5.8 whiateSpace 타입특성을 이용하여 생성된 token 타입

```
〈simpleType name=“token”〉
  〈restriction base=“normalizedString”〉
    〈whiteSpace value=“collapse”/〉
  〈/restriction〉
〈/simpleType〉
```

- **maxInclusive, maxExclusive, minInclusive, minExclusive:** 이 타입특성들은 정의되는 데이터 타입의 상한값 및 하한값의 범위를 지정한다. maxInclusive와 minInclusive 타입특성은 각각 지정된 값을 포함하는 최대값과 최소값을 나타내고 maxExclusive와 minExclusive 은 각각 지정된 값을 포함하지 않는 최대값과 최소값을 나타낸다.

예 5.9 1000과 9999 사이의 값을 갖는 myInteger 타입 정의

```
〈simpleType name="myInteger"〉
  〈restriction base="integer"〉
    〈minInclusive value="1000"/〉
    〈maxExclusive value="10000"/〉
  〈/restriction〉
〈/simpleType〉
```

- **totalDigits, fractionDigits:** 이 타입특성들은 decimal 데이터 타입에서부터 유도된 데이터 타입의 총 자릿수와 소수점 이하 자릿수를 지정한다.

예 5.10 소수점 이하 자리수가 2인 dollar 타입 정의

```
〈simpleType name=“dollar”〉
  〈restriction base=“decimal”〉
    〈fractionDigits=“2”/〉
  〈/restriction〉
〈/simpleType〉
```

5.4.5 복합타입(Complex Type)

단순타입은 기본 타입을 타입특성(Facet)으로 제한하거나 혹은 리스트(List)와 유니온(Union) 타입을 생성할 수 있지만, 타입을 확장하거나 애트리뷰트를 추가함으로써 새로운 타입을 유도하지는 못한다. 또한, 다른 엘리먼트를 포함할 수도 없다. 복합타입은 엘리먼트의 포함, 애트리뷰트의 추가, 다양한 엘리먼트 내용 모델의 지원 등을 기반으로 복잡하고 효율적인 사용자 정의 타입을 생성할 수 있게 해 준다.

단순타입이 DTD에서 제공하지 못하는 다양한 데이터 타입들을 제공하여 주는 역할을 했다면, 복합타입은 DTD에서 부족한 풍부한 내용 모델을 제공해 준다. 반복 사용되는 엘리먼트와 애트리뷰트 집합을 그룹(Group)으로 정의하여 가독성과 재사용성을 높여 주고 풍부한 내용 모델을 사용하여 스키마의 표현력을 높여 좀 더 엄격하게 XML 인스턴스 문서의 형식을 제한함으로써 XML 애플리케이션에게 유효성 검사 부담을 줄여준다.

| 기명 타입(Named type)과 무기명 타입(Anonymous type) |

복합타입을 생성할 때 이름을 사용하지 않을 수 있다. 복합타입을 정의할 때 이름을 지정하면 다른 엘리먼트에서 재사용할 수 있다. 반대로, 이름을 지정하지 않으면 해당 복합타입을 선언한 엘리먼트에서는 사용되지만, 그 이외의 다른 엘리먼트에서는 참조할 수 있는 방법이 없기 때문에 재사용이 불가능하게 된다. 예 5.11은 무기명 복합타입을 정의하고 있기 때문에 Address 엘리먼트에서만 유효한 타입이 된다.

예 5.11 무기명 복합타입을 사용한 Address 엘리먼트 선언

```
〈element name="Address"〉
  〈complexType〉
    〈sequence〉
      〈element name="BillingAddress" type="o:Address"/〉
      〈element name="ShippingAddress" type="o:Address"/〉
    〈/sequence〉
  〈/complexType〉
〈/element〉
```

| simpleContent를 통한 확장(Extension) 및 제한(Restriction) |

simpleContent 엘리먼트는 내용으로 단순타입을 포함한다. 단순타입은 애트리뷰트를 가질 수 없기 때문에 애트리뷰트를 가지는 단순타입을 생성하기 위해서는

simpleContent를 확장한 복합타입의 생성이 필요하다.

Price 엘리먼트가 단순타입인 integer를 내용으로 가지지만 currency 애트리뷰트도 함께 가지기를 원한다면 단순타입으로는 정의될 수 없다. 이 경우, 예 5.12와 같이 simpleContent를 확장하면 단순타입과 애트리뷰트를 함께 가지는 엘리먼트를 정의하는 것이 가능하다.

예 5.12 simpleContent를 이용한 단순타입 CurrencyType의 확장

```
<complexType name="Currency">
  <simpleContent>
    <extension base="integer">
      <attribute name="currency" type="o:CurrencyType" default="원"/>
    </extension>
  </simpleContent>
</complexType>

<simpleType name="CurrencyType">
  <restriction base="string">
    <enumeration value="원"/>
    <enumeration value="달러"/>
  </restriction>
</simpleType>

<element name="Price" type="o:Currency"/>
```

복합타입의 simpleContent를 제한하는 것은 단순타입을 제한하는 것과 비슷하다. 단, 단순타입과는 달리 simpleContent는 애트리뷰트를 포함하기 때문에 애트리뷰트 또한 제한할 수 있다.

예 5.13 simpleContent 제한을 통한 KoreanCurrency 복합타입 정의

```
<complexType name="KoreanCurrency">
  <simpleContent>
    <restriction base="o:Currency">
      <attribute name="currency">
        <simpleType>
          <restriction base="o:CurrencyType">
            <enumeration value="원"/>
          </restriction>
        </simpleType>
```

```
      </attribute>
    </restriction>
  </simpleContent>
</complexType>
```

예 5.13에서 정의된 KoreanCurrency 복합타입은 한국 통화만 거래할 수 있는 타입으로서 예 5.12에서 정의된 simpleContent 복합타입인 Currency에서 currency 애트리뷰트의 값을 '원'으로 제한한다. 제한을 통해 유도된 타입은 근원타입(Base type)의 서브타입(Subtype)이기 때문에 유도된 타입에서 유효한 인스턴스는 근원타입에 대해서도 유효하다.

|복합타입 구성자(Compositor)|

이상과 같이 단순타입을 확장하거나 제한하여 새로운 복합타입을 생성할 수 있기는 하지만 여전히 다양한 내용-모델을 만들기에는 부족하다. 복합타입 구성자를 이용하면 여러 개의 엘리먼트를 사용하여 복합타입을 생성할 수 있다. 이곳에서는 복합타입 구성자로 choice, sequence, all 등에 대해서 각각의 사용법과 의미를 살펴보도록 한다.

예 5.14 **choice와 sequence 구성자를 이용한 복합타입 선언**

```
<complexType name="OrderInfoType">
  <sequence>
    <choice>
      <element name="CD">
        <complexType>
          <group ref="o:OrderGroup"/>
        </complexType>
      </element>
      <element name="DVD">
        <complexType>
          <group ref="o:OrderGroup"/>
        </complexType>
      </element>
      <element name="Book">
        <complexType>
          <group ref="o:OrderGroup"/>
          <attribute name="Book" type="ID" use="required"/>
        </complexType>
      </element>
    </choice>
    <element name="Shipping">
    <!—생략 -->
```

```
      </element>
      <element name="TotalCost" type="o:Currency"/>
    </sequence>
  </complexType>
```

먼저, choice 구성자(XML Schema에서는 choice 엘리먼트로 나타남)는 포함된 엘리먼트들 중에서 한 가지만을 선택하도록 한다. 예 5.14에서 OrderInfoType의 첫 번째 서브 엘리먼트는 CD, DVD, Book 중 하나가 됨을 표현하기 위해 choice 엘리먼트를 사용하고 있다. 그리고, sequence 구성자(XML Schema에서는 sequence 엘리먼트로 나타남)는 포함된 엘리먼트들이 정해진 순서대로 나타나도록 한다. 예제에서는 OrderInfoType 자식 엘리먼트에서 choice 구성자에 의해 CD, DVD, Book 중 하나가 선택되고 나면 이어서 Shopping과 TotalCost 엘리먼트가 순서대로 나타나야 함을 sequence 구성자를 이용하여 표현하고 있다.

순서에 관계없이 엘리먼트를 모두 포함시키기 위해서는 all 구성자(XML Schema에서는 all 엘리먼트로 나타남)를 사용한다. all 구성자는 몇 가지 제한 사항들을 가지고 있다. 먼저, 구현을 단순히 하기 위하여 all 구성자는 sequence, choice와는 달리 다음 절에서 설명되는 group 엘리먼트를 포함할 수 없다. 또한, 포함된 엘리먼트들이 각각 최대 한 번 이상 나타날 수 없다 (즉, 엘리먼트들의 maxOccurs 애트리뷰트의 값은 반드시 1이어야 한다). 그리고 all 엘리먼트는 상위 엘리먼트의 유일한 자식 엘리먼트이어야 한다. all 엘리먼트는 어떤 엘리먼트의 바로 밑에 존재하는 서브 엘리먼트로서 다른 엘리먼트들과 동시에 나타날 수 없다. 예 5.15는 all 구성자를 이용하여 communication 복합타입을 정의한 예제를 보여주고 있다. all 구성자 내부에 두 개의 엘리먼트가 정의되어 있으며, 그 중 Wired 엘리먼트는 반드시 나타나야 하고 Mobile 엘리먼트는 minOccurs 값이 0이므로 나타나지 않아도 된다.

예 5.15 **all 구성자를 사용하여 communication 복합타입 정의**

```
<complexType>
  <all>
    <element name="Wired">
      <complexType>
        <sequence>
          <element ref="o:PhoneNumber"/>
        </sequence>
      </complexType>
    </element>
    <element name="Mobile" minOccurs="0">
      <complexType>
```

```
        <sequence>
          <element ref="o:PhoneNumber"/>
        </sequence>
      </complexType>
    </element>
  </all>
  <!-- 애트리뷰트는 가질 수 있으나 다른 자식 엘리먼트를 가질 수는 없다. -->
</complexType>
```

|complexContent를 통한 확장(Extension) 및 제한(Restriction)|

다음으로 complexContent를 이용하여 확장 및 제한을 통해 새로운 복합타입을 정의하는 방법에 대해서 알아보자. complexContent는 대상으로 하는 근원타입이 복합타입이라는 것을 제외하고는 simpleContent에서 확장 및 제한하는 것과 아주 유사하다. 다시 말해서, 근원타입을 확장하거나 제한하는 문법은 simpleContent에서와 동일하다.

예 5.16 **Address 복합타입에 State 엘리먼트를 추가하여 확장한 GlobalAddress 타입 정의**

```
<complexType name="Address">
  <sequence>
    <element name="Country" type="string"/>
    <element name="City" type="string"/>
    <element name="DetailedAddress" type="string"/>
    <element name="ZipCode" type="o:ZipCodeType"/>
  </sequence>
</complexType>
<complexType name="GlobalAddress">
  <complexContent>
    <extension base="o:Address">
      <sequence>
        <element name="State" type="string" minOccurs="0"/>
      </sequence>
    </extension>
  </complexContent>
</complexType>
```

예 5.16은 Address 복합타입을 complexContent의 근원타입으로 설정하고 여기에 State 엘리먼트를 추가하여 확장함으로써 GlobalAddress 복합타입을 정의한 내용을 보여준다. 실제로 확장을 통한 새로운 복합타입을 생성하는 것은 근원타입의 요소들과 확장되는 요소를 한번에 정의하는 것과 동일하다. 그러므로, 예 5.16의 GlobalAddress 타입은 예 5.17과 같이 정의될 수도 있다.

예 5.17 예 5.16과 동일한 형식의 GlobalAddress 타입 정의

```
<complexType name="GlobalAddress">
  <sequence>
    <element name="Country" type="string"/>
    <element name="City" type="string"/>
    <element name="DetailedAddress" type="string"/>
    <element name="ZipCode" type="o:ZipCodeType"/>
    <element name="State" type="string" minOccurs="0"/>
  </sequence>
</complexType>
```

compelxContent 제한은 앞에서 설명한 단순타입이나 simpleContent 제한과는 다소 다르다. simpleContent에서의 제한은 타입특성들을 설정함으로써 이루어지지만, complexContent에서는 필요한 근원타입의 요소들은 모두 명시하고 필요치 않은 요소들은 삭제해야 하며, 혹은 어떤 요소들에 대해서는 속성을 더욱 구체적으로 제한할 수 있다. 예 5.18은 예 5.17의 GlobalAddress의 State 엘리먼트에서 minOccurs을 1로 제한하여 새로운 DetailAddress 타입을 정의하고 있다.

예 5.18 예 5.17의 GlobalAddres 타입을 제한하여 DetailAddress 타입 정의

```
<complexType name="DetailAddress">
  <complexContent>
     <restriction base="GlobalAddress">
       <sequence>
         <element name="Country" type="string"/>
         <element name="City" type="string"/>
         <element name="DetailedAddress" type="string"/>
         <element name="ZipCode" type="o:ZipCodeType"/>
         <element name="State" type="string"
                  minOccurs="1"/>
       </sequence>
     </restriction>
  </complexContent>
</complexType>
```

|기타 내용-모델|

상황에 따라서는 내용 없이 애트리뷰트만을 가지는 타입이 필요할 경우가 있다. 서브 엘리먼트 없이 애트리뷰트만 가지는 예로 HTML에서 <p> 처럼 구분자로 쓰

일 엘리먼트가 있다. 이 경우 anyType 타입을 근원타입으로 하는 complexContent를 정의하면 서브 엘리먼트 없이 애트리뷰트만을 가지는 타입을 만들 수 있다. 예 5.19에서는 애트리뷰트만 가지는 ContentlessCurrency 복합타입을 정의하고 있다. ContentlessCurrency 타입은 anyType을 근원타입으로 설정하여 제한하며 서브 엘리먼트 없이 currency와 Price의 두 개 애트리뷰트를 가진다. 이때, currency 애트리뷰트는 예 5.12에서 정의된 CurrencyType 단순타입을 type 애트리뷰트로 설정하고 기본값으로 '원'을 지정한다. Price 애트리뷰트는 integer 타입으로 설정되어 있다. 그러므로, XML 문서 인스턴스에서 MyCurrency 엘리먼트의 사용 예는 <MyCurrency Price="10000"/>와 같다. 이 예에서 currency 애트리뷰트는 없기 때문에 기본적으로 currency="원" 이라는 애트리뷰트가 추가되어, 궁극적으로 MyCurrency는 의미적으로 "10000원" 이라는 내용을 가지게 된다.

예 5.19 애트리뷰트만이 존재하는 ContentlessCurrency 타입 정의

```
<element name="MyCurrency" type="ContentlessCurrency"/>

  <complexType name="ContentlessCurrency">
    <complexContent>
      <restriction base="anyType">
        <attribute name="currency" type="o:CurrencyType"
                   default="원"/>
        <attribute name="Price" type="integer"/>
      </restriction>
    </complexContent>
  </complexType>

<!-- 인스턴스 문서에서 MyCurrency 엘리먼트의 사용 예
  <MyCurrency Price="10000"/>
  -->
```

XML 문서에서는 엘리먼트의 내용으로 여러 개의 서브 엘리먼트와 문자 정보가 혼합된 혼합 내용-모델이 필요한 경우가 많다. DTD를 사용하면 이와 같은 혼합 내용 모델을 지원할 수는 있지만 포함되는 엘리먼트의 순서나 빈도 등을 제한하지는 못한다. 반면에, XML Schema는 mixed 애트리뷰트를 지정함으로써 문자 정보, 서브 엘리먼트, 애트리뷰트를 혼합한 엘리먼트를 지정할 수 있으며, 순서나 빈도 등 DTD에서 표현하지 못했던 제약조건도 함께 표현할 수 있다. 예 5.20은 HTML에서의 h1 태그의 내용 모델을 XML Schema로 정의한 것이다.

예 5.20 HTML의 <h1> 태그와 유사한 혼합 엘리먼트 h1 정의

```
<element name="h1" >
  <complexType mixed="true">
     <all>
      <element name="i" type="string"/>
      <element name="b" type="string"/>
    </all>
  </complexType>
</element>

<!-- 인스턴스 문서에서 h1 엘리먼트의 사용 예
<h1> this is <i> italic </i> and <b> bold </b> </h1>
-->
```

5.4.6 기타 컴포넌트들

|모델 그룹(Model group)|

복합타입의 내용-모델을 표현하는 다른 방법으로 모델 그룹(Model group)이 있다. 5.4.5절에서 살펴본 sequence, all, choice 등의 복합타입 구성자는 이름이 없는 모델 그룹의 일종이라고 생각할 수 있다. 이름을 가진 모델 그룹은 group 엘리먼트로 정의하며 ref 애트리뷰트를 통해 참조될 수 있다. 모델 그룹은 엘리먼트 선언, 와일드카드(wildcard), 혹은 또 다른 모델 그룹을 포함할 수 있다. 이름 없는 모델 그룹은 지역(Local) 엘리먼트로 선언이 가능하지만, group 엘리먼트는 항상 전역(Global) 엘리먼트로 선언되어야 한다 (즉, schema 엘리먼트의 바로 아래의 자식 엘리먼트로서만 선언될 수 있다). 전역 엘리먼트는 문서의 최상위 엘리먼트에 속하는 바로 아래의 자식 엘리먼트를 말하며, 지역 엘리먼트는 최상위 엘리먼트에 속하는 엘리먼트 중에서 전역 엘리먼트를 제외한 나머지 엘리먼트를 말한다. XML Schema 문서에서는 schema 엘리먼트가 최상위 엘리먼트이다. 그리고, ref 애트리뷰트에 의해 참조되는 엘리먼트는 모두 전역 엘리먼트여야 한다.

예 5.21 모델 그룹의 선언과 참조

```
<!—schema 엘리먼트의 바로 아래의 자식 엘리먼트로 선언된다 -->
<group name="PersonName">
  <sequence>
```

```
    <element name="LastName" type="o:LastNameType"/>
    <element name="FirstName" type="o:FirstNameType"/>
  </sequence>
</group>

<element name="Name">
  <complexType>
    <group ref="o:PersonName"/>
  </complexType>
</element>
```

| 애트리뷰트 그룹(Attribute Group) |

모델 그룹이 엘리먼트들을 그룹화하는 것처럼 애트리뷰트 그룹을 사용하면 애트리뷰트들을 그룹화할 수 있다. 애트리뷰트 그룹은 관련 애트리뷰트들을 하나로 묶어서 관리할 수 있기 때문에 스키마 문서의 유지 보수, 재사용성, 가독성 등을 높여준다. 애트리뷰트 그룹을 여러 곳에서 사용할 때는 애트리뷰트 그룹을 참조 하면 되고, 애트리뷰트를 수정해야 할 경우 애트리뷰트 그룹만 수정하면 참조하는 문서의 모든 부분에 일괄적으로 영향을 미칠 수 있다. KoreanCurrency 타입에서 사용되었던 애트리뷰트들을 그룹으로 유지하려면 attributeGroup 엘리먼트를 사용하여 아래와 같이 선언한다.

```
<attributeGroup name="CurrencyAttributes">
  <attribute name="currency" type="o:CurrencyType"
           default="원"/>
  <attribute name="Price" type="integer"/>
</attributeGroup>
```

애트리뷰트 그룹은 다른 애트리뷰트 그룹을 포함할 수도 있다. 애트리뷰트와 마찬가지로 애트리뷰트 그룹은 항상 타입 정의의 마지막 부분에 나타나야 한다.

| 유일성 제약(Uniqueness Constraints) |

XML Schema는 XML 표준 스펙의 ID, IDREF, IDREFS 등과 같은 데이터 타입을 모두 지원하기 때문에 이 타입을 사용하면 DTD에서와 같은 방법으로 유일성 조건을 만족시킬 수 있다. DTD에서는 이들 타입을 애트리뷰트에 대해서만 사용할 수 있었는데, XML Schema에서는 엘리먼트에 대해서도 사용할 수 있도록 허용하고 있다. 물론, 이 경우에도 XML 표준 스펙의 명명규칙에 따르는 값만을 가질 수 있고 문서 전체 영역에 대해서 유일성이 적용된다. 예를 들어, title 엘리먼트의 내용 모델로 ID 타입을 사용할 경우에 다른 영역에 속하더라도 같은 문서에 있는 Book의 title 엘리먼트와 DVD의 title 엘리먼트의 값이 같을 수 없다. 또한, 주민등록번호처럼 숫자로 시작한다거나 '0215 5182 1578'처럼 공백을 포함하는 ID를 표현할 수 없다.

XML Schema에서는 추가적으로 unique 엘리먼트와 key 엘리먼트를 사용하여 유일성 제약을 지원할 수 있다. 이들을 사용하면 기존 ID 타입이 가지는 제약에서 벗어날 수 있다. 그리고 기존의 ID, IDREF, IDREFS는 문서 전체에서 유일성을 유지해야 하지만, unique와 key는 지정된 영역 내에서만 유일성을 만족하면 된다. 이러한 면에서, unique와 key를 사용하는 편이 좀 더 효율적으로 유일성 제약을 지원할 수 있다. 먼저, unique 엘리먼트를 사용하면 ID와 비슷한 역할을 하면서도 애트리뷰트는 물론 엘리먼트에도 유일성 조건을 만족시킬 수 있다. 또한, 단순타입이라면 어떤 타입이라도 유일한 식별자로 사용할 수 있는 장점이 있다. unique 엘리먼트는 하나의 selector와 하나 이상의 field를 자식 엘리먼트로 가진다. selector 엘리먼트는 유일성이 보장되어야 하는 영역을 XPath로 표현한 상대경로 값으로 나타낸다. field 엘리먼트는 유일성을 유지해야 하는 부분을 지정하며 selector에서 선택된 노드로부터의 상대경로이며 역시 XPath로 표현한다. unique엘리먼트는 상대경로를 사용하기 때문에 선언되는 위치를 정확히 고려해야 한다. 경로 정보를 표현하는 데 사용되는 XPath에 대해서는 8장에서 살펴볼 것이다.

예 5.22 주문번호(orderNumber)에 유일성 제약

```
<element name="Order">
    <complexType>
        <!—생략되었음 —>
        <attribute name="orderNumber" type="anySimpleType"
                use="required"/>
    </complexType>

    <!-- Order 엘리먼트로부터의 상대경로를 사용한다. —>
    <unique name="orderID">
        <selector xpath="."/>
        <field xpath="@orderNumber"/>
    </unique>
</element>
```

예 5.22에서 <selector xpath="."/>는 현재 unique 엘리먼트가 선언되어 있는 노드인 Order 엘리먼트의 범위에서 유일성이 보장되어야 한다는 것을 나타내며, <field xpath="@orderNumber">는 각각의 Order 엘리먼트의 orderNumber 애트리뷰트 값이 유일해야 한다는 것을 나타낸다. 앞에서 하나 이상의 field 엘리먼트를 가질 수 있다고 했는데, 만약 유일성의 기준이 하나의 값이 아닌 여러 값들의 조합이라면 field 엘리먼트를 여러 개 사용하여 표현할 수 있다. 예를 들어, 주문자의 이름이 유일해야 한다면, 성과 이름의 조합이 유일해야 함을 예 5.23과 같이 표현할 수 있다.

예 5.23 성과 이름의 조합에 대한 유일성 제약

```
<element name="Name">
  <complexType>
    <sequence>
      <group ref="o:PersonName"/>
    </sequence>
  </complexType>
  <unique name="nameID">
    <selector xpath="."/>
    <field xpath="o:LastName"/>
    <field xpath="o:FirstName"/>
  </unique>
  <!-- 생략 -->
</element>
```

key 엘리먼트 역시 unique 엘리먼트와 마찬가지로 유일성을 제약하는 데 사용된다. 엘리먼트 이름으로 unique대신 key를 사용한다는 것 외에는 동일한 문법을 가진다. 차이점이 있다면 unqiue는 대상이 되는 인스턴스 문서에서 selector에 해당하는 노드가 존재하지 않을 경우에 유일성 검사를 하지 않고 넘어가지만 key의 경우는 모든 노드가 반드시 존재해야 한다.

|유일성 참조(keyref)|

keyref 엘리먼트는 unique와 key 엘리먼트에 의해 정의된 노드를 모두 참조할 수 있다. keyref 엘리먼트의 refer 애트리뷰트는 key나 unique 엘리먼트만을 지정할 수 있으며, keyref 엘리먼트의 자식 엘리먼트로 하나의 selector와 하나 이상의 field를 가질 수 있다. selector에 지정된 노드에서 field에 지정된 값은 refer에서 지정된 다른 key 혹은 unique 엘리먼트를 참조한다. keyref의 간단한 사용 예는 아래와 같다.

```
<keyref name="personRef" refer="fullname">
  <selector xpath=".//PersonPointer"/>
<field xpath="@first"/>
```

```
<field xpath="@last"/>
</keyref>
```

| 파일 포함하기(include, import) |

XML Schema에서 다른 문서에 저장되어 있는 스키마 정의를 사용하는 방법으로는 import와 include가 있다. include는 schemaLocation 애트리뷰트의 값에 지정된 물리적 위치에 있는 문서의 내용 전체를 그대로 가져온다. 그러므로 외부로부터 포함되는 데이터 타입 및 엘리먼트와 새롭게 생성되는 데이터 타입 및 엘리먼트가 같은 문서 내에 존재하게 되는 것이므로, 포함하는 문서와 포함되는 문서의 대상네임스페이스(Target namespace)가 같아야만 문서의 유효성이 보장된다. 아래의 예제에서 포함하는 문서의 대상네임스페이스가 "http://dbserver.kaist.ac.kr" 이므로 포함되는 문서 order.xsd의 앞부분은 다음과 같은 형식이 되어야 한다.

```
<schema targetNamespace="http://dbserver.kaist.ac.kr"
```

include 선언은 전역 엘리먼트로서 선언되어야 하며, 모든 데이터 타입 및 엘리먼트 선언의 앞부분에 와야 한다.

```
<schema targetNamespace="http://dbserver.kaist.ac.kr"
      xmlns="http://www.w3.org/2001/XMLSchema">
  <include
    schemaLocation="http://dbserver.kaist.ac.kr/order.xsd"/>
```

import는 포함되는 문서의 대상네임스페이스가 포함하는 문서의 대상네임스페이스와 다를 때도 문서를 포함할 수 있도록 해준다. 아래의 예와 같이 namespace 애트리뷰트에서 포함되는 문서의 대상네임스페이스를 지정해주며, schemaLocation 애트리뷰트에서 포함되는 문서의 물리적인 위치를 지정한다. import 선언은 include와 동일하게 전역 엘리먼트로서 선언되어야 하며, 모든 데이터 타입 및 엘리먼트 선언의 앞부분에 위치해야 한다.

```
<schema targetNamespace="http://dbserver.kaist.ac.kr"
      xmlns="http://www.w3.org/2001/XMLSchema">
   <import namespace="http://dbserver.kaist.ac.kr/othersNS"
       schemaLocation="http://dbserver.kaist.ac.kr/orderSchema.xsd"/>
```

| 재정의(Redefinition) |

기존에 이미 정의되어 있는 데이터 타입 및 그룹을 앞에서 언급한 제한이나 확장을 통하여 새로운 데이터 타입 및 그룹으로 생성하는 방법에 대해서는 이미 살펴보았다. 이때, 새롭게 정의되는 데이터 타입이나 그룹의 이름은 기존과 달라야 하며 같은 이름으로 정의하여 구조를 바꾸려고 하는 경우 스키마 프로세서는 에러를 발생시킨다. 이와 같은 상황에서 같은 이름으로 데이터 타입 및 그룹을 재정의하기 위해서는 redefine 엘리먼트를 사용하면 된다. 그리고, 재정의되는 타입 및 그룹에 속해있는 스키마 문서는 schemaLocation 애트리뷰트에서 지정된다. 예 5.24는 기존의 PersonName 그룹에 새롭게 MiddleName 엘리먼트를 추가하여 재정의하는 예를 보여준다.

예 5.24 MiddleName 엘리먼트를 추가하여 PersonName 그룹의 재정의

```
<schema targetNamespace="http://dbserver.kaist.ac.kr"
  xmlns="http://www.w3.org/2001/XMLSchema"
  xmlns:o="http://dbserver.kaist.ac.kr">

  <redefine schemaLocation="C:\order-schema.xsd">
    <group name="PersonName">
      <sequence>
        <element name="LastName" type="o:LastNameType"/>
        <element name="MiddleName" type="o:LastNameType"
            minOccurs="0"/>
        <element name="FirstName" type="o:FirstNameType"/>
      </sequence>
    </group>
  </redefine>
</schema>
```

redefine을 이용한 타입 재정의에서는 몇 가지 주의해야 할 사항들이 있다. 기존의 타입과 재정의된 타입은 include 엘리먼트에서와 마찬가지로 동일한 네임스페이스에 속해야 한다. 그리고, 엘리먼트를 추가하여 재정의를 하는 경우에 추가되는 엘리먼트의 이름이 기존의 타입에 이미 정의되어 있는 엘리먼트 이름과 동일해서는 안된다. 마지막으로, 데이터 타입 및 그룹의 재정의는 이들을 참조하는 다른 타입에게도 영향을 주므로 이러한 사항에 주의하여 사용하여야 한다.

| 대체그룹(substitutionGroup) |

복합타입을 구성하는 데 사용되는 choice 엘리먼트는 여러 개의 데이터 타입 및 그룹 중에서 상황에 따라 자유롭게 하나를 선택하여 사용할 수 있게 한다. 대체그룹(substitutionGroup)도 비슷한 일을 수행한다. substitutionGroup 애트리뷰트의 값으로는 전역으로 선언된 데이터 타입이나 엘리먼트만 사용될 수 있다.

예 5.25 PhoneNumber에 대한 대체 그룹으로 HomePhone과 CfficePhone 선언

```
<element name="PhoneNumber" type="o:PhoneNumberType"/>
...
<element name="HomePhone" type="o:PhoneNumberType"
  substitutionGroup="o:PhoneNumber"/>
<element name="OfficePhone" type="o:PhoneNumberType"
  substitutionGroup="o:PhoneNumber"/>
```

예 5.25에서 HomePhone과 OfficePhone이 PhoneNumber의 대체 그룹으로 지정되었기 때문에 PhoneNumber 엘리먼트가 선언되어 있는 곳에는 어디라도 HomePhone 혹은 OfficePhone 엘리먼트가 대신 올 수 있다. 대체 그룹을 지정하는 데 있어 주의할 점은 대체하는 엘리먼트의 타입(예, HomePhone과 OfficePhone)은 대체되는 엘리먼트(예, PhoneNumber)와 같은 타입이거나 그 타입에서 유도된 타입이어야 한다는 것이다. 즉, 다음과 같은 대체 그룹 지정은 유효하지 않다.

```
<element name="PhoneNumber" type="o:PhoneNumberType"/>
...
<element name="HomePhone" type="string"
  substitutionGroup="o:PhoneNumber"/>
<element name="OfficePhone" type="int"
  substitutionGroup="o:PhoneNumber"/>
```

대체되는 엘리먼트 타입은 항상 대체하는 엘리먼트 타입과 동일하거나 조상 타입이어야 하기 때문에 만약 어떤 타입으로라도 대처할 수 있도록 하려면 대체되는 엘리먼트의 타입을 모든 타입의 조상타입인 anyType으로 지정하면 된다.

```
<element name="PhoneNumber"/>  또는
<element name="PhoneNumber" type="anyType"/>
```

또는, 대체되는 엘리먼트를 가상 엘리먼트로 선언하면 항상 대체하는 엘리먼트들

이 사용하도록 할 수 있다. 가상 엘리먼트는 abstract 애트리뷰트를 "true"로 설정함으로써 선언된다. 예 5.26 에서는 PhoneNumber 엘리먼트를 가상 엘리먼트로 설정하였기 때문에, 실제 인스턴스 문서에서는 PhoneNumber는 사용될 수 없고 그 자리에 항상 HomePhone이나 OfficePhone이 사용되어야 한다.

예 5.26 PhoneNumber를 가상 엘리먼트로 선언

```
<element name="PhoneNumber" type="o:PhoneNumberType" abstract="true"/>
...
<element name="HomePhone" type="string"
  substitutionGroup="o:PhoneNumber"/>
<element name="OfficePhone" type="int"
  substitutionGroup="o:PhoneNumber"/>
```

엘리먼트 자체는 가상이 아니지만 그 타입을 가상으로 설정하는 방법이 있다. 이 경우에 인스턴스 문서에서 엘리먼트를 사용할 때 xsi:type으로 실제 적용되는 타입을 명시해야 한다. xsi 네임스페이스는 "http://www.w3.org/2001/XMLSchema-instance"이며 여기에는 xsi:nil, xsi:type, xsi:schemaLocation 등이 선언되어 있다.

예 5.27 가상 데이터 타입 선언

```
<simpleType name="PhoneNumberType" abstract="true">
  <!—생략되었음 -->
</simpleType>

<element name="PhoneNumber" type="o:PhoneNumberType"/>
...
<simpleType name="HomePhone">
  <restriction base="o:PhoneNumberType">
  <!—생략되었음 -->


<!-- 인스턴스 문서에서의 가상 타입 엘리먼트 사용 예
<PhoneNumber xsi:type="o:HomePhoneNumber">
  02-123-1234
</PhoneNumber>
  -->
```

| 널(Null) |

엘리먼트가 존재하지 않는 다는 것은 여러 가지를 의미할 수 있다. 엘리먼트 내용이 있기는 하지만 내용을 모른다거나, 엘리먼트 내용이 엘리먼트에 적용되지 않는 내용이라거나, 또는 실제로 엘리먼트 그 자체가 존재하지 않기 때문일 수도 있다. 주문자의 핸드폰 번호가 존재하지 않는다는 것은 실제로 핸드폰을 가지고 있지 않기 때문일 수도 있지만, 번호를 알 수 없어서 비워두었을 수도 있고 핸드폰 번호가 아니라 팩스 번호이기 때문일 수도 있다. XML Schema에는 엘리먼트가 존재하지 않는다는 것을 명시적으로 표현하는 널(Null)값이 존재하지 않으며 대신에 엘리먼트의 xsi:nil 애트리뷰트에 "true"값을 넣어 부재를 표현한다.

```
<PhoneNumber xsi:nil="true"/>
```

Null값을 가질 수 있는 엘리먼트가 되기 위해서는 엘리먼트 타입 선언부에 nillable 애트리뷰트 값을 true로 설정하면 된다.

```
<element name="PhoneNumber" type="n:PhoneNumberType"
  nillable="true"/>
```

Null로 선언된 엘리먼트는 내용을 갖지 못하지만 애트리뷰트는 가질 수 있다.

| 주석(Annotation) |

문서의 모든 부분에서 annotation 엘리먼트를 통해 사용자 혹은 애플리케이션에게 유용한 정보를 명시할 수 있다. annotation 엘리먼트는 appinfo, documentation 등의 엘리먼트를 가질 수 있으며 각각 애플리케이션과 사용자를 위한 정보를 담게 된다. appinfo 엘리먼트는 XML 표준 스펙의 처리명령(Processing Instruction: PI)과 마찬가지로 스키마 프로세서에서 처리해야 하는 정보를 담고 있다. documentation 엘리먼트는 문서의 내용을 자연언어 형식으로 설명할 수 있게 하여 사람이 문서를 분석할 때 도움을 주며 xml:lang 애트리뷰트를 통해 설명 언어를 지정할 수 있다. XML의 주석(<!-- -->)과의 차이점은 스키마 프로세서에 의해 무시되는 것이 아니라 인식된다는 점이다.

```
<annotation>
  <appinfo> order.showInfo(); </appinfo>
  <documentation xml:lang="kr">
```

```
    여러 개의 CD, DVD, Book을 한번에 주문할 수 있습니다.
  </documentation>
</annotation>
```

5.4.7 주문예제 스키마

여기에서는 3장에서 사용된 상품주문 예제 DTD 문서 모델을 XML Schema로 정의하도록 하겠다. 단지, 3장의 DTD와 다른 점은 아래와 같이 XML Schema가 제공하는 다양한 문서 모델을 사용한다는 것이다.

- DTD에서 (#PCDATA)로 표현되었던 엘리먼트 타입이 XML Schema에서 지원되는 타입으로 변환되었다.
- orderNumber 애트리뷰트는 ID 타입 대신 unique 엘리먼트를 사용하여 유일성 제약을 설정하였다.
- 이름과 이메일, 전화번호는 pattern 타입특성을 사용하여 제한된 문자열 타입을 생성하였다.

```
<?xml version="1.0" encoding="euc-kr"?>
<schema targetNamespace="http://dbserver.kaist.ac.kr"
xmlns="http://www.w3.org/2001/XMLSchema" xmlns:o="http://dbserver.kaist.ac.kr"
elementFormDefault="qualified" attributeFormDefault="unqualified">
  <element name="PhoneNumber" type="o:PhoneNumberType"/>
  <element name="Order">
    <complexType>
      <sequence>
        <element name="CustomerInfo" type="o:CustomerInfoType"/>
        <element name="OrderInfo" type="o:OrderInfoType"/>
      </sequence>
      <attribute name="orderNumber" type="anySimpleType" use="required"/>
    </complexType>
    <unique name="orderID">
      <selector xpath="."/>
      <field xpath="@orderNumber"/>
    </unique>
  </element>
  <complexType name="OrderType">
    <sequence>
      <element name="Title" type="string"/>
      <element name="Subtitle" type="string" minOccurs="0"
      maxOccurs="unbounded"/>
      <element name="Price" type="o:Currency"/>
      <element name="Quantity" type="integer"/>
    </sequence>
    <attribute name="isbn" type="ID"/>
```

```
</complexType>
<complexType name="Address">
  <sequence>
      <element name="Country" type="string"/>
      <element name="State" type="string" minOccurs="0"/>
      <element name="City" type="string"/>
      <element name="DetailedAddress" type="string"/>
      <element name="ZipCode" type="o:ZipCodeType"/>
  </sequence>
</complexType>
<simpleType name="CardType">
  <restriction base="string">
      <enumeration value="MASTER"/>
      <enumeration value="VISA"/>
      <enumeration value="SAMSUNG"/>
      <enumeration value="LG"/>
      <enumeration value="BC"/>
      <enumeration value="HYUNDAE"/>
      <enumeration value="LOTTE"/>
  </restriction>
</simpleType>
<simpleType name="ShippingType">
  <restriction base="string">
      <enumeration value="STANDARD"/>
      <enumeration value="EXPRESS"/>
  </restriction>
</simpleType>
<simpleType name="CurrencyType">
  <restriction base="string">
      <enumeration value="원"/>
      <enumeration value="달러"/>
  </restriction>
</simpleType>
<complexType name="CustomerInfoType">
  <sequence>
      <element name="Name">
          <complexType>
             <sequence>
                <group ref="o:PersonName"/>
             </sequence>
          </complexType>
          <unique name="nameID">
           <selector xpath="PersonName"/>
           <field xpath="LastName"/>
             <field xpath="FirstName"/>
          </unique>
      </element>
      <element name="Email" type="o:EmailType" minOccurs="0"/>
      <element name="Phone">
          <complexType>
             <all>
                <element name="Wired">
                   <complexType>
```

```
                <sequence>
                    <element ref="o:PhoneNumber"/>
                </sequence>
            </complexType>
        </element>
        <element name="Mobile" minOccurs="0">
            <complexType>
                <sequence>
                    <element ref="o:PhoneNumber"  nillable="true"/>
                </sequence>
            </complexType>
        </element>
    </all>
    <attribute name="countryCode" type="string" use="optional"
    default="82"/>
  </complexType>
</element>
<element name="Address">
  <complexType>
    <sequence>
        <element name="BillingAddress" type="o:Address"/>
        <element name="ShippingAddress" type="o:Address"/>
    </sequence>
  </complexType>
</element>
<element name="CreditCard">
  <complexType>
    <sequence>
        <element name="CardNumber">
            <simpleType>
                <restriction base="string">
                    <pattern value="₩d{4}-₩d{4}-₩d{4}-₩d{4}"/>
                </restriction>
            </simpleType>
        </element>
        <element name="ExpirationDate">
            <complexType>
                <sequence>
                    <element name="Year" type="gYear"/>
                    <element name="Month" type="gMonth"/>
                </sequence>
            </complexType>
        </element>
    </sequence>
    <attribute name="type" type="o:CardType" use="required"/>
  </complexType>
</element>
</sequence>
</complexType>
<complexType name="OrderInfoType">
  <annotation>
    <documentation xml:lang="kr">여러 개의 CD, DVD, Book을 한번에 주문할 수
있습니다.</documentation>
```

```
      </annotation>
      <sequence>
         <choice maxOccurs="unbounded">
            <element name="CD" type="o:OrderType"/>
            <element name="DVD" type="o:OrderType"/>
            <element name="Book" type="o:OrderType"/>
         </choice>
         <element name="Shipping">
            <complexType>
              <sequence>
                 <element name="Cost" type="o:Currency"/>
                 <element name="HandlingNote" type="string" minOccurs="0"/>
              </sequence>
              <attribute name="type" type="o:ShippingType" default="STANDARD"/>
            </complexType>
         </element>
         <element name="TotalCost" type="o:Currency"/>
      </sequence>
   </complexType>
   <simpleType name="ZipCodeType">
      <restriction base="string">
         <pattern value="\d{3}-\d{3}"/>
      </restriction>
   </simpleType>
   <simpleType name="PhoneNumberType">
      <annotation>
         <documentation xml:lang="en">전화번호는 극내 전화번호 형식을
따릅니다</documentation>
      </annotation>
      <restriction base="string">
         <pattern
value="\d{3,4}-\d{4}|02-\d{3,4}-\d{4}|0\d{2}-\d{3,4}-\d{4}"/>
      </restriction>
   </simpleType>
   <simpleType name="EmailType">
      <restriction base="string">
         <pattern value="\i.*@.*"/>
      </restriction>
   </simpleType>
   <complexType name="Currency">
      <simpleContent>
         <extension base="integer">
            <attribute name="currency" type="o:CurrencyType" default="원"/>
         </extension>
      </simpleContent>
   </complexType>
   <simpleType name="LastNameType">
      <restriction base="string">
         <length value="1"/>
      </restriction>
   </simpleType>
   <simpleType name="FirstNameType">
      <restriction base="string">
```

```
      <minLength value="1"/>
      <maxLength value="2"/>
    </restriction>
  </simpleType>

  <complexType name="KoreanCurrency">
    <simpleContent>
      <restriction base="o:Currency">
        <attribute name="currency">
          <simpleType>
            <restriction base="o:CurrencyType">
              <enumeration value="원"/>
            </restriction>
          </simpleType>
        </attribute>
      </restriction>
    </simpleContent>
  </complexType>
  <complexType name="ContentlessCurrency">
    <complexContent>
      <restriction base="anyType">
        <attribute name="currency" type="o:CurrencyType" default="원"/>
        <attribute name="Price" type="integer"/>
      </restriction>
    </complexContent>
  </complexType>
  <group name="PersonName">
    <sequence>
      <element name="LastName" type="o:LastNameType"/>
      <element name="FirstName" type="o:FirstNameType"/>
    </sequence>
  </group>
  <attributeGroup name="CurrencyAttributes">
    <attribute name="currency" type="o:CurrencyType" default="원"/>
    <attribute name="Price" type="integer"/>
  </attributeGroup>
  <element name="HomePhoneNumber" type="o:PhoneNumberType"
substitutionGroup="o:PhoneNumber"/>
  <element name="OfficePhoneNumber" type="o:PhoneNumberType"
substitutionGroup="o:PhoneNumber"/>
</schema>
```

5.5 스키마 프로세서

XML Schema 관련 도구는 현재 W3C에 등록되어 있는 것만 약 40개에 이른다. 여기에는 XML Schema 문서에 대한 유효성 검사 도구에서부터 GUI로 XML Schema 문서 모델 정의를 지원한 애플리케이션, 그리고 DTD를 XML Schema로 변환하는 도구에 이르기까지 다양하다. 대부분은 공개소스 프로그램으로서 자유롭게 다운로드하여 사용할 수 있다. 이와 같은 XML Schema 관련도구는 http://www.w3.org/XML/Schema#Tools에서 확인할 수 있다. 이번 절에서는 스키마의 유효성을 확인하는 IBM의 SQC 2.2와 DTD를 XML Schema로 변환시켜주는 도구인 dtd2xs를 소개한다.

5.5.1 SQC 2.2

IBM에서 제작하여 배포하고 있는 SQC(XML Schema Quality Checker) 2.2는 현재 XML Schema 1.0 Specification Errata 수정까지 반영하고 있으며 Xerces 2.4를 사용한다. 이 프로그램은 http://www.alphaworks ibm.com/tech/xmlsqc에서 무료로 다운받을 수 있다.

|특징|

- include, import, redefine 등에 의해 연결된 모든 스키마 인스턴스 문서의 유효성을 검사한다.
- WSDL과 XForms가 포함된 스키마 인스턴스 문서를 처리할 수 있다. WSDL 1.1과 XForms 1.0 버전을 지원한다.
- 자바 통합 개발환경인 Eclipse/WSAD의 플러그인 형식으로 사용할 수 있다.

|실행환경|

자바 런타임 환경(JRE) 1.3 이상을 사용하는 모든 운영체제에서 사용 가능하다.

|설치 및 실행|

Microsoft Windows 운영체제를 기준으로 설명한다. 먼저 JRE 버전 1.3 이상이 설치되어 있어야 한다. JRE는 http://java.sun.com/j2se/1.3/download.html 에서 다운로드 받을 수 있다 (JRE 설치 방법은 기존의 Java 관련 자료에서 많이 언급되어 있으므로 여기에서는 생략하기로 한다). 다운로드 받은 SQC2.2.zip의 압축을 푼다. 실행방법은 명령행에서 실행하는 방법과 Eclipse/WASD의 플러그인 형식으로 실행하는 방법이 있다. 여기서는 명령행을 사용하는 방법을 설명하도록 한다. 먼저 다음의 위치에서 SQC2.2.zip을 다운받는다.

http://www.alphaworks.ibm.com/tech/xmlsqc

압축파일을 풀면 예제 스키마 파일과 실행에 필요한 jar파일들, 그리고 SQC.bat 파일이 생성된다. 이제 이 파일을 유효성을 검사할 XML Schema 문서와 함께 실행시킨다.

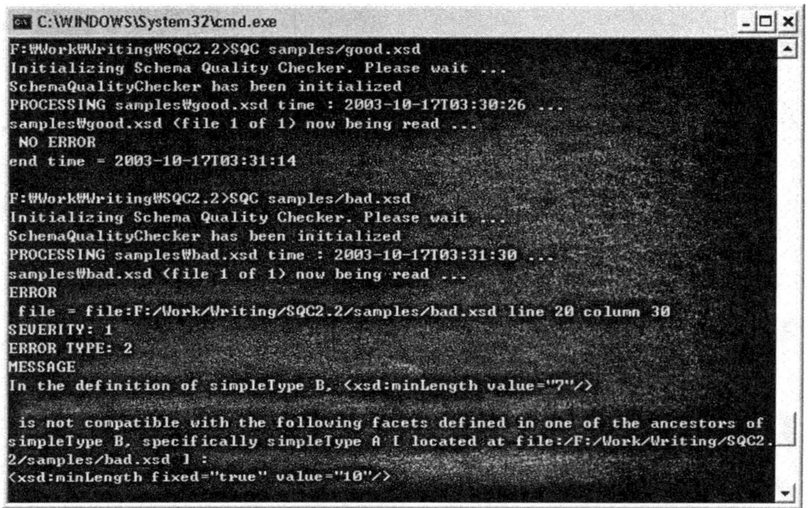

그림 5.1 기본예제로 포함되어 있는 good.xsd와 bad.xsd를 실행시킨 화면

실행형식은 다음과 같다.

```
SQC [-options] file1 file2 file3 ... fileN
```

인자로는 옵션과 함께 유효성을 확인할 파일의 경로를 적어준다. 공백을 포함한 파일은 두개의 파일로 인식되므로 이를 방지하기 위해서는 파일 경로 정보를 따옴표로 감싸준다. 주요 옵션을 살펴보면 다음과 같다.

- **r:** file1이 디렉토리일 경우 재귀적으로 하위디렉토리에서 .xsd 확장자를 지닌 모든 스키마 인스턴스 문서의 유효성을 검사한다.
- **emb:** 스키마 문서가 다른 문서에 포함되는(embeded) 경우 schema를 루트 엘리먼트로 가지지 않을 때 사용한다. schemaLocation 혹은 noNSSchemaL

ocation 옵션과 함께 사용해야 한다.

- wsdl: WSDL 정의가 포함된 스키마 문서를 처리할 수 있도록 한다.
- xform: XForms 정의가 포함된 스키마 문서를 처리할 수 있도록 한다.
- schemaLocation namespace locationURL: 네임스페이스가 정의되어 있는 스키마의 위치를 설정한다. locationURL은 유효한 절대경로여야 한다.
- noNSSchemaLocation locationURL: 접두사 없이 사용된 엘리먼트들의 유효성을 검사하기 위한 스키마 문서의 URL로 실제 존재하는 절대경로이어야 한다.

5.5.2 Syntext Dtd2xs 1.3

Syntext Dtd2xs는 DTD를 XML Schema로 변환하는 도구이다. Microsoft Windows와 Linux 버전이 있으며 개인사용자에 한해 아래 경로에서 무료로 다운받을 수 있다.

http://www.syntext.com/downloads/index.htm#Dtd2Xs

|특징|

- Docbook처럼 복잡하고 모듈화된 DTD나 네임스페이스와 함께 사용된 DTD도 지원한다.
- 파라미터 엔터티(Parameter entity) 정보를 사용해 애트리뷰트 그룹을 생성한다.

|실행환경|

Windows의 경우 C:\Program file\System 혹은 C:\Program file\System32 폴더에 MSVCRT.DLL과 MSVCP60.DLL 이 존재해야 한다.

|설치 및 실행|

설치는 간단히 다운로드 받은 dtd2xs-1_3.zip를 풀면 된다. 실행 형식은 다음과 같다.

```
C:> dtd2xs    input.dtd    output.dtd
```

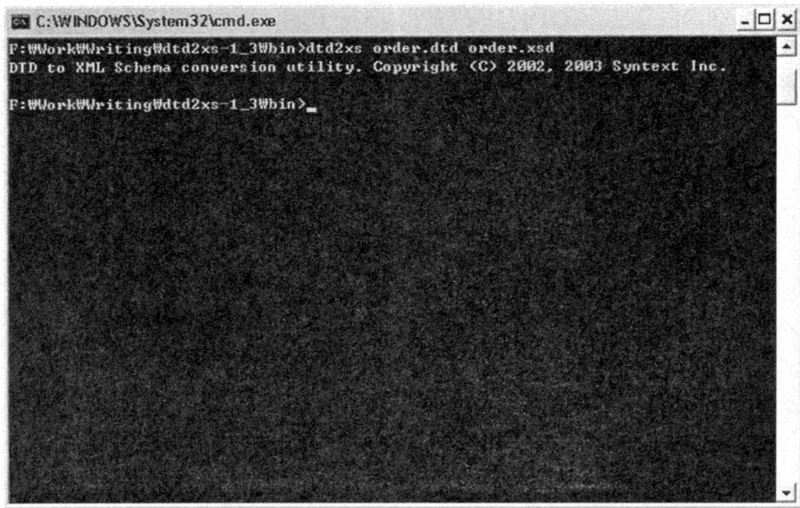

그림 5.2 dtd2xs의 실행 예

5.6 요약

- XML Schema는 DTD와 함께 XML문서가 만족해야 할 문서 모델을 기술하는 언어이다.
- DTD는 간단하지만 데이터 타입과 표현력이 부족하다. 반면, XML Schema는 풍부한 기본 데이터 타입과 함께 사용자 정의 타입의 생성이 가능하며 다양한 내용-모델을 자유롭게 구성할 수 있다.
- DTD 문서는 EBNF로 기술되어 있어서 XML 애플리케이션이 처리하기 위해서는 별도의 처리과정이 필요하다. 하지만, XML Schema 문서는 일종의 XML 문서이기 때문에 XML Schema를 처리하기 위한 별도의 모듈이 필요하지 않으며, DOM, SAX, XSLT 등 많은 XML 기술들을 XML Schema에서도 그대로 적용할 수 있다.
- XML Schema 문서는 정의와 선언으로 구성된다. 정의는 제한 및 확장과 같은 객체지향적 방법을 통해 새로운 타입을 생성하는 것이며 선언은 정의된 타입을 이름과 연관시키는 것이다. XML Schema에서는 모든 스키마가 네임스페이스를 가질 수 있어서 서로 다른 영역의 스키마 엘리먼트들 사이에 충돌을 방지할 수 있다.

- 단순타입은 미리 정의된 타입(Built-in types)과 사용자 정의 타입(User-derived types)으로 나누어지며, 미리 정의된 타입은 다시 19개의 기본 타입(Primitive types)과 25개의 유도된 타입(Derived types)으로 구분된다. 사용자 정의 타입은 미리 정의된 타입이나 다른 사용자 정의 타입에 제한을 가하여 새로운 타입을 유도함으로써 생성되며 12가지의 제한 타입특성(Facets)을 사용하여 기존의 타입을 제한할 수 있다.
- 복합타입은 simpleContent를 통한 확장 및 제한과 복합타입 구성자(즉, choice, sequence, all), complexContent를 통한 확장 및 제한 등을 통해 생성된다.

5.7 연습문제

1. XML Schema는 DTD의 여러 가지 한계를 극복하기 위해 제안되었다. 다음 DTD의 각 단점을 극복하기 위해 XML Schema가 제공하는 기능을 기술하라.

   - DTD는 문자열 타입만을 지원하기 때문에 문자열 110과 숫자 110을 구분할 수 없다.
   - DTD는 EBNF 문법으로 기술되므로 EBNF 문법을 익혀야 한다.
   - DTD로 표현할 수 있는 내용 모델에는 제약이 있다. 예를 들어, 엘리먼트 출현 횟수를 0, 1, many로만 구분한다.
   - 서로 다른 DTD를 따르는 두 XML 문서를 통합할 때 양쪽 문서에 동일한 이름의 태그가 존재하는 경우가 발생한다. 이 경우 이름 충돌을 방지하기 위해 어느 한쪽의 DTD 문서 모델을 다시 정의하여야 한다.

2. 다음은 홍길동의 이력서를 나타내는 XML 문서이다.

```
<person xmlns:="http://example.com/person">
   <name id="1">
      <first>길동</first>
      <last>홍</last>
   </name>
   <resume>
      <html xmlns="http://www.w3.org/1999/xhtml"
               xmlns:html="http://www.w3.org/1999/xhtml">
         <head><title>홍길동의 이력서</title></head>
         <body>
            <h1>홍길동</h1>
            <p html:style="FONT-FAMILY: Arial">
               동에 번쩍 서에 번쩍 홍길동입니다.
            </p>
         </body>
```

```
      </html>
    </resume>
  </person>
```

다음 엘리먼트나 애트리뷰트가 속하는 네임스페이스는? (속하는 네임스페이스의 URL을 적고 속하는 네임스페이스가 존재하지 않는 경우 "없음"으로 하라)

- person 엘리먼트
- id 애트리뷰트
- last 엘리먼트
- body 엘리먼트
- style 애트리뷰트

3. 새로 개발된 아이스크림에 대한 설문조사 결과를 XML 문서로 저장하고자 한다. 각 문항은 아이스크림의 맛, 크기, 가격, 디자인 등에 대한 선호도를 묻는다. 각 문항의 점수가 1~5 사이의 정수로 표현된다고 할 때, 점수를 나타내는 grade 타입을 정의하여라.

```
<simpleType name="grade">
    <!-- 타입 정의 -->
</simpleType>
```

4. 3번의 설문조사 결과를 저장하는 XML 문서에서 각 문항의 점수가 1~5 사이의 정수를 가질 수 있을 뿐만 아니라, "아주 불만족", "불만족", "보통", "만족", "아주 만족" 중 하나의 문자열을 가질 수도 있게 만들고자 한다. 이를 반영하여 grade 타입을 재정의 하라.

5. 구성동에서는 동민 정보를 XML 문서로 저장하기로 하였다. XML 문서에는 각 동민의 주민등록번호, 이름, 성별이 저장되며, 각각 엘리먼트로 표현된다. 다음에 기술된 대로 각 엘리먼트의 타입을 정의하여라(괄호 안의 문자열은 타입 이름을 나타낸다).

   - 주민등록번호(ssnType): "6자리숫자-7자리숫자" 형식을 가진다. 앞의 6자리숫자는 생년월일을 의미하고, 뒤의 7자리숫자는 1, 2, 3, 4, 9, 0 중 하나로 시작한다.
   - 이름(nameType): 성을 나타내는 엘리먼트와 이름을 나타내는 엘리먼트를 자식 엘리먼트로 가진다. 성과 이름을 나타내는 엘리먼트는 성, 이름 순서대로 나타난다. 성은 1글자, 이름은 1~2 글자로 이루어진다.

- 성별(genderType): "남자", "여자" 중 하나를 가질 수 있다.

6. 5.4.7절의 주문예제 스키마에 전화번호의 국가명을 담는 CountryCodeList 엘리먼트를 추가하고자 한다. 다음 요구 사항에 따라 주문예제 스키마를 수정하라.

- CountryCodeList 엘리먼트는 Order 엘리먼트의 마지막 자식 엘리먼트로 나타나며 하위 엘리먼트로 CountryCode 엘리먼트를 하나 이상 갖는다.
- CountryCode 엘리먼트는 문자열 값을 가지며 그 값은 CountryCodeList 엘리먼트 범위 내에서 유일성이 보장되어야 한다.
- Phone 엘리먼트는 countryCode 애트리뷰트를 가지며 keyref를 사용하여 CountryCode 엘리먼트를 참조한다.

|프로젝트|

7. 영화 상영 정보를 XML 문서로 표현하고자 한다. 다음은 영화 상영 정보가 기술해야 할 상황이다. 한 영화관 내에는 여러 상영관이 존재한다. 큰 영화관에는 10개 이상의 상영관이 존재하기도 한다. 각 상영관에는 서로 다른 영화가 상영된다. 예를 들어, CGV 강변 영화관의 1번 상영관에서는 "달콤한 백수와 사랑 만들기"가 상영되고, 2번 상영관에서는 "빨간 모자의 진실"이 상영될 수 있다.

   아래의 영화 상영 스키마의 요구사항에 따라 영화 상영 정보를 모델링하는 XML 스키마 (영화 상영 스키마)를 작성하라. 또한 영화 상영 스키마를 준수하는 XML 문서를 작성하고 유효성을 검증하라.

   참고: 어떤 엘리먼트의 하위 엘리먼트는 요구사항에서 언급된 순서대로 나타난다. 이름이 xsd로 시작되는 타입은 XML 스키마의 타입을 의미한다(아래 요구사항에서 언급되지 않은 내용은 창의적으로 작성하라).

- 영화 상영 정보를 모델링하는 영화 상영 스키마의 targetNamespace http://example.org/movie 이다. 영화 상영 스키마에서는 몇 가지 타입을 타입 라이브러리로부터 가져와서 사용한다. 타입 라이브러리에 대해서는 뒤에서 설명한다.
- screening 엘리먼트는 최상위 엘리먼트로 영화관 목록을 나타내는 cinemaList 엘리먼트와 영화 목록을 나타내는 movieList 엘리먼트를 하위 엘리먼트로 가진다.
- cinemaList 엘리먼트는 영화관 목록을 나타내며 영화관 정보를 나타내는 cinema 엘리먼트를 하나 이상 가진다.

- cinema 엘리먼트는 하위 엘리먼트로 다음 엘리먼트들을 가진다.
  - name 엘리먼트: 영화관의 이름을 나타낸다.
  - type 엘리먼트: 영화관의 종류를 나타낸다. "multiplex"와 "nonmultiplex" 중 택일.
  - cinemaRoomList 엘리먼트: 상영관 목록을 나타낸다.
  - address 엘리먼트: 영화관 주소를 나타낸다.
  - phoneNumber 엘리먼트: 전화번호를 나타낸다. 타입 라이브러리의 phoneNumberType 타입을 가진다.
  - website 엘리먼트: 홈페이지 주소를 나타낸다. 부가적인(Optional) 엘리먼트이다.
- cinemaRoomList 엘리먼트는 상영관 목록을 나타낸다. 이 엘리먼트는 하위 엘리먼트로 상영관 정보를 나타내는 cinemaRoom 엘리먼트를 하나 이상 갖는다.
- cinemaRoom 엘리먼트는 상영관 정보를 나타낸다. 이 엘리먼트는 상영관 번호를 나타내는 roomNumber 애트리뷰트를 가지며, 이 애트리뷰트는 상영관 목록(cinemaRoomList 엘리먼트) 내에서 유일한 값을 가진다. 또한 cinemaRoom 엘리먼트는 하위 엘리먼트로 다음 엘리먼트들을 가진다.
  - movieShowing 엘리먼트: 상영 영화 제목을 나타낸다. movieTitleKey 키를 참조한다.
  - scheduleList 엘리먼트: 상영 스케쥴 목록을 나타낸다. scheduleList 엘리먼트는 하위 엘리먼트로 상영 스케줄을 나타내는 schedule 엘리먼트를 하나 이상 가진다. schedule 엘리먼트는 영화 시작 시간을 나타내는 startTime 엘리먼트와 종료 시간을 나타내는 endTime 엘리먼트를 가진다.
- movieList 엘리먼트는 영화 목록을 나타내며 하위 엘리먼트로 영화 정보를 나타내는 movie 엘리먼트를 하나 이상 갖는다.
- movie 엘리먼트는 하위 엘리먼트로 다음 엘리먼트들을 갖는다.
  - title 엘리먼트: 영화 제목을 나타낸다. 영화 목록(movieList 엘리먼트) 내에서 키(key)로 정의된다. 키의 이름은 movieTileKey이다.
  - rating 엘리먼트: 영화 등급을 나타낸다. "unlimited", "18", "15", "12", "all" 중에서 택일.
  - actorList 엘리먼트: 출연 배우 목록을 나타낸다. 하위 엘리먼트로 배우 정보를 나타내는 actor 엘리먼트를 하나 이상 가진다. actor 엘리먼트는 하위 엘리먼트로 배우 이름을 나타내는 name 엘리먼트를 갖는다.

- director 엘리먼트: 감독을 나타낸다.
- releaseDate 엘리먼트: 개봉일을 나타낸다. 하위 엘리먼트로 연(年), 월, 일을 나타내는 year, month, day 엘리먼트를 가진다. 각 엘리먼트는 xsd:gYear, xsd:gMonth, xsd:gDay 타입을 가진다.
- genre 엘리먼트: 장르를 나타낸다. 타입 라이브러리의 genreType을 가진다.
- runningTime 엘리먼트: 상영 시간을 나타낸다. xsd:duration 타입을 가진다.
- synopsis 엘리먼트: 줄거리를 나타낸다.
- website 엘리먼트: 홈페이지 주소를 나타낸다. 부가적인(Optional) 엘리먼트다.

타입 라이브러리는 영화 상영 스키마에서 사용할 타입을 정의하는 XML 스키마이다. 영화 상영 스키마에서는 import 구문으로 타입 라이브러리를 가져와서 사용한다. 라이브러리의 요구사항은 다음과 같다.

- 타입 라이브러리의 targetNamespace는 http://example.org/typelib 이다.
- phoneNumberType 타입: 전화번호를 나타내는 타입이다. 이 타입은 "1544-1500", "042-860-5000"과 같은 패턴을 지원한다.
- genreType 타입: 영화의 장르를 나타내는 타입이다. 다음 문자열 여러 개가 연이어 나올 수 있다.
  - action, adventure, fantasy, children, comedy, horror, drama, mystery, eros, romance, sf, suspense

06

CHAPTER

DOM(Document Object Model)

이 장에서는 XML 문서를 다루기 위한 표준으로 정의된 DOM 인터페이스에 대해서 알아본다. DOM은 Core, HTML, XML의 세 부분으로 구성되어 있으며, Core DOM 인터페이스는 임의의 구조적 문서 (HTML이나 XML 문서)를 표현할 수 있는 저수준 객체 집합을 제공한다. 이러한 DOM 표준 스펙을 지원하는 라이브러리 중에서 Xerces와 JDOM에 대해서 알아보고 구체적인 프로그래밍 예제를 소개한다.

독자들은 이 장을 통하여 XML 문서를 다룰 수 있는 DOM 프로그래밍 기술을 습득할 수 있다.

6.1 DOM이란 무엇인가?

6.1.1 DOM의 배경 및 개념

XML 문서를 다루는 애플리케이션을 개발하는 프로그래머는 XML 문서 내에 존재하는 엘리먼트와 애트리뷰트에 접근하거나, 특정 엘리먼트 아래에 자식 엘리먼트를 추가하거나 혹은 애트리뷰트를 삭제하는 등의 문서 갱신 작업을 수행한다. DOM은 이와 같은 작업을 수행하기 위한 프로그램 API를 제공한다.

DOM은 Core, HTML, XML 세 부분으로 구분된다. Core DOM은 임의의 구조적 문서를 표현할 수 있는 저수준 객체 집합을 제공한다(즉, 이 인터페이스를 사용하여 HTML이나 XML 문서를 표현할 수 있다). 그러므로 Core 인터페이스는 문서의 내용을 다루기 위한 최소한의 기능을 제공한다. 애플리케이션에 따라서 Core DOM 인터페이스가 모든 사용자에 대해 충분한 기능을 제공하는 못하는 경우가 있다. HTML 인터페이스와 XML DOM 인터페이스는 Core DOM 인터페이스와 더불어 추가로 제공되는 인터페이스이며, Core 인터페이스와 함께 사용되어 보다 편리한 문서 관리 기능을 제공하는 고수준 인터페이스이다. 이들 인터페이스는 특정 문서 형식에 대한 보다 용이하고 직접적인 접근을 제공하는 객체 및 메소드로 구성되어 있다.

W3C에 의하면 DOM이란 프로그램이나 스크립트가 문서의 내용, 구조, 스타일 등에 동적으로 접근하고 갱신하도록 허용하며 프로그래밍 언어에 독립적인 인터페이스이다. W3C DOM 워킹 그룹의 궁극적인 목적은 XML과 HTML에 대해 이러한 프로그램 인터페이스를 정의하는 것이다.

W3C의 DOM 스펙에서는 HTML과 XML 문서를 표현하기 위한 표준 객체 집합, 표준 객체들이 서로 결합되는 방법을 나타내는 표준 모델, 그리고 표준 객체들을 접근하고 다룰 수 있는 표준 인터페이스를 제공한다. 소프트웨어 개발업자들은 자신의 자료 구조 및 API에 대한 하나의 인터페이스로서 DOM을 지원할 수 있으며, 컨텐츠 개발자들은 특정 제품 전용의 API 보다는 표준 DOM 인터페이스를 사용함으로써 웹에서의 상호가용성을 높일 수 있다.

DOM은 문서에 대한 프로그래밍 API이기 때문에 문서의 구조를 모델링하는 객체 구조에 기반을 두고 있다. 예를 들어, 예 6.1의 XML 문서는 그림 6.1의 트리 형식의 DOM 모델로 표현된다.

예 6.1 XML 문서의 한부분

```
<Order>
  <CustomerInfo>
   <Name>Smith</Name>
   <CardType>Master</CardType>
  </CustomerInfo>
</Order>
```

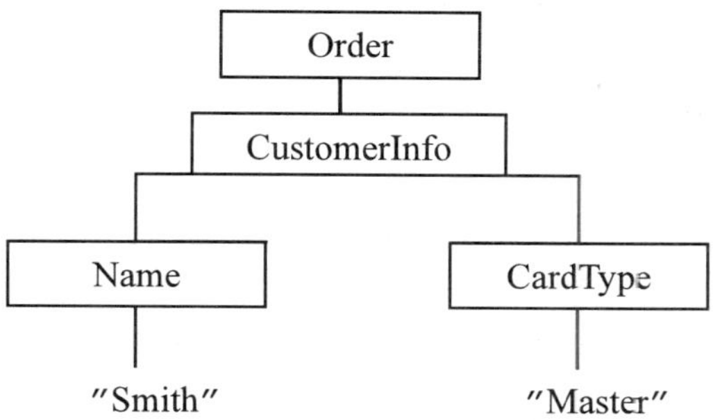

그림 6.1 DOM 트리 모델의 예

DOM에서 문서들은 트리와 아주 유사한 논리적 구조를 가진다. 좀 더 정확히 말하면 DOM 문서는 여러 개의 트리를 포함할 수 있는 포레스트(Forest) 구조를 가진다. DOM에서 각 문서는 한 개의 루트 엘리먼트 노드, 0개 이상의 doctype 노드, 0개 이상의 주석(Comment) 및 처리 명령(Processing instruction)을 포함한다. 여기서 루트 엘리먼트 노드는 문서의 엘리먼트 트리에서 루트 노드의 역할을 하게 된다. 이와 같이 DOM은 단지 문서의 논리적 구조만을 표현할 뿐이지 구현되는 구체적인 방법에 대해서는 언급하고 있지 않다. DOM 구조 모델의 주요 특징 중의 하나는 구조적 동질성(Structural isomorphism)이다. 만약 임의의 두 가지 DOM 구현이 동일한 문서를 표현하는데 사용된다면, 이들은 모두 동일한 DOM 구조 모델을 생성하게 된다.

DOM(Document Object Model)이라는 이름은 DOM 모델이 전통적인 객체 지향(Object-oriented) 설계 개념에서의 객체 모델(Object model)이기 때문에 선택되었다. 즉, 문서는 객체를 사용하여 설계되고, 설계된 모델은 문서의 구조뿐만 아니라 문서 자체와 문서를 구성하는 객체의 기능까지 포함한다. 그러므로 그림 6.1의 노드는 단순히 하나의 자료 구조만을 표현하는 것이 아니라 ID와 함수(Functions)를 가지는 객체가 된다.

DOM은 JavaScript와 Java 프로그램이 웹 브라우저 사이에 이식을 허용하도록 하는 표준으로서 처음 생겨났다. 그러므로 Dynamic HTML이 목적과 기능 측면에서 바로 DOM의 기원이 된다. W3C에서 DOM 워킹 그룹 구성 시에 DOM과 직접적으로 관련이 있는 HTML이나 XML 에디터, 문서 저장소 개발 업체들뿐만 아니라 기타 다양한 영역의 개발 업체들도 참가하였으며, 대표적인 참여 업체로 ArborText, IBM, Inso EPS, JavaSoft, Micrsoft, Netscape, Novell, OMG, SoftQuad, Sun Microsystems, Texcel, W3C 등이 있다.

6.1.2 W3C의 DOM 스펙

W3C에서는 1998년에 W3C 확정-권고안으로 DOM Level 1 스펙을 발표한 이후 현재 DOM Level 3까지 발표하였다(http://www.w3.org/DOM/DOMTR). DOM 스펙은 지원 기능의 수준에 따라 여러 가지 Level로 구분된다.

- **DOM Level 1**: 1998년에 W3C 확정-권고안으로 발표 되었으며 XML 1.0과 HTML을 지원하도록 설계되었다. 그 이후 2000년 9월 29일에 2차 버전이 발표되었으며 아직 표준-초안 상태에 있다. DOM Level 1의 표준 내용은 크게 DOM Core와 DOM HTML로 구성된다(그림 6.2). DOM Core는 XML 문서에 대해서 사용되는 기능을 표현하고 있으며 DOM HTML 부분의 기본이 된다. DOM Level 1 스펙에서는 기본적으로 문서 구조 및 내용을 표현하고 다루는 데 필요한 인터페이스들을 정의한다.

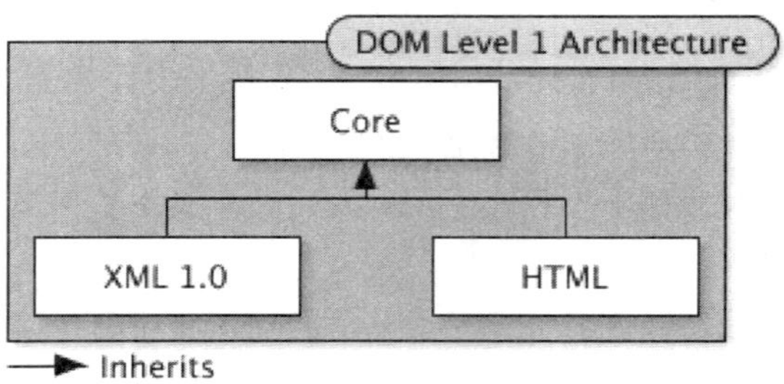

그림 6.2 DOM Level 1 구조

- **DOM Level 2:** 2000년에 W3C 확정-권고안으로 발표되었으며 내부적으로 DOM Core, DOM Views, DOM Events, DOM Style, DOM Traversal & Range, DOM HTM 등으로 구성되어 있다(그림 6.3). DOM Level 1과 비교하여 대표적으로 추가된 기능들은 아래와 같다.
  - 네임스페이스 지원
  - Cascading Style Sheet(CSS) 지원
  - UI 이벤트 혹은 트리 조작 관련 이벤트 지원
  - 보다 강화된 트리 탐색 지원

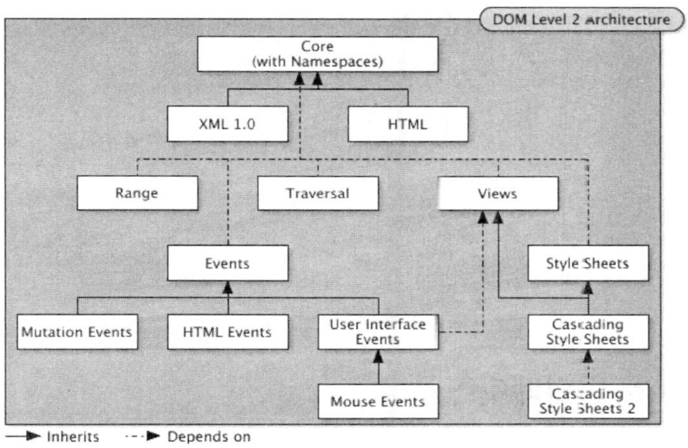

그림 6.3 DOM Level 2 구조

- **DOM Level 3:** 2004년에 확정-권고안으로 발표되었으며 내부적으로 DOM Core, DOM Load & Save, DOM Validation 등으로 구성되어 있다(그림 6.4). DOM Level 2와 비교하여 아래의 항목들이 추가되었다.
  - UI 이벤트 확장(키보드 이벤트)
  - 문서 검증(Validation)
  - 문서 저장 및 불러오기
  - XPath 지원

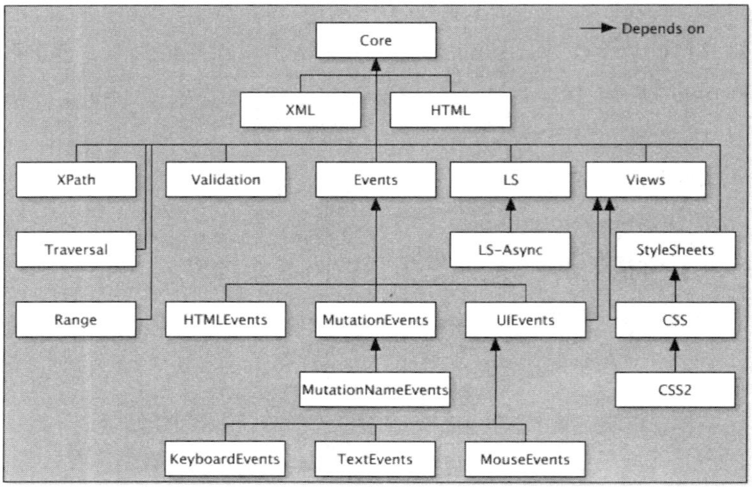

그림 6.4 DOM Level 3 구조

그 이상의 Level: 기존에 정의된 Level 1, 2, 3에서 다루고 있지 않은 질의 언어 인터페이스, 멀티스레딩과 동기화, 보안, 정보저장소 등과 같은 기능을 포함하게 될 것이다.

6.2 DOM Core 인터페이스

6.2.1 DOM 인터페이스 개요

DOM(Document Object Model)이란 영어 표현 그대로 객체(Object)를 사용하여 문서를 나타내는 모델을 의미한다. 인터페이스(Interface)는 객체가 지원하는 속성(Attribute)과 메소드(Method)를 정의한 것을 말한다. 객체 지향 패러다임으로 넘어오게 되면서 인터페이스란 용어가 자주 쓰이게 되었는데 CORBA, Java, COM 등에서 인터페이스를 정의하기 위해 사용되는 IDL(Interface Definition Language)[1]이 존재한다. 객체 지향 개념을 기반으로 프로그램을 구현할 때 먼저 객체들을 정의하고 IDL을 사용하여 각 객체들이 지원할 속성과 메소드들을 정의한다. 이와 같이 정의된 인터페이스는 프로그래밍 언

[1] IDL(Interface Definition Language): 특정 시스템이 구성하고 있는 객체들의 종류와 각 객체가 지원하는 속성 및 메소드들을 표현할 수 있는 표준 언어로서, 어떤 시스템이 다른 시스템에게 보이는 프로파일(profile)과 같은 역할을 한다. 대표적인 IDL 언어로는 CORBA IDL과 COM IDL이 있다.

어와 구현 방법에 독립적이다. 즉, IDL로 정의된 인터페이스는 어떤 시스템 환경 및 프로그래밍 언어를 사용하여 구현하든 상관이 없다는 것을 의미한다.

W3C에서는 개발자가 DOM 객체 모델에 어떤 방식으로 접근할 수 있는지를 정의해 놓았는데, 이것이 바로 DOM 인터페이스이다. DOM 인터페이스는 기존의 IDL을 근간으로 정의되어 있기 때문에 시스템 환경 및 프로그래밍 언어에 독립적으로 구현할 수 있다. 특히, DOM Core API는 Document라는 객체의 생성, 접근 및 관리할 수 있는 인터페이스를 제공하고 있다. Document 객체를 로딩하고 영속적으로 저장하는 방법은 DOM API를 구현하는 개발 업체에 달려있다.

6.2.2 DOM 구조 모델(Structure Model)

DOM에서는 문서를 Node 객체들의 계층적 구조로 표현하고 있으며, 각각의 노드는 기능에 따라 여러 가지 타입의 인터페이스를 정의한다. 어떤 타입의 노드는 다양한 타입의 자식 노드를 가질 수 있지만, 또 다른 타입의 노드들은 문서 구조에서 자식 노드를 가질 수 없는 리프 노드(Leaf node)들이다. 표 6.1은 노드 타입의 종류와 각 노드 타입이 자식으로 가질 수 있는 노드 타입들을 보여준다.

DOM은 또한 NodeList와 NamedNodeMap 인터페이스를 정의하고 있다. NodeList 인터페이스는 노드의 순차적(Ordered) 리스트를 관리하기 위해서 정의되었으며, NamedNodeMap 인터페이스는 노드 이름으로 특정 노드를 찾아가는 등의 비순차적(Unordered) 노드 집합을 관리하기 위해 정의되었다. 특히 DOM에서 NodeList와 NamedNodeMap 객체들은 "살아 있다(live)"라고 한다. 예를 들어 하부 문서 구조의 변화는 관련 있는 모든 NodeList 및 NamedNodeMap 객체들에게 자동으로 반영된다. 이외에도 DOM에서는 Text, Comment, CDATASection 인터페이스 등의 인터페이스를 정의하고 있으며 이들은 모두 CharacterData 인터페이스로부터 상속받은 것이다. DOM에서 정의하는 주요 인터페이스에 대해서는 6.2.5절에서 자세히 설명하도록 하겠다.

6.2.3 메모리 관리

W3C의 DOM 스펙에서 정의된 대부분의 API는 객체 지향 개념에서 사용되는 실제적인 클래스(Class)이기보다는 인터페이스(Interface)[2]이다. 그러므로 실제 구현

[2] 인터페이스(interface)는 기존의 클래스(class)에서 메소드들의 구현 부분을 제외하고 메소드 헤더 부분으로 구성된 클래스를 지칭한다.

에서는 스펙에서 정의된 이름의 메소드(Method) 만을 외부로 보여주면 되고 내부 구현 방법에 대해서는 어떠한 제약도 없다.

표 6.1 노드 타입과 가능한 자식 노드 타입들

노드 타입	가능한 자식 노드 타입들
Document	Element, ProcessingInstruction, Comment, DocumentType
DocumentFragment	Element, ProcessingInstruction, Comment, Text, CDATASection, EntityReference
DocumentType	–
EntityReference	Element, ProcessingInstruction, Comment, Text, CDATASection, EntityReference
Element	Element, Text, Comment, ProcessingInstruction, CDATASection, EntityReference
Attr	Text, EntityReference
ProcessingInstruction	–
Comment	–
Text	–
CDATASection	–
Entity	Element, ProcessingInstruction, Comment, Text, CDATASection, EntityReference
Notation	–

Core DOM API들은 다양한 프로그래밍 언어에 의해서 구현될 수 있도록 설계되었다. 이와 같은 언어로는 사용자가 직접 코드 상에서 메모리 관리에 신경을 쓸 필요가 없이 자동으로 사용되지 않는 메모리를 회수하는 가비지 모음(Garbage Collection) 기능을 제공하는 Java 언어, 혹은 사용자가 명시적으로 메모리를 할당하고 그리고 사용한 이후에 메모리를 해제해 주어야 하는 C/C++ 같은 언어들이 포함된다. 이와 같이 서로 다른 구현 언어들에 대해 일관적인 API를 제공해야 하므로 메모리 관련 작업에 대한 인터페이스는 따로 정의하지 않고 전적으로 모든 것을 구현에 맡기고 있다.

6.2.4 기본 데이터 타입

|DOMString|

DOMString 타입은 아래와 같이 정의된다.

```
valuetype DOMString sequence<unsigned short>;
```

DOMString은 16비트 단위의 유닛들이 일련으로 구성된 시퀀스로 정의된다. XML에서는 기본적으로 유니코드 문자 코드 체계를 사용한다. 유니코드는 모든 문자를 2 바이트로 표현하는 코드 체계이며, 특히 2 바이트로 인코딩하는 방법을 UTF-16 인코딩이라 한다. Java 언어에서 문자열을 나타내는 String 타입은 UTF-16 인코딩 방법을 사용하기 때문에 DOMString 타입과 호환된다.

| DOMTimeStamp |

DOMTimeStamp 타입은 아래와 같이 정의된다.

```
typedef unsigned long long DOMTimeStamp;
```

DOMTimeStamp는 절대 시간이나 상대 시간을 표현하기 위한 타입으로 1000분의 1초(Milli-second) 단위로 시간을 표현한다. 이 타입은 Java 언어의 long 타입과 호환된다.

| DOMUserData |

DOMUserData 타입은 아래와 같이 정의된다.

```
typedef any DOMUserData;
```

DOMUserData는 애플리케이션에서 사용할 데이터를 저장하기 위한 타입으로 임의의 정보를 저장할 수 있으며 Java 언어에서는 Object 타입과 호환된다.

6.2.5 기본 인터페이스들(Fundamental Interfaces)

W3C의 DOM 스펙에서 명시한 인터페이스들은 핵심적인 기능을 수행하기 때문에 반드시 지원되어야 하는 기본 인터페이스와 부가적인 기능을 제공하는 확장 인터페이스로 구분된다. 이번 절에서는 기본 인터페이스에 속하는 인터페이스들에 대해서 살펴보도록 하겠다. 그리고 앞으로 설명하는 모든 인터페이스는 가장 최근인 2004년에 확정-권고안으로 확정된 DOM Level 3를 기준으로 설명하겠다. 인터페이스를 설명하는 데 사용되는 예제 코드는 특정 프로그래밍 언어에 종속적이지 않은 의사 코드(Pseudo code)로 작성된 것이다.

DOM에서 기본 인터페이스에 속하는 것들은 DOMException, ExceptionCode, DOMStringList, NameList, DOMImplementationList, DOMImplementationSource, DOMImplementation, DocumentFragment, Document, Node, NodeList, NamedNodeMap,

CharacterData, Attr, Element, Text, Comment, TypeInfo, UserDataHandler, DOMErrorHandler, DOMLocator, DOMConfiguration 등이 있다. 이 중에서 중요하고 많이 사용되는 인터페이스들만을 소개한다.

|DOMException|

대부분의 프로그래밍 언어들은 예외 처리를 지원하고 있다. 예를 들어 C++의 경우는 try와 catch 구문을 지원하며 비주얼 베이직의 경우는 별도로 에러 객체를 두어 예외 처리를 하도록 하고 있다.

이와 같이 프로그래밍 언어마다 예외 처리 방식이 조금씩 다르므로 DOM API는 간단한 형태의 DOMException 인터페이스를 지원하고 있다.

```
exception DOMException {
  unsigned short    code;
};
// 예외 코드
const unsigned short      INDEX_SIZE_ERR                  = 1;
const unsigned short      DOMSTRING_SIZE_ERR              = 2;
const unsigned short      HIERARCHY_REQUEST_ERR           = 3;
const unsigned short      WRONG_DOCUMENT_ERR              = 4;
const unsigned short      INVALID_CHARACTER_ERR           = 5;
const unsigned short      NO_DATA_ALLOWED_ERR             = 6;
const unsigned short      NO_MODIFICATION_ALLOWED_ERR     = 7;
const unsigned short      NOT_FOUND_ERR                   = 8;
const unsigned short      NOT_SUPPORTED_ERR               = 9;
const unsigned short      INUSE_ATTRIBUTE_ERR             = 10;
// DOM Level 2에서 추가됨:
const unsigned short      INVALID_STATE_ERR               = 11;
// DOM Level 2에서 추가됨:
const unsigned short      SYNTAX_ERR                      = 12;
// DOM Level 2에서 추가됨:
const unsigned short      INVALID_MODIFICATION_ERR        = 13;
// DOM Level 2에서 추가됨:
const unsigned short      NAMESPACE_ERR                   = 14;
// DOM Level 2에서 추가됨:
const unsigned short      INVALID_ACCESS_ERR              = 15;
// DOM Level 3에서 추가됨:
const unsigned short      VALIDATION_ERR                  = 16;
// DOM Level 3에서 추가됨:
const unsigned short      TYPE_MISMATCH_ERR               = 17;
```

위에서 볼 수 있듯이, DOM에서의 예외 처리 인터페이스에서는 어떤 종류의 예외 상황이 발생했는지를 알려주는 변수만을 정의하고 있다. Java나 C++처럼 언어 자체에서 예외 사항 처리 기능을 포함하고 있는 경우에는 예외 상황을 처리해 주는 부분에서 code 값을 보고 적절하게 처리해 주면 된다. 언어 자체에 예외 사항 처리 기능이 없는 경우에는 그 언어가 제공하는 다른 에러 메커니즘을 이용해야 할 것이다. Xerces와 같은 API 명세서를 보면 클래스들의 메소드 설명에 이 메소드를 사용하면 어떠한 DOMException들이 발생한다는 것이 명시되어 있으니 이를 참고하면 좋다. 초기에 DOM 레벨 1에서는 10개의 예외가 정의되어 있었으며 DOM 레벨 2에서는 5개, DOM 레벨 3에서는 2개가 새롭게 추가로 정의되었다.

|DOMImplementation|

```
interface DOMImplementation {
 boolean             hasFeature(in DOMString feature,
                                in DOMString version);

  // DOM 레벨 2에서 추가됨::
 DocumentType createDocumentType(in DOMString qualifiedName,
                                 in DOMString publicId,
                                 in DOMString systemId)
                                   raises(DOMException);

  // DOM 레벨 2에서 추가됨::
 Document            createDocument(in DOMString namespaceURI,
                                in DOMString qualifiedName,
                                in DocumentType doctype)
                                   raises(DOMException);

  // DOM 레벨 3에서 추가됨::
 DOMObject           getFeature(in DOMString feature,
                                in DOMString version);
};
```

DOMImplementation 인터페이스는 현재 사용하고 있는 DOM API의 구현에 관련된 사항을 알아내고자 할 때 사용한다. 즉, 현재 API가 특정한 기능을 지원하는지 여부를 알 수 있다. 일반적으로 DOMImplementation 객체를 바로 생성할 수는 없으며 주로 생성된 Document 객체의 implementation 속성을 통해 접근한다.

hasFeature 메소드를 통해 현재 API가 특정 기능(Feature)의 특정 버전(Version)을 구현하고 있는 지의 여부를 알 수 있다. 기능과 버전은 미리 정의된 문자열로 대소문자를 구별한다. 예를 들어, 기능은 "Core" 혹은 "XML", 버전은 "1.0" 혹은 "2.0" 과 같은 값을 지닌다. 현재 API가 Core 2.0 버전을 지원하고 있는지 알아보려면 다음과 같이 사용하면 된다.

```
DOMImplementation impl = document.implementation;
if (impl.hasFeatures("Core", "2.0"))
{
    // 적절한 작업을 수행한다.
}
```

일반적으로 DOMImplementation에 대한 참조를 미리 생성된 Document 객체로부터 얻어 오기 때문에 createDocument 메소드로 새로운 Document를 생성할 필요는 없다. DOMImplementation은 여러 개의 Document 객체를 가지고 작업하게 되는 경우 편리하게 사용할 수 있다.

|Node|

```
interface Node {

  // NodeType
  const unsigned short      ELEMENT_NODE                   = 1;
  const unsigned short      ATTRIBUTE_NODE                 = 2;
  const unsigned short      TEXT_NODE                      = 3;
  const unsigned short      CDATA_SECTION_NODE             = 4;
  const unsigned short      ENTITY_REFERENCE_NODE          = 5;
  const unsigned short      ENTITY_NODE                    = 6;
  const unsigned short      PROCESSING_INSTRUCTION_NODE    = 7;
  const unsigned short      COMMENT_NODE                   = 8;
  const unsigned short      DOCUMENT_NODE                  = 9;
  const unsigned short      DOCUMENT_TYPE_NODE             = 10;
  const unsigned short      DOCUMENT_FRAGMENT_NODE         = 11;
  const unsigned short      NOTATION_NODE                  = 12;

  readonly attribute DOMString        nodeName;
           attribute DOMString        nodeValue;
                         // raises(DOMException) on setting
                         // raises(DOMException) on retrieval

  readonly attribute unsigned short  nodeType;
  readonly attribute Node            parentNode;
  readonly attribute NodeList        childNodes;
  readonly attribute Node            firstChild;
  readonly attribute Node            lastChild;
  readonly attribute Node            previousSibling;
  readonly attribute Node            nextSibling;
  readonly attribute NamedNodeMap    attributes;

  // DOM 레벨 2에서 수정됨
  readonly attribute Document        ownerDocument;
```

```
// DOM 레벨 3에서 수정됨
Node                insertBefore(in Node newChild,
                    in Node refChild) raises(DOMException);

// DOM 레벨 3에서 수정됨
Node                replaceChild(in Node newChild,
                     in Node oldChild)  raises(DOMException);

// DOM 레벨 3에서 수정됨
Node                removeChild(in Node oldChild)
                                  raises(DOMException);

Node                appendChild(in Node newChild)
                                  raises(DOMException);

boolean             hasChildNodes();
Node                cloneNode(in boolean deep);

// DOM 레벨 2에서 수정됨
void                normalize();

// DOM 레벨 2에서 추가됨
boolean             isSupported(in DOMString feature,
                              in DOMString version);

// DOM 레벨 2에서 추가됨
readonly attribute DOMString        namespaceURI;

// DOM 레벨 2에서 추가됨
attribute DOMString         prefix;
                     // raises(DOMException) on setting


// DOM 레벨 2에서 추가됨
readonly attribute DOMString        localName;

// DOM 레벨 2에서 추가됨
boolean             hasAttributes();

// DOM 레벨 3에서 추가됨
readonly attribute DOMString        baseURI;

// DocumentPosition
const unsigned short DOCUMENT_POSITION_DISCONNECTED = 0x01;
const unsigned short DOCUMENT_POSITION_PRECEDING     = 0x02;
const unsigned short DOCUMENT_POSITION_FOLLOWING     = 0x04;
const unsigned short DOCUMENT_POSITION_CONTAINS      = 0x08;
const unsigned short DOCUMENT_POSITION_CONTAINED_BY = 0x10;
const unsigned short
     DOCUMENT_POSITION_IMPLEMENTATION_SPECIFIC = 0x20;

// DOM 레벨 3에서 추가됨
```

```
  unsigned short      compareDocumentPosition(in Node other)
                                         raises(DOMException);

  // DOM 레벨 3에서 추가됨
  attribute DOMString        textContent;
                          // raises(DOMException) on setting
                          // raises(DOMException) on retrieval

  // DOM 레벨 3에서 추가됨
  boolean             isSameNode(in Node other);

  // DOM 레벨 3에서 추가됨
  DOMString           lookupPrefix(in DOMString namespaceURI);

  // DOM 레벨 3에서 추가됨
  boolean        isDefaultNamespace(in DOMString namespaceURI);

  // DOM 레벨 3에서 추가됨
  DOMString           lookupNamespaceURI(in DOMString prefix);

  // DOM 레벨 3에서 추가됨
  boolean             isEqualNode(in Node arg);

  // DOM 레벨 3에서 추가됨
  DOMObject            getFeature(in DOMString feature,
                                  in DOMString version);

  // DOM 레벨 3에서 추가됨
  DOMUserData          setUserData(in DOMString key,
                                   in DOMUserData data,
                                   in UserDataHandler handler);

  // DOM 레벨 3에서 추가됨
  DOMUserData          getUserData(in DOMString key);
};
```

Node 인터페이스는 문서의 트리 구조에서 각각의 노드에 대한 작업을 지원하기 위해 정의되었으며 가장 기본적이고 핵심적인 인터페이스다. 뒤에서 설명할 Element, Attribute, Text 등의 인터페이스들은 모두 Node 인터페이스를 상속하여 정의된다.

- **기본 속성:** 노드의 타입을 구분하기 위해 12개의 NodeType이 정의되어 있다.
  - ATTRIBUTE_NODE: Attr 노드
  - CDATA_SECTION_NODE: CDATASection 노드
  - COMMENT_NODE: Comment 노드
  - DOCUMENT_FRAGMENT_NODE: DocumentFragment 노드
  - DOCUMENT_NODE: Document 노드

- DOCUMENT_TYPE_NODE: DocumentType 노드
- ELEMENT_NODE: Element 노드
- ENTITY_NODE: Entity 노드
- ENTITY_REFERENCE_NODE: EntityReference 노드
- NOTATION_NODE: Notation 노드
- PROCESSING_INSTRUCTION_NODE: ProcessingInstruction 노드
- TEXT_NODE: Text 노드

각각의 노드 타입에 대한 상세한 설명은 나중에 설명할 해당 인터페이스를 참조하기 바란다.

노드의 타입에 따라 서로 다른 작업을 수행하고자 할 때는 다음과 같이 프로그램을 작성하며 된다.

```
nodeType = currentNode.nodeType;
if (nodeType == ELEMENT_NODE){
      // Element 노드 처리
} else if (nodeType == TEXT_NODE){
      // Test 노드 처리
} …
```

각 노드 타입에는 기본적으로 노드 이름, 노드 값, 속성 등을 나타내는 nodeName, nodeValue, attributes가 존재한다. 특히 attributes는 현재 노드가 Element 노드일 때만 NamedNodeMap 인터페이스 형식의 값을 가지며 그렇지 않은 경우에는 null을 갖는다.

- **계층 관계 관리 속성**

부모 노드와 자식 노드간의 계층 관계를 관리하기 위한 parentNode, childNodes, firstChild, lastChild, previousSibling, nextSibling 속성들이 존재한다. 그림 6.5에서 firstChild는 자식 노드 중 가장 왼쪽에 위치하며, lastChild는 가장 오른쪽에 위치한다.

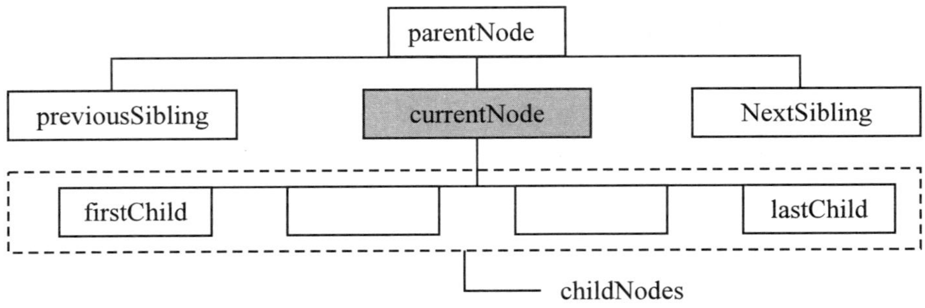

그림 6.5 문서의 트리 형태 계층 관계

- 트리 연산 관련 메소드

 - hasChildNodes 메소드

 현재 노드가 자식 노드를 가지고 있는지 확인하여 그 결과 값을 Boolean 형으로 반환한다.

```
if (currentNode.hasChildNodes())
{
  // 자식 노드가 있을 경우 처리
} …
```

 - appendChild 메소드

 새로운 노드를 현재 노드의 자식 노드로 추가한다.

```
Node returnNode, childNode;
…
returnNode = currentNode.appendChild(childNode);
```

 이 예에서는 currentNode에 childNode를 자식 노드로 추가하고, returnNode를 통해 새로 추가된 노드인 childNode를 반환한다.

 - insertBefore 메소드

 자식 노드가 삽입될 위치를 지정하고자 할 경우 사용한다. 첫번째 파라미터 newChild는 삽입될 노드이며 두 번째 파라미터인 refChild 노드 바로 앞에 위치하게 된다. newChild가 DocumentFragment 타입일 경우 newChild의 모든 자식 노드들도 같이 삽입된다. 즉, 서브 트리 전체가 삽입된다.

```
Node returnNode, childNode;
...
returnNode = currentNode.insertBefore(childNode,cu-rentNode.lastChild);
```

이 예에서는 currentNode의 마지막 자식 노드 바로 앞에 childNode를 삽입하고 returnNode를 통해 childNode를 반환한다.

- removeChild 메소드

자식 노드를 삭제한다.

```
Node returnNode;
...
returnNode = currentNode.removeChild(currentNode.firstChild);
```

이 예에서는 currentNode의 첫 번째 자식 노드를 삭제하고 returnNode를 통해 삭제된 노드를 반환한다.

- replaceChild 메소드

자식 노드를 새로운 자식 노드로 교체한다.

```
Node returnNode, childNode;
...
returnNode = currentNode.replaceChild(childNode,currentNode.firstChild);
```

이 예에서는 currentNode의 첫 번째 자식 노드를 childNode로 교체하고 교체된 노드(currentNodefirstChild 노드)를 returnNode를 통해 반환한다.

- cloneNode 메소드

노드를 복제하여 또 하나의 동일한 노드를 생성한다. 복제된 노드는 단순히 기존의 노드에 대한 참조를 가지는 것이 아니라 물리적으로 독립적인 노드로 존재하게 된다. Boolean형의 파라미터 deep는 서브 트리 복제 여부를 지정하는 것으로 true이면 현재 노드는 물론 모든 자식 노드까지 포함한 서브 트리를 복제하며, false인 경우는 현재 노드만을 복제한다. 주의할 점은 deep가 false인 경우라도 현재 노드의 애트리뷰트는 복제된다는 것이다. 또한 복제된 노드는 현재 도큐먼트 내에서만 유효하므로 복제된 노드를 다른 도큐먼트에 삽입할 수 없다. currentNode가 다음과 같은 엘리먼트라고 하자.

```
<person age="30">Smith</person>


Node returnNode;
returnNode = currentNode.cloneNode(false);
...
returnNode = currnentNode.cloneNode(true);
```

첫 번째 복제의 결과는 <person age="30"/>가 되며, 두 번째 복제의 결과는 <person age="30">Smith</person>가 된다.

- isSameNode 메소드와 isEqualNode 메소드

이들은 DOM Level 3에서 새롭게 추가된 메소드들이다. isEqualNode는 비교하는 두 노드가 서로 같은 형식인지를 검사한다. isSameNode는 두 노드가 동일한 노드인지, 즉 두 노드가 동일한 Node 객체에 대한 참조인지를 검사한다. isSameNode가 true이면 당연히 isEqualNode도 true이지만, 그 역은 성립하지 않는다. 다음과 같은 조건을 모두 만족시킬 때 isEqualNode는 true를 반환한다.

- ✓ 두 노드가 같은 타입일 때
- ✓ 두 노드의 nodeName, localName, namespaceURI, prefix, nodeValue 속성이 모두 같을 때
- ✓ 두 노드에 대해서 NamedNodeMap 형식의 attributes가 일치할 때
- ✓ 두 노드에 대해서 NodeList 형식의 childNodes 속성이 일치할 때

• 네임스페이스 관련 속성 및 메소드

DOM 레벨 2부터 네임스페이스가 지원되기 시작했다. 네임스페이스 URI, 접두사, 로컬 이름을 속성으로 유지하고 있으며 각각 namespaceURI, prefix, localName에 해당한다. 이와 관련된 메소드들은 다음과 같다.

- lookupPrefix

주어진 네임스페이스 URI와 연관된 접두사를 찾아 DOMString 형으로 반환한다. 정의된 접두사가 없는 경우 null을 반환하고 두 개 이상인 경우에는 어떤 접두사를 반환할 지는 구현에 따라 다를 수 있다.

- isDefaultNamespace
  주어진 네임스페이스 URI가 기본 네임스페이스인지 여부를 boolean 형으로 참(True) 또는 거짓(False) 값을 반환한다.

- lookupNamespaceURI
  lookupPrefix와는 반대로 주어진 접두사로부터 연관된 네임스페이스 URI를 찾아 반환한다.

● 도큐먼트 위치 관련 속성 및 메소드

많은 애플리케이션에서는 작업을 하다 보면 XML 문서 내에서 노드 간의 순서가 중요한 경우가 있다. DOM 레벨 3부터는 현재 노드와 다른 노드 간의 순서를 알아볼 수 있는 compareDocumentPosition 메소드를 지원하고 있다. 반환되는 값은 순서 정보를 담은 비트 마스크 값으로서 다음과 같다.

DOCUMENT_POSITION_CONTAINED_BY	참조 노드에 현재 노드가 속해 있음
DOCUMENT_POSITION_CONTAINS	현재 노드가 참조 노드를 포함하고 있음
DOCUMENT_POSITION_DISCONNECTED	두 노드가 따로 떨어져 있음
DOCUMENT_POSITION_FOLLOWING	참조 노드 다음에 현재 노드가 위치함
DOCUMENT_POSITION_IMPLEMENTATION_SPECIFIC	참조 노드와의 관계가 구현에 종속적임
DOCUMENT_POSITION_PRECEDING	현재 노드 다음에 참조 노드가 위치함

비교되는 두 노드가 같은 노드이면 어떤 비트도 세팅되지 않는다. 한 노드의 자식 노드들 사이에는 순서가 있기 때문에 순서 관계를 알아내기가 쉽지만 그 이외의 경우에는 순서 관계를 알기 어렵다. 한 엘리먼트의 애트리뷰트와 그 엘리먼트의 형제 노드 간의 순서 관계를 알고 싶은 경우에는 compareDocumentPosition 메소드를 사용하면 유용하다.

| Document |

```
interface Document : Node {
  // DOM 레벨 3에서 수정됨;
  readonly attribute DocumentType       doctype;
  readonly attribute DOMImplementation implementation;
  readonly attribute Element           documentElement;
  Element              createElement(in DOMString tagName)
                                        raises(DOMException);
  DocumentFragment    createDocumentFragment();
  Text                createTextNode(in DOMString data);
```

```
  Comment              createComment(in DOMString data);
  CDATASection         createCDATASection(in DOMString data)
                                  raises(DOMException);
  ProcessingInstruction createProcessingInstruction
(in DOMString target, in DOMString data)
raises(DOMException);

  Attr                createAttribute(in DOMString name)
                                raises(DOMException);

  EntityReference     createEntityReference(in DOMString name)
                                raises(DOMException);

  NodeList      getElementsByTagName(in DOMString tagname);

  // DOM 레벨 2에서 추가됨
  Node            importNode(in Node importedNode,
                             in boolean deep)
                                   raises(DOMException);

  // DOM 레벨 2에서 추가됨
  Element       createElementNS(in DOMString namespaceURI,
                              in DOMString qualifiedName)
                                raises(DOMException);

  // DOM 레벨 2에서 추가됨
  Attr          createAttributeNS(in DOMString namespaceURI,
                             in DOMString qualifiedName)
                                raises(DOMException);

  // DOM 레벨 2에서 추가됨
  NodeList getElementsByTagNameNS(in DOMString namespaceURI,
                                  in DOMString localName);

  // DOM 레벨 2에서 추가됨
  Element       getElementById(in DOMString elementId);

  // DOM 레벨 3에서 추가됨
  readonly attribute DOMString        actualEncoding;

  // DOM 레벨 3에서 추가됨
  attribute DOMString         xmlEncoding;

  // DOM 레벨 3에서 추가됨
  attribute boolean           xmlStandalone;
                             // raises(DOMException) on setting

  // DOM 레벨 3에서 추가됨
  attribute DOMString         xmlVersion;
                             // raises(DOMException) on setting

  // DOM 레벨 3에서 추가됨
  attribute boolean           strictErrorChecking;
```

```
    // DOM 레벨 3에서 추가됨
    attribute DOMString          documentURI;

    // DOM 레벨 3에서 추가됨
    Node            adoptNode(in Node source)
                                        raises(DOMException);

    // DOM 레벨 3에서 추가됨
    readonly attribute DOMConfiguration config;

    // DOM 레벨 3에서 추가됨
    void    normalizeDocument();

    // DOM 레벨 3에서 추가됨
    Node    renameNode(in Node n,
                       in DOMString namespaceURI,
                       in DOMString qualifiedName)
                            raises(DOMException);
};
```

Document 인터페이스는 XML 문서 전체를 나타내기 위한 인터페이스이다. 개념적으로 문서 트리의 루트를 나타내며 문서 데이터에 접근하기 위한 다양한 수단을 제공한다. Document 인터페이스는 앞에서 언급한 Node 인터페이스를 상속받고 있다. 이는 인터페이스 정의에서 "interface Document : Node {" 형식과 같이 표현된다. 여기서 상속의 의미는 Node 인터페이스에서 정의된 모든 애트리뷰트와 메소드를 동일하게 가지면서 Document 인터페이스에서 정의된 애트리뷰트와 메소드를 추가적으로 가진다는 것이다.

대부분의 메소드 이름이 createX()와 같은 형태를 가지는 것을 확인할 수 있다. 이러한 형식의 메소드들을 팩토리(Factory) 메소드라고 하고 이 메소드를 사용하여 다양한 타입의 노드들을 생성할 수 있다. 예를 들어 createElement 메소드는 엘리먼트 이름을 파라미터로 받아 새로운 엘리먼트 노드를 생성하며 createAttribute 메소드는 애트리뷰트 이름을 파라미터로 받아 새로운 애트리뷰트 노드를 생성한다. 생성된 Node 객체들은 ownerDocument 속성을 가지고 있어 노드가 어느 도큐먼트에 속해있는지 알 수 있다.

- **주요 속성**
  - docType: 현재 Documenet 객체와 연관된 DocumentType 객체를 참조한다. DocumentType 객체는 DTD 관련 정보를 관리한다.
  - documentElement: 문서의 루트 엘리먼트를 의미한다.
  - implementation: 현재 Document 객체와 연관된 DOMImplementation 객체

를 참조한다.

- xmlVersion: 현재 Document의 XML 버전을 의미한다. 선언되지 않은 경우 기본적으로 “1.0” 값을 갖는다. 이 값을 바꾸는 것은 다른 메소드들에도 영향을 미치므로 주의 깊게 다루어야 한다.

생성자 메소드

Node 인터페이스를 상속받은 객체들을 생성한다. 생성된 객체는 현재 Document에 속하며 노드의 ownerDocument 속성은 현재 Document가 된다. 생성된 노드는 문서 상의 적절한 위치에 존재해야 한다.

- createElement, createElementNS: 주어진 이름을 갖는 새로운 Element 객체를 생성한다. 네임스페이스 URI와 한정된 이름으로 생성하려면 createElementNS를 이용한다.
- createDocumentFragment: 새로운 비어 있는 DocumentFragment 객체를 생성한다.
- createTextNode: DOMString 형의 데이터를 인자로 받아 새로운 Text 노드를 생성한다.
- createComment: DOMString 형의 데이터를 인자로 받아 새로운 Comment 노드를 생성한다.
- createCDATASection: DOMString 형의 데이터를 인자로 받아 새로운 CDATASection 노드를 생성한다.
- createProcessingInstruction: 주어진 이름과 데이터 문자열로 새로운 ProcessingInstruction 노드를 생성한다.
- createAttribute, createAttributeNS: 주어진 이름을 갖는 새로운 Attr 객체를 생성한다. 네임스페이스 URI와 한정된 이름으로 생성하려면 createAttributeNS를 사용한다.
- createEntityReference: 새로운 EntiryReference 형 객체를 생성한다.

기타 주요 메소드

- getElementsByTagName과 getElementsByTagNameNS 메소드: getElements ByTagName 메소드는 주어진 태그 이름을 가진 엘리먼트 노드를 찾는다. 동일한 태그 이름을 갖는 엘리먼트는 여러 개가 있을 수 있으므로 도큐먼트에 나타나는 순서대로 NodeList 형식으로 반환된다. getElementsByTagNameNS

메소드는 DOM 레벨 2에서 추가된 것으로 태그 이름 대신 네임스페이스 URI와 로컬 이름을 이용하여 엘리먼트 노드를 찾는다.

- getElementsById 메소드: DOM 레벨 2에서 새로 추가된 메소드이다. ID 애트리뷰트의 값으로 엘리먼트를 찾는다. 찾고자 하는 엘리먼트는 ID라는 이름의 애트리뷰트를 가지고 있어야 한다. 해당되는 엘리먼트가 없는 경우에는 null을 반환한다.
- importNode 메소드: 다른 Document 객체의 노드를 현재 Document 객체로 복사해서 가져올 때 사용한다. 가져온 노드 객체의 부모 노드는 null이 되고 원본 노드의 내용은 바뀌지 않는다. 가져온 노드는 원본 노드의 기본적인 속성을 그대로 갖는다. 즉, nodeName, nodeType은 물론 네임스페이스에 관련된 prefix, localName, NamespaceURI 속성도 그대로 유지한다.
- adoptNode 메소드: 주어진 노드의 ownerDocument를 현재 Document로 바꾼다. 노드가 애트리뷰트를 가지고 있다면 모든 애트리뷰트의 ownerDocument도 바뀐다. 이 메소드는 다른 Document의 노드 혹은 DocumentFragment 객체를 잘라서 현재 Document에 갖다 붙일 때 유용하다.

|DocumentFragment|

```
interface DocumentFragment : Node {
};
```

DocumentFragment 인터페이스는 "경량화된" 혹은 "최소한의" Document로 불린다. 위의 IDL 정의에서 볼 수 있듯이, DocumentFragment 인터페이스는 Node 인터페이스를 상속 받고 있으며 추가적으로 정의된 애트리뷰트나 메소드는 없다. 이름에서 의미하는 바와 같이 도큐먼트의 일부분인 서브 트리에 관련된 작업을 하기 위한 인터페이스이다. DOM 프로그래밍에서 도큐먼트로부터 서브 트리를 잘라 내거(cut)나 새로운 서브 트리를 도큐먼트에 붙이는(Paste) 작업 등이 필요하게 되는데, 이와 같은 서브 트리 단위의 유용한 작업을 가능하게 하기 위해 설계된 것이 바로 DocumentFragment 인터페이스이다. DocumentFragment는 서브 트리를 내용으로 가지거나, 단지 text 노드 하나만을 가질 수도 있다.

DocumentFragment를 사용하여 서브 트리를 구성한 후에 이를 문서상의 특정 부분에 삽입하는 예를 보도록 하자. 원 문서는 다음과 같다.

```
<order>
</order>
```

이 문서에 우리는 고객 주문 정보를 넣고자 한다. 고객 주문 정보는 다음과 같은 형태를 지닌다.

```
<customerInfo>
   <name>홍길동</name>
   <address>한국대학교</address>
</customerInfo>
```

이제 customerInfo 엘리먼트와 그 이하 서브 트리를 order 엘리먼트 밑에 삽입하고자 한다. 아래와 같이 DocumentFragment를 사용하여 편리하게 지원할 수 있다.

```
Element root = doc.createElement("order");
doc.appendChild(root);

//customerInfo 엘리먼트 이하를 DocumentFragment로 관리한다.
DocumentFragment frag = doc.createDocumentFragment();

Element custInfo = doc.createElement("customerInfo");

Element name = doc.createElement("name");
Text txtName = doc.createTextNode("홍길동");
name.appendChild(txtName);

Element addr = doc.createElement("address");
Text txtAddr = doc.createTextNode("한국대학교");
Addr.appendChild(txtAddr);

custInfo.appendChild(name);
custInfo.appendChild(addr);

//DocumentFragment에 customerInfo 엘리먼트를 자식 노드로
//삽입한다.
frag.appendChild(custInfo);

//order 엘리먼트 밑에 DocumentFragment 에 담겨진
//customerInfo 엘리먼트 이하 서브 트리를 삽입한다.
root.appendChild(frag);
```

여기서 주의할 것은 DocumentFragment를 appendChild를 이용하여 트리의 특정 지점에 삽입하면 DocumentFragment 내에 있는 서브 트리만 삽입될 뿐 Document

Fragment 자체는 삽입되지 않는다는 것이다. 따라서 사용자는 트리를 탐색할 때 삽입된 위치의 DocumentFragment 존재 여부에는 신경 쓰지 않아도 된다.

| NodeList |

```
interface NodeList {
  Node                    item(in unsigned long index);
  readonly attribute unsigned long    length;
};
```

NodeList 인터페이스는 정의에서 볼 수 있듯이 하나의 애트리뷰트와 하나의 메소드를 가지는 간단한 인터페이스이다. 이는 여러 개의 노드들을 배열로 관리할 때 사용하는 인터페이스이며, 앞에서 언급한 Node 인터페이스도 자식 노드들을 관리하기 위해 NodeList 형식의 childNodes 애트리뷰트를 가지고 있다.

length 애트리뷰트는 현재 배열에 존재하는 노드의 개수를 의미하며, item 메소드는 특정 인덱스에 해당하는 Node를 반환한다(item 메소드의 인덱스는 0부터 시작함에 주의하자). 만약 현재 배열의 범위를 벗어나는 인덱스가 요청되면 item 메소드는 null을 반환한다.

NodeList 인터페이스의 구현은 length와 item 배열이 프로그래머의 직접적인 개입 없이 자동으로 관리되도록 하여야 한다. 예를 들어 currentNode 노드의 자식 노드 중 하나가 삭제된다고 하자. currentNode의 childNodes 애트리뷰트는 length가 1 감소하고, 삭제된 자식 노드의 위치(배열에서는 인덱스를 의미함)를 알아내어 item 배열에서도 자동으로 삭제되어야 한다. 즉, 프로그래머가 특정 노드의 추가, 삭제 등의 트리 연산을 수행하였을 때, NodeList는 노드의 변화를 자동으로 감지하여 적절한 조치를 취해야 한다는 것이다.

| NamedNodeMap |

앞에서 언급하였듯이 NamedNodeMap 인터페이스는 비순차적인 노드의 집합을 관리한다. 예를 들어 XML 문서에서 한 노드의 애트리뷰트들은 상호 간에 순서가 정해져 있지 않다. 이러한 경우에 NamedNodeMap이 사용될 수 있으며, 앞에서 Node 인터페이스의 attributes라는 애트리뷰트가 NamedNodeMap 형식으로 정의되어 있었다.

NamedNodeMap이 비순차적인 노드 집합을 관리하기 위해서 사용되긴 하지만 응용에 따라서는 현재 노드 집합의 크기를 알고 싶을 경우도 있고 노드들을 하나씩 차례로 가져와 어떤 작업을 해야 하는 경우가 발생할 것이다. 이러한 경우를 위해 NodeList처럼 length 애트리뷰트와 item 메소드를 지원한다. item 메소드는 인덱스로 접근을 하지만 이 인덱스가 논리적으로 노드의 순서를 의미하는 것은 아니다. 또한 NamedNodeMap 인터페이스도 NodeList의 경우와 마찬 가지로 프로그래머의 개입 없이 변경 사항이 있을 때마다 자동으로 반영되어야 한다.

```
interface NamedNodeMap {
  Node            getNamedItem(in DOMString name);
  Node            setNamedItem(in Node arg)
                                        raises(DOMException);
  Node            removeNamedItem(in DOMString name)
                                        raises(DOMException);
  Node            item(in unsigned long index);
  readonly attribute unsigned long   length;

  // Introduced in DOM Level 2:
  Node getNamedItemNS(in DOMString namespaceURI,
            in DOMString localName) raises(DOMException);

  // Introduced in DOM Level 2:
  Node setNamedItemNS(in Node arg)
                                        raises(DOMException);

  // Introduced in DOM Level 2:
  Node removeNamedItemNS(in DOMString namespaceURI,
                                       in DOMString localName)
                                        raises(DOMException);
```

- **getNamedItem과 getNamedItemNS 메소드**

getNamedItem은 명시된 이름을 사용하여 노드를 반환하고 getNamedItemNS는 네임스페이스 URI와 지역 이름에 의해서 명시된 노드를 반환한다.

- **setNamedItem과 setNamedItemNS 메소드**

nodeName 애트리뷰트를 사용하여 한 노드를 NamedNodeMap에 추가할 때 같은 이름을 가지는 노드가 이미 존재하는 경우에는 새로운 노드로 대체된다. 나중에 추가된 노드의 nodeName 애트리뷰트를 가지고 getNamedItem 메소드를 사용하면 추가된 노드를 찾을 수 있다. setNamedItemNS는 nodeName 대신에 namespaceURI와 localName을 사용하여 노드를 추가하며 다른 사항들은 setNamedItem과 동일하게 동작한다.

- **removeNamedItem와 removeNamedItemNS 메소드**

nodeName에 의해서 명시된 노드 이름을 사용하여 특정 노드를 NamedNodeMap에서 제거하는 메소드로서 삭제된 노드를 반환한다. removeNamedItemNS는 nodeName 대신에 namespaceURI와 localName을 사용하여 대상 노드를 찾아 제거한다.

| CharacterData |

```
interface CharacterData : Node {
  attribute DOMString         data;
                        // raises(DOMException) on setting
                        // raises(DOMException) on retrieval

  readonly attribute unsigned long    length;
  DOMString substringData(in unsigned long offset,
                          in unsigned long count)
                               raises(DOMException);

  void appendData(in DOMString arg)
                                       raises(DOMException);

  void insertData(in unsigned long offset,
                 in DOMString arg)
                         raises(DOMException);

  void deleteData(in unsigned long offset,
                 in unsigned long count)
                        raises(DOMException);

  void replaceData(in unsigned long offset,
                  in unsigned long count, in DOMString arg)
                   raises(DOMException);
};
```

텍스트 데이터를 관리하기 위한 인터페이스로서 Node 인터페이스를 상속받고 있다. 정의된 애트리뷰트로는 이 인터페이스를 구현하는 node의 문자 데이터를 나타내는 DOMString 형의 data와 데이터의 길이를 나타내는 length가 있다. 또한 데이터에 접근하기 위한 몇 가지 메소드를 정의하고 있다. 모든 메소드의 실행 후에는 data와 length 애트리뷰트가 자동으로 갱신된다. 참고로 DOMString은 16비트 단위의 유닛들이 일련으로 구성된 시퀀스이므로 아래에서 언급하는 숫자 정보는 모두 16비트 단위를 의미한다(예를 들어, 3의 의미는 3거의 16 비트 단위를 나타낸다).

• **subStringData 메소드**

노드로부터 원하는 부분에서 원하는 길이만큼의 서브 스트링을 얻는다. 원하는 부분은 offset 파라미터에 의해서 지정되고 count 파라미터를 통하여 16비트 단위의 개수 만큼 DOMString 타입으로 반환한다. 만약 offset과 count를 합해서 length 애트리뷰트의 값보다 크면 offset 지점부터 마지막 부분까지의 데이터를 반환한다.

• **appendData 메소드**

DOMString 타입의 파라미터를 현재 노드의 문자 데이터의 마지막 부분에 추가시킨다.

• **insertData 메소드**

문자 데이터의 처음 부분에서 offset 만큼 떨어진 지점에 DOMString 타입의 파라미터 정보를 삽입한다.

• **deleteData 메소드**

문자 데이터의 처음 부분에서 offset 만큼 떨어진 지점부터 count 만큼의 서브 스트링 정보를 삭제한다.

• **replaceData 메소드**

문자 데이터의 처음 부분에서 offset 만큼 떨어진 지점부터 count 만큼의 서브 스트링 정보를 새로운 DOMString 타입의 파라미터 정보로 대체한다. 만약 offset과 count를 합해서 문자 데이터의 전체 길이를 나타내는 length를 초과하게 되면 offset 지점부터 데이터의 마지막 부분까지가 대체된다.

|Attr|

```
interface Attr : Node {
  readonly attribute DOMString       name;
  readonly attribute boolean         specified;
  attribute DOMString         value;
                  // raises(DOMException) on setting

  // DOM 레벨 2에서 추가됨
  readonly attribute Element         ownerElement;

  // DOM 레벨 3에서 추가됨
  readonly attribute TypeInfo        schemaTypeInfo;
```

```
  // DOM 레벨 3에서 추가됨
  boolean             isId();
};
```

Attr 인터페이스는 엘리먼트의 애트리뷰트를 관리하기 위한 인터페이스로서 Node 인터페이스를 상속받아 정의되었다. Node 인터페이스를 상속받았지만 애트리뷰트는 실제 하나의 노드로 취급되지 않기 때문에 DOM에서는 도큐먼트 트리 상에서 Attr을 하나의 노드로 보지 않는다. 따라서 Attr이 상속받은 속성 중에서 parentNode, previousSibling, nextSibling 등은 null값을 갖는다.

name과 value 속성은 각각 애트리뷰트 이름과 값을 나타낸다. boolean 타입의 specified는 애트리뷰트에 값이 명시적으로 할당되었는지를 나타낸다. Attr 노드 생성시 디폴트 값이 정의된 경우라 하더라도 명시적으로 갱신된 적이 없는 경우는 false 값이 되며, 애트리뷰트의 값이 바뀐 경우는 true 값이 된다. ownerElement 속성은 현재 애트리뷰트를 갖는 엘리먼트에 대한 참조이다. isId 속성은 DOM 레벨 3에서 추가된 것으로, 현재 애트리뷰트가 ID 타입인지를 검사한다. 애트리뷰트가 ID 타입이고 그 값이 유일하면 Document.getElementById 메소드에 의해 이 속성의 ownerElement에 해당하는 엘리먼트가 반환된다.

|Element|

```
interface Element : Node {
  readonly attribute DOMString         tagName;
  DOMString               getAttribute(in DOMString name);

  void                    setAttribute(in DOMString name,
                                       in DOMString value)
                                            raises(DOMException);

  void                    removeAttribute(in DOMString name)
                                            raises(DOMException);

  Attr                    getAttributeNode(in DOMString name);

  Attr                    setAttributeNode(in Attr newAttr)
                                            raises(DOMException);

  Attr                    removeAttributeNode(in Attr oldAttr)
                                            raises(DOMException);

  NodeList                getElementsByTagName(in DOMString name);

  // DOM 레벨 2에서 추가됨
  DOMString               getAttributeNS(in DOMString namespaceURI,
                                    in DOMString localName)
```

```
                                          raises(DOMException);

  // DOM 레벨 2에서 추가됨
  void setAttributeNS(in DOMString namespaceURI, in DOMString qualifiedName,
                      in DOMString value)
                      raises(DOMException);

  // DOM 레벨 2에서 추가됨
  void removeAttributeNS(in DOMString namespaceURI,
                         in DOMString localName)
                         raises(DOMException);

  // DOM 레벨 2에서 추가됨
  Attr getAttributeNodeNS(in DOMString namespaceURI,
                          in DOMString localName)
                          raises(DOMException);

  // DOM 레벨 2에서 추가됨
  Attr setAttributeNodeNS(in Attr newAttr)
                                          raises(DOMException);

  // DOM 레벨 2에서 추가됨
  NodeList getElementsByTagNameNS(in DOMString namespaceURI,
                                  in DOMString localName)
                                  raises(DOMException);

  // DOM 레벨 2에서 추가됨
  boolean hasAttribute(in DOMString name);

  // DOM 레벨 2에서 추가됨
  boolean hasAttributeNS(in DOMString namespaceURI,
                         in DOMString localName)
                         raises(DOMException);

  // DOM 레벨 3에서 추가됨
  readonly attribute TypeInfo        schemaTypeInfo;

  // DOM 레벨 3에서 추가됨
  void setIdAttribute(in DOMString name,
                      in boolean isId)
                      raises(DOMException);

  // DOM 레벨 3에서 추가됨
  void setIdAttributeNS(in DOMString namespaceURI,
                        in DOMString localName,
                        in boolean isId)
                        raises(DOMException);

  // DOM 레벨 3에서 추가됨
  void setIdAttributeNode(in Attr idAttr, in boolean isId)
                                          raises(DOMException);
};
```

Element 인터페이스는 HTML이나 XML 문서에서의 엘리먼트를 나타낸다. 일반적으로 엘리먼트는 관련된 애트리뷰트들을 가진다(2장 참조). DOM에서 Element 인터페이스는 Node 인터페이스를 상속받고 Node 인터페이스는 NamedNodeMap 타입의 attributes라는 이름의 속성을 가지고 있는데, 이 속성은 한 엘리먼트에 속하는 모든 애트리뷰트들을 검색하는 데 사용된다.

Element 인터페이스에는 tagName과 schemaTypeInfo라는 속성이 있다. tagName은 엘리먼트의 이름을 나타내고, schemaTypeInfo는 엘리먼트와 관련된 타입 정보를 나타낸다. 한편, Element 인터페이스에는 현재 18개의 메소드가 정의되어 있는데 본 책에서는 각 메소드에 대한 상세한 설명은 생략하기로 한다(대부분의 메소드들은 메소드 헤더 정보에서 그 의미를 유추할 수 있다. 예를 들어, getAttribute 메소드는 애트리뷰트의 이름을 사용하여 그 애트리뷰트의 값을 반환해 준다). 기타 메소드들에 대한 상세한 설명은 표준 스펙을 참조하기 바란다.

| Text |

```
interface Text : CharacterData {
  Text     splitText(in unsigned long offset)
                                        raises(DOMException);

  // DOM 레벨 3에서 추가됨
  boolean     isWhitespaceInElementContent;

  // DOM 레벨 3에서 추가됨
  readonly attribute DOMString        wholeText;

  // DOM 레벨 3에서 추가됨
  Text replaceWholeText(in DOMString content)
                                        raises(DOMException);
};
```

Text 인터페이스는 CharaterData 인터페이스를 상속한 인터페이스이다. isElementContentWhitespace라는 속성은 boolean 타입으로 이 텍스트 노드가 엘리먼트의 내용(컨텐츠)에 공백을 포함하고 있는지 여부를 나타낸다. 그리고 wholeText 속성은 이 노드에 논리적으로 인접한 모든 텍스트 노드들의 텍스트를 문서 순서에 따라 연결된 텍스트를 가진다. 한 예로, 그림 6.6의 "foo"를 포함하는 Text 노드에 대한 wholeText는 "barfoo"를 가지게 된다.

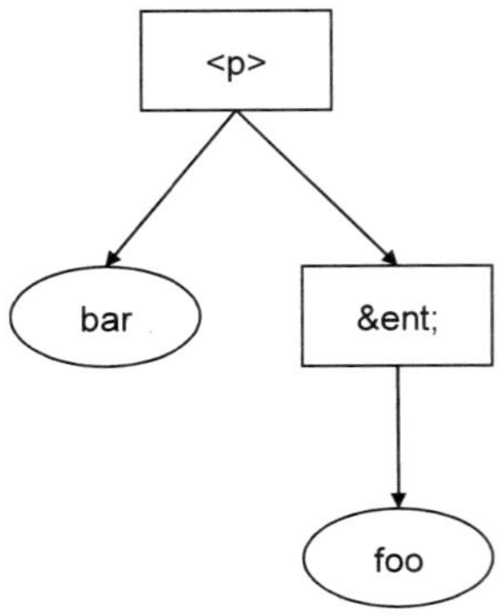

그림 6.6 예제 문서

Text 인터페이스에는 아래와 같은 두 가지 메소드가 추가적으로 정의되어 있다.

- splitText 메소드

하나의 Text를 두 개의 Text로 나눈다. 데이터의 첫 부분부터 offset 바로 전까지와, offset 위치부터 데이터의 마지막까지를 새로운 노드로 나눈 후 새로운 노드를 반환한다. 이 메소드는 Text 사이에 새로운 엘리먼트를 삽입하는 경우 유용하게 사용할 수 있다. 다음과 같은 엘리먼트가 있다고 하자.

```
<book>introduction to XML</book>
```

```
//currentNode는 book 엘리먼트이다.
currentNode.splitText(12);
```

위의 메소드에 의해 book 엘리먼트는 첫번째 자식 노드로 “introduction” 이란 내용의 Text 노드, 두번째 자식 노드로 “to XML” 이란 내용의 Text 노드를 갖게 된다.

- **replaceWholeText 메소드**

현재 노드와 모든 인접하는 텍스트 노드들의 텍스트를(이는 wholeText 속성 값임) 이 메소드의 파라미터에서 명시한 텍스트로 대체하고 대체된 텍스트를 가지는 노드를 반환한다. 예를 들어, 그림 6.6에서 “bar”를 포함하는 Text 노드에 대해서 “yo”를 파라미터로 가지는 replaceWholeText를 호출하면 그림 6.7과 같은 결과를 가진다.

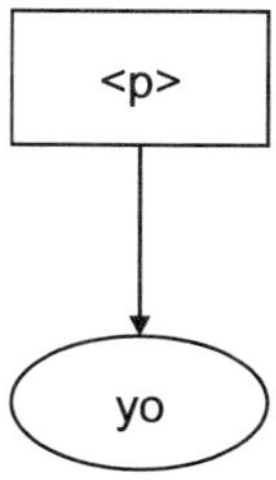

그림 6.7 변환된 노드

|Comment|

```
interface Comment : CharacterData {
};
```

주석을 관리하기 위해 정의된 인터페이스이며, CharacterData 인터페이스를 상속받으며 이외의 어떠한 속성이나 메소드를 추가로 정의하고 있지 않다. DOM에서 주석은 Text와 똑같이 취급됨을 의미한다. XML에서의 주석은 <!--로 시작하여 -->로 끝난다. Comment 객체가 도큐먼트에 삽입될 때 DOM은 자동적으로 Comment의 데이터 앞뒤에 이를 삽입해 주지만 주석 내용 자체에 대한 별도의 문법 검사는 하지 않는다.

다음은 주석을 생성하여 루트 엘리먼트의 자식 노드로 삽입하는 예제이다. 결과로 문서 상에 <!-- This is a comment -->라는 주석이 생성된다.

```
Comment comment = document.createComment("This is a comment ");
document.rootElement.appendchild(comment);
```

6.2.6 확장 인터페이스 (Extended Interfaces)

지금까지 DOM의 기본 인터페이스들에 대해서 살펴보았으며 이제부터는 DOM의 확장 인터페이스들에 대해서 소개한다. 확장 인터페이스들은 XML 문서를 위한 모듈을 제공하며, HTML 문서만을 다루는 시스템에서는 필요가 없다. DOM에서 확장 인터페이스에 속하는 것들은 CDATASection, DocumentType, Notation, Entity, EntityReference, ProcessingInstruction 등이 있다. 여기에서는 대표적으로 CDATASection, DocumentType, ProcessingInstruction 인터페이스만을 살펴보기로 하자.

|CDATASection|

```
interface CDATASection : Text {
};
```

“<”와 같이 마크업에 쓰이는 문자를 XML문서에서 단순히 텍스트의 일부분으로 포함시키고 싶을 때 CDATA 섹션을 사용한다. CDATA 섹션은 <![CDATA[로 시작하고]]> 로 마치는 형식이며 그 사이에 나타나는 모든 문자들은 파싱되지 않고 일련의 텍스트로 간주된다.

CDATASection은 Text 인터페이스를 상속받고 있지만 추가적인 속성이나 메소드는 정의하고 있지 않다. CDATASection 형을 생성하고 문서에 추가할 경우 DOM에서는 자동적으로 텍스트에 “<![CDATA[”와 “]]>”를 삽입한다.

다음은 CDATASection을 생성하여 엘리먼트의 자식 노드로 삽입하는 예제이다. 결과로 문서 상에 <![CDATA[This is a CDATASection]]>가 포함된다.

```
Comment cdata = document.createCDATASection("This is a CDATASection");
element.appendchild(cdata);
```

|DocumentType|

```
interface DocumentType : Node {
  readonly attribute DOMString          name;
  readonly attribute NamedNodeMap       entities;
  readonly attribute NamedNodeMap       notations;

  // DOM 레벨 2에서 추가됨
  readonly attribute DOMString          publicId;

  // DOM 레벨 2에서 추가됨
  readonly attribute DOMString          systemId;

  // DOM 레벨 2에서 추가됨
  readonly attribute DOMString          internalSubset;
};
```

DTD에 선언된 엔터티(Entity) 혹은 표기법(Notation)을 관리하고자 할 때 유용한 인터페이스이다. 모든 속성이 읽기 전용 속성이다. DOM에서 기본 인터페이스에 속하는 Document 인터페이스에서 doctype 속성을 DocumentType 형식으로 정의하는 데 사용되고 있다.

name 속성은 DOCTYPE 키워드 바로 다음에 오는 DTD의 이름을 의미한다. entities와 notations 속성은 각각 선언된 엔터티와 표기법의 배열을 관리하며, entities는 Entity 노드의 배열로 관리되고, notations는 Notation 노드들의 배열로 관리된다. publicId 와 systemId 속성은 각각 SYSTEM 혹은 PUBLIC 키워드 뒤에 오는 DTD의 경로를 의미한다. 예를 들어 다음과 같은 DTD 예제가 있다고 하자.

```
<!DOCTYPE order SYSTEM "order.dtd" [
  <!ENTITY bookimg SYSTEM "./images/book1.png"  NDATA  PNG>
  <!NOTATION PNG SYSTEM "/bin/imgview.exe">
...
```

위의 예제에서 name은 “order”, systemId는 “order.dtd”가 된다. entities에는 bookimg 엔터티가, notations에는 PNG 표기법이 각각 추가되어 있을 것이다.

| ProcessingInstruction |

```
interface ProcessingInstruction : Node {
  readonly attribute DOMString         target;
  attribute DOMString         data;
  // raises(DOMException) on setting
};
```

문서에 나타나는 처리 명령(PI)을 관리하기 위한 인터페이스로서 Node 인터페이스를 상속받는다. 이 인터페이스에는 처리 명령을 넘기고자 하는 애플리케이션 이름인 target과 처리 명령을 담은 data 등의 속성이 존재한다. Target은 읽기 전용 속성임에 주의한다.

다음은 문서에 선언된 처리 명령들을 처리하는 예제를 보이도록 하겠다.

```
Node rootElement, childElement;
NodeList childNodes;
...
childNodes = rootElement.childNodes; //루트 엘리먼트의 자식 노드들을 얻는다.
for (i=0; i < childNodes.length; i++)
{
   childElement = childNodes.item(i);
   if (childElement.NodeType == PROCESSING_INSTRUCTION_NODE)
   {
     //여기에 처리 명령문을 다루는 코드를 작성한다
   }
}
```

Document 인터페이스는 처리 명령을 생성할 수 있는 createProcessing Instruction 메소드를 제공하므로, 자신이 원하는 처리 명령을 새로 생성하여 추가할 수도 있다.

6.3 범용 DOM API

본 장에서는 DOM 표준 스펙을 지원하는 범용 DOM API 라이브러리인 Xerces와 JDOM에 대해서 알아보고 구체적인 프로그래밍 예제를 소개한다.

6.3.1 Xerces

Xerces(Xerces라는 푸른 나비에서 이름이 유래됨)는 XML 문서를 파싱하고 생성하는 인터페이스를 제공하는 범용 라이브러리이다. 아파치 XML 프로젝트의 일환으로 개발이 되었으며 현재 Java, C++, Perl, COM 버전이 지원된다. 아래에서 언급하는 모든 내용과 예제는 Java 버전을 기반으로 한다.

현재 Xerces 자바 버전은 2.9.0까지 나와 있으며 Xerces2라고 명명되고 있다. Xerces2 최신 버전이 지원하는 표준들은 다음과 같다.

- XML 1.0 세번째 판(Third Edition)
- XML 1.1 첫번째 판(First Edition)
- XML 네임스페이스 확정-권고안
- XML 1.1에서의 네임스페이스 확정-권고안
- DOM 레벨 2 코어, 이벤트, 탐색 및 범위(Traversal and Range) 확정-권고안
- DOM 레벨 3 코어, 로드 및 저장 확정-권고안
- SAX 2.0.2 코어, 확장
- XML 프로세싱을 위한 자바 API(JAXP) 1.3
- XML Schema 1.0 구조 및 데이터타입 확정-권고안(Second Edition)

Xerces2는 구현 코드를 더욱 깔끔하고, 모듈화하고, 쉽게 유지하기 위해서 Xerces 1.x을 완전히 새롭게 재구성하였지만 DOM 표준을 충실히 준수하고 있기 때문에 1.x 환경에서 구성된 애플리케이션은 Xerces2를 사용하더라도 문제 없이 동작한다.

- Xerces 패키지 구성

여기에서는 Xerces Java 버전인 Xerces-J를 중심으로 설명하도록 하겠다. Xerces-J는 다음과 같은 세 개의 패키지 파일(JAR 파일)을 포함하고 있다.

- xercesImpl.jar
- xml-apis.jar
- xmlParserAPIs.jar

이 중에서 xmlParserAPIs.jar는 xml-apis.jar와 같은 내용을 담고 있으며 앞으로 나올 버전에서는 없어질 예정이라고 하므로 대신 xml-apis.jar 패키지를 사용하도록 한다. 결국 Xerces-J 프로그램에서는 xercesImpl.jar와 xml-apis.jar 두 개의 패키지만을 필요로 한다. xml-apis.jar 패키지는 DOM 인터페이스들을 정의하고 있으며 xercesImpl.jar 패키지는 모든 인터페이스를 구현한 클래스들을 모아놓은 것이다. Java 프로그램에서는 이 두 패키지를 반드시 CLASSPATH에 등록시켜 놓아야 한다.

Xerces에는 DOM은 물론 10장에서 다룰 SAX API까지 모두 구현되어 있다. 여기서는 DOM에 관련된 클래스만을 설명하도록 하겠다. 주요 클래스들은 다음과 같다.

- javax.xml.parsers: 파서가 제공하는 팩토리 클래스들을 정의하고 있다.
- org.w3c.dom: DOM의 코어 인터페이스들을 제공하고 있으며, 6.2절에서 설명한 DOM 인터페이스들을 동일하게 정의하고 있다.
- org.w3c.dom.events: DOM Events 명세서에 정의된 인터페이스들을 제공한다.
- org.w3c.dom.html: HTML을 다루기 위한 인터페이스들을 제공한다.
- org.w3c.dom.ranges: DOM 레벨 2의 Traversal and Range 명세서 중에서 Range와 관련된 인터페이스를 제공한다.
- org.w3c.dom.traversal: DOM 레벨 2의 Traversal and Range 명세서 중에서 Traversal과 관련된 인터페이스를 제공한다.

- Xerces 프로그램 예제

여기에서는 XML 문서를 파싱하여 적당한 형식의 XML 문서로 출력하는 간단한 프로그램 예제를 통하여 Xerces 인터페이스를 사용하는 방법을 소개한다. 주로 org.w3c.dom에 정의된 인터페이스의 사용 방법을 다룰 것이고 이 외의 인터페이스에 대해서는 관련 웹 문서를 참고하기 바란다. 먼저 아래와 같이 정의된 DTD (order.dtd)를 사용하는 XML 문서 (order.xml)을 고려하자.

order.dtd

```
<!ELEMENT order (customer_info, order_info)>
<!ELEMENT customer_info (name, phone, billing_addr)>
<!ELEMENT name (#PCDATA)>
<!ELEMENT phone (#PCDATA)>
<!ELEMENT billing_addr (#PCDATA)>
<!ELEMENT order_info (book)+>
<!ELEMENT book (title, author, price)>
<!ELEMENT title (#PCDATA)>
<!ELEMENT author (#PCDATA)>
<!ELEMENT price (#PCDATA)>
```

order.xml

```
<?xml version="1.0" encoding="euc-kr"?>
<!DOCTYPE order SYSTEM "order.dtd">
<order>
  <customer_info>
    <name>홍길동</name>
    <phone>031-400-4671</phone>
    <billing_addr>경기도 안산시 사3동 한양대학교</billing_addr>
  </customer_info>
  <order_info>
    <book>
      <title>지구촌 영상 음악</title>
      <author>한국 방송 출판</author>
      <price>8,000</price>
    </book>
  </order_info>
</order>
```

이 예제에서는 order.xml 문서를 입력으로 받아 아래와 같은 다른 형식의 XML 문서를 출력하고자 한다. 즉 customer_info 엘리먼트와 book 엘리먼트 아래에 오는 엘리먼트들을 부모 엘리먼트의 애트리뷰트로 바꾸고자 한다.

```
<!-- result.xml 파일 -->
<?xml version="1.0" encoding="euc-kr"?>
<order>
  <customer_info name="홍길동" phone="031-400-4671"
  billing_addr="경기도 안산시 사3동 한양대학교">
  </customer_info>
  <order_info>
    <book title="지구촌 영상 음악" author="한국 방송 출판"
```

```
            price="8,000">
      </book>
    </order_info>
</order>
```

먼저 order.xml 파일을 읽어서 파싱을 수행해야 한다. 파서를 생성하는 방법은 몇 가지가 있으나 아래의 예제에서는 javax.xml.parsers 패키지에서 제공되는 DocumentBuilderFactory 클래스를 사용하고 있다. DocumentBuilderFactory 클래스를 생성한 후 DocumentBuilder 객체를 얻는다. DocumentBuilder 객체가 제공하는 parse 함수를 통해 파싱이 수행된다.

```
DocumentBuilderFactory factory =
   DocumentBuilderFactory.newInstance();
DocumentBuilder builder = null;
Document doc = null;

try
{
  builder = factory.newDocumentBuilder();
} catch (ParserConfigurationException ex)
{
}

try
{
  doc = builder.parse("order.xml");
} catch (Exception ex)
{
  System.out.println(ex.getMessage());
}
```

작업 후 결과로 생성되는 DOM 트리를 파일에 기록하기 위해 다음과 같이 PrintWriter 객체를 생성한다.

```
try
{
  Out = new PrintWriter(new BufferedWriter(new FileWriter("result.xml")));
} catch (IOException ex)
{
}
```

문서의 엘리먼트 중 "name", "title"과 같이 몇 개의 엘리먼트만 부모 엘리먼트의 애트리뷰트로 만들려고 한다. 특정 이름의 엘리먼트를 찾고자 할 때는 Document

인터페이스의 getElementByTagName을 사용한다.

```
NodeList nodeList = doc.getElementsByTagName("name");
```

위와 같이 특정 이름을 가진 엘리먼트의 배열을 NodeList 형으로 얻은 다음 배열을 구성하는 개수가 다수라고 가정하고 다음과 같이 NodeList의 원소 개수만큼 루프를 돌면서 애트리뷰트로 변환한다. 애트리뷰트를 생성할 때는 Node 인터페이스의 getOwnerDocument로 Document 인터페이스를 얻은 다음 createAttribute 메소드를 사용한다. 새로 생성된 애트리뷰트를 부모 엘리먼트에 추가하고 기존의 엘리먼트는 삭제한다.

```
for (int i = 0; i < list.getLength(); i++)
{
    Node node = list.item(i);

    //변환하고자 하는 엘리먼트의 부모 엘리먼트를 얻는다.
    Node parent = node.getParentNode();
    Attr attr =
parent.getOwnerDocument().createAttribute(node.getNodeName()); //애트리뷰트 생성

    //기존 엘리먼트의 Text 노드 값을 애트리뷰트 값으로 지정한다.
    attr.setValue(node.getFirstChild().getNodeValue());

    //부모 엘리먼트의 애트리뷰트 배열을 얻는다.
    NamedNodeMap attrs = parent.getAttributes();

    //새로 생성된 애트리뷰트를 배열에 추가한다.
    attrs.setNamedItem(attr);

    //기존의 엘리먼트는 삭제한다.
    parent.removeChild(node);
}
```

마지막으로 변환된 DOM 트리를 파일로 출력해야 한다. DOM 트리를 재귀적으로 탐색하면서 노드의 타입에 따라 다르게 처리한다. Document 노드인 경우 단순히 메타 정보를 출력해 주고, 엘리먼트 노드인 경우는 엘리먼트 태그를 출력하고 포함된 애트리뷰트들을 출력한 다음에 엘리먼트 닫기 태그를 출력한다. 텍스트 노드인 경우는 노드의 값만을 출력해 주면 된다. 자세한 것은 아래의 프로그램 소스를 참고하기 바란다.

```
import javax.xml.parsers.*;
import org.w3c.dom.*;
import java.io.*;

public class SimpleParse {
PrintWriter Out = null;

public static void main(String args[])
{
   SimpleParse app = new SimpleParse();
   app.run();
}

public void run()
{
   DocumentBuilderFactory factory =
   DocumentBuilderFactory.newInstance();
   DocumentBuilder builder = null;
   Document doc = null;

   try
   {
     builder = factory.newDocumentBuilder();
   } catch (ParserConfigurationException ex)
   {
   }

   try
   {
     doc = builder.parse("order.xml");
   } catch (Exception ex)
   {
     System.out.println(ex.getMessage());
   }

   try
   {
     Out = new PrintWriter(new BufferedWriter(new
     FileWriter("result.xml")));
   } catch (IOException ex)
   {
   }

   transform(doc);
   print(doc);
}

public void transform(Document doc)
{
   NodeList nodeList = doc.getElementsByTagName("name");
   transformToAttribute(node List);

   nodeList = doc.getElementsByTagName("phone");
```

```
    transformToAttribute(nodeList);

    nodeList = doc.getElementsByTagName("billing_addr");
    transformToAttribute(nodeList);

    nodeList = doc.getElementsByTagName("title");
    transformToAttribute(nodeList);

    nodeList = doc.getElementsByTagName("author");
    transformToAttribute(nodeList);

    nodeList = doc.getElementsByTagName("price");
    transformToAttribute(nodeList);
}

public void transformToAttribute(NodeList list)
{
    for (int i = 0; i < list.getLength(); i++)
    {
        Node node = list.item(i);

        Node parent = node.getParentNode();
        Attr attr =
parent.getOwnerDocument().createAttribute(node.getNodeName());

        attr.setValue(node.getFirstChild().getNodeValue());

        NamedNodeMap attrs = parent.getAttributes();
        attrs.setNamedItem(attr);

        parent.removeChild(node);
    }
}

public void print(Node node)
{
    if (node == null) {
        return;
    }

    short type = node.getNodeType();
    switch (type) {
    case Node.DOCUMENT_NODE:
        Document document = (Document)node;
        Out.println("<?xml version=\" 1.0\" encoding=\" euc-kr\">");
        print((Node)document.getDocumentElement());
        break;


    case Node.ELEMENT_NODE:
        String name = node.getNodeName();
        Out.print('<');
        Out.print(node.getNodeName());
```

```
        if (node.hasAttributes())
        {
            NamedNodeMap attrs = node.getAttributes();
            for (int i = 0; i < attrs.getLength(); i++)
            {
                Attr attr = (Attr)attrs.item(i);
                Out.print(' ');
                Out.print(attr.getNodeName());
                Out.print("=/" ");
                Out.print(attr.getNodeValue());
                Out.print('" ');
            }
        }
        Out.print('>');
        Out.flush();


        Node child = node.getFirstChild();
        while (child != null) {
            print(child);
            child = child.getNextSibling();
        }
        break;


    case Node.TEXT_NODE:
        Out.print(node.getNodeValue());
        Out.flush();
        break;

    }//switch

    if (type == Node.ELEMENT_NODE) {
        Out.print("</");
        Out.print(node.getNodeName());
        Out.print('>');
        Out.flush();
    }

} // print
```

6.3.2 JDOM

JDOM은 공개 소스이며 트리 기반의 순수 자바용 API로서 2000년 봄에 Brett McLaughlin과 Jason Hunter에 의해 개발되기 시작하였다. 2004년 9월에 JDOM 1.0을 발표했으며 현재까지 JDOM 1.1 혹은 2.0 개발을 위해 다양한 특징들을 추가하고 있다.

JDOM은 Xerces와는 다르게 W3C DOM과 유사하기는 하지만, DOM을 기반으로 설계되지 않았으며 DOM 모델링에 대한 대안적인 문서 객체 모델이다. DOM은 다양한 장점을 가지고 있지만 이러한 장점이 오히려 프로그래머에게 단점으로 작용할 수 있다. JDOM은 Java 전용으로 설계되었기 때문에 Java의 장점을 잘 반영하고 있다. 아래에서는 먼저 DOM이 가지는 특징을 나열하고 이를 통해 JDOM이 가지는 의미를 살펴보겠다.

- **언어 및 플랫폼 독립성**: 앞에서도 설명했지만 DOM은 프로그래밍 언어 및 시스템 플랫폼에 상관없이 설계되었다. 따라서 다양한 프로그래밍 언어로 개발된 애플리케이션들 사이의 상호운용성을 지원하는 데 용이하다. 하지만 모든 언어의 특성을 만족시키려는 이와 같은 의도는 프로그램 코드 상에서는 오히려 상당한 부담으로 작용할 수 있다. 예를 들어 DOM에서는 메모리 할당에 관한 스펙은 전혀 정의하고 있지 않기 때문에 각각의 노드를 생성하고자 할 때 별도의 팩토리 클래스로부터 생성해야 했다. 반면에 JDOM에서는 각각의 노드를 명시적으로 Java의 new 연산자를 사용해서 생성하므로 불필요한 코드가 줄어든다. 또한 텍스트를 표현하기 위해 DOM에서는 Text라는 별도의 인터페이스를 정의하고 있으나 JDOM에서는 직접적으로 Java의 String 타입을 사용하여 텍스트를 관리할 수 있다.

- **엄격한 상속 관계**: DOM의 인터페이스들 중에는 상속에 의해 정의된 인터페이스가 많다(거의 대부분의 인터페이스가 Node 인터페이스를 상속받음). 이는 객체 지향 패러다임의 관점에서는 좋은 설계일 수도 있다. 하지만 상속은 오히려 프로그래머에게 나쁜 영향을 끼칠 수 있다. 예를 들어 DOM의 Text 인터페이스는 Node 인터페이스를 상속 받았지만 상속 받은 메소드나 속성 중 텍스트 처리 자체에 관계된 것은 얼마 되지 않는다. JDOM에서는 상속을 사용하지 않으며 엘리먼트, 애트리뷰트 등을 별도의 클래스로 제공한다. 엘리먼트, 애트리뷰트 등이 개념적으로 하나의 노드로 생각될 수 있지만 도큐먼트 내에서 이들이 나타내는 개념은 확실히 다르다.

- **인터페이스 기반**: DOM은 구현 독립적인 스펙이기 때문에 모든 것은 인터페이스의 정의에 기반을 두고 있다. 이는 구현하는 입장에서 좀 더 유연성을 제공한다는 장점이 있다. 하지만 구현하는 프로그래머의 입장에서 보았을 때 이는 오히려 더 불편을 초래할 수 있다. 다시 말해 프로그래머가 어떤 기능을 원할

때, 직접적으로 그 기능을 제공하지 못하고 추가적인 코드가 필요하다는 것이다. 예를 들어 엘리먼트, 텍스트 등의 각각의 객체를 직접 생성하지 못하고 별도의 팩토리 메소드를 사용하는 것이 대표적인 예가 될 수 있겠다. JDOM에서는 모든 객체를 클래스로 제공한다. 이는 프로그래머에게 좀 더 직관적이고 간결한 코드를 제공해 준다.

이 외에도 JDOM은 기존의 Java 라이브러리에서 사용하던 함수 이름들과 매우 유사한 함수 이름들을 제공하므로 개발자 입장에서 좀 더 쉽고 익숙해 질 수 있다. 예를 들어 기존의 Java 라이브러리에서 자주 사용되는 equals(), toString() 등의 함수 이름을 그대로 사용하였다.

JDOM은 XML 파서를 포함하고 있지 않으며, 별도의 ContentHandler를 가진 SAX 파서가 XML 도큐먼트를 파싱한 결과를 가지고 JDOM 트리 구조를 만든다. JDOM은 SAX 파서를 사용하지만 DOM과 동일하게 도큐먼트를 메모리 상에 트리 구조로 관리한다. SAX2와 호환 가능한 파서(Crimson, Oracle XML Parser for Java, Xerces2 등)라면 어떤 것이든지 JDOM과 같이 사용될 수 있다. 또한 기존의 DOM과 상호운용성을 위해 DOM의 Document 객체를 JDOM 형식으로 변환할 수 있는 기능도 제공한다.

결론적으로 말해서 JDOM은 애플리케이션 개발자의 편의성을 고려해서 설계된 API이며, 기존의 DOM의 단점을 극복한 좀 더 간단하고 경량화된 API이다. 이를 통해 XML 애플리케이션 개발자는 개발 시간을 단축시킬 수 있고, 버그를 좀 더 줄일 수 있게 된다.

예제를 통하여 JDOM의 사용법을 설명하도록 하겠다.

|XML 엘리먼트 생성하기|

앞에서 언급 하였듯이 JDOM은 코드를 간결하게 해 준다. 예를 들어 "order"라는 이름을 가지는 엘리먼트를 하나 생성하고자 할 때, JDOM에서는 다음과 같이 간단히 나타낼 수 있다.

```
Element element = new Element("order");
```

동일한 작업을 DOM을 이용하여 한다면 다음과 같은 복잡한 코드가 된다.

```
DocumentBuilderFactory factory
 = DocumentBuilderFactory.newInstance(); //팩토리 클래스를 만든다
DocumentBuilder builder = factory.newDocumentBuilder();
DOMImplementation impl = builder.getDOMImplementation();
```

```
Document doc = impl.createDocument(null, "order", null);
Element element = doc.createElement("order");
```

이상과 같이 JDOM을 이용하면 코드 길이가 많이 줄어든다는 것을 알 수 있다. 도큐먼트가 복잡해질수록 이와 같은 차이는 더 심해질 것이다. 다음과 같은 도큐먼트 조각을 JDOM으로 나타내 보자

```
<order>
   <number>1</number>
   <quantity>5</quantity>
</order>

Element order = new Element("order");
Element number = new Element("number");
Element quantity = new Element("quantity");
number.setText("1");
quantity.setText("5");
order.addContent(number);
order.addContent(quantity);
```

위와 같이 몇 줄 안 되는 JDOM 코드로 해결됨을 볼 수 있다. DOM의 경우는 수십 줄이 필요할 것이다.

|XML 도큐먼트 생성하기|

다음은 간단한 XML 도큐먼트를 생성하는 예제를 살펴보자.

```
<?xml version="1.0"?>
<order>This is order example</order>
```

위와 같은 XML 도큐먼트를 생성하기 위해서는 다음과 같이 필요한 엘리먼트를 생성한 후에 Document 클래스에 인자로 넘겨주면 된다.

```
Element root = new Element("order");
root.setText("This is order example");
Document document = new Document(root);
```

|XML 문서에 쓰기|

도큐먼트가 생성되었을 때 이를 소켓(Socket), 파일(File), 기타 여러 가지 스트림(Stream)에 직렬화[3]하는 방법을 알아보자. JDOM은 이를 위해 org.jdom.output. XMLOutputter 클래스를 제공한다.

[3] 직렬화: 임의의 데이터(여기서는 XML 도큐먼트)를 파일 또는 네트워크를 통해서 송수신이 가능하도록 바이트 단위로 변환하는 과정

```
XMLOutputter outputter = new XMLOutputter();
    try {
      outputter.output(document, System.out);
    }
    catch (IOException e) {
      System.err.println(e);
    }
```

XMLOutputter 객체를 생성한 후, 직렬화 할 도큐먼트와 보내고자 하는 스트림을 지정하면 된다. 실제 코드의 예를 살펴보자.

```
import org.jdom.*;
import org.jdom.output.XMLOutputter;
import java.io.IOException;

public class OrderExample {

  public static void main(String[] args) {

    //루트 엘리먼트를 생성한다.
    Element root = new Element("order");

    for (int i = 1; i <= 3; i++) {
      Element item = new Element("item");
      item.setAttribute("number", String.valueOf(i));
      item.setText("item" + String.valueOf(i));
      root.addContent(item);
}

    //order를 루트로 하는 도큐먼트를 생성한다.
    Document document = new Document(root);

    // 화면에 출력한다.
    try {
      XMLOutputter outputter = new XMLOutputter()
      outputter.output(document, System.out);
    }
    catch (IOException e) {
      System.err.println(e);
    }
  }
}
```

매우 간단한 예제이므로 무엇을 하는 코드인지 쉽게 파악할 수 있을 것이다. 결과로 출력되는 XML 문서는 다음과 같다.

```
<?xml version="1.0" encoding="UTF-8"?>
```

```
<order><item number="1">item1</item>
<item number="2">item2</item>
<item number="3">item3</item></order>
```

|JDOM 트리 탐색하기|

도큐먼트 트리를 탐색하면서 엘리먼트를 출력하는 간단한 예제를 살펴보자. Element 클래스에는 현재 엘리먼트의 자식 노드들을 알려주는 getChildren() 메소드가 정의되어 있다. Java.util.List의 형태를 반환하며 이 리스트로부터 Iterator를 구한 다음 자식 노드들을 순차적으로 처리해 주면 된다.

```
import org.jdom.*;
import org.jdom.input.SAXBuilder;
import java.io.IOException;
import java.util.*;

public class ElementLister {

  public static void main(String[] args) {

    if (args.length == 0) {
      System.out.println("XML 문서를 입력하세요");
      return;
    }

    //SAX 파서를 생성한다.
    SAXBuilder builder = new SAXBuilder();

    try {
      //XML 파일을 읽어서 도큐먼트 트리를 구성한다.
      Document doc = builder.build(args[0]);
      Element root = doc.getRootElement();
      listChildren(root, 0);
    }
    catch (JDOMException e) {
      System.out.println(args[0] + "는 적격 문서가 아닙니다. ");
      System.out.println(e.getMessage());
    }
    catch (IOException e) {
      System.out.println(e);
    }
  }

  public static void listChildren(Element current, int depth) {
    printSpaces(depth); //엘리먼트 깊이만큼 공백을 출력한다.

//엘리먼트 이름을 출력한다.
```

```
System.out.println(current.getName())

    //현재 엘리먼트의 자식 엘리먼트들을 얻는다.
    List children = current.getChildren();
      Iterator iterator = children.iterator();

//자식 노드 수만큼 루프를 돌며 재귀적으로
//listChildren 함수를 호출한다.
    while (iterator.hasNext()) {
      Element child = (Element) iterator.next();
      listChildren(child, depth+1);
    }

  }

  private static void printSpaces(int n) {
    for (int i = 0; i < n; i++) {
      System.out.print(' ');
    }

  }

}
```

6.4 요약

- DOM이란 프로그램이나 스크립트가 문서의 내용, 구조, 스타일 등에 동적으로 접근하고 갱신하도록 허용하는 인터페이스이며 이는 플랫폼이나 프로그래밍 언어에 독립적이다.
- DOM은 Core, HTML, XML의 세 부분으로 구분된다. Core DOM은 임의의 구조적 문서를 표현할 수 있는 저수준의 객체 집합을 제공한다. HTML과 XML DOM 인터페이스는 Core DOM 인터페이스에 부가적이며 Core 인터페이스와 함께 사용하여 보다 편리한 문서 관리 기능을 제공하는 고수준 인터페이스이다.
- DOM에서 문서들은 논리적으로 여러 개의 트리를 포함할 수 있는 포리스트(Forest) 구조를 가진다.
- DOM은 JavaScript와 Java 프로그램이 웹 브라우저 사이에 이식을 허용하도록 하는 표준으로서 처음 생겨났다. 그러므로 "Dynamic HTML"이 목적과 기능 측면에서 바로 DOM의 기원이 된다.
- W3C에서는 1998년에 W3C 확정-권고안으로 DOM Level 1 스펙을 발표한

이후에 현재 DOM Level 3까지 공고하고 있다 (http://www.w3.org/DOM/DOMTR). DOM 스펙은 지원 기능의 수준에 따라 여러 가지 Level로 구분하고 있다.

- W3C의 DOM 스펙에서 명시한 인터페이스들은 핵심적인 기능을 수행하기 때문에 반드시 지원되어야 하는 기본 인터페이스와 부가적인 기능을 제공하는 확장 인터페이스로 구분된다.
- DOM 표준 스펙을 지원하는 범용 DOM API 라이브러리 중에서 대표적인 것으로는 Xerces와 JDOM이 있다.

6.5 연습 문제

1. DOM은 XML 문서를 트리 형태로 모델링한다. Xerces 프로그램 예제에서 사용된 다음 XML 문서를 표현하는 DOM 트리 모델을 그려 보라 (그림 6.1의 다이어그램 참조).

```
<order>
  <customer_info>
    <name>홍길동</name>
    <phone>031-400-4671</phone>
    <billing_addr>경기도 안산시 사3동 한양대학교</billing_addr>
  </customer_info>
  <order_info>
    <book>
        <title>지구촌 영상 음악</title>
        <author>한국 방송 출판</author>
        <price>8,000</price>
    </book>
  </order_info>
</order>
```

2. DOM은 XML 문서 전체를 메모리에 트리 구조로 유지한다. 프로그래머는 이 트리 구조를 탐색하여 원하는 정보를 얻는다. 이렇게 메모리에 XML 문서 전체에 대한 자료 구조를 유지하는 방식의 단점은 무엇인가?

3. DOM에는 메모리 관리와 관련된 인터페이스가 존재하지 않는다. 그 이유는 무엇인가?

4. 순차적인 노드 집합을 관리하기 위한 NodeList 인터페이스와 비순차적인 노드 집합을 관리하기 위한 NamedNodeMap 인터페이스의 쓰임새를 설명하라.

5. Attr 노드는 Node 인터페이스를 상속하고 있기는 하지만, 자신이 속한 엘리먼트의 자식 노드로 존재하지는 않는다. 이러한 특성이 Node 인터페이스에 어떻게 반영되어 있는가?

6. 다음은 DOM의 설계 방식을 나열한 것이다. 각 설계 방식의 장단점을 논하여라.

- 언어 및 플랫폼 독립성: DOM은 프로그래밍 언어 및 플랫폼에 독립적으로 설계되었다.
- 엄격한 상속 관계: DOM의 대부분의 인터페이스는 Node 인터페이스를 상속하고 있다.
- 인터페이스 기반: DOM은 구현과는 독립적인 스펙이므로 인터페이스로 정의된다.

| 프로젝트 |

7. 다음은 영화 상영 정보를 표현하는 XML 문서이다(5.7절 7번 참조).

```
<screening>
  <cinemaList>
    <cinema>
        <name>강변 CGV</name>
        <!-- 생략 -->
    </cinema>
    <cinema>...</cinema>
  </cinemaList>
  <movieList>
    <movie>
        <title>광식이 동생 광태</title>
        <!-- 생략 -->
    </movie>
    <movie>
        <title>빨간 모자의 진실</title>
        <!-- 생략 -->
    </movie>
  </movieList>
</screening>
```

위와 같은 형태의 영화 상영 정보를 표현하는 XML 문서를 읽어 들여 현재 상영 중인 영화 개수를 출력하는 DOM 프로그램을 작성하라. 프로그램의 요구사항은 다음과 같다.

- Xerces 라이브러리와 JDOM 라이브러리를 각각 사용하는 프로그램 두 개를 작성하라. Xerces 라이브러리를 사용하는 프로그램의 메인 클래스 이름은 MovieCounterXerces이고, JDOM 라이브러리를 사용하는 프로그램의 메인 클

래스 이름은 MovieCounterJDOM이다.

- 각 프로그램을 다음과 같이 실행하고 실행 결과를 확인할 수 있게 작성하라. (screening.xml은 영화 상영 정보를 담는 XML 문서이다.)

```
[실행 화면]
> java MovieCounterXerces screening.xml
There are 2 movies on show.
> java MovieCounterJDOM screening.xml
There are 2 movies on show.
```

07 CHAPTER

SAX(Simple API for XML)

SAX는 DOM과 마찬가지로 XML 프로그래밍을 위한 API이다. SAX는 1997년 David Megginson에 의해 최초로 고안되었으며, 그가 운영하고 있던 이메일 리스트인 XML-DEV를 구독하고 있던 많은 사람들의 도움을 받으며 공개 소스로 개발되었다. 최근에는 SAX에 대한 공개 표준 개발 및 유지 관리를 보다 효율적으로 지속하기 위해 SourceForge 프로젝트로 전환되었다. SAX는 기존의 DOM이 가지고 있던 단점들을 많이 보완하였지만, W3C의 공식 표준은 아니며 사실상 업계의 표준으로 자리잡고 있다. SAX는 처음에 Java를 기반으로 개발되었으나 현재는 Python, Perl, Pascal, C/C++, COM 등과 같은 다양한 프로그래밍 언어용 SAX 버전이 나와있다. 가장 최신 버전은 현재 SAX 2.0.2까지 나와 있는 상태이다.

7.1 SAX란 무엇인가?

7.1.1 SAX의 개념 및 동작 원리

XML API에는 크게 두 가지 타입이 존재하는데 하나는 트리-기반 API(Tree-based API)이고 다른 하나는 이벤트-기반 API(Event-based API)이다. DOM은 전자 방식이고 SAX는 후자 방식이다.

- **트리-기반 API**: XML 도큐먼트에 대응하는 내부 트리 구조로 맵핑하여 응용 프로그램이 이 트리를 다룰 수 있도록 허용한다. W3C의 DOM 워킹 그룹에서는 XML과 HTML 도큐먼트에 대한 트리 기반의 API를 규정하고 있다. 트리-기반 API는 다양한 응용 분야에서 유용하게 사용되지만 도큐먼트가 큰 경우에는 일반적으로 시스템 자원(특히, 메모리)의 사용에 많은 부담을 주게 된다. 또한, 많은 응용 프로그램에서는 XML 도큐먼트에 대한 범용적인 트리를 사용하기 보다는 그들 자신의 데이터 구조를 구성하여 사용할 필요가 있다. 이 경우에는 최초 트리 구조를 새로운 데이터 구조로 변환해야 하는 비효율성이 존재한다.
- **이벤트-기반 API**: 이벤트-기반 API는 엘리먼트의 시작 및 종료와 같은 이벤트를 콜백(Callback)[1]을 통하여 직접 애플리케이션에게 전달하기 때문에 내부적으로 트리와 같은 데이터 구조를 구성하지 않는다. 그러므로, 일반적으로 이벤트-기반 API를 사용하는 애플리케이션은 서로 다른 이벤트들을 처리하는 핸들러(Handler)를 개발하게 된다. SAX는 이러한 이벤트-기반 API의 대표적인 예이다. 이벤트-기반 API는 이상과 같이 XML 문서를 보다 간단하고 저수준으로 접근하기 때문에 가용한 시스템 메모리보다 훨씬 큰 문서도 파싱할 수 있다. 또한, 콜백 이벤트 핸들러를 사용하여 응용 프로그램 자신의 데이터 구조를 구성할 수 있다.

이벤트-기반 프로그램 방식은 특정 이벤트가 발생하였을 때 그에 대한 처리를 진행하면서 전체 프로그램을 수행하는 것을 말한다. 윈도우 환경에서 그래픽 사용자 인터페이스(GUI)의 이벤트 핸들링이 대표적인 이벤트-기반 프로그램에 속한다. 윈

[1] 콜백(callback): 이벤트 핸들러와 같이 특정 이벤트가 발생하게 되면 운영체제로부터 응용 프로그램에서 제공하는 관련 핸들러를 호출하는 과정

도우 시스템에서 사용자가 키보드를 누르거나, 마우스를 누르거나, 윈도우를 움직이거나 하는 동작에 상응하는 이벤트를 발생시킨다. 사용자의 동작에 따라 특정 이벤트가 발생하면 운영체제는 콜백을 통하여 해당 이벤트를 처리할 수 있는 적당한 이벤트 핸들러를 호출한다. 여기서 이벤트 핸들러는 특정 이벤트를 처리하기 위해 미리 정의된 함수이다.

이와 같은 이벤트-기반 프로그램 방식을 사용하여 XML 도큐먼트를 처리하는 간단한 과정을 살펴보자. XML 문서에는 엘리먼트, 애트리뷰트, 텍스트 등의 몇 가지 타입의 노드들이 존재 한다. SAX 파서는 XML 문서를 순차적으로 읽어 가면서 노드들을 만나면 그 노드를 처리할 수 있는 이벤트 핸들러에게 이벤트 정보를 보내준다. 즉, "엘리먼트를 만나면 무엇을 해라, 애트리뷰트를 만나면 무엇을 해라" 하는 등의 일종의 규칙을 미리 정의함으로써 XML 문서를 처리하게 되는 것이다.

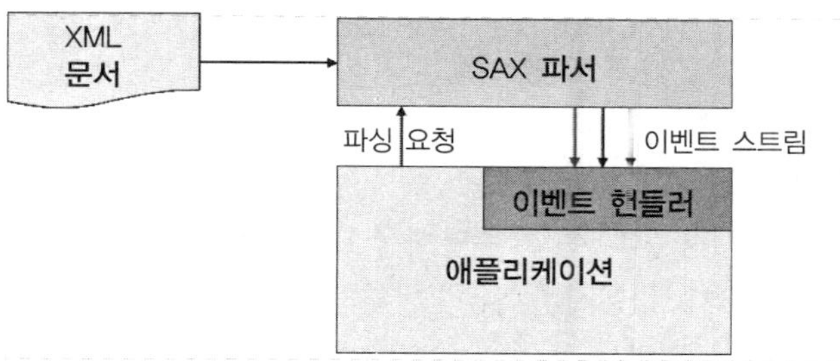

그림 7.1 SAX 기반의 XML 문서 처리

그림 7.1은 SAX 기반의 XML 문서 처리 과정을 보여주고 있다. SAX 파서가 입력으로 전달되는 XML 문서를 파싱하면서 각각의 노드 타입을 만날 때마다 이벤트를 애플리케이션에게 전달한다. 애플리케이션에는 각각의 이벤트를 처리하기 위한 이벤트 핸들러가 미리 정의되어 있으며, 이벤트 핸들러는 파서로부터 넘어온 이벤트를 처리한다. 이벤트 처리가 끝나면 애플리케이션은 다시 SAX 파서에게 문서의 다음 부분에 대한 파싱을 요구한다. 이와 같이 이벤트 처리와 파싱이 반복되면서 XML 문서가 처리된다.

만약 이벤트가 전달되었을 때 해당 이벤트를 처리하기 위한 이벤트 핸들러가 정의되어 있다면 이벤트 핸들러 루틴이 수행되지만 정의된 이벤트 핸들러가 없다면 그 이벤트는 무시되고 다음으로 진행된다.

SAX를 지원하는 파서들의 리스트는 다음과 같다.

표 7.1 SAX를 지원하는 파서

파서 이름	제작자 혹은 제작사	SAX 버전 지원 정도	지원 언어
Aelfred	David Megginson	2.0	Java
Xerces C++ Parser	Apache XML Project	2.0	C++
Xerces Java	Apache XML Project	2.0	Java
MSXML3	Microsoft	2.0	C++, VB
JAXP	Sun	2.0	Java
Saxon	Miachael kay	2.0	Java

7.1.2. DOM과 SAX의 차이점

앞에서도 간단히 언급하였지만 DOM은 여러 가지 면에서 한계점을 가지고 있다. XML의 특징으로 인해서 애플리케이션 사이에 XML 형식의 메시지를 사용하여 통신하는 경우가 많아지고 XML 문서의 크기도 점차 증가하고 있는 추세이다. DOM은 XML 문서 전체를 메모리에 로딩하여 사용하기 때문에 문서가 클수록 메모리 사용량이 증가하고 시스템에 상당한 오버 헤드로 작용하게 된다. 또한 커다란 문서를 초기에 파싱하여 메모리 상에 트리 구조를 구성하는 데 상당한 시간이 소요된다.

한편 SAX는 메모리 사용량과 속도 측면에서 DOM보다 비교 우위에 있다. SAX는 필요할 때마다 디스크에서 문서를 읽어 처리하기 때문에 메모리를 거의 사용하지 않는다. 또한 트리를 구성하는 초기의 오버 헤드가 없으며 문서 전체를 한번 스캔하는 것 만으로도 작업을 수행할 수 있기 때문에 속도 면에서도 빠르다. SAX가 갖고 있는 장점을 정리하면 다음과 같다.

- SAX는 DOM에 비해 API를 사용하는 측면에서 상대적으로 간단하다.
- SAX는 XML 문서 전체를 메모리에 올려서 작업하지 않으므로 처리하고자 하는 문서의 크기에 대한 확장성(Scalability)이 높다.
- SAX는 문서 전체를 메모리에 올리는 별도의 시간이 소요되지 않으므로 속도 측면에서 그만큼 장점이 있다.
- SAX는 문서의 내용 중 원하는 부분만을 필터링하는 데 유리하다. 관심 있는 부분에 대해서만 핸들러를 작성하여 처리하고, 원하는 것이 처리되면 문서를 끝까지 읽을 필요 없이 바로 종료할 수 있다.

이상과 같이 SAX가 많은 장점을 갖고 있지만, SAX 역시 여러 가지 한계점을 가지고 있다. SAX는 문서의 내용에 기반을 두고 처리한다. 다시 말해서 문서 요소간의 계층 관계는 고려하지 않기 때문에 도큐먼트 트리를 탐색하는 작업에는 상당한 오버 헤드가 존재한다. 예를 들어, SAX에서는 "엘리먼트 A를 자식 엘리먼트로 갖는 엘리먼트 B의 애트리뷰트 C의 값은 무엇인가"라는 질의에 대해서 문서를 여러 번 스캔해야 처리할 수 있다. 이것은 SAX에서 문서에 대해 임의 접근(Random access)을 지원하지 않기 때문에 발생하는 문제이다. 문서를 파싱할 때 처음부터 끝까지 순차적으로 읽어 나가기 때문에 어떤 부분을 읽고 다시 뒤로 돌아가서 선행하는 부분에 접근할 수 없다. 즉, SAX에서는 항상 파서가 파싱하는 부분의 내용에만 주목하고 다른 부분들과의 연관 관계는 전혀 고려하지 못한다. SAX의 단점을 정리하면 다음과 같다.

- SAX는 문서 구조를 탐색하는 데 불편하다. 문서의 구조가 복잡한 계층 관계로 이루어져 있는 경우 질의를 처리하기 위해서는 여러 번의 스캔이 필요하다.
- SAX는 문서의 특정 부분에 대한 임의 접근을 지원하지 않는다.
- SAX는 문서의 내용을 변경하는 데 적합하지 않다. 일반적으로 읽기 전용의 프로그램에서 많이 사용된다.

마지막으로 단점과 관련하여 추가적으로 언급하면, SAX에서는 모든 것을 이벤트 기반으로 처리하기 때문에 이벤트 핸들러에서 처리된 내용을 문서에 다시 반영할 방법이 없다. 따라서 문서에 대해 특정한 엘리먼트의 속성을 변경하고 이를 다시 문서 파일에 반영하는 것이 불가능하다. 변경된 문서를 만들고 싶은 경우에는 새로운 XML 문서 파일을 생성하고 이 파일에 변경된 내용을 써야 하지만, 원본 문서의 문서 구조를 그대로 유지하기란 쉽지 않다.

이와 같은 한계점 때문에 SAX가 반드시 DOM의 대안이 될 수 있다는 단정을 지을 수가 없다. 애플리케이션의 특성에 따라 DOM이 유리한 경우도 있을 것이고 SAX가 유리한 경우도 있다. 문서의 크기가 별로 크지 않으면서 문서의 계층 구조가 복잡하고 트리 구조를 탐색해야 하는 작업이 많은 경우에는 DOM이 유리할 것이며, 반면에 문서의 크기가 상당히 크고 문서의 구조가 간단하며 읽기 질의가 빈번한 경우에는 SAX 방식이 유리할 것이다.

7.2 SAX API

7.2.1 SAX 프로그래밍 기초

이번 절에서는 SAX API를 사용하여 프로그램을 작성하는 방법에 대해 자세히 다룰 것이다. 먼저 간단한 예제 프로그램을 통해 SAX 프로그램에 대한 기본 구조를 살펴보겠다. 앞으로 설명할 모든 SAX 코드는 Java 언어를 사용할 것이다.

| 요구 환경 |

SAX 프로그래밍을 위해서는 기본적으로 다음 두 가지 소프트웨어의 설치가 필요하다.

- 1.1 버전 이상의 자바 개발 툴킷(JDK)
- SAX2를 지원하는 파서. 설치된 파서는 컴파일 시 자바 클래스 경로(CLASSPATH)에 지정되어야 한다(SAX2 호환 파서에 대해서는 7.4절을 참고하기 바란다).

| 문서 파싱하기 |

먼저 DefaultHandler를 상속받는 클래스를 아래와 같이 정의한다. 이를 기반으로 앞으로 사용할 몇몇 인터페이스들은 뒤에서 자세히 설명할 것이다.

```
import org.xml.sax.helpers.DefaultHandler;

public class MySAXApp extends DefaultHandler
{
    public MySAXApp ()
    {
        super();
    }
}
```

앞에서 언급했듯이 SAX 파서는 문서를 파싱하여 이벤트를 발생시키기 때문에 이벤트를 처리할 이벤트 핸들러를 제공할 필요가 있다. 이벤트 핸들링을 담당하기 위해 SAX에서는 ContentHandler 인터페이스를 제공한다. 또한 파싱할 때 발생되는 에러 처리를 위해 ErrorHandler 인터페이스를 제공한다. 위의 두 인터페이스는 SAX에서 중요한 인터페이스로서 반드시 구현해 주어야 한다(사실 특별히 에러 처리를 하지 않을 것이라면 ErrorHandler는 구현하지 않아도 무방하다). 위의 예제에서 먼저 org.xml.sax.helpers 패키지를 임포트한다. 이 패키지에는 프로그래머의 편의를 위해 미리 구현된 몇 개의 클래스가 제공된다. 그리고 DefaultHandler라는 클래스를 상속받고 있는데, 이 클래스는 내부적으로 앞에서 언급한 ContentHandler와 ErrorHandler 인터페이스를 상속받고 있다.

Java 애플리케이션으로 동작하는 MySAXApp 클래스에는 main() 함수가 필요하며, 이 함수에서는 아래 예제와 같이 먼저 SAX 파서를 생성한다.

```
public static void main (String args[]) throws Exception
{
   XMLReader reader = XMLReaderFactory.createXMLReader();
   MySAXApp handler = new MySAXApp();
   reader.setContentHandler(handler);
   reader.setErrorHandler(handler);

   FileReader r = new FileReader(args[0]);
   xr.parse(new InputSource(r));

}
```

XMLReader는 SAX 파서를 담당하는 인터페이스로서 createXMLReader 함수를 통해 SAX 파서를 생성한다. 파서를 생성하는 문법은 대상이 되는 파서(Xerces, Crimson 등)마다 다르므로 항상 위와 같지는 않다. 단지 파서를 생성해서 XMLReader 형식의 참조를 넘겨받는다는 사실에 주목하자. 그리고 main 함수가 속한 MySAXApp 클래스에서 이벤트 처리와 에러 처리를 할 것이기 때문에 파서에게 이벤트와 에러 처리를 담당할 클래스를 알려준다. 이를 위해 setContentHandler와 setErrorHandler 메소드에 DefaultHandler를 상속받은 MySAXApp 클래스인 handler를 넘겨준다.

마지막으로 파서에게 XML 문서의 파일 이름을 넘겨주고 실제 파싱을 담당하는 parse 메소드를 호출한다. 이때 파일 참조는 InputSource 클래스 생성을 통하여 전달됨을 확인하기 바란다.

| 이벤트 처리하기 |

일반적으로 처리할 이벤트로는 문서가 시작하거나 끝날 때, 엘리먼트가 시작되거나 끝날 때, 혹은 문자 데이터가 나타날 때 등이 있다. ContentHandler 인터페이스에는 이와 같은 이벤트를 처리하기 위해 startDocument, endDocument, startElement, endElement, characters 메소드를 정의하고 있다. 추가적으로 처리하고자 하는 이벤트에 대해서 대응되는 메소드를 정의하면 된다.

```
public void startDocument ()
{
  System.out.println("문서 시작");
}
public void endDocument ()
{
  System.out.println("문서 마침");
}

public void startElement (String uri, String name,
                          String qName, Attributes atts)
{
  if (" ".equals(uri))
    System.out.println("엘리먼트 시작: " + qName);
  else
    System.out.println("엘리먼트 시작: {" + uri + "}" + name);
}

public void endElement (String uri, String name,
                        String qName)
{
  if (" ".equals (uri))
      System.out.println("엘리먼트 마침: " + qName);
  else
      System.out.println("엘리먼트 마침:   {" + uri + "}" + name);
}
```

문서가 시작되거나 끝날 때 특정한 일을 수행하고 싶을 경우 startDocument와 endDocument에서 각각 처리하면 된다. 실제 XML 문서에서 엘리먼트가 시작되거나 끝날 때마다 파서는 startElement와 endElement 메소드를 각각 호출하여 실제 일을 수행하게 한다. 메소드에는 네임 스페이스를 지원하기 위한 엘리먼트의 네임 스페이스 URI, 로컬 이름, 한정된(Qualified) 이름이 넘어오고 현재 엘리먼트의 애트리뷰트 배열이 넘어온다. 애트리뷰트들은 Attributes라는 인터페이스를 통해 관리되며 자세한 것은 뒤에서 설명하도록 하겠다. 위의 예에서는 엘리먼트가 시작하거나 끝날 때마다 네임스페이스 URI가 있는 경우 로컬 이름과 함께 출력하고, URI가 없는 경우 엘리먼트의 한정된 이름만을 출력하도록 하고 있다.

```
public void characters (char ch[], int start, int length)
{
  System.out.print("문자 데이터: \"");
  for (int i = start; i < start + length; i++) {
```

```
        switch (ch[i]) {
        case '\\':
          System.out.print("\\\\");
          break;
        case '"':
          System.out.print("\\\"");
          break;
        case '\n':
          System.out.print("\\n");
          break;
        case '\r':
          System.out.print("\\r");
          break;
        case '\t':
          System.out.print("\\t");
          break;
        default:
          System.out.print(ch[i]);
          break;
        }
    }
    System.out.print("\"\n");
}
```

마지막으로 태그 사이의 문자 데이터가 나타나는 경우 characters 메소드를 호출하게 된다. 이 때 인수로 문자 배열, 시작 위치, 배열 크기가 넘어 온다. 위의 예제에서는 일반 문자인 경우 출력하고 특수 문자인 경우 별도의 처리를 하여 출력하고 있다.

| 에러 처리하기 |

```
public void fatalError(SAXParseException spe)
{
  system.err.println("치명적 에러 발생: " + spe);
}

public void error(SAXParseException spe)
{
  system.err.println("파싱 에러 발생: " + spe);
}

public void warning(SAXParseException spe)
{
  system.err.println("파싱 경고 발생: " + spe);
}
```

ErrorHandler 인터페이스에는 파싱 중에 발생하는 세 가지 타입의 에러를 처리하도록 정의하고 있다. 첫 번째는 경고로서 에러는 아니지만 사용자에게 주의를 주는 warning 메소드이다. warning 메소드에서 주의 사항에 대한 내용을 출력하고 있다. 다음으로는 에러가 발생하였을 때 처리하는 error 메소드이다. 이 에러는 회복 가능한 에러로서 이 메소드에서 적절한 처리를 해주게 된다. 마지막으로 회복 불가능한 에러를 처리하기 위한 fatalError 메소드가 정의되어 있다. 이 경우는 불가피하게 프로그램이 종료될 상황에 해당되며 프로그램 종료 직전에 사용자에게 회복 불가능한 에러가 발생하였음을 알리는 등의 처리를 해 주면 된다. 기타 개발 응용 프로그램에 따라 요구되는 에러 처리를 추가하면 된다.

7.2.2 SAX 자바 API

초기에 SAX는 Java로 설계되었기 때문에 현재에도 많은 제품들이 자바로 구현되어 있는 상황이다. 현재 SAX2 자바 API는 다음의 세 가지의 패키지로 이루어져 있다.

- org.xml.sax: SAX API의 기본적이고 핵심적인 인터페이스들과 클래스들이 정의되어 있다.
- org.xml.sax.ext: SAX2 드라이버가 꼭 지원하지 않아도 되는 부가적인 인터페이스들과 클래스들이 정의되어 있다.
- org.xml.sax.helpers: SAX 애플리케이션 개발의 편의를 위한 다양한 도움(helper) 클래스들이 정의되어 있다(특별히 이러한 클래스를 helper class라고 한다).

SAX 2.0은 초기 버전인 1.0과는 API 외형상 많은 변화가 있다. SAX 1.0에서 2.0으로 진화하면서 다음과 같은 사항들이 달라졌다.

- 다음의 인터페이스 혹은 클래스들이 필요하지 않게 되었다(Deprecated class).
  - org.xml.sax.Parser
  - org.xml.sax.DocumentHandler
  - org.xml.sax.AttributeList
  - org.xml.sax.HandlerBase
  - org.xml.sax.helpers.ParserFactory
  - org.xml.sax.helpers.AttributeListImpl

- 다음의 인터페이스 혹은 클래스들이 추가되었다.
  - org.xml.sax.XMLReader (Parser를 대체)
  - org.xml.sax.XMLFilter
  - org.xml.sax.ContentHandler (Document Handler를 대체)
  - org.xml.sax.Attributes (AttributeList를 대체)
  - org.xml.sax.SAXNotSupportedException
  - org.xml.sax.SAXNotRecognizedException
  - org.xml.sax.helpers.AttributesImpl (AttributeListImpl을 대체)
  - org.xml.sax.helpers.NamespaceSupport
  - org.xml.sax.helpers.XMLFilterImpl
  - org.xml.sax.helpers.ParserAdapter
  - org.xml.sax.helpers.XMLReaderAdapter
  - org.xml.sax.helpters.DefaultHandler (HandlerBase를 대체)

SAX2에서는 네임스페이스를 완벽하게 지원한다. 또한 파싱을 담당하는 XMLReader가 지원하는 속성들의 설정 여부를 결정할 수 있다. ParserAdapter 클래스는 기존의 SAX1 파서들이 SAX2 파서처럼 동작하도록 해준다. 반대로 XMLReaderAdapter 클래스는 SAX2 파서들이 SAX1 파서처럼 동작하도록 한다. 이와 같은 클래스를 지원하는 이유는 SAX1으로 개발된 기존의 애플리케이션에서 파서만을 SAX2 파서로 바꾸더라도 바로 동작할 수 있도록 하기 위함이다. 이와 같이 SAX2는 보다 많은 기능을 지원하고 사용하기 편리한 API로 진화하였다.

아래에서는 org.xml.sax와 org.xml.sax.helpers 패키지에 정의된 인터페이스와 클래스에 대해 자세히 알아보도록 하겠다.

|org.xml.sax 패키지|

다음은 지원하는 인터페이스와 클래스를 표로 정리한 것이다.

인터페이스	
Attributes	XML 애트리뷰트를 관리한다.
ContentHandler	도큐먼트 파싱 이벤트를 처리한다.
DTDHandler	DTD 관련 이벤트를 처리한다.
EntityResolver	엔터티들을 관리한다.
ErrorHandler	에러 처리를 담당한다.
Locator	SAX 이벤트와 문서상의 위치를 연결시킨다.
XMLFilter	문서를 필터링하는 기능을 제공한다.
XMLReader	콜백을 사용하여 XML 문서를 읽어 들인다

클래스	
InputSource	입력 소스를 관리한다.

예외 클래스	
SAXException	일반적인 SAX 에러나 경고를 관리한다.
SAXNotRecognizedException	식별 불가능한 식별자가 사용되었을 때 처리한다.
SAXNotSupportedException	지원되지 않는 기능을 사용하려고 할 때 이를 처리한다.
SAXParserException	XML 문서를 파싱할 때 발생되는 에러나 경고를 관리한다.

| Attributes 인터페이스 |

애트리뷰트들의 리스트를 관리하기 위한 인터페이스이다. 애트리뷰트 리스트에 인덱스, 네임스페이스 URI, 한정된 이름(Qualified name)으로 접근하는 메소드들을 제공하고 있다. org.xml.sax.helpers 패키지에 이 인터페이스를 구현한 AttributesImpl 클래스가 제공된다.

Attributes 인터페이스 메소드	
int	getIndex(java.lang.String qName) 한정된 이름으로 애트리뷰트의 인덱스를 얻는다.
int	getIndex(java.lang.String uri, java.lang.String localName) 네임스페이스 이름으로 애트리뷰트의 인덱스를 얻는다.
int	getLength() 애트리뷰트 개수를 얻는다.
java.lang.String	getLocalName(int index) 인덱스를 가지고 애트리뷰트의 로컬 이름을 얻는다.
java.lang.String	getQName(int index) 인덱스로 애트리뷰트의 한정된 이름을 얻는다.
java.lang.String	getType(int index) 인덱스로 애트리뷰트 타입을 얻는다. 타입은 다음의 문자열 중의 하나이다: "CDATA", "ID", "IDREF", "IDREFS", "NMTOKEN", "NMTOKENS", "ENTITY", "ENTITIES", "NOTATION"
java.lang.String	getType(java.lang.String qName) 한정된 이름으로 애트리뷰트 타입을 얻는다.
java.lang.String	getType(java.lang.String uri, java.lang.String localName) 네임스페이스 이름과 로컬 이름으로 애트리뷰트 타입을 얻는다.
java.lang.String	getURI(int index) 인덱스로 애트리뷰트의 네임스페이스 URI를 얻는다.
java.lang.String	getValue(int index) 인덱스로 애트리뷰트 값을 얻는다.
java.lang.String	getValue(java.lang.String qName) 한정된 이름으로 애트리뷰트 값을 얻는다.
java.lang.String	getValue(java.lang.String uri, java.lang.String localName) 네임스페이스 이름과 로컬 이름으로 애트리뷰트 값을 얻는다.

|ContentHandler 인터페이스|

파싱 이벤트에 대한 처리를 담당하며 거의 대부분의 SAX 애플리케이션이 반드시 구현해야 하는 인터페이스이다. 문서의 시작과 끝, 엘리먼트의 시작과 끝 등의 이벤트를 처리하기 위한 메소드를 공한다. 개발자는 이 인터페이스를 구현하는 클래스에서 메소드 내에 적당한 코드를 작성한다. 이후에 파서의 setContentHandler 메소드를 통해 구현한 클래스가 이벤트 처리를 담당할 것임을 파서에게 등록해야 한다.

ContentHandler 인터페이스 메소드	
void	characters(char[] ch, int start, int length) 문자 데이터에 대한 이벤트를 처리한다.
void	endDocument() 문서의 끝에 대한 이벤트를 처리한다.
void	endElement(java.lang.String uri, java.lang.String localName, java.lang.String qName) 엘리먼트의 종료 이벤트를 처리한다.
void	endPrefixMapping(java.lang.String prefix) 접두사와 네임스페이스 URI 간의 매핑을 적용하는 범위를 끝낸다.
void	ignorableWhitespace(char[] ch, int start, int length) 공백 문자에 대한 이벤트를 처리한다.
void	processingInstruction(java.lang.String target, java.lang.String data) 처리명령에 대한 이벤트를 처리한다.
void	setDocumentLocator(Locator locator) 문서 상에서 이벤트의 발생 지점 정보를 가지는 Locator 객체를 설정한다.
void	skippedEntity(java.lang.String name) 무시된 엔터티에 대한 이벤트를 처리한다
void	startDocument() 문서의 시작에 대한 이벤트를 처리한다.
void	startElement(java.lang.String uri, java.lang.String localName, java.lang.String qName, Attributes atts) 엘리먼트의 시작 이벤트를 처리한다.
void	startPrefixMapping(java.lang.String prefix, java.lang.String uri) 접두사와 네임스페이스 URI 간의 매핑을 적용하는 범위를 시작한다.

|DTDHandler 인터페이스|

DTD에 관련된 이벤트를 처리한다. SAX 애플리케이션이 표기법(Notation)이나 파싱되지 않은 엔터티에 대한 정보를 알고 싶은 경우 이 인터페이스를 구현하여야 한다. 파서에게 setDTDHandler 메소드를 통해 구현된 클래스를 넘겨주어야 한다. XML 문서에서 표기법이나 엔터티가 선언된 순서에 상관없이 임의의 순서대로 이벤트들이 발생한다. 하지만 DTD와 관련된 모든 이벤트들은 ContentHandler의 startDocument 메소드가 호출된 이후 그리고 첫 번째 startElement 메소드가 호출되기 전에 발생되어야 한다. 이와 같은 표기법이나 엔터티에 대한 정보는 애플리케이션에서 알맞게 처리해 두었다가(해쉬 테이블 등에 저장) 나중에 도큐먼트를 파싱하는 도중에 애트리뷰트의 타입이 "NOTATION", "ENTITY", "ENTITIES"인 경우 알맞게 매핑하여 처리하면 된다.

DTDHandler 인터페이스 메소드	
void	notationDecl(java.lang.String name, java.lang.String publicId, java.lang.String systemId) 표기법 선언에 대한 이벤트를 처리한다.
void	unparsedEntityDecl(java.lang.String name, java.lang.String publicId, java.lang.String systemId, java.lang.String notationName) 파싱되지 않은 엔터티 선언에 대한 이벤트를 처리한다.

|EntityResolver 인터페이스|

EntityResolver 인터페이스 메소드	
InputSource	resolveEntity(java.lang.String publicId, java.lang.String systemId) 애플리케이션이 외부 엔터티들을 구분하여 처리할 수 있게 한다.

|Locator 인터페이스|

이벤트가 발생하였을 때 XML 문서 상의 어떤 위치에서 발생하였는지를 알아낼 수 있게 한다. 이 인터페이스를 구현한 후 구현 클래스를 ContentHandler 인터페이스의 setDocumentLocator 메소드를 사용하여 등록시켜 주어야 한다. org.xml.sax.helpers 패키지에는 이 인터페이스를 구현한 LocatorImpl 클래스가 제공되고 있다.

Locator 인터페이스 메소드	
int	getColumnNumber() 현재 도큐먼트 이벤트가 끝나는 지점의 열 인덱스를 얻는다. 열 인덱스는 1부터 시작한다.
int	getLineNumber() 현재 도큐먼트 이벤트가 끝나는 지점의 행 인덱스를 얻는다. 행 인덱스는 1부터 시작한다.
java.lang.String	getPublicId() 현재 도큐먼트 이벤트의 공개 식별자를 얻는다.
java.lang.String	getSystemId() 현재 도큐먼트 이벤트의 시스템 식별자를 얻는다.

|XMLFilter 인터페이스|

앞에서 SAX는 도큐먼트 필터링을 할 수 있다고 언급하였다. 즉, 처리하고자 하는 이벤트만을 필터링할 수 있다. 이 인터페이스를 사용하여 필터를 등록해 놓으면 이벤트를 문서 파싱으로부터 얻는 것이 아니라 또 다른 XMLReader로부터 이벤트를 받는다. XMLReader 인터페이스를 상속하여 정의되었으며 단순히 부모 XMLReader를 등록하거나 가져오는 두 개의 메소드만을 추가적으로 정의하고 있다.

XMLFilter 인터페이스 메소드	
XMLReader	getParent() 부모 XMLReader 인터페이스를 얻는다.
void	setParent(XMLReader parent) 부모 XMLReader 인터페이스를 등록한다.

|XMLReader 인터페이스|

XMLReader 인터페이스는 SAX2 호환 가능한 파서라면 반드시 구현해야 할 인터페이스이다. 이 인터페이스를 통해 도큐먼트를 파싱할 수 있고 이벤트 핸들러를 등록할 수 있다.

모든 SAX 인터페이스들은 동기적으로(Synchronous) 작동하는 것을 기본으로한다. 파싱 중 이벤트가 핸들러에게 전달되면, 핸들러가 이벤트를 처리한 이후에 XMLReader는 다음 이벤트로 진행한다. SAX2로 진화하면서 XMLReader는 네임스페이스를 지원하게 되고 파서가 지원하는 기능을 질의하거나 설정할 수 있는 기능까지 추가적으로 지원하고 있다.

다음은 SAX 파서가 문서를 파싱할 때 setFeature 메소드를 사용하여 유효성 검사를 하도록 하는 간단한 코드 예제이다.

```
XMLReader reader = new MySAXDriver();

try {
    reader.setFeature("http://xml.org/sax/features/validation", true);
} catch (SAXException e) {
    System.err.println("유효성 검사를 할 수 없습니다.");
}
```

XMLReader 인터페이스 메소드	
ContentHandler	getContentHandler() 현재 등록된 ContentHandler 인터페이스를 얻는다.
DTDHandler	getDTDHandler() 현재 등록된 DTDHandler 인터페이스를 얻는다.
EntityResolver	getEntityResolver() 현재 등록된 EntityRosolver 인터페이스를 얻는다.
ErrorHandler	getErrorHandler() 현재 등록된 ErrorHandler 인터페이스를 얻는다.
boolean	getFeature(java.lang.String name) 파서의 특정 플래그 지원 여부를 반환한다.
java.lang.Object	getProperty(java.lang.String name) 파서의 특정 속성 값을 반환한다.
void	parse(InputSource input) InputSource로부터 XML 도큐먼트를 파싱한다.
void	parse(java.lang.String systemId) URI를 가지고 XML 도큐먼트를 파싱한다.
void	setContentHandler(ContentHandler handler) 이벤트를 처리할 ContentHandler 인터페이스를 등록한다.
void	setDTDHandler(DTDHandler handler) DTD 관련 이벤트를 처리할 DTDHandler 인터페이스를 등록한다.
void	setEntityResolver(EntityResolver resolver) EntiryResolver 인터페이스를 등록한다.
void	setErrorHandler(ErrorHandler handler) 에러 이벤트를 처리할 ErrorHandler 인터페이스를 등록한다.
void	setFeature(java.lang.String name, boolean value) 파서의 특정 플래그 값을 지정한다.
void	setProperty(java.lang.String name, java.lang.Object value) 파서의 특정 속성 값을 지정한다.

|org.xml.sax.helpers 패키지|

- **AttributesImpl 클래스**

Attributes 인터페이스를 구현한 클래스이다. 내부적으로 애트리뷰트를 배열로 관리한다. 인터페이스에 정의된 메소드 외에도 애트리뷰트 배열에 대해 편리한 작업을 할 수 있게 추가적인 기능을 제공하고 있다. 다음 표에는 Attributes 인터페이스에 정의된 메소드 외에 이 클래스에서 추가적으로 지원하는 메소드들이 정리되어 있다.

AttributesImpl 클래스 메소드	
void	addAttribute(java.lang.String uri, java.lang.String localName, java.lang.String qName, java.lang.String type, java.lang.String value) 새로운 애트리뷰트를 현재 배열의 마지막 위치에 추가한다. 애트리뷰트의 이름, 타입, 값 등이 필요하다.
void	clear() 현재 배열에서 모든 애트리뷰트를 삭제한다.
void	removeAttribute(int index) 배열의 특정 인덱스에 해당하는 애트리뷰트를 삭제한다.
void	setAttribute(int index, java.lang.String uri, java.lang.String localName, java.lang.String qName, java.lang.String type, java.lang.String value) 배열의 특정 인덱스에 새로운 애트리뷰트를 지정한다.
void	setAttributes(Attributes atts) 주어진 애트리뷰트 배열 atts로 현재 배열을 대체한다.

|DefaultHandler 클래스|

이 클래스에는 ContentHandler, DTDHandler, EntityResolver, ErrorHandler와 같이 대부분의 프로그램에서 구현이 필요한 인터페이스들이 존재한다. SAX2 애플리케이션 개발자는 이 클래스를 상속하여 손쉽게 프로그래밍할 수 있다. 이 클래스가 제공하는 메소드들은 템플릿만 존재하기 때문에 개발자가 이벤트 처리 코드를 추가하면 이벤트 핸들러로서의 역할을 수행하게 된다.

|LocatorImpl 클래스|

Locator 인터페이스를 구현한 클래스로서 파싱시에 이벤트와 연관된 XML 문서 상의 위치를 알아내기 위해 사용되며, 다음과 같이 사용할 수 있다.

```
public void startDocument ()
{
   Locator loc = new LocatorImpl(locator);
}
```

|NamespaceSupport 클래스|

네임스페이스의 동작을 구현해 놓은 클래스이다. 특정 컨텍스트에서 네임스페이스 URI, 접두사를 선언할 수 있으며 한정된 XML 1.0 이름을 네임스페이스 URI, 로컬 이름, 원래 이름의 세 개의 부분으로 나누거나 네임스페이스 부분으로부터 한정된 XML 1.0 이름을 조합하는 기능을 가지고 있다. 예제를 통해 좀 더 자세히 설명하도록 하겠다.

```
String parts[] = new String[3];
NamespaceSupport ns = new NamespaceSupport();

ns.pushContext();
ns.declarePrefix(" ", "http://www.w3.org/1999/xhtml");
ns.declarePrefix("dc", "http://www.purl.org/dc#");

parts = ns.processName("p", parts, false);
System.out.println("네임스페이스 URI: " + parts[0]);
System.out.println("로컬 이름: " + parts[1]);
System.out.println("원 이름: " + parts[2]);

parts = ns.processName("dc:title", parts, false);
System.out.println("네임스페이스 URI: " + parts[0]);
System.out.println("로컬 이름: " + parts[1]);
System.out.println("원 이름: " + parts[2]);

ns.popContext();
```

먼저 pushContext 메소드를 사용하여 네임스페이스 컨텍스트를 생성하여야 한다. 다음으로 declarePrefix 메소드로 접두사와 네임스페이스 URI를 선언한다. processName 메소드는 첫번째 인자로 주어진 이름을 네임스페이스 URI, 로컬 이름, 원래 이름의 세 개의 부분으로 나눈다. 예제에서는 두 개의 processName을 사용하고 있다. 첫번째 "p"는 접두사가 주어져 있지 않으므로 적용되는 네임스페이스 URI는 접두사가 없이 선언된 "http://www.w3.org/1999/xhtml"이 될 것이다. 두 번째 "dc:title"는 "dc"로 선언된 접두사가 있으므로 "http://www.purl.org/dc#" 가 네임스페이스 URI가 될 것이다. 출력되는 결과는 다음과 같다.

```
Namespace URI: http://www.w3.org/1999/xhtml
Local name: p
Raw name: p
Namespace URI: http://www.purl.org/dc#
Local name: title
Raw name: dc:title
```

이전의 컨텍스트로 돌아가려면 popContext 메소드를 호출한다. 네임스페이스 컨텍스트를 초기화하고 싶으면 reset 메소드를 호출한다.

NamespaceSupport 클래스 메소드	
boolean	declarePrefix(java.lang.String prefix, java.lang.String uri) 네임스페이스 URI와 접두사를 선언한다.
java.util.Enumeration	getDeclaredPrefixes() 이 컨텍스트에서 선언된 모든 접두사들을 Enumeration 타입으로 얻는다.
java.lang.String	getPrefix(java.lang.String uri) 이 네임스페이스 URI에 매핑된 하나의 접두사를 얻는다.
java.util.Enumeration	getPrefixes() 현재 컨텍스트에서 활성화된 모든 접두사들을 Enumeration 타입으로 얻는다.
java.util.Enumeration	getPrefixes(java.lang.String uri) 현재 컨텍스트에서 주어진 네임스페이스 URI와 연관된 모든 접두사들을 Enumeration 타입으로 얻는다.
java.lang.String	getURI(java.lang.String prefix) 주어진 접두사와 연관된 네임스페이스 URI를 얻는다.
void	popContext() 이전의 네임스페이스 컨텍스트로 돌아간다.
java.lang.String[]	processName(java.lang.String qName, java.lang.String[] parts, boolean isAttribute) XML 1.0 이름을 선언된 접두사와 네임스페이스 URI를 참고하여 세 개의 네임스페이스 부분으로 분리한다.
void	pushContext() 새로운 네임스페이스 컨텍스트를 시작한다.
void	reset() 네임스페이스 지원 객체를 초기화 한다.

|ParserAdapter 클래스|

기존의 SAX1 파서를 SAX2 파서처럼 동작하도록 하기 위한 래퍼 클래스이다. skippedEntity 같은 메소드는 기존의 SAX1 파서가 관련 정보를 생성할 수 없기 때문에 지원하지 않는다. 이 클래스는 DocumentHandler와 XMLReader 인터페이스를 구현하였으며 각각의 인터페이스들의 메소드를 거의 다 지원하고 있다.

|XMLFilterImpl 클래스|

애플리케이션의 이벤트 핸들러와 XMLReader 사이에서 이벤트 필터링을 하기 위해 고안된 클래스이다. XMLFilter, EntityResolver, DTDHandler, ContentHandler, ErrorHandler 인터페이스를 구현하고 있다.

|XMLReaderAdapter 클래스|

ParserAdapter와는 반대로 SAX2 XMLReader가 SAX1 Parser 처럼 동작하도록 하는 래퍼 클래스이다. XMLReader는 http://xml.org/sax/features/namespace-prefixes 속성을 꼭 지원해야 하며 그렇지 못한 경우 SAXException이 발생한다.

|XMLReaderFactory 클래스|

XMLReader를 생성하는 정적 메소드(Static method)[2] 를 제공한다. 다음과 같이 XMLReader를 생성한다.

```
try {
   XMLReader reader = XMLReaderFactory.createXMLReader();
 } catch (SAXException e) {
   System.err.println(e.getMessage());
 }
```

NamespaceSupport 클래스 메소드	
static XMLReader	createXMLReader() 디폴트 XMLReader를 생성한다..
static XMLReader	createXMLReader(java.lang.String className) 주어진 클래스 이름에 해당하는 XMLReader를 생성한다.

7.3 SAX 고급 예제

7.3.1 XML 문서 필터링하기

앞에서 SAX의 장점 중에 문서 필터링을 언급한 것을 기억할 것이다. 문서 필터링을 통해 처리하고자 하는 이벤트만을 선택할 수 있으며 편의를 위해 이벤트를 원하는 대로 조작할 수도 있다. 이를 위해 SAX는 XMLFilter 인터페이스를 정의하고 있고 이를 구현한 XMLFilterImpl 클래스를 지원하고 있다. XMLFilter는 XMLReader를 상속하여 정의되었다고 설명하였다. XMLFilter는 부모 XMLReader로부터 이벤트를 전달받는다. 이와 같은 필터는 체인의 형태를 이룰 수 있다.

그림 7.2와 같이 XMLReader가 XML 문서를 파싱하여 얻은 이벤트 스트림을 자식 XMLFilter가 받아서 처리하고 또 필터 자신의 자식에게 이벤트를 전달하는 방식으로 처리되어 최종적으로는 애플리케이션에게 이벤트가 전달된다. 이벤트 전달 과정에서 이벤트는 애플리케이션의 요구에 맞게 조작되거나 변형될 수도 있다. 쉽게 말해서 XMLFilter는 XMLReader에 대해서는 클라이언트 애플리케이션으로, 클라이언트 애플리케이션에게는 XMLReader로 보이게 된다.

[2] 정적 메소드(static method): Java 프로그래밍 언어에서 사용되는 메소드의 한 종류로서, 메소드를 가지고 있는 객체를 생성하지 않고 호출될 수 있는 메소드를 지칭한다. 대표적인 정적 메소드로는 main()이 있다.

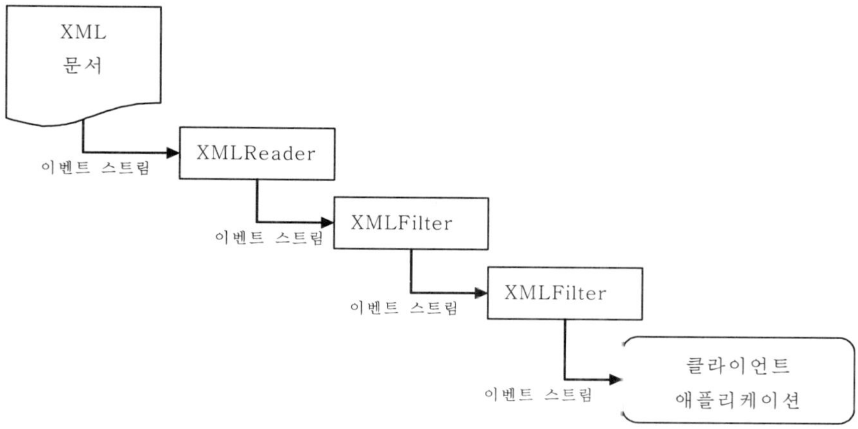

그림 7.2 이벤트 스트림의 전달 체인

위와 같이 필터를 다중으로 정의하게 되면 아무래도 효율성이 떨어질 수 있다. 하지만 복잡한 것을 처리해야 하는 애플리케이션에서는 서로 다른 로직의 일을 수행하는 필터를 정의하여 사용하면 편리하다. 간단한 예제를 통해 XMLFilter가 어떻게 동작하는지 알아보자.

```
public class MyFilter extends XMLFilterImpl
{
  public MyFilter ()
  {
  }

  public MyFilter (XMLReader parent)
  {
    super(parent);
  }

  /**
   * 엘리먼트 시작시 넘어오는 네임스페이스 URI 값을 바꿔준다.
   */
  public void
  startElement (String uri, String localName, String qName,
   Attributes atts) throws SAXException
  {
    if (uri.equals("http://www.w3.org/1999/xhtml")) {
      uri = "http://www.kaist.ac.kr/cs/";
    }
    super.startElement(uri, localName, qName, atts);
  }
```

```
/**
 * 엘리먼트가 마치는 시점에서도 네임스페이스 URI를 바꿔준다.
 */
public void endElement (String uri, String localName, String qName)
throws SAXException
{
  if (uri.equals("http://www.w3.org/1999/xhtml")) {
    uri = "http://www.kaist.ac.kr/cs/";
  }
  super.endElement(uri, localName, qName);
}
...
}
```

위의 예제는 엘리먼트가 시작하고 끝날 때의 이벤트를 XMLReader로부터 전달받아 네임스페이스 URI를 바꿔주는 간단한 예이다. 클라이언트의 이벤트 핸들러에서는 변경된 네임스페이스가 보이게 될 것이다.

7.3.2 규모가 큰 문서 다루기

SAX의 가장 큰 장점은 큰 문서를 효율적으로 처리할 수 있다는 것이다. 대부분의 경우 문서의 크기가 커도 관심이 있는 부분은 극히 일부분에 지나지 않을 때가 많다. 이와 같은 경우 많이 사용하는 기술이 XSLT다. XSLT는 처리하고 싶은 규칙을 정의하고 원하는 부분만을 가공해서 출력한다. SAX도 이와 유사한 원리로 동작할 수 있다. 이곳에서는 대상이 되는 XML 문서를 읽고, 보다 규모가 작은 XML 문서를 출력하는 예제를 설명하도록 하겠다. 예제로 사용될 문서는 사용자의 주문 정보를 담은 문서로서 다음과 같은 형식을 가진다.

```
<Order orderNumber="n1">

  <CustomerInfo>
    <Name>
      <LastName>홍</LastName>
      <FirstName>길동</FirstName>
    </Name>
    <Email>honggd@yahoo.com</Email>
    <Phone countryCode="82">
      <Wired>
      <PhoneNumber >02-754-4567</PhoneNumber >
      </Wired>
      <Mobile>
      <PhoneNumber >011-790-5014</PhoneNumber >
      </Mobile>
```

```
    </Phone>
    <Address>
    <BillingAddress>
    <Country>대한민국</Country>
    <City>서울</City>
    <DetailedAddress>중구 남대문로2가 395번지
    </DetailedAddress>
    <ZipCode>100-092</ZipCode>
    </BillingAddress>
    <ShippingAddress>
    <Country>대한민국</Country>
    <City>서울</City>
    <DetailedAddress>중구 남대문로2가 395번지
    </DetailedAddress>
    <ZipCode>100-092</ZipCode>
    </ShippingAddress>
    </Address>
    <CreditCard type="MASTER">
        <CardNumber>0987-7654-4321-1234
    </CardNumber>
        <ExpirationDate>
            <Year>2008</Year>
            <Month>01</Month>
        </ExpirationDate>
    </CreditCard>
    </CustomerInfo>
    <OrderInfo>
        <CD>
        <Title>윤도현 밴드 6집</Title>
        <Price currency="원">10000</Price>
        <Quantity>1</Quantity>
        </CD>
        <DVD>
        <Title>반지의 제왕</Title>
        <Subtitle>두개의 탑</Subtitle>
        <Price currency="원">26000</Price>
        <Quantity>1</Quantity>
        </DVD>
        <Book isbn="i1234">
        <Title>나의 라임 오렌지 나무</Title>
        <Price currency="원">7000</Price>
        <Quantity>1</Quantity>
        </Book>
        <Shipping type="STANDARD">
        <Cost currency="원">3000</Cost>
        <HandlingNote>
    <![CDATA[ <수령자>를 반드시 확인해 주세요! ]]>
    </HandlingNote>
        </Shipping>
    <TotalCost currency="원">46000</TotalCost>
    </OrderInfo>
</Order>
```

하나의 주문 정보는 크게 고객 정보와 주문 정보로 구분된다. 위의 예제는 하나의 주문 정보만을 예시한 것이다. 이와 같은 주문 정보를 몇 십 개 혹은 몇 백 개 유지하고 있다면 문서의 크기는 상당히 클 것이다. 이러한 문서로부터 고객 이름, 카드 정보, 총 주문 액수만을 뽑아내어 작은 도큐먼트로 출력하고자 한다. 출력하고자 하는 문서는 <OrderSummary>로 시작해서 </OrderSummary>로 끝날 것이며 각각의 주문 정보는 <Order>로 시작해서 </Order>로 끝날 것이다. <Order> 태그 안에서 고객 이름은 <CustomerName>, 카드 정보는 <CreditCardInfo>, 총 주문 액수는 <OrderCost> 태그를 각각 사용할 것이다. <CreditCardInfo> 태그의 애트리뷰트로는 type이 있고, 자식 엘리먼트로는 <CardNumber>가 있다. 이를 위해서 도큐먼트의 시작과 끝, 엘리먼트의 시작과 끝을 처리하는 이벤트 핸들러에 필요한 코드를 작성해야 한다.

```
public void startDocument ()
{
   MyWriter.Write("<?xml version='1.0'?>\n<OrderSummary>\n");
   bPrintChar = false;
}

public void endDocument ()
{
   MyWriter.Write("</OrderSummary>");
}
```

도큐멘트의 시작과 끝에서는 단순히 <OrderSummary> 태그를 출력해 주면 될 것이다.

```
public void startElement (String uri, String name,
                          String qName, Attributes atts)
{
   if (name.equals("Order"))
   {
      MyWriter.Write("<" + Order + ">");
   } else if (name.equals("Name"))
   {
      MyWriter.Write("<CustomerName>");
      bPrintChar = true;
   } else if (name.equals("CreditCard"))
   {
      MyWriter.Write("<CreditCardInfo>");
      MyWriter.Write("<CardType>"
          + atts.getValueFromName(uri, "type")
          + "</CardType>");
```

```
    } else if (name.equals("CardNumber"))
    {
      MyWriter.Write("<CardNumber>");
      bPrintChar = true;
    } else if (name.equals("TotalCost"))
    {
      MyWriter.Write("<OrderCost>");
      bPrintChar = true;
    }
}

public void characters (char ch[], int offset, int length)
{
    String data = new String(ch, offset, length);
    if (bPrintChar)
      MyWriter.Write(data);
}

public void endElement (String uri, String name,
                        String qName)
{
    if (name.equals("Order"))
    {
      MyWriter.Write("</Order>\n");
    } else if (name.equals("Name"))
    {
      MyWriter.Write("</CustomerName>\n");
      bPrintChar = false;
    } else if (name.equals("CreditCard"))
    {
      MyWriter.Write("</CreditCardInfo>\n");
    } else if (name.equals("CardNumber"))
    {
      MyWriter.Write("</CardNumber>\n');
      bPrintChar = false;
    } else if (name.equals("TotalCost"))
      MyWriter.Write("</OrderCost>\n");
      bPrintChar = false;
    }
}
```

startElement 메소드에서는 처리하고자 하는 엘리먼트 이름이 나타날 때마다 적당한 태그를 출력해 주면 된다. 예를 들어 <Name>이라는 태그가 넘어오면 <CustomerName>을 출력하고 bPrintChar라는 전역 변수를 참으로 세팅한다. bPrintChar가 참이면 이 엘리먼트의 값이 있으니 나중에 데이터가 있으면 출력하라는 의미이다. characters 메소드에서 이 bPrintChar 값을 보고 참이면 데이터를 출력하고 있다. endElement 메소드에서는 닫기 태그를 출력해 주고 bPrintChar를 거짓으로 설정한다.

7.4 SAX 파서 및 관련 소프트웨어

다음은 SAX 2.0 인터페이스를 지원하는 XML 파서들 중에서 많이 사용되는 것들을 나열하여 보여 준다.

- AElfred2 (http://www.gnu.org/software/): GNU JAXP 프로젝트의 일부분으로 개발되었으며 SAX 2.0 뿐만 아니라 DOM Level 3도 지원하고 있다.
- Crimson (http://xml.apache.org/crimson): Apache XML 프로젝트의 일부분으로 개발되었으며 SAX 2.0 뿐만 아니라 DOM Level 2 Core도 지원하고 있다. 이 파서는 JDK 1.4 이상에 포함되어 있다.
- Xerces-J (http://xerces.apache.org/xerces-j/): Apache XML 프로젝트의 일부분으로 개발되었으며 SAX 2.0과 DOM Level 2를 지원하고 있다. Java 전용 파서이다.
- 오라클의 XML 파서 (http://www.oracle.com/technology/tech/xml/index.html): 오라클의 XML 개발자 키트인 XDK에 Java, C, C++, PL/SQL에 대한 XML 파서를 제공한다. SAX 2.0을 지원한다.
- Piccolo (http://piccolo.sourceforge.net/): Java 전용으로 아주 작고 빠른 XML 파서로 주목을 받고 있으며 SAX 2.0을 지원한다. Piccolo는 다른 파서와는 다르게 JFlex와 BYACC/J라는 파서 생성 도구를 사용하여 개발되었다.
- 마이크로소프트의 MSXML 파서 (http://msdn.microsoft.com): C, C++, Visual Basic 등의 언어로부터 접근 가능한 COM 바인딩을 정의하고 있다.
- Pascal (http://xml.defined.net/SAX/): Delphi 중심의 Pascal 언어를 위한 파서로서 SAX 2.0을 지원한다.
- Python (http://www.python.org): Python 언어를 위한 SAX 파서이다.
- Xerces-C++ (http://xml.apache.org/xerces-c/): C와 C++ 언어 바인딩을 지원하는 XML 파서로서 DOM 및 SAX API를 지원한다.

아래에서 소개하고 있는 도구들은 SAX를 사용하고 있는 대표적인 소프트웨어로서 응용 애플리케이션이기보다는 시스템 인프라에 가깝다.

- JADE (http://javolution.org): XML로 표현된 Java 클래스들에 대한 저장 시스템이다.
- Jing (http://www.thaiopensource.com/relaxing/jing.html): Java로 개발된 RelaxNG

스키마 시스템을 위한 검증기이다.

- SAXON (http://saxon.sourceforge.net/): SAX 2.0 기반으로 개발된 XSLT 및 XQuery 엔진이다.
- Cocoon V2 (http://cocoon.apache.org): 웹 출판 프레임워크에 대한 Apache 프로젝트로서 SAX 2.0을 컨텐츠 생성과 관리 컴포넌트를 연계하는 데 사용하고 있다.

7.5 요약

- SAX는 1997년 David Megginson이 의해 이메일 리스트인 XML-DEV를 구독하고 있던 많은 사람들의 도움을 받으며 공개 소스로 개발되었다. 최근에는 SAX에 대한 공개 표준 개발 및 유지 관리를 브다 효율적으로 지속하기 위해 SourceForge 프로젝트로 전환되었다.
- SAX는 이벤트-기반 XML API이다. 이벤트-기반 API는 엘리먼트의 시작 및 종료와 같은 이벤트를 콜백(Callback)을 통하여 직접 애플리케이션에게 전달하기 때문에 내부적으로 트리와 같은 데이터 구조를 구성하지 않는다.
- 이벤트-기반 API는 XML 문서를 보다 간단하고 저수준으로 접근하기 때문에 가용한 시스템 메모리보다 훨씬 큰 문서도 파싱할 수 있다. 또한, 콜백 이벤트 핸들러를 사용하여 응용 프로그램 자신의 데이터 구조를 구성할 수 있다.
- SAX는 메모리 사용량과 속도 측면에서 DOM보다 비교 우위에 있다. SAX는 필요할 때마다 디스크에서 문서를 읽어 처리하기 때문에 메모리를 거의 사용하지 않는다. 또한 트리를 구성하는 초기의 오버 헤드가 없으며 문서 전체를 한 번 스캔하는 것만으로도 작업을 수행할 수 있기 때문에 속도 면에서도 빠르다.
- 한편, SAX에서는 모든 것을 이벤트 기반으로 처리하기 때문에 이벤트 핸들러에서 처리된 내용을 문서에 다시 반영할 방법이 없다. 따라서 문서에 대해 특정한 엘리먼트의 속성을 변경하고 이를 다시 문서 파일에 반영하는 것이 불가능하다. 변경된 문서를 만들고 싶은 경우에는 새로운 XML 문서 파일을 생성하고 이 파일에 변경된 내용을 써야 하지만, 원본 문서의 문서 구조를 그대로 유지하기란 쉽지 않다.
- 문서의 크기가 별로 크지 않으면서 문서의 계층 구조가 복잡하고 트리 구조를 탐색해야 하는 작업이 많은 경우에는 DOM이 유리할 것이며, 반면에 문서의 크기가 상당히 크고 문서의 구조가 간단하며 읽기 질의가 빈번한 경우에는

SAX 방식이 유리할 것이다.

- SAX는 처음에 Java를 기반으로 개발되었으나 현재는 Python, Perl, Pascal, C/C++, COM 등과 같은 다양한 프로그래밍 언어용 SAX 버전이 나와 있다.

7.6 연습문제

1. SAX가 XML 문서를 스캔하면서 다음 각 상황에 대해 호출하는 Content Handler 인터페이스의 메소드 이름을 기술하라.
   - 문서를 스캔하기 시작함
   - 문서의 스캔이 종료됨
   - 엘리먼트 노드의 여는 태그를 만남
   - 엘리먼트 노드의 닫는 태그를 만남
   - 텍스트 노드를 만남
2. XML 문서를 스캔하면서 각 노드를(엘리먼트, 텍스트 노드 등) 만날 때마다 이벤트를 발생시키는 SAX가 문서 전체를 메모리에 올려 트리 구조를 제공하는 DOM에 비해 가지는 장점을 다음 세 가지 측면에서 기술하라.
   - 메모리 사용량
   - 처리 속도
   - API 구조
3. SAX의 한계점을 다음 측면에서 각각 기술하라.
   - 문서 구조 탐색
   - 문서의 수정
4. 문제 2번, 3번에서 언급된 SAX의 장단점을 고려할 때 SAX는 어떤 애플리케이션에 적합하게 사용될 수 있겠는가?
5. 일반적으로 SAX 애플리케이션 개발자는 이벤트 처리를 담당하는 클래스를 작성할 때 ContentHandler, DTDHandler, ErrorHandler 등의 인터페이스를 직접 구현하기보다는 DefaultHandler 클래스를 상속 받아서 클래스를 작성한다. 이렇게 DefaultHandler를 활용하는 방식의 이점은 무엇인가?

|프로젝트|

6. 다음은 영화 상영 정보를 표현하는 XML 문서이다.

```
<screening>
  <cinemaList>
    <cinema>
      <name>강변 CGV</name>
      <!-- 생략 -->
    </cinema>
    <cinema>...</cinema>
  </cinemaList>
  <movieList>
    <movie>
      <title>광식이 동생 광태</title>
      <!-- 생략 -->
    </movie>
    <movie>
      <title>빨간 모자의 진실</title>
      <!-- 생략 -->
    </movie>
  </movieList>
</screening>
```

상기와 같은 형태의 영화 상영 정보를 표현하는 XML 문서를 읽어 들여 현재 상영 중인 영화 제목을 출력하는 SAX 프로그램을 작성하라. 프로그램의 요구사항은 다음과 같다.

- Xerces 라이브러리를 사용하라.
- 프로그램의 메인 클래스 이름은 MoviePrinter이다.
- 프로그램을 다음과 같이 실행하고 실행 결과를 확인할 수 있게 작성하라 (screening.xml은 영화 상영 정보를 담는 XML 문서이다).

```
[실행 화면]
> java MoviePrinter screening.xml
광식이 동생 광태
빨간 모자의 진실
```

08 CHAPTER

XPath

XML 애플리케이션이 임의의 XML 문서를 처리하기 위해서는 XML 문서의 내용을 구성하는 각 항목들을 지정하고 원하는 부분의 내용을 가져올 수 있어야 한다. 이를 위해서 W3C에서는 XML 경로 언어로서 XPath(XML Path Language)를 정의하고 있다. 이 장에서는 XPath에 대해서 자세히 알아본다. 먼저 XPath의 역할 및 배경에 대해서 살펴보고, 실제로 XPath를 다루기 위해서 필요한 XPath 데이터 모델, 위치 경로(Location Path), 수식 및 함수 등에 대해서 알아본다.

8.1 XPath란?

XPath는 기존의 XPointer 및 XLink와 더불어 XML 문서의 구조를 네비게이션(Navigation)할 수 있는 언어로, W3C에 의해서 1999년도에 새롭게 확정-권고안으로 추가되었다. XPointer와 XLink는 XML 문서 사이의 연결 및 이동을 하는데 사용되는 반면, XPath는 하나의 XML 문서 내에서 구조에 따라 영역 지정 및 내용 검색을 하는데 사용된다. 초기의 XPath는 XSLT와 XPointer에서 사용하기 위해 설계되었다.

관계형 데이터베이스에서 테이블에 저장된 데이터를 추출하기 위해서 SQL 질의를 사용하고 있는 것처럼, XPath는 XML 문서내의 데이터를 추출하기 위한 경로 언어이다. 그러나 XPath는 단지 XML 문서의 구조적인 면에서 특정 부분을 지정할 수 있는 경로 질의 언어에 불과하기 때문에, 기존의 데이터베이스 사용자들과 같은 다양한 질의 패턴을 수용하지는 못한다. 이를 위해 W3C에서는 XQuery라는 XML 질의 언어를 정의하고 있는데 XQuery에서는 기존 XPath에서 정의한 기능을 사용해야 하기 때문에 XPath의 다음 버전 즉, XPath 2.0을 포함하여 XQuery 1.0을 정의하고 있다. XQuery 1.0과 XPath 2.0은 2007년 1월 W3C 확정-권고안 상태에 있다. XQuery에 대해서는 10장에서 다루기로 하겠다.

XPath는 처음부터 일반성과 임의성이라는 두 가지 특징을 고려하여 만들어 졌다. XPath의 일반성이라는 것은 XPath가 XPointer 및 XSLT에서의 기반 기능으로 사용되는 것처럼 다양한 XML 표준에서 보편적으로 사용할 수 있는 기능을 지원한다는 의미이다. 한편, XPath의 임의성이라는 것은 특정 XML 문서의 구조에 국한되지 않고 일반적인 XML 문서 구조에서 동작할 수 있도록 설계되었다는 것을 의미한다. 이는 각각의 XML 애플리케이션이 XML 문서 구조에 따라 이동할 수 있는 새로운 구성자를 별도로 만들 필요가 없다는 면에서 큰 장점이 있다. XPath에서 정의된 구문은 DTD와 유사하게 기존의 XML 언어 문법과는 다르게 정의되었지만 XPath의 경로식(Path expressions)을 이해하는 것은 어렵지 않다. 이 장에서는 XPath 1.0을 기반으로 설명하고자 한다. 먼저, XPath 데이터 모델을 살펴보고 이를 바탕으로 XPath 경로식을 표현하는 방법을 설명할 것이다. 그리고, 부가적으로 지원되는 경로 함수들에 대해서 살펴보도록 하겠다.

8.2 데이터 모델(Data Model)

XML 문서의 구조적 위치를 지정하고 문서 내용을 추출하기 위한 XPath의 표현식을 특별히 XPath 경로식(XPath expressions)이라고 한다. 이러한 임의의 XPath 경로식의 결과로 추출되는 객체는 아래와 같은 네 가지 타입을 갖는다.

- 노드-집합(Node-set)
- 부울(Boolean)
- 숫자(Number)
- 문자열(String)

노드-집합 타입은 중복이나 순서가 없는 노드들의 모음이다(노드의 종류는 8.2.1절에서 상세히 다룬다). 부울 타입은 참(True) 혹은 거짓(False)을 값으로 가지고, 숫자 타입은 임의의 부동소수점수(Floating-point number)를 의미한다. 그리고 문자열 타입은 일련의 문자 집합을 의미한다.

XPath의 경로식은 문맥(Context)이라는 개념 아래에서 처리되는데, 하나의 문맥은 다음과 같은 요소들로 구성된다.

- 문맥 노드(Context node)
- 노드-집합에서 문맥 노드의 위치를 가리키는 문맥 위치(Context position)와 문맥 노드의 개수를 나타내는 문맥 크기(Context size)로 구성된 한 쌍의 양의 정수
- 변수 바인딩(Variable binding) 집합
- 함수 라이브러리(Function library)
- XPath 경로식에 대한 대상 범위를 나타내는 네임스페이스 집합

XPath에서 정의하고 있는 이 문맥은 XPath 프로세서가 지원해야 할 가장 기본적인 것들이다.

XML 문서에 대한 XPath의 데이터 모델은 트리(Tree) 구조를 갖는다. 트리 데이터 모델에서 루트 노드를 제외한 모든 노드는 반드시 한 개의 부모 노드를 갖는데, 이때 부모 노드는 엘리먼트 노드이거나 루트 노드가 된다. 그리고 네임스페이스 노드와 애트리뷰트 노드는 자신의 부모 노드를 갖지만, 그 부모 노드는 이들을 자식 노드라고 간주하지는 않는다. 이상에서 언급한 트리 데이터 모델에서의 노드 종류

에 대해서는 아래에서 상세히 설명한다. XML 문서에 대한 XPath의 트리 모델에서 모든 노드들은 일정한 순서를 갖는다. 이것을 문서 순서(Document order)라고 하는데, 이 순서는 단순히 XML 문서에서 노드가 나타나는 순서를 의미한다. 단, 애트리뷰트 노드와 네임스페이스 노드는 구현 방법에 따라 문서 순서가 달라 질 수 있다. 그림 8.1은 임의의 트리 모델에서 문서 순서를 표시한 예이다. 이와 같은 방법에 따라 임의의 트리 모델에 대한 문서 순서를 결정할 수 있다.

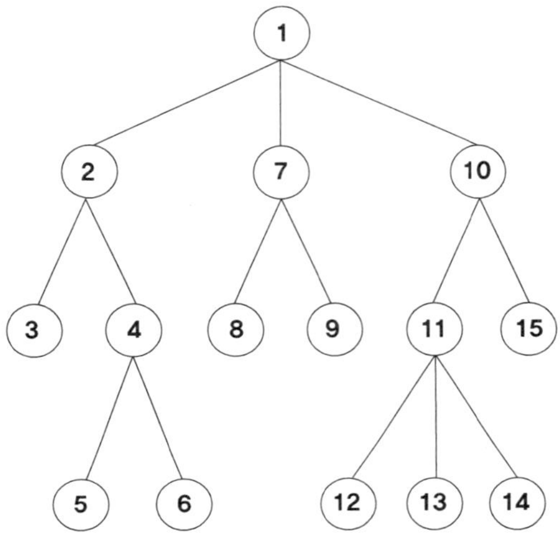

그림 8.1 XPath 트리 모델에서의 문서 순서

8.2.1 노드(Node)의 종류

XML 문서에 대한 XPath 트리 데이터 모델은 노드들의 계층적 구조(즉, 부모와 자식 구조)라고 볼 수 있다. XML 문서의 구성 요소들에 대응되는 노드는 7 가지 종류가 있는데 이들은 루트 노드, 엘리먼트 노드, 애트리뷰트 노드, 네임스페이스 노드, 처리명령 노드, 주석 노드, 텍스트 노드 등이다.

|루트 노드(Root node)|

XML 문서의 최상위 루트 엘리먼트(문서 엘리먼트라고도 함)를 자식으로 갖는 가상의 노드를 XPath 트리 데이터 모델의 루트 노드라고 한다. 그러므로 모든 트리 모델은 반드시 하나의 루트 노드를 갖는다. 여기서, XML 문서의 루트 엘리먼트란 아래의 Order 엘리먼트와 같이 XML 문서의 모든 엘리먼트를 포함하는 최상위 엘리먼트를 지칭한다.

```
<Order>
<CustomerInfo> … </CustomerInfo>
<OrderInfo> … </OrderInfo>
</Order>
```

XPath의 트리 데이터 모델에서 XML 문서의 루트 엘리먼트를 루트 노드로 두지 않는 이유는 XML 문서에서 루트 엘리먼트와 같은 수준에 있을 수 있는 처리명령, 주석 등을 모두 포함할 가상의 노드(루트 노드)가 필요했기 때문이다. 앞에서 XPath 경로식의 결과로 네 가지 타입이 추출될 수 있는데, 그 중에서 문자열 타입을 언급한 바가 있다. XPath 경로식이 특정 노드에 대한 문자열을 결과로 보내줄 때 이를 노드의 문자열 값이라고 부른다. 루트 노드의 문자열 값은 모든 자손 노드들의 문자열 값을 붙여 놓은 것이다.

| 엘리먼트 노드(Element node) |

XML 문서에서의 엘리먼트는 엘리먼트 노드에 해당된다. 엘리먼트 노드는 엘리먼트 자체 뿐만 아니라 엘리먼트 내부에 있는 주석, 처리명령, 텍스트 내용을 자식 노드들로 갖는다. 엘리먼트 노드는 유일한 ID를 가질 수 있는데, DTD에서 엘리먼트의 ID 애트리뷰트를 ID타입으로 정의해 놓으면 ID 애트리뷰트는 유일한 ID 값을 갖게 된다. 엘리먼트 노드의 문자열 값은 모든 자손 노드들의 문자열 값을 붙여 놓은 것이다.

| 애트리뷰트 노드(Attribute node) |

XML 엘리먼트는 여러 개의 애트리뷰트들을 가질 수 있다. 각각의 애트리뷰트는 애트리뷰트 노드로 대응되며 이들의 부모는 애트리뷰트를 포함하는 엘리먼트 노드이다. 그러나 엘리먼트 노드의 입장에서는 애트리뷰트 노드들을 자식 노드로 간주하지 않는다는 사실에 주목하기 바란다. 즉, 애트리뷰트 노드의 부모는 그 애트리뷰트를 갖고 있는 엘리먼트 노드이지단 애트리뷰트 노드는 엘리먼트 노드의 자식은 아니다. 그 이유는 다음 절에 나오는 위치 경로(Location path)와 관련이 있다. 위치 경로에는 경로의 방향을 결정하는 '축(Axis)'이라는 것이 있는데, 트리 모델에서는 애트리뷰트 축과 자식 축을 구분하여 사용하고 있다. 즉, 임의의 엘리먼트 노드에 속하는 애트리뷰트를 얻고 싶을 때는 애트리뷰트 축을 사용하고 자식을 얻고 싶을 때는 자식 축을 사용하기 때문에, 애트리뷰트를 자식과는 별도의 개념으로 관리하고 있다. 애트리뷰트 노드의 문자열 값은 XML 문서에서 명시된 애트리뷰트 값에 대한 XML 표준 형식이다.

|네임스페이스 노드(Namespace node)|

XML 엘리먼트는 여러 개의 네임스페이스 노드를 가질 수 있다. 엘리먼트 영역 내에서 서로 다른 네임스페이스 접두사(Prefix)는 각각의 네임스페이스 노드가 되는데, 각 엘리먼트에 속하는 네임스페이스 노드들은 다음과 같이 구성된다.

- 해당 엘리먼트의 영역 내에서 xmlns: 로 시작하는 애트리뷰트로 정의된 모든 네임스페이스
- 해당 엘리먼트의 조상 엘리먼트에서 xmlns: 로 시작하는 애트리뷰트로 정의된 모든 네임스페이스
- 기본 네임스페이스(Default namespace)

애트리뷰트 노드와 마찬가지로, 네임스페이스 노드도 엘리먼트 노드를 부모 노드로 갖지만 엘리먼트 노드는 네임스페이스 노드를 자식 노드로 간주하지 않는다. 그 이유는 애트리뷰트 노드와 유사하게 위치 경로에서 네임스페이스를 위한 네임스페이스 축이 별도로 존재하기 때문이다. 네임스페이스 노드의 문자열 값은 네임스페이스 접두사가 결합된 URI이다.

|처리명령 노드(Processing Instruction node)|

XPath 트리 데이터 모델에서는 XML 문서에 존재하는 모든 처리명령에 대해 처리명령 노드가 생성된다. 그러나 DTD에 있는 처리명령과 '<?xml version="1.0" ?>'과 같은 XML 선언문은 처리명령이 아니기 때문에 트리에서 처리명령 노드로 만들어지지 않는다. 처리명령 노드의 문자열 값은 XML 문서에서 처리명령임을 표시하는 '<?'와 '?>'을 제외한 부분이다.

|주석 노드(Comment node)|

XPath 트리 데이터 모델에서는 DTD에 존재하는 주석을 제외한 모든 주석에 대해 주석 노드가 생성된다. 주석 노드의 문자열 값은 주석의 시작과 끝을 나타내는 '<!--'와 '-->'을 제외한 주석의 내용이다.

|텍스트 노드(Text node)|

엘리먼트에 속하는 문자 데이터는 모두 텍스트 노드들로 만들어 진다.

```
<Order>
<CustomerInfo> Order Content </CustomerInfo>
<OrderInfo> … </OrderInfo>
</Order>
```

위의 XML문서에서 CustomerInfo 엘리먼트는 “Order Content”라는 문자열을 갖는 텍스트 노드를 자식으로 갖는다. 텍스트 노드는 적어도 한 개의 문자 데이터를 가져야 하며, CDATA 섹션은 CDATA 섹션의 시작과 종료 기호는 제외하고 나머지 문자열로 텍스트 노드를 구성한다. 그리고, 텍스트 노드의 문자열에서는 항상 사전 정의된 문자 엔터티를 사용한다. 예를 들어, ‘<’ 문자는 엘리먼트를 나타내는데 사용되기 때문에 텍스트 내에서 사용할 때에는 < 를 사용한다. 텍스트 노드의 문자열 값은 문자 데이터 그 자체이다.

8.2.2 트리 데이터 모델의 구성 예

지금까지 설명한 XPath의 트리 데이터 모델과 노드의 종류 및 노드들 사이의 관계를 보다 잘 이해하기 위해 이번 절에서는 아래의 XML 문서에 대해 트리 모델을 구성한 예를 제시한다.

```
<?xml version="1.0"?>
<?example processing instruction?>
<Order orderNumber="n002" xmlns="http://www.order.org/NS/ORDER1">
  <CustomerInfo>
    <Name>
      <LastName>홍</LastName>
      <FirstName>길동</FirstName>
    </Name>
    <Email>honggd@abc.com</Email>
  </CustomerInfo>
  <OrderInfo>
    <CD>
      <!-- CD 제목 -->
      <Title>길동밴드 6집</Title>
    </CD>
  </OrderInfo>
</Order>
```

위의 XML 문서에 대한 트리 모델은 그림 8.2와 같다. 먼저 가상의 루트 노트는 하나의 처리명령 노드와 XML 문서의 루트 엘리먼트인 Order 엘리먼트를 갖는데, Order 엘리먼트는 자식 노드로(실선으로 표시) 여기지만 처리명령 노드는 단지 루트 노드에 속하는 하나의 노드로만(점선으로 표시) 표현한다. 그러므로 그림 8.2의 트리 모델에서 모든 애트리뷰트와 처리명령 노드는 점선으로 연결되어 있고, 그 이외의 다른 노드들은 실선으로 연결되어 있음을 확인할 수 있다. 또한, XML 문서에서의 구조적 계층 관계가 트리 모델에서도 그대로 표현됨을 확인할 수 있다.

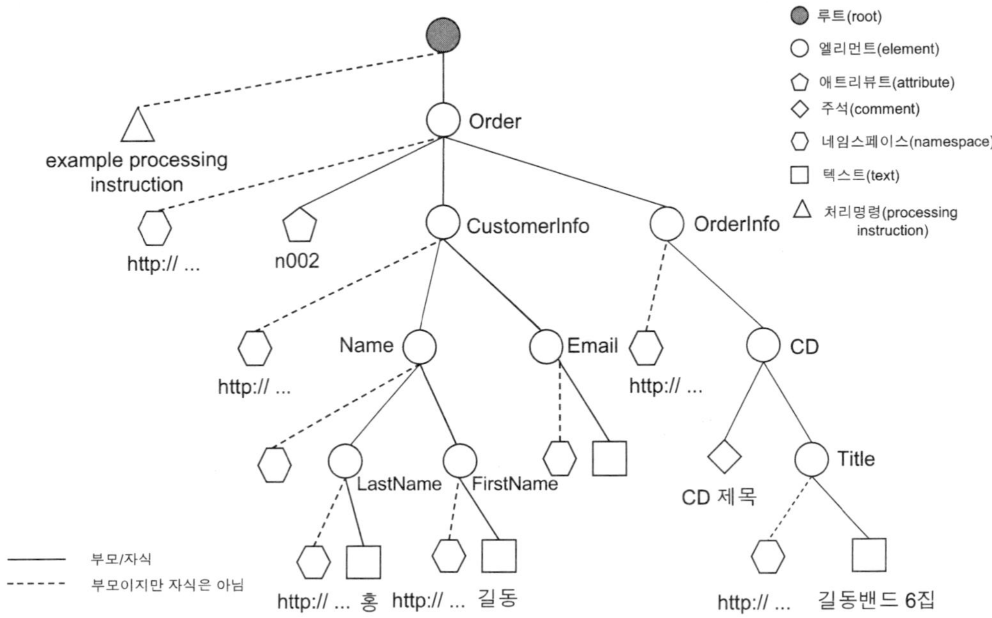

그림 8.2 XPath 트리 데이터 모델의 예

8.3 위치 경로(Location Path)

XPath 경로식에서 가장 중요한 내용은 위치 경로이며, 위치 경로는 현재의 문맥 노드를 기준으로 관련된 노드들의 집합을 선택한다. 위치 경로는 '/'로 구분된 일련의 위치 단계(Location steps)들로 구성되며, '/'로 시작하는 위치 경로를 절대 위치 경로(Absolute location path)라고 하고 그 이외는 상대 위치 경로(Relative location path)라고 한다. 절대 위치 경로에서 처음 '/'는 트리 데이터 모델에서의 루트 노드를 가리킨다. 위치 경로를 구성하는 각각의 위치 단계는 축(Axis), 노드검사(Node-test), 술어(Predicate) 등의 세 부분으로 구성된다. 위치 단계, 축, 노드검사, 그리고 술어에 대해서는 8.3.1 절에서부터 상세히 살펴보겠다.

위치 경로에 대해서 자세히 살펴보기 전에 애플리케이션에서 자주 사용되는

XPath 경로식의 예를 몇 가지 살펴봄으로써 위치 경로에 대한 대략적인 이해를 높이고자 한다. 여기서, 문맥 노드라고 함은 XPath 트리 모델에서 주어진 위치 경로를 시작하는 임의의 노드를 지칭한다.

- child::name
  문맥 노드의 자식 중에서 name이란 이름을 갖는 엘리먼트를 선택하라.
- child::*
  문맥 노드의 모든 자식 엘리먼트들을 선택하라.
- child::text()
  문맥 노드의 자식 노드 중에서 모든 텍스트 노드를 선택하라.
- attribute::ordernumber
  문맥 노드의 애트리뷰트 중에서 이름이 ordernumber인 것을 찾아라.
- /descendant::orderinfo/child::cd
  문서에서 orderinfo라는 이름을 갖는 엘리먼트의 cd라는 이름을 갖는 자식 엘리먼트를 선택하라.
- /child::order/child::OrderInfo[position()=5]
  문서의 루트 엘리먼트인 order의 다섯 번째 OrderInfo 자식 엘리먼트를 선택하라.
- /child::order/child::OrderInfo[attribute::ordernumber='n002']
  문서의 루트 엘리먼트인 order의 자식 노드들 중에서 ordernumber 애트리뷰트의 값이 'n002'인 OrderInfo 엘리먼트를 찾아라.

8.3.1 위치 단계(Location Step)

XPath의 위치 경로는 일련의 위치 단계들로 구성된다고 언급한 바가 있다. 그리고 각 위치 단계는 축(Axis), 노드검사(Node-test), 술어(Predicate) 등으로 구성되며 구체적인 문법은 아래와 같다.

```
위치 단계 := 축::노드검사[술어]*
```

다시 말해서, 위치 단계는 축과 노드검사, 그리고 0개 이상의 술어들로 이루어진다. 먼저, 축은 문맥 노드와 선택될 노드 사이의 트리에서의 위치 관계를 명시하고 있으며, 노드검사는 노드의 이름이거나 혹은 선택될 노드들의 타입을 지정한다. 그리고 술어는 선택될 노드들의 집합에 대해 특정 노드들을 걸러내기 위한 조건문이다. 위치 단계를 구성하는 각각의 요소들에 대해서는 아래에서 상세히 살펴보겠다.

8.3.2 축(Axes)

XPath에는 표 8.1과 같이 총 13개의 축이 존재한다. 여기서 언급하고 있는 축의 이름은 XPath 트리 데이터 모델에서 문맥 노드를 기준으로 하여 XPath 경로식을 처리하기 위해서 검사해야 하는 대상 노드들을 암시하고 있다.

- **방향:** 표 8.1에서의 축의 방향은 트리 데이터 모델에서 노드들의 정렬 순서를 결정한다. 축이 정방향인 경우에는 그림 8.1에서 언급한 문서 순서에 따라 노드들이 정렬되는 것이고 역방향인 경우에는 그 반대 방향으로 노드들이 정렬된다. 위치 단계의 술어 부분에 position() 함수를 사용하는 경우에 축의 방향에 따라서 그 결과가 달라지므로 축의 방향에 대한 올바른 이해가 필요하다.
- **노드 타입:** 노드 타입은 위치 단계의 노드검사 부분이 '*'인 경우에 선택되는 노드들의 종류를 나타낸다. 만약 축이 엘리먼트 타입의 노드를 포함하고 있다면 그 축의 주요 노드 타입은 엘리먼트이며, 그 외의 경우에는 축이 포함할 수 있는 노드의 타입 자체가 주요 노드 타입이 된다. 다시 말해서, 애트리뷰트 축에 대한 주요 노드 타입은 애트리뷰트이고, 네임스페이스 축에 대한 주요 노드 타입은 네임스페이스이며, 그 이외의 축에 대한 주요 노드 타입은 엘리먼트이다.

표 8.1 XPath 경로식에서의 축의 종류

축 이름	방향	주요노드타입	그림
조상(ancestor)	역방향	엘리먼트	8.3
조상 또는 자신(ancestor-or-self)	역방향	엘리먼트	8.3
애트리뷰트(attribute)	-	애트리뷰트	-
자식(child)	정방향	엘리먼트	8.3
자손(descendant)	정방향	엘리먼트	8.3
자손 또는 자신(descendant-or-self)	정방향	엘리먼트	8.4
후행(following)	정방향	엘리먼트	8.4
후행형제(following-sibling)	정방향	엘리먼트	8.4
네임스페이스(namespace)	-	네임스페이스	-
부모(parent)	정방향	엘리먼트	8.4
선행(preceding)	역방향	엘리먼트	8.5
선행형제(preceding-sibling)	역방향	엘리먼트	8.5
자신(self)	정방향	엘리먼트	8.5

표 8.1에서 언급한 13개의 축들을 단순히 나열해서는 각 축의 역할을 정확히 이해하기 어렵기 때문에, 그림 8.3, 8.4, 8.5에서 각각의 축이 대상으로 하는 노드들을 도식화하여 보여주고 있다. 그림에서 트리 모델의 가운데에 위치한 노드를 문맥 노드라고 가정하고(그림에서 문맥 노드는 사각형으로 표현되어 있음) 축에 따라 선택되는 노드들은 색칠되어 있다. 단, 애트리뷰트와 네임스페이스 축은 포함되어 있지 않지만 그림 8.2에서 애트리뷰트와 네임스페이스 노드들에 대해 자세히 언급하였으므로 생략하였다.

그림 8.3, 8.4, 8.5에 나타난 트리 모델에서는 노드들이 실선으로 연결되어 있기 때문에 모두 부모와 자식 관계를 표시하고 있다. 그러므로 실제로 그림에 나타난 트리 모델은 모두 적법하지 않다는 것을 발견할 수 있다. 왜냐하면 트리 모델에서 루트 노드는 하나 이상의 자식 엘리먼트 노드를 가질 수 없기 때문이다. 그림에서 예를 든 트리 모델에서의 루트 노드는 모두 세 개의 자식 노드를 가지고 있다. 이와 같이 적법하지 않은 트리 모델을 사용한 것은 다양한 축의 의미를 설명하기에는 효과적이라고 생각한다. 여기에서는 트리 모델의 유효성은 배제하고 축에 대한 올바른 의미를 파악하는데 중점을 두기 바란다. 아래에서 각각의 축에 대한 의미를 자세히 살펴보자.

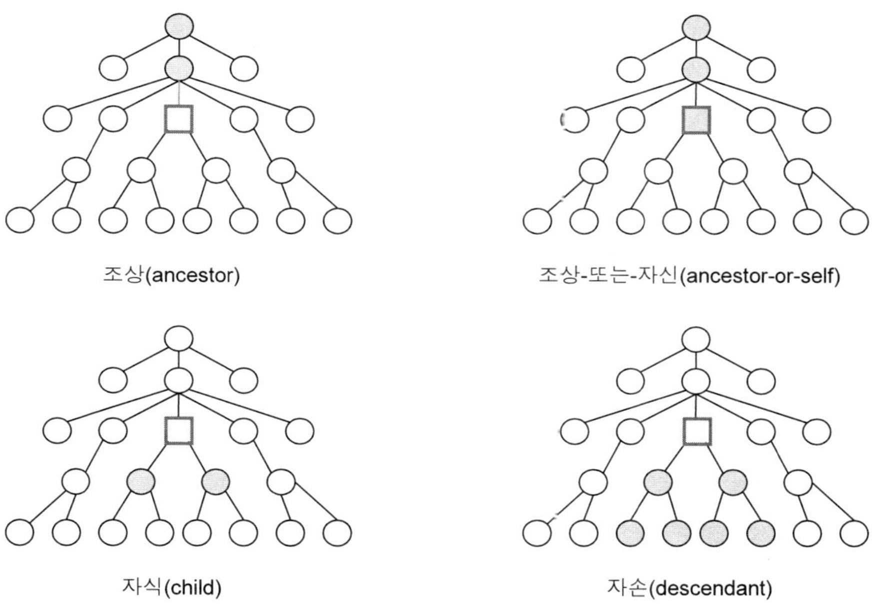

그림 8.3 조상, 조상-또는-자신, 자식, 자손 축

|조상 축(Ancestor axis)|

문맥 노드의 모든 조상들을 대상으로 한다. 조상들이란 부모와 부모의 부모, 그 부모의 부모 등에 속하는 노드들을 뜻한다(그림 8.3). 현재 문맥 노드가 루트 노드가 아닌 이상 조상 축에는 반드시 루트 노드가 포함된다. 그리고 표 8.1에서 언급된 바와 같이 조상 축의 방향은 역방향이므로, 조상 축에 의해서 선택되는 노드들의 순서는 문맥 노드 바로 위의 조상 노드부터 매겨진다.

|조상-또는-자신 축(Ancestor-or-self axis)|

문맥 노드 자신과 그 조상들을 의미한다. 문맥 노드인 자신을 포함하여 조상 축에 해당하는 모든 노드들을 포함한다(그림 8.3). 이 축에도 항상 루트 노드가 속하게 되며 조상 축과 마찬가지로 축의 방향은 역방향이다.

|애트리뷰트 축(Attribute axis)|

문맥 노드에 속해 있는 애트리뷰트 노드들을 대상으로 한다. 한 노드에 속하는 애트리뷰트들 사이에는 순서 관계가 없기 때문에 애트리뷰트 축에는 방향이 존재하지 않는다. 즉, 애트리뷰트 축에 의해 선택된 애트리뷰트 사이에는 순서가 없다는 의미이다. 그리고 네임스페이스 정의의 경우 문법적으로는 애트리뷰트를 정의하는 것과 유사하지만 애트리뷰트 축에는 네임스페이스 노드들이 포함되지 않는다. 애트리뷰트는 자식을 갖지 않기 때문에 아래 예와 같이 보통 위치 경로식에서 가장 마지막에 나타난다

```
/child::order/child::OrderInfo[attribute::ordernumber='n002']
```

|자식 축(Child axis)|

문맥 노드의 모든 자식들을 포함한다. 자식들이란 노드 트리에서 문맥 노드의 바로 아래에 위치한 노드들을 지칭한다(그림 8.3). XPath 경로식에서는 자식 축을 기본 축으로 가정하고 있기 때문에 만약 축에 대한 아무런 지시자가 없으면 자식 축임을 간주한다(8.3.4 절에서 축약 형태에 대해 다룰 때 다시 언급할 것이다). 자식 축에는 엘리먼트 노드 타입 외에도 텍스트 노드, 주석 노드, 처리명령 노드가 포함될 수 있으나 앞서 언급했듯이 애트리뷰트와 네임스페이스 노드는 자식 축에 속하지 않는다. 자식 축은 정방향이기 때문에 자식 축에 의해 선택된 노드들은 문서 순서에서 명시된 순서와 동일하게 정렬된다.

|자손 축(Descendant axis)|

문맥 노드의 모든 자손들이 해당된다(그림 8.3). 자손들이란 자식 노드들과 그 하부 트리에 있는 모든 노드들을 포함하는데 애트리뷰트와 네임스페이스 노드들은 제외된다(앞에서 언급했듯이 애트리뷰트와 네임스페이스 노드는 자식 노드가 아니다). 자손 축은 정방향이기 때문에 자식 축과 같은 정렬 순서를 갖는다.

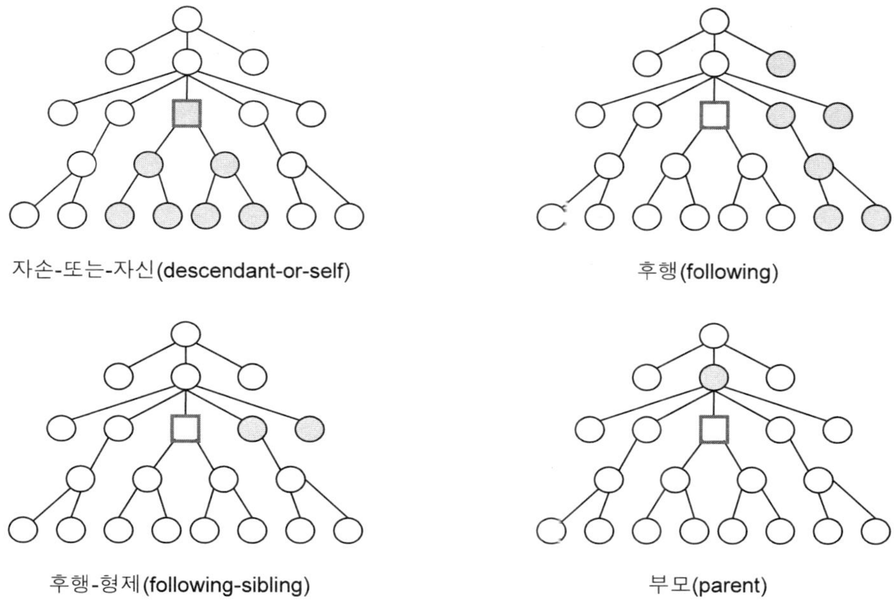

그림 8.4 자손-또는-자신, 후행, 후행-형제, 부모 축

|자손-또는-자신 축(Descendant-or-self axis)|

문맥 노드 자신과 그 자손들이 이 축에 해당된다(그림 8.4). 문맥 노드 자신이 포함된다는 것 외에는 자손 축과 동일하다. 일반적으로 XPath 경로식을 작성할 때 자손 축보다는 자손-또는-자신 축을 더 자주 사용한다.

|후행 축(Following axis)|

트리 모델의 문서 순서 측면에서 문맥 노드 뒤에 오는 노드들 중에서 문맥 노드의 자손 노드들과 애트리뷰트 및 네임스페이스 노드들을 제외한 노드들을 포함한다(그림 8.4). 여기서 자손 노드들이 제외되는 이유는 XPath가 순서적인 면보다 구조적인 면에 더 중점을 두고 있기 때문이다. 실제로 XML 문서에서 문맥 노드에 대응되는 엘리먼트가 닫히는 시점은 문맥 노드의 자손들이 모두 나온 다음이므로 후행 축에 문맥 노드의 자손들이 속하지 않는다. 후행 축은 정방향으로서 후행 축에 의해서 선택된 노드들은 문서 순서와 동일한 순서로 정렬된다.

|후행-형제 축(Following-sibling axis)|

트리 모델에서 문맥 노드와 같은 수준에 존재하는 형제 노드들 중에서 문맥 노드 이후에 나오는 노드들을 뜻한다(그림 8.4). 형제들이란 부모가 같은 노드들이다. 만약 문맥 노드가 애트리뷰트나 네임스페이스 노드라면, 이 축의 결과는 공집합이 된다. 후행-형제 축은 정방향이다.

|네임스페이스 축(Namespace axis)|

문맥 노드에 포함되는 네임스페이스 노드들을 지칭한다. 그러므로 문맥 노드가 엘리먼트 노드인 경우에만 해당한다. 네임스페이스는 자식들에게 상속되기 때문에 특정 엘리먼트에 구체적으로 명시되어 있지 않아도 네임스페이스 노드들이 존재할

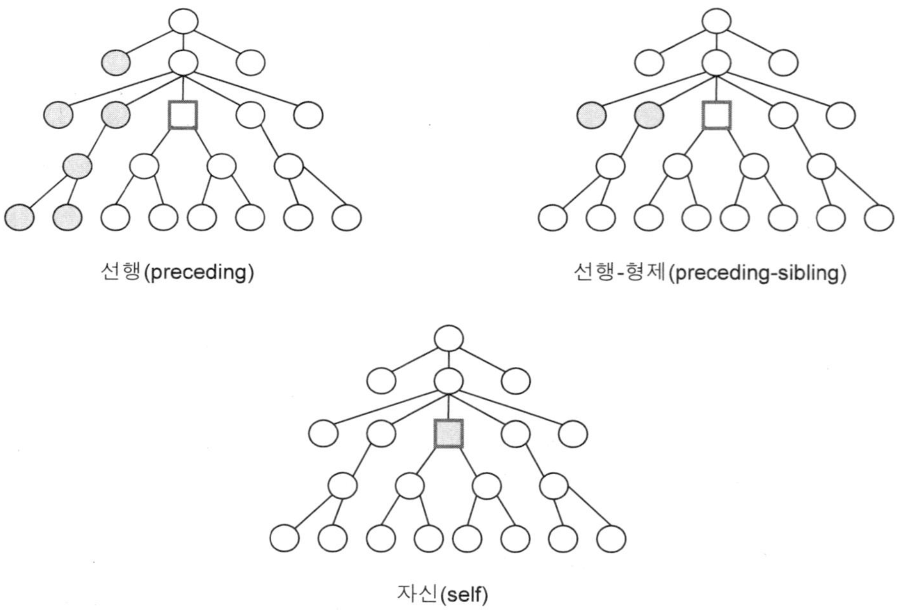

그림 8.5 선행, 선행-형제, 자신 축

수 있다. 네임스페이스 노드들도 애트리뷰트 노드와 마찬가지로 노드들 사이의 순서가 존재하지 않기 때문에 축의 방향이 존재하지 않는다. 구문적으로는 애트리뷰트와 동일한 모습으로 정의되지만 애트리뷰트 노드에는 속하지 않는다. 네임스페이스 노드는 자식을 갖지 않기 때문에 보통 위치 경로식의 마지막에 존재한다는 것도 애트리뷰트 축과 비슷한 점이다.

|부모 축(Parent axis)|

문맥 노드의 부모를 뜻한다(그림 8.4). 각 노드는 한 개의 부모만을 가지고 있기 때문에 부모 축에서의 방향은 의미가 없다.

|선행 축(Preceding axis)|

동일한 XML 문서에서 문맥 노드 이전에 오는 모든 노드들을 뜻한다(그림 8.5). 선행 축의 방향이 역방향인 것을 제외하면 나머지는 후행 축과 같은 특징을 갖는다.

|선행-형제 축(Preceding-sibling axis)|

트리 모델에서 문맥 노드의 형제들 중에서 문맥 노드 이전에 존재하는 노드들을 뜻한다(그림 8.5). 만약, 문맥 노드가 애트리뷰트나 네임스페이스 노드라면 이 축의 결과는 공집합이 된다. 방향이 역방향이라는 것을 제외하면 후행-형제 축과 같은 특징을 갖는다.

|자신 축(Self axis)|

문맥 노드 자신을 뜻한다(그림 8.5 참조). 오직 한 개의 노드만이 속하기 때문에 축의 방향은 의미가 없다.

이상과 같이 XPath 경로식에는 모두 13개의 축들이 존재하며 각각이 대상으로 하는 노드들에 대해서 살펴보았다. 일반적으로 이들 중에서 가장 자주 쓰이는 것들은 자식, 부모, 애트리뷰트, 자손 또는 자신, 자신 축 등이므로 이들의 쓰임새에 대해서는 잘 알아두면 좋을 것이다. 자주 쓰이는 축들에 대해서는 축약형태도 존재하며 이에 대해서는 8.3.4 절에서 자세히 다룰 것이다.

한 가지 주목할 내용으로는 그림 8.6과 같이 조상, 선행, 자신, 자손, 후행의 다섯 가지 축은 문서를 중첩되지 않는 다섯 개의 서로 다른 노드-집합으로 나눈다는 사실이다. 결국, 이 다섯 개의 축들에 속하는 노드들을 모두 합하면 애트리뷰트와 네임스페이스 노드들을 제외한 문서의 모든 노드들을 얻게 된다.

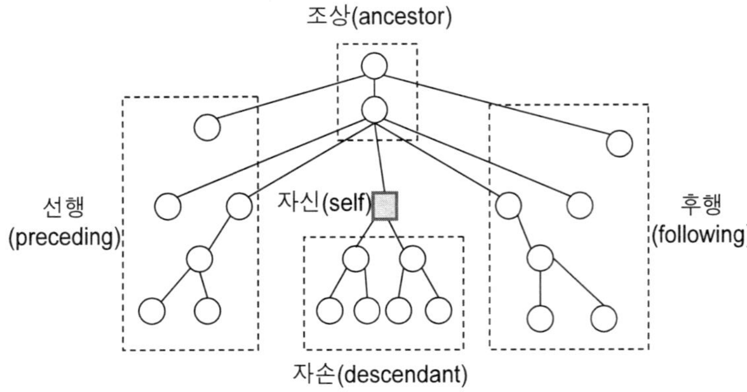

그림 8.6 트리를 분할하는 다섯 축

8.3.2 노드검사(Node-Test)

위치 단계(Location Step) 식에서 축을 통해서 얻어진 노드들 집합에서 궁극적으로 원하는 노드들을 선택하는 과정이 노드검사이다. 예를 들어, 자식 노드들 중에서 '제목'이라는 엘리먼트 이름을 갖는 노드들만을 선택하고자 할 때, 먼저 자식 축을 이용하여 문맥 노드의 자식 노드들을 노드-집합으로 얻고 그 중에서 '제목'이라는 엘리먼트 이름을 가진 노드들을 선택하는 것은 노드검사를 통하여 이루어진다. 노드검사는 노드의 이름을 기반으로 한 것과 노드의 타입을 기반으로 정의하는 두 가지 방법을 제공한다.

먼저, 노드의 이름을 기반으로 노드검사를 수행하는 방법에는 두 가지 표현이 가능하다. 첫째, 노드의 타입이 표 8.1에서 언급한 주요 노드 타입이고 지정된 노드 이름을 명시하여 노드검사를 수행한다. 여기서, 노드 이름을 명시할 때 와일드카드('*')를 사용하면 임의의 모든 노드 이름을 허용함을 의미한다. 구체적인 예로, "child::para" 위치 단계식은 문맥 노드의 자식(Child) 축에 해당되는 노드들 중에서 노드 이름이 para인 노드들만을 선택한다. 그리고 "attribute::*"는 문맥 노드의 모든 애트리뷰트들을 선택한다. 둘째, 노드검사는 "NCName:*"의 형식을 가질 수 있는데 여기서 NCName은 네임스페이스 접두사이다. 이 경우에 네임스페이스 접두사인 NCName이 가리키는 네임스페이스 URI를 노드의 이름으로 가지는 노드들을 선택한다.

다음으로는 노드 타입을 기반으로 노드검사를 수행하는 방법을 살펴보자. 여기에는 총 네 가지의 노드검사 함수가 존재하는데, 임의의 텍스트 노드를 선택하는 text(), 임의의 주석 노드를 선택하는 comment(), 임의의 처리명령 노드를 선택하는 processing_instruction(), 그리고 모든 노드 타입을 허용하는 node() 등이 있다. 한 예로, "child::text()"는 문맥 노드의 텍스트 자식 노드들을 선택한다.

8.3.3 술어(Predicate)

위치 단계에서 축과 노드검사를 통하여 얻은 노드들 중에서 보다 세부적으로 대상이 되는 노드를 선택하기 위해 조건문과 같은 형식을 명시하는 것이 술어이다. 8.3.1절에서의 위치 단계를 기술하는 문법을 보면 술어는 0 개 이상 존재할 수 있다. 특히, 술어는 그 자체로 하나의 XPath 경로식이 될 수도 있기 때문에 복잡한 XPath 문을 작성할 때 유용하다. 술어에 나타나는 각각의 조건문의 계산 결과는 참 또는 거짓이 되며, 모든 조건문들을 만족하는 노드는 선택되고 그렇지 않으면 선택되지 않는다. 예를 들어, 술어 "[positon()=5]"의 경우는 축과 노드검사를 통해 얻은 노드들 중에서 다섯 번째에 위치해 있는 노드만을 선택한다. 다음은 술어를 사용한 다양한 예를 보여 준다.

- child::para[attribute::type='warning'][position()=5]
  문맥 노드의 자식 노드들 중에서 노드 이름이 para인 엘리먼트 노드이고, para 엘리먼트의 type 애트리뷰트의 값이 'warning'이며 ([attribute::type='warning']), 다섯 번째 자식 노드를 ([position()=5]) 선택하라.
- child::*[self::chapter or self::appendix]
  문맥 노드의 자식들 중에서 노드 이름이 chapter이거나 appendix인 ([self::chapter or self::appendix]) 노드들을 선택하라.
- /child::doc/child::chapter[position()=5]/child::section[position()=2]
  문서의 루트 엘리먼트가 doc이고, 그 자식 노드들 중에서 다섯 번째 나오는 chapter 노드의 자식 노드들 중에서 두 번째 section 노드를 선택하라.

술어의 의미는 적용되는 축에 따라 아주 다를 수 있다. 예를 들어, preceding::foo[position()=1]는 문서 순서의 역방향으로 문맥 노드의 첫 번째 foo 엘리먼트를 선택하는데, 이때 술어 [position()=1]에 적용되는 축은 preceding이다. 한편, (preceding::foo) [position()=1]는 문서 순서의 정방향으로 첫 번째 foo 엘리먼트를 선택하는데, 이때 술어 [position()=1]에 적용되는 축은 child이다(XPath에서는 child 축을 기본 축으로 간주하고 있다). 이와 같이 술어는 적용되는 축을 고려하면서 사용되어야 한다.

앞의 8.2절에서 언급했듯이 XPath 경로식의 결과는 노드-집합, 부울, 숫자, 문자열 등과 같이 네 가지 종류로 나타난다. 즉, XPath 경로식을 계산한 결과가 항상 참(True) 또는 거짓(False)으로 판별되는 것은 아니다. 예를 들어, [descendant::node()]와 같은 술어의 결과는 노드들의 집합일 것이다. 그러나 이러한 경우에도 XPath 경로식의 수행 과정에서 부울(Boolean) 함수를 호출하여 특정 결과에 대한 참과 거짓을 판단하게 된다. 노드-집합을 결과로 갖는 경우에는 공집합이 아니면 참으로, 공집합이면 거짓으로 결과를 생성한다. XPath 경로식의 결과가 숫자 혹은 문자열인 경우에도 유사하게 판단하여 임의의 숫자 혹은 문자열이 결과에 포함되면 참으로, 그렇지 않으면 거짓으로 부울 결과를 생성한다. 이와 같이 모든 XPath 경로식에 대해서 부울 결과를 생성하는 것은 여러 가지 용도로 사용될 수 있는데, 대표적으로는 XPath 경로식을 이용하는 XML 애플리케이션 혹은 사용자에게 질의 결과의 존재성을 알려주는데 사용될 수 있다.

8.3.4 축약형(Abbreviated Form)

지금까지 사용한 XPath의 위치 경로식은 여러 개의 위치 단계들로 구성되고 각 위치 단계는 축, 노드검사, 술어 등으로 구성된다. 여기서, 축, 노드검사, 그리고 술어에 대한 일부 표현식에 대한 축약형을 정의함으로써 보다 간단하게 XPath 위치 경로식을 구성할 수 있다. 표 8.2는 현재 정의되어 있는 XPath 문법의 축약형들을 나열하고 있다. 이러한 축약형들은 일반적인 계층적 데이터 구조에서 많이 사용되는 방법으로 XPath 경로식을 간단하고 읽기 쉽게 만들어 준다. 여기서 주의할 점은 현재 정의되어 있는 축약형으로는 모든 가능한 XPath 경로식을 표현하지 못한다는 것이다. 그러므로 표 8.2의 축약형들은 자주 사용되는 XPath 경로식들을 보다 간편하게 표현하기 위해 부가적으로 정의되었다고 생각하면 된다.

표 8.2 XPath 문법의 축약형

축약형	의미
(축이 존재하지 않을 때)	child::
@	attribute::
.	self::node()
..	parent::node()
//	/descendant-or-self::node()/
[x]	[position()=x]

XPath 경로식의 축약형에서 축의 정보가 존재하지 않으면 기본적으로 자식 축(Child axis)을 나타낸다. 아래에서는 축약형을 사용하여 표현된 다양한 XPath 경로식을 제시하면서 축약형들의 의미와 사용법에 대해서 살펴보겠다.

- para
  이 경로식에는 축 정보가 없기 때문에 문맥 노드의 자식 축에 존재하는 para 엘리먼트 노드를 선택한다. 그러므로 "child::para" 경로식에 대한 축약형이다. 동일한 의미로 경로식 "*"는 문맥 노드의 모든 자식 엘리먼트들을 선택하는 것으로 "child::*"의 축약형이다. 그리고 "div/para"는 "child::div/child::para"의 축약형이 된다.
- para[@type='warning']
  문맥 노드의 자식 축에서 노드 이름이 para이고 이 노드의 type 애트리뷰트의 값이 warning인 엘리먼트 노드들을 선택하는 것으로 "child::para[attribute::type='warning']"의 축약형이다. 이 축약형에서 @은 애트리뷰트 축을 의미함을 확인할 수 있다.
- //para
  이 경로식은 문서의 루트에서 자손-혹은-자신 축에 있는 모든 para 엘리먼트 노드들을 선택하는 것으로, 결국 문맥 노드와 동일한 문서에 존재하는 모든 para 엘리먼트를 선택하는 것과 동일하다. 표 8.2를 참고하면 이는 "/descendant-or-self::node()/child::para"의 축약형이 되는데 "/descendant::para"와 동일한 의미를 갖는다. 그러나 "//para[1]"와 "/descendant::para[1]"은 서로 다른 의미를 갖는다. "//para[1]"는 "/descendant-or-self::node()/para[1]"의 축약형으로서 모든 자손 para 엘리먼트 노드들을 선택하는데 이때 선택되는 para 엘리먼트는 각자 자신의 부모 노드에 대한 첫 번째 자식 노드이어야 한다(결과적으로 여러 개의 para 엘리먼트 노드들이 선택될 수 있다). 한편, "/descendant::para[1]"는 첫 번째 자손 para 엘리먼트 노드를 선택하는 것으로 결과 집합에는 많아야 한 개의 para 엘리먼트 노드가 나타난다.
- .//para
  문맥 노드의 자손들 중에서 para 엘리먼트 노드를 모두 선택하는 것으로 "self::node()/descendant-or-self::node()/child::para"의 축약형이다.
- ../title
  문맥 노드의 부모 노드에서 title이라는 이름을 가진 자식 노드를 선택하는 것으로 "parent::node()/child::title"의 축약형이다.

- **para[@type='warning'][5]**
  문맥 노드의 자식 축에 존재하는 노드들 중에서 노드 이름이 para이고 para 엘리먼트의 type 애트리뷰트의 값이 warning이며 다섯 번째 자식 노드를 선택하는 것으로, "child::para[attribute::type='warning'][position()=5]"의 축약형이다. 여기서, [5]는 [position()=5]의 축약형임을 확인할 수 있다.
- **chapter[title="Introduction"]**
  문맥 노드의 chapter 자식 노드들을 선택하는데, 이때 chapter 노드는 문자열 값이 "Introduction"인 title 자식 노드를 하나 이상 가져야 한다. 이는 child::chapter[child::title="Introduction"]의 축약형이다.
- **chapter[title]**
  문맥 노드의 chapter 자식 노드들을 선택하는데, 이때 chapter 노드는 title 자식 노드를 하나 이상 가져야 한다. 이 경로식은 child::chapter[child::title]의 축약형이다.
- **employee[@secretary and @assistant]**
  문맥 노드의 모든 employee 자식 노드들을 선택하는데 이때 employee 노드는 secretary 애트리뷰트와 assistant 애트리뷰트를 모두 가지고 있어야 한다. 이는 child::employee[attribute::secretary and attribute::assistant]의 축약형이다.

8.4 다른 수식들

8.4.1 함수 호출(Function calls)

XPath 경로식에서의 함수 호출은 아래와 같이 일반적으로 프로그래밍 언어에서 사용되는 함수 호출과 동일한 문법을 갖는다.

```
FunctionName(Argument1, Argument2, …)
```

XPath 경로식에 포함되어 있는 함수 호출은 FunctionName을 사용하여 대상으로 하는 함수를 인식한 이후에 각각의 인자(Argument)들을 함수에서 요구하는 타입으로 변환하여 실제로 함수 호출이 수행된다. 여기서, 인자의 개수가 다르거나 인자가 요구되는 타입으로 변환될 수 없으면 오류가 발생한다. 현재 XPath에서는 사용자가 자신의 함수를 새롭게 정의할 수는 없으며 XPath 표준 스펙에서 기본적으로 정의된 함수들만을 사용할 수 있다. 이들에 대해서는 8.5절에서 살펴보겠다.

8.4.2 합집합(Union)

XPath 경로식은 경로에 의해서 선택되는 노드들의 집합을 결과로 주는데, 임의의 두 경로식에 대한 결과를 합집합('|') 연산자를 사용하여 합할 수 있다. 두 노드-집합의 합집합이므로 중복되는 노드들은 사라진다. 다음은 합집합을 사용한 예로서 제목이 Unix이거나 Linux인 book 엘리먼트 노드들을 얻는다.

```
//book[@title='Unix'] | //book[@title='Linux']
```

8.4.3 논리(Logical) 및 관계(Relational) 연산자

부울(Boolean) 타입은 참과 거짓의 두 개의 값 중에서 하나를 갖는다. 논리 연산자 or는 두 개의 피연산자(Operand)들을 부울 값으로 변환한 후에 양쪽이 모두 거짓이면 거짓을 그 이외는 모두 참을 나타낸다. 논리 연산자 and는 양쪽 모두 참인 경우에만 참을 나타낸다. 한편, 경로식에는 =, !=, <=, <, >=, > 등과 같은 관계 연산자를 사용할 수 있는데 이들의 결과 역시 부울 값으로 나타난다. 논리 연산자와 관계 연산자가 하나의 식에서 동시에 나타날 때 계산의 우선순위가 존재하는데 낮은 우선순위부터 나열하면 아래와 같다.

- or
- and
- =, !=
- <=, <, >=, >

즉, 식에서 or 보다는 and가 먼저 적용되며, =와 !=는 우선 순위가 동일하다. 동일한 우선 순위 연산자들 사이에는 식의 왼쪽부터 오른쪽으로 계산된다. 따라서 3>2>1은 (3>2)>1과 동일하며 최종적으로 거짓이 된다. 그리고 XPath 경로식이 XML 문서에서 나타날 때, 임의의 <와 <= 연산자는 XML 문서 규칙에 따라 표시되어야 하는데 각각 < 와 <= 로 표현되어야 한다. 아래는 test 애트리뷰트의 값으로 XPath 식을 사용한 예이다.

```
<xsl:if  test="@value &lt; 10">...</xsl:if>
```

8.4.4 숫자(Number) 연산자

XPath에서 다루는 숫자는 부동소수 64비트 형식의 IEEE754 (IEEE에서 제정한 플로팅 포인트 규정에 관한 국제 표준)값을 지원한다. 여기에는 NaN(Not-a-Number), 양의 무한대, 음의 무한대, +0, -0 등과 같은 특별한 값들을 포함한다. 숫자 연산자로는 +, -, *, div, mod 등이 있는데 이들 연산자들은 모두 피연산자들을 숫자로 변환한 후에 계산한다. 연산자 +, -, *, div는 각각 덧셈, 뺄셈, 곱셈, 나눗셈이고, mod 연산자는 나눗셈의 결과에서 나머지만을 생성한다(예, 5 mod 2 = 1, -5 mod 2 = -1).

XML에서는 이름에 '-' 기호의 사용을 허용하고 있기 때문에 일반적으로 뺄셈(-) 연산자는 연산자와 피연산자 사이에 공백 문자를 삽입하여 구분한다. 예를 들어, 'foo-bar'는 엘리먼트 이름이지만 'foo - bar'에서는 뺄셈 연산자로 간주된다.

8.5 기본 함수 라이브러리

XPath에서는 경로식에서 사용할 수 있는 기본적인 함수 라이브러리들을 제공하고 있는데, 반환되는 객체의 타입에 따라 노드-집합 함수, 문자열 함수, 숫자 함수, 부울 함수 등의 네 가지로 분류된다(기본 함수 라이브러리들은 표 8.3에 요약되어 있다). 각각의 함수들은 아래에서 자세히 살펴볼 것이다. XPath 경로식을 처리할 수 있는 XPath 프로세서 혹은 파서를 구현할 때에는 반드시 여기서 언급된 기본 함수 라이브러리들을 구현해야 한다.

8.5.1 부울 함수(Boolean Functions)

|boolean boolean(object)|

이 함수는 함수의 인자(여기서는 object임)를 아래와 같은 방법으로 부울 값으로 변환한다.

- 부울(boolean): 인자로 들어오는 부울 값을 그대로 유지한다.
- 숫자(number): 숫자 값이 +0, -0, 그리고 NaN이 아닐 때에 참이다.
- 문자열(string): 문자열의 길이가 0보다 크면 참이다.
- 노드-집합(node-set): 공집합이 아닐 때에 참이다.
- 객체(object): 위의 네 가지 기본 타입 이외의 객체 타입은 해당 타입에서 정의된 방법에 따라 부울 값으로 변환된다(여기에 대해서는 아직 구체적으로 명시

된 바가 없다).

표 8.3 XPath에서 제공되는 기본 함수들

반환 타입	함수 이름	파라미터
boolean	boolean	(object)
number	ceiling	(number)
string	concat	(string, string, string)
boolean	contains	(string, string)
number	count	(node-set)
boolean	false	()
number	floor	(number)
node-set	id	(object)
boolean	lang	(string)
number	last	()
string	local-name	(node-set)
string	name	(node-set)
string	namespace-uri	(node-set)
string	normalize-space	(string)
boolean	not	(boolean)
number	number	(object)
number	position	()
number	round	(number)
boolean	starts-with	(string, string)
string	string	(object)
number	string-length	(string)
string	substring	(string, number, number)
string	substring-after	(string, string)
string	substring-before	(string, string)
number	sum	(node-set)
string	translate	(string, string, string)
boolean	true	()

XPath 경로식에서 이 함수는 보통 암묵적으로 사용된다. 예를 들어, "//chap[//figure]"는 내부적으로 "//chap[boolean(//figure)]"와 같이 처리된다. 이 경로식은 chap 엘리먼트 노드들을 선택하는데, 이때 chap의 자손 중에는 figure라는 이름의 노드가 존재해야 한다. 이를 처리하는 과정에서 chap의 자손 중에 figure라는 이름의 노드가 존재하면 술어는 참이 되고 그러한 노드가 없다면 거짓이 된다. 최종적으로, 술어 부분이 참이 되는 chap 엘리먼트 노드들이 선택된다.

|boolean not(boolean)|

인자로 전달되는 부울 값의 반대 값을 반환한다. 즉, 인자가 참이면 거짓을, 인자가 거짓이면 참을 반환한다. 이 함수의 사용 예로, //table[not(thead)]는 table 엘리먼트들 중에서 thead을 명시하지 않은 table 엘리먼트들을 선택한다.

|boolean true()|

항상 참 값을 반환한다.

|boolean false()|

항상 거짓 값을 반환한다.

|boolean lang(string)|

문맥 노드의 xml:lang 애트리뷰트에서 명시된 언어가 인자인 string에서 명시된 언어와 같거나 하위 언어인 경우에 참을 반환하고 그렇지 않으면 거짓을 반환한다. 만약 문맥 노드에 xml:lang 애트리뷰트가 선언되어 있지 않으면 문맥 노드의 가장 가까운 조상 노드에서 선언된 xml:lang 애트리뷰트의 값을 사용한다. 만약 xml:lang 애트리뷰트가 전혀 선언되어 있지 않다면 이 함수 호출의 결과는 거짓이 된다.

문맥 노드의 xml:lang 애트리뷰트에서 명시된 언어와 이 함수의 인자인 string에서 명시된 언어를 비교할 때는 대소문자는 구별하지 않으며 접미사도 무시한다. 예를 들어, 문맥 노드가 아래의 다섯 엘리먼트들 중의 어떤 것이든지 lang("en")은 참 값을 반환한다.

```
<para xml:lang="en"/>
<div xml:lang="en"><para/></div>
<para xml:lang="EN"/>
<para xml:lang="en-us"/>
```

8.5.2 숫자 함수(Number Functions)

|number number(object?)|

이 함수는 인자인 object를 타입에 따라 아래의 규칙에 의해 숫자로 변환한다.

- 부울(boolean): 참이면 1을 거짓이면 0으로 변환한다.
- 숫자(number): 숫자의 값 그대로를 반환한다.
- 문자열(string): 숫자가 공백과 더불어 문자열로 구성된 경우에는 문자열로 표현된 수리적인 값에 가장 가까운 IEEE754 규약에 맞는 수로 변환된다. 그 이외의 문자열에 대해서는 NaN으로 변환된다.

- 노드-집합(node-set): 먼저 string함수 호출을 통해 노드-집합에 대응되는 문자열로 변환한 이후에 위의 문자열(string)의 변환 과정을 동일하게 거친다.
- 객체(object): 위의 네 가지 기본 타입 이외의 객체 타입은 해당 타입에서 정의된 방법에 따라 숫자로 변환된다(여기에 대해서는 아직 구체적으로 명시된 바가 없다).
- 만약 인자가 생략된다면, 문맥 노드를 유일한 원소로 갖는 노드-집합으로 생성하여 위의 노드-집합(node-set)의 변환 과정을 따른다.

|number sum(node-set)|

인자로 전달되는 노드-집합의 각 노드에 대한 문자열 값을 숫자로 변환한 다음 이들 숫자를 모두 합한 값을 반환한다.

|number ceiling(number)|

인자의 숫자보다 적지 않으면서 가장 작은 정수 값을 반환한다. 한 예로, ceiling (-4.5)는 -4를, ceiling(3.7)은 4를 반환한다.

|number floor(number)|

인자의 숫자보다 크지 않으면서 가장 큰 정수 값을 반환한다. 한 예로, floor(-4.5)는 -5를, floor(3.7)은 3을 반환한다.

|number round(number)|

인자에 가장 가까운 정수 값을 반환한다. 만약 인자에 가장 가까운 정수 값이 두 개가 존재하는 경우에는 그 중에서 양의 무한대에 가까운 값을 반환한다(예, round(3.5) = 4). 인자가 NaN, 양의 무한대, 음의 무한대, +0, -0 등의 값이면 인자와 동일한 값을 반환한다. 그리고, 인자가 음수이고 -0.5보다 같거나 크면 -0를 반환한다.

8.5.3 문자열 함수(String Functions)

|string string(object?)|

인자인 object를 아래의 규칙에 따라 문자열로 변환한다.

- **부울(boolean)** 그 값이 참이면 "true"라는 문자열로, 거짓이면 "false"라는 문

자열로 변환하여 반환한다.

- **숫자(number):** 아래와 같은 방법으로 문자열로 변환된다.
  - NaN: "NaN" 문자열로 변환된다.
  - +0: "0" 문자열로 변환된다.
  - -0: "0" 문자열로 변환된다.
  - 양의 무한대: "Infinity" 문자열로 변환된다.
  - 음의 무한대: "-Infinity" 문자열로 변환된다.
  - 임의의 정수: 소수점과 선행하는 0이 없는 십진수 형식의 문자열로 표현되며 (예, "357") 음의 정수인 경우에는 '-' 기호를 붙인다(예, "-43").
  - 그 외의 경우: 부동 소수점수에 대한 문자열로 표현되며 소수점 이전과 이후에는 각각 최소한 한 자리 숫자는 존재해야 하며, 음의 정수는 '-' 기호를 붙인다.
- **문자열(string):** 문자열을 그대로 반환한다.
- **노드-집합(node-set):** 노드-집합에 있는 노드들을 문서 순서에 따라 각 노드의 문자열 값을 모아서 하나의 문자열로 변환한다. 노드-집합이 공집합이면 빈 문자열(Empty string)을 반환한다.
- **객체(object):** 위의 네 가지 기본 타입 이외의 객체 타입은 해당 타입에서 정의된 방법에 따라 문자열로 변환된다(여기에 대해서는 아직 구체적으로 명시된 바가 없다).
- 만약 인자가 생략된다면, 문맥 노드를 유일한 원소로 갖는 노드-집합으로 생성하여 위의 노드-집합(node-set)의 변환 과정을 따른다.

|string concat(string, string, string*)|

이 함수는 문자열 인자들을 순서대로 연결하여 하나의 문자열을 생성하여 반환한다.

|boolean starts-with(string, string)|

첫 번째 인자의 문자열이 두 번째 인자의 문자열로 시작하면 참(true)을 반환하고, 그렇지 않으면 거짓(false)을 반환한다. 이 함수의 사용 예로, //a[starts-with(@href, 'http:') or starts-with(@href, 'ftp:')]는 HTTP나 FTP서버를 가리키고 있는 모든 하이퍼링크를 선택한다.

|boolean contains(string, string)|

첫 번째 인자의 문자열이 두 번째 인자의 문자열을 포함하면 참(True)을 반환하고, 그렇지 않으면 거짓(False)을 반환한다. 이 함수는 대소문자를 구분하며, 대소문자를 구분하지 않기를 원한다면 XPath를 사용하는 애플리케이션에서 독자적으로 처리해 주어야 한다.

|string substring(string, number, number?)|

첫 번째 인자의 문자열중 두 번째 인자가 명시한 위치에서 시작하여 세 번째 인자가 명시한 길이 만큼에 해당되는 부분문자열(Substring)을 반환한다. 예를 들어, substring("12345",2,3)은 "234"을 결과로 반환한다. 만약 세 번째 인자가 생략된다면, 두 번째 인자에서 명시된 위치에서 시작하여 문자열의 마지막까지의 길이에 해당하는 부분문자열을 반환한다. 예를 들어, substring("12345", 2)은 "2345"를 반환한다.

|string substring-before(string, string)|

첫 번째 인자의 문자열에서 두 번째 인자의 문자열이 나타나는 이전의 문자열을 반환한다. 예를 들어, substring-before("hong@abc.com", "@")은 "hong"을 반환한다. 만약 첫 번째 문자열이 두 번째 문자열을 포함하지 않으면 빈 문자열을 반환한다.

|string substring-after(string, string)|

첫 번째 인자의 문자열에서 두 번째 인자의 문자열이 나타나는 이후의 문자열을 반환한다. 예를 들어, substring-after("hong@abc.com", "@")은 "abc.com"을 반환한다. 만약 첫 번째 문자열이 두 번째 문자열을 포함하지 않으면 빈 문자열을 반환한다.

|string normalize-space(string?)|

인자로 들어오는 문자열에서 앞과 뒤의 공백 문자들을 없애고, 일련의 연속된 공백을 하나의 공백 문자로 축약하는 등 정규화된 문자열로 만들어 반환한다. 만약 인자가 생략되면, 문맥 노드의 문자열 값을 대상으로 이전과 같은 방법으로 정규화된 문자열로 만들어 반환한다. 이 함수의 사용 예로, //h2[normailize-space(string())='Erik Wilde']/preceding::h1[1]는 'Erik Wilde'라는 문자열을 갖는 h2 엘리먼트의 바로 이전에 나타나는 h1 엘리먼트들을 모두 선택한다.

|number string-length(string?)|

인자로 들어오는 문자열에 포함되는 문자의 수를 반환한다. 만약 인자가 생략되면, 문맥 노드의 문자열 값을 대상으로 문자 수를 반환한다.

|string translate(string, string, string)|

첫 번째 인자의 문자열에서 두 번째 인자의 문자열에 있는 각 문자를 찾아 동일한 위치에 있는 세 번째 인자의 문자열에서의 문자로 교체된 문자열을 반환한다. 예를 들어, translate("bar","abc","ABC")은 "BAr" 문자열을 반환한다. 만약 세 번째 인자의 문자열이 두 번째 인자의 문자열보다 길이가 짧다면, 세 번째 문자열의 길이보다 큰 위치에 있는 두 번째 문자열의 문자들은 첫 번째 문자열에서 제거된다. 예를 들어, translate("---aaa--", "abc-", "ABC")은 "AAA"를 결과로 반환한다. 현재 translate 함수는 모든 언어에서 대소문자 변환에 대한 충분한 해결책을 제공하고 있지 못하기 때문에 XPath의 다음 버전에서는 다양한 대소문자 변환 함수를 제공할 계획에 있다.

8.5.4 노드-집합 함수(Node-Set Functions)

|number last()|

문맥 노드의 개수를 나타내는 문맥 크기(Context size)와 동일한 숫자 값을 반환한다. 이 함수를 사용하여 노드-집합에서 순서상 가장 마지막의 노드를 선택할 수 있다. 예를 들어, "//scene[last()]"는 가장 마지막에 나타나는 scene노드를 선택한다.

|number position()|

노드-집합에서 문맥 노드의 위치 값을 반환한다. 한 예로 "scene[position()=3]"은 노드-집합에서 세 번째 scene노드를 선택한다.

|number count(node-set)|

인자인 node-set에 있는 노드의 개수를 반환한다. 이 함수를 이용하여 HTML문서 내에서 table 태그의 수를 세려면 "count(//table)"을 사용하면 될 것이다.

|string local-name(node-set?)|

인자인 노드-집합에 속하는 첫 번째 노드의 확장된 이름의 일부분인 지역 이름을 반환한다. 만약 노드-집합이 공집합이거나 첫 번째 노드가 확장된 이름을 가지고 있지 않다면 빈 문자열을 반환한다. 그리고 인자가 생략된 경우에는 문맥 노드를 원소로 가지는 노드-집합이 인자로 전달되어 처리된다.

|string name(node-set?)|

인자인 노드-집합에 속해있는 첫 번째 노드의 확장된 이름을 나타내는 QName을 포함하는 문자열을 반환한다. 첫 번째 노드가 네임스페이스를 가지고 있다면 네임스페이스의 이름을 앞에 붙여서 반환한다. 엘리먼트 노드와 애트리뷰트 노드의 경우를 제외하고는 이 함수와 위의 local-name 함수의 결과는 동일하다.

|string namespace-uri(node-set?)|

인자인 노드-집합에 속해있는 첫 번째 노드의 확장된 이름의 네임스페이스 URI를 반환한다. 만약 노드-집합이 공집합이거나, 첫 번째 노드가 확장된 이름을 가지고 있거나, 혹은 확장된 이름의 네임스페이스 URI 부분이 NULL이면 빈 문자열을 반환한다. 그리고 인자가 생략된 경우에는 문맥 노드를 원소로 가지는 노드-집합이 인자로 전달되어 처리된다. 이 함수에 의해서 반환되는 문자열은 엘리먼트 노드와 애트리뷰트 노드를 제외하고는 빈 문자열이 된다.

|node-set id(object)|

XML엘리먼트들은 ID타입의 애트리뷰트를 통해 유일하게 구분될 수 있다. 이 함수는 객체의 ID를 이용하여 해당 ID를 갖는 XML 엘리먼트들을 반환한다. 만약 인자가 노드-집합이면, 노드-집합의 각 노드들을 문자열로 변환한 후에 각각의 문자열 값을 ID로 갖는 노드들을 반환한다. 인자가 노드-집합 이외의 다른 타입이면, string 함수를 통해 문자열로 변환된 뒤에 그 문자열 값을 ID로 갖는 노드들을 반환한다. 이 함수를 사용한 예를 들면, id("foo")는 유일한 ID 값으로 foo를 가지는 엘리먼트를 선택한다. 그리고, id("foo")/child::para[position()=5]는 유일한 ID 값으로 foo를 갖는 엘리먼트의 다섯 번째 para 자식 노드를 선택한다.

8.5.5 XPath 경로식의 사용 지침

일반적으로 XML 애플리케이션에서 다루는 XML문서는 대용량이기 때문에 XPath를 사용할 때는 질의 처리 성능이 고려되어야 한다. 지금까지 XPath를 효율적으로 처리하는 방법은 많이 연구되었지만 대부분 XML 문서를 저장하는 방법에 의존적이다. 여기에서는 특정 방법에 치우치지 않으면서 XPath 질의 처리 향상에

도움이 될 수 있는 기본적인 지침들을 언급하고자 한다.

- **가능한 한 세밀하게 XPath 경로식을 작성하라:** 예를 들어, XPath 트리 모델에서 scene이 act의 부모이고 act는 actor의 부모일 때 actor를 찾는 XPath를 작성한다고 하자. 이에 대한 경로식 //actor와 /scene/act/actor 중에 어느 XPath를 수행하는 것이 더 효율적인가? 전자의 경우에는 관련 없는 수 많은 노드들을 살펴보아야 하지만 후자의 경우에는 필요한 노드들만을 살펴보면 찾을 수 있다. 물론 후자의 경우가 항상 더 좋은 것만은 아니다. XML을 저장할 때 actor에 대해 특별한 인덱스 구조를 만들었다면 //actor라는 XPath문이 더 빠르게 처리될 수 있다.
- **가능한 빨리 탐색 공간을 줄여라:** 위에서 언급한 트리 모델과 같이 scene이 act의 부모이고 act는 actor의 부모이며, actor는 name이라는 애트리뷰트를 가지고 있다고 하자. 여기서 이름이 hong인 actor의 부모 act를 찾아보자. //act/actor[@name='hong'] 혹은 //actor[@name='hong']/parent::act가 가능한 XPath 경로식일 것이다. 만약 수천 개의 act가 존재한다면 위의 두 개의 XPath 경로식 중에서 어느 것이 효율적인가? 전자와 비교하여 후자의 경우는 actor 노드들에 대해 hong이라는 이름의 조건문을 통하여 대상이 되는 actor 노드들의 개수를 최소화시키기 때문에 더 효율적일 것이다.

위에서 언급한 두 가지 지침을 기억하면서 지금까지 나열한 XPath 경로식들을 다시 한번 상기해 보기 바란다.

8.6 XPath 2.0

지금까지 설명한 내용은 1999년 11월에 W3C 확정-권고안으로 채택된 XML Path Language(XPath) Version 1.0을 기반으로 하고 있다. 2007년 1월에 W3C 확정-권고안이 된 XPath 2.0에서는 XPath 1.0과 비교하여 더 다양하고 강력한 기능들을 제공하고 있다. 초기에 XPath는 XPointer와 XSLT 등에서 사용되는 것으로 설계되었는데, XSLT에 대한 기능 확대와 더불어 새롭게 XQuery의 등장으로 기존의 XPath 1.0 보다 더욱 확장된 기능을 필요하게 되었다. XPath 2.0의 위치는 아래와 같다.

- XPath 2.0은 XSLT 2.0과 XQuery 1.0의 공통된 부분이다.
- XPath 2.0은 XPath 자체의 요구 사항뿐만 아니라 XML 질의 언어(XML

Query language)의 많은 부분까지 포함하고 있다.

- XPath 2.0은 XQuery 1.0 문법의 부분 집합이다.

8.6.1 다양한 데이터 타입의 지원

XPath 2.0에서는 XML Schema에서 언급된 Date, Year, Month, URI 등과 같은 기본 데이터 타입들을 제공한다. 또한, XPath에 새롭게 추가된 기본 데이터 타입들에 대응하는 다양한 함수 라이브러리들도 지원하고 있다.

그리고 XPath 2.0에서는 시퀀스(Sequence) 타입을 지원한다. 기존의 노드-집합과 유사하지만 시퀀스 타입은 다음과 같은 특성들을 갖는다.

- **모든 데이터는 시퀀스로 이루어 진다:** XPath 2.0의 모든 수식들은 시퀀스 타입의 데이터를 반환한다. 반환된 데이터가 하나인 경우에는 하나의 데이터만으로 구성된 시퀀스가 된다.
- **시퀀스들 사이에는 서로 중첩되지 않는다:** XPath 2.0에서는 시퀀스 내에 또 다른 시퀀스가 포함되는 것을 허용하지 않는다. 예를 들어, (2, 4, (1, 2, 3), 6)은 (2, 4, 1, 2, 3, 6)으로 바뀌어야 한다.
- **시퀀스는 정렬되어 있다:** XPath 1.0에서의 노드-집합에 속하는 노드들은 정렬 순서가 존재하지 않지만, 시퀀스를 이루는 데이터는 어떤 기준으로 정렬되어 있다.
- **시퀀스는 중복을 허용한다:** 하나의 시퀀스에는 동일한 데이터가 중복으로 나타날 수 있다.

8.6.2 새로 추가된 수식들

XPath 2.0에서 새롭게 추가된 많은 수식들은 XQuery 1.0에 기원을 두고 있다. XQuery 1.0에 대해서는 10장에서 자세히 설명하겠지만, 이 절에서는 XPath 2.0에서 확장된 수식 표현 방법을 설명하는 측면에서 간략히 언급하고자 한다.

|for문|

XPath 2.0에서 선언된 for문은 일반적인 컴퓨터 프로그래밍 언어에서 반복을 표현하는 for문과 유사하다. 아래의 예를 살펴보자.

```
for $x in /order/item return $x/price * $x/quantity
```

먼저 /order/item을 만족하는 각각의 item 엘리먼트를 x라는 변수를 사용하여 가리키고, 각 x에 대해서 x의 price와 quantity를 곱한 값을 반환한다. 이 for 문은 /order/item을 만족하는 item 엘리먼트의 개수만큼 반복한다. 참고로, XPath 2.0에서는 프로그래밍 언어에서 언급하는 변수(Variable)의 이름 앞에 $를 표시하여 나타낸다(예, 위의 for문에서 $x).

|if문|

XPath 2.0의 if문 역시 컴퓨터 프로그래밍 언어에서 조건 분기문으로 사용되고 있는 if문과 유사하다. 아래의 예를 살펴보자.

```
if ($widget1/unit-cost < $widget2/unit-cost)
        then $widget1
        else $widget2
```

위의 예에서 if 이후의 조건절의 결과는 부울 값이 되는데, 그 값이 참이면 then 이하의 문장을 실행하고 거짓이면 else 이하의 문장을 실행한다.

|some과 every문|

XPath 2.0에서는 if문 이외에 some과 every를 사용하여 새로운 조건식을 구성할 수 있다.

```
some $x in /students/student/name satisfies $x = "Fred"
every $part in /parts/part satisfies $part/@discounted
```

위의 예 중 some 문에서는 학생들 중에 최소한 한 학생(student)의 이름(name)이 Fred이면 참이 된다. 그리고, XPath 2.0의 every문은 모든 part 엘리먼트가 discounted 애트리뷰트를 가지고 있으면 참이 된다. 이와 같이 XPath 2.0에서는 기존에는 표현하기 어려운 여러 가지 조건식들을 만들 수 있다.

8.7 XPath 도구들

이 절에서는 XPath 1.0 혹은 2.0 표준 스펙을 지원하는 다양한 관련 도구들에 대해서 살펴보자. XPath 관련 도구들은 XPath 경로식의 문법을 검사하여 처리 결과를 알려주는 XPath 프로세서(XPath Processor)와 XPath 경로식의 구성 자체를 도와주는 XPath 편집기(XPath Editor)로 크게 나누어 볼 수 있다. 그러나 대부분의 XPath 편집기들은 XPath 프로세서의 기능을 내부적으로 포함하고 있다. 일반적으로 XPath 프로세서는 XPath 경로식을 활용하고자 하는 XML 애플리케이션에 내장되어 사용된다. 아래에서는 각각의 도구들을 몇 가지 나열한다.

|XPath 프로세서|

- Stylus Studio (http://www.stylusstudio.com): 이 제품군의 XPath Expression Evaluator는 XPath 1.0/2.0 경로식의 검사 및 처리를 지원한다.
- Saxon (http://sourceforge.net/projects/saxon): 이 제품은 Michael Kay에 의해서 개발된 공개 소프트웨어로서 공식적으로 Saxon은 XSLT와 XQeury 프로세서이다. 최근 버전에서는 XSLT 2.0, XPath 2.0, XQuery 1.0, XML Schema 1.0 등을 지원하고 있다.
- Xalan (http://xml.apache.org): Apach XML 프로젝트의 하나로서 XSLT 1.0과 XPath 1.0을 지원하고 있으며, C 언어를 지원하는 XalanC와 Java 언어를 지원하는 XalanJ2가 있다.
- MSXML (http://msdn.microsoft.com): 마이크로소프트의 XML 파서로서 msxml 3.0 이상 버전에서는 XPath 1.0의 스펙을 완전히 지원하고 있다.
- sixpath (http://sourceforge.net/projects/sixpath): XPath 경로식에 대한 파서와 관련 클래스로 구성된 라이브러리로서 Java로 개발되었다. XPath 1.0을 지원하고 있다.

|XPath 편집기|

- Oxygen XML Editor (http://www.oxygenxml.com): 이 도구는 XPath 뿐만 아니라 XML, XML Schema, XSLT, XHTML, XSL-FO, SVG, XQuery, WSDL 등에 대한 편집 기능을 제공한다.
- Stylus Studio (http://sourceforge.net/projects/saxon): 이 제품군의 Sense : X for XPath는 XPath 편집기로서 지능형 문맥 처리 기능을 지원하여 XPath 경로식을 자동으로 완성시킬 수 있다.
- Exchanger (http://www.exchangerxml.com): Exchanger XML 편집기는 내부적으로 Saxon을 이용하여 XML, XML Schema, XSLT, XPath, SVG, WSDL 등의 편집 기능을 제공한다.

8.8 요약

- XPath 1.0은 1999년도에 새롭게 W3C 확정-권고안으로 추가되었으며, 기존에 존재한 XPointer 및 XLink와 더불어 XML 문서를 구조에 따라 네비게이션(Navigation)할 수 있도록 지원하고 있다. 특히, XPointer와 XLink는 XML 문서 사이의 연결 및 이동을 지원하고, XPath는 하나의 XML 문서 내에서 이동하면서 문서의 구조에 따라 영역 지정 및 내용 검색을 지원하고 있다.
- 초기에 XPath는 XSLT와 XPointer에서 사용되는 것으로 설계되었으며, XPath 2.0은 XSLT 2.0과 XQuery 1.0의 기반이 되고 있다.
- XPath는 처음부터 일반성과 임의성이라는 두 가지 특징을 고려하면서 만들어졌다. XPath의 일반성이라는 것은 XPath가 XPointer 및 XSLT에서의 기반 기능으로 사용되는 것과 같이 다양한 XML 표준에서 보편적으로 사용할 수 있는 기능을 지원한다는 의미이다. 한편, XPath의 임의성이라는 것은 특정 XML 문서의 구조에 국한되지 않고 일반적인 XML 문서 구조에서 동작할 수 있도록 설계되었다는 것을 의미한다.
- XML 문서의 구조적 위치를 지정하고 문서 내용을 추출하기 위한 XPath의 표현식을 특별히 XPath 경로식(XPath expressions)이라고 한다. 이러한 XPath 경로식의 결과로 추출되는 객체는 노드-집합(Node-set), 부울(Boolean), 숫자(Number), 문자열(String) 등의 네 가지 타입을 가질 수 있다.
- XML 문서에 대한 XPath의 데이터 모델은 트리(Tree) 구조를 갖는다. XPath 트리 데이터 모델을 구성하는 노드에는 루트 노드, 엘리먼트 노드, 애트리뷰트 노드, 네임스페이스 노드, 처리명령 노드, 주석 노드, 텍스트 노드 등 7 가지 종류가 있다.
- 트리 데이터 모델에서 루트 노드를 제외한 모든 노드는 반드시 한 개의 부모 노드를 가지는데 이때 부모 노드는 엘리먼트 노드이거나 루트 노드가 된다. 그리고 네임스페이스 노드와 애트리뷰트 노드는 자신의 부모 노드를 갖지만, 그 부모 노드는 이들을 자식 노드라고 간주하지는 않는다.
- XML 문서에 대한 XPath의 트리 모델에서 모든 노드들은 일정한 순서를 갖는데 이를 문서 순서(Document order)라고 한다.
- XPath 경로식에서 대부분의 중요한 표현은 위치 경로이며, 위치 경로는 현재의 문맥 노드를 기준으로 관련된 노드들의 집합을 선택한다. 그리고, XPath의 위

치 경로는 일련의 위치 단계들로 이루어지며, 각 위치 단계는 축(Axis), 노드검사(Node-test), 술어(Predicate) 등의 세 부분으로 구성된다.

- XPath에는 13개의 서로 다른 축이 존재한다. 이 중에서 조상, 선행, 자신, 자손, 후행의 다섯 가지 축은 문서를 중첩되지 않는 다섯 개의 서로 다른 노드-집합으로 나눈다.
- 축약형으로는 모든 가능한 XPath 경로식을 표현하지 못하지만, 자주 사용되는 XPath 경로식들을 보다 간편하게 표현하기 위해 부가적으로 정의되었다.

8.9 연습 문제

1. XPath 경로식에서 문맥 노드의 의미는 무엇인가?
2. 위치 단계를 구성하는 preceding, descendant, following-sibling 축의 의미를 설명하고, 적합한 예제를 제시하라.
3. 다음 각각의 XPath에 대한 축약형을 쓰시오.
   - child::para[attribute::type='warning'][position()=5]
   - /child::doc/child::chapter[position()=5]/child::section[position()=2]
4. boolean(object) 함수는 XPath의 술어의 참 거짓을 판단할 때에 사용된다. 인자로 들어가는 object의 타입이 부울, 숫자, 문자열일 때, 각각의 경우에 대해 참이 되는 경우를 서술하라.
5. 다음은 책들의 약력을 나타내는 XML문서이다. 주어진 조건에 맞는 결과를 얻도록 XPath를 작성하라.

```
<bib>
    <book title="TCP/IP Illustrated">
     <year>1996</year>
      <author>Stevens</author>
      <publisher>Addison-Wesley</publisher>
    </book>
    <book title="Advanced Unix Programming">
      <year>2003</year>
      <author>Stevens</author>
      <publisher>Addison-Wesley</publisher>
    </book>
    <book title="Data on the Web">
      <year>2000)</year>
      <author>Abiteboul</author>
```

```
        <author>Buneman</author>
        <author>Suciu</author>
    </book>
</bib>
```

- 책 제목에 "Unix"가 들어간 모든 책들을 찾아라.
- 저자가 한 명 이상인 책들을 찾아라.
- 2000년도 이후에 출판된 모든 책들을 찾아라.

|프로젝트|

6. 5.7절 7번 연습문제의 영화 정보 및 영화 상영 정보에서 다음 조건에 대한 결과를 검색할 수 있는 자바(Java) 프로그램을 작성하라. 입력과 출력은 텍스트 기반 인터페이스로 하며 다른 방법을 사용해도 무방하다. XPath는 XQuery 처리기를 이용하여 처리할 수 있다. XQuery 처리기는 원하는 것으로 사용해도 상관 없으나 QEXO를 추천하며 그에 관련된 정보는 http://www.gnu.org/software/qexo/에서 얻을 수 있다.

   - 사용자로부터 영화 제목의 키워드를 입력 받고 그 키워드를 포함하는 영화를 찾아라.
   - 사용자로부터 영화 제목의 키워드를 입력 받고 그 키워드를 포함하는 영화를 상영하는 영화관을 찾아라.

09

CHAPTER

XSLT(XSL for Transformation)

둘 이상의 애플리케이션이 서로 데이터를 공유하는 상황에서, 애플리케이션들은 모두 데이터를 XML 문서로 표현하지만 각자 사용하는 문서의 구조는 서로 다르다고 가정하자. 그러면 한 애플리케이션이 다른 애플리케이션이 생성한 XML 문서를 사용하기 위해서는 XML 문서의 구조를 변경해 줄 필요가 있다. XSLT(XSL for Transformation)는 이와 같은 경우에 하나의 XML 문서를 다른 구조를 갖는 XML 문서, 혹은 아예 다른 형식의 문서(예를 들어 HTML 문서)로 변환하기 위해 사용하는 언어이다. 4장에서 XSLT가 XML 문서의 내용을 웹 브라우저에 표현하는 하나의 방법이라고 언급한 이유는 XSLT를 이용하여 XML 문서를 HTML 문서로 변환한 후 CSS를 이용하여 화면에 표현할 수 있기 때문이다. 그리고 11장에서 설명할 XSL-FO를 이용하면 XML 문서를 PDF, PostScript, Microsoft RTF 또는 TeX 등과 같은 고수준의 출력물로 만들 수 있는데, XSLT는 임의의 XML 문서를 XSL-FO로 변환하는 경우에도 사용된다. 이 장에서는 XML 스타일시트 언어인 XSL(eXtensible Stylesheets Language)의 한 부분인 XSLT에 대해서 상세히 살펴보겠다.

9.1 XSLT 개요

XML 문서를 다른 형식의 문서로 변환하기 위해서는 원본 XML 문서, 스타일시트(Stylesheet), 그리고 스타일시트를 적용하여 새로운 문서를 생성해 주는 변환기 이렇게 세 가지 요소가 필요하다. 여기서 스타일시트는 XSLT를 이용하여 작성하며, XSLT 프로세서(XSLT processor)라고 불리는 변환기를 통해 새로운 문서를 생성한다. 그림 9.1은 이러한 과정을 보여주고 있다.

XSLT 스타일시트 선언 언어로 정의된 문서는 하나의 적합형식(Well-formed) XML 문서이다. 2 장에서 언급했듯이 XML 문서는 트리 모양의 계층 구조로 나타낼 수 있는데, 스타일시트에는 원본 XML 문서의 트리를 새로운 문서의 트리로 변환하는 여러 개의 템플릿 규칙(Template rule)들을 명시한다. 각각의 템플릿 규칙은 패턴(Pattern)과 템플릿(Template)으로 구분되는데, 패턴은 원본 트리에서의 어떤 노드(Node)를 변환할 것인가를 명시하며, 템플릿은 그 노드가 결과 트리에서 어떻게 구체화 되어야 하는지를 명시한다.

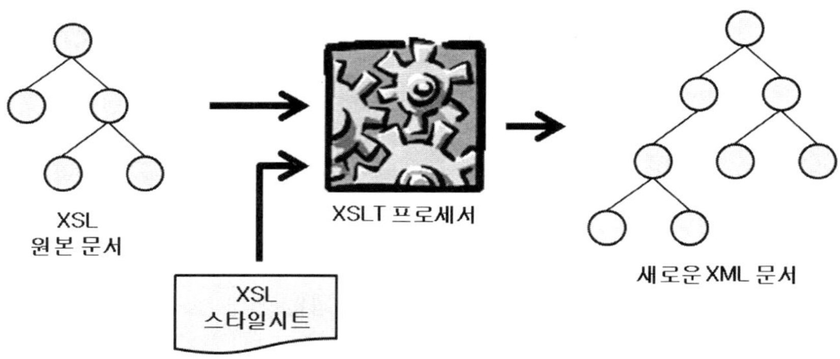

그림 9.1 XML 문서의 변환 과정

예 9.1은 XSLT 문서의 간단한 예제를 보여주고 있다. XSLT 문서 역시 하나의 적합형식 XML 문서이며, XSLT 프로세서가 이해하고 처리할 수 있는 xsl:stylesheet, xsl:template 등과 같은 엘리먼트들을 사용하고 있음을 알 수 있다.

예 9.1 XSLT 문서의 예

```
<?xml version="1.0" encoding="EUC-KR"?>
<xsl:stylesheet
     xmlns:xsl="http://www.w3.org/1999/XSL/Transform" version="1.0">
```

```
<xsl:template match="/">
   <html>
   <head>
         <title>XSLT를 이용한 문서 변환</title>
   </head>
   <body>
      <h1><xsl:value-of select="message"/></h1>
   </body>
   </html>
</xsl:template>
</xsl:stylesheet>
```

예 9.2의 XML 문서를 원본 문서로 하여 예 9.1의 XSLT 문서를 적용하면 예 9.3과 같은 HTML 문서를 생성할 수 있으며, XSLT를 통해서 생성된 HTML 문서는 웹 브라우저를 통하여 화면에 표현할 수 있다(그림 9.2).

예 9.2 **XML 문서의 예**

```
<?xml version="1.0"?>
<message>Hello, World!!</message>
```

예 9.3 **예 9.1을 예 9.2에 적용한 결과**

```
<html>
   <head>
      <title>XSLT를 이용한 문서 변환</title>
   </head>
   <body>
      <h1>Hello, World!!</h1>
   </body>
</html>
```

그림 9.2 예 9.3 문서를 웹 브라우저에서 불러들인 화면

9.2 XSLT 스타일시트

9.2.1 XSLT 스타일시트의 구조

XSLT 스타일시트 역시 하나의 적합형식 XML 문서이기 때문에, 먼저 XML 선언부가 나타나고 그 뒤로 하나의 루트 엘리먼트(Root element)를 갖는데, 이는 xsl:stylesheet 엘리먼트나 혹은 그 동의어인 xsl:transform 엘리먼트를 사용한다. 아래는 두 엘리먼트의 사용 예를 나타낸 것이며 두 예는 완전히 동일한 의미를 갖는다.

```
<xsl:stylesheet xmlns:xsl="http://www.w3.org/1999/XSL/Transform" version="1.0">

<xsl:transform xmlns:xsl="http://www.w3.org/1999/XSL/Transform" version="1.0">
```

루트 엘리먼트 내의 version 애트리뷰트에는 사용하고자 하는 XSLT의 버전을 명시하는데, XSLT 1.0 버전은 1999년 11월에 W3C 확정-권고안 상태로 지정되었으며, 2007년 1월에 2.0 버전 역시 W3C 확정-권고안 상태가 되었다. 이 장에서는 XSLT 1.0을 기반으로 설명한다. XSLT의 네임스페이스는 http://www.w3.org/1999/xsl/Transform이며, 접두사(Prefix)로는 일반적으로 xsl을 사용한다. 본 장에서도 xsl을 사용하여 XSLT의 네임스페이스를 나타내도록 하겠다.

네임스페이스와 버전 정보 이외에 xsl:stylesheet 엘리먼트 내에는 다음 애트리뷰트들을 명시할 수 있다.

- **id:** 스타일시트 선언 내용에 ID를 설정할 필요가 있을 경우 사용한다.
- **extension-element-prefixes:** XSLT 표준에 정의되어 있지 않더라도, XSLT 프로세서가 지원하는 추가적인 기능을 나타내는 엘리먼트들의 접두사를 명시한다. 이 애트리뷰트를 사용하는 경우에는 애트리뷰트 값에서 나열되는 엘리먼트들의 접두사를 가리키는 네임스페이스를 추가적으로 선언해야 한다.
- **exclude-result-prefixes:** XSLT를 적용한 결과 트리로부터 제거하고 싶은 엘리먼트들의 접두사를 명시한다. 이 애트리뷰트를 사용하는 경우에는 애트리뷰트 값에서 나열된 접두사에 대한 추가적인 네임스페이스 선언이 필요하다.

XSLT 문서의 루트 엘리먼트인 xsl:stylesheet 엘리먼트는 아래에 나열된 12 가지의 엘리먼트 타입들을 포함할 수 있으며 이들을 특별히 상위-수준(Top-level) 엘리먼트라고 부른다.

- xsl:import
- xsl:include
- xsl:strip-space
- xsl:preserve-space
- xsl:output
- xsl:key
- xsl:decimal-format
- xsl:namespace-alias
- xsl:attribute-set
- xsl:variable
- xsl:param
- xsl:template

아래의 예는 XSLT 스타일시트 문서의 구조를 보여준다. 위에서 언급한 상위-수준 엘리먼트들이 모두 사용된 경우로서, 이들은 여러 번 나타날 수 있다. 그리고 생략 부호(…)는 엘리먼트의 애트리뷰트 혹은 내용이 생략되었음을 의미한다. 여기서 xsl:stylesheet의 자식 엘리먼트들이 나타나는 순서는 xsl:import 엘리먼트나 오류 복구 과정의 경우를 제외하고는 중요하지 않다(이에 대해서는 이 장의 뒷 부분에서 언급하도록 하겠다). 그러므로 사용자들은 선호하는 엘리먼트 순서로 XSLT 문서를 구성할 수 있다.

```
<xsl:stylesheet version="1.0"
  xmlns:xsl="http://www.w3.org/1999/XSL/Transform">

  <xsl:import href="..."/>

  <xsl:include href="..."/>

  <xsl:strip-space elements="..."/>

  <xsl:preserve-space elements="..."/>

  <xsl:output method="..."/>

  <xsl:key name="..." match="..." use="..."/>
```

```
    <xsl:decimal-format name="..."/>

    <xsl:namespace-alias stylesheet-prefix="..." result-prefix="..."/>

    <xsl:attribute-set name="...">
      ...
    </xsl:attribute-set>

    <xsl:variable name="...">...</xsl:variable>

    <xsl:param name="...">...</xsl:param>

    <xsl:template match="...">
      ...
    </xsl:template>

    <xsl:template name="...">
      ...
    </xsl:template>

</xsl:stylesheet>
```

9.2.2 스타일시트들의 결합

XSLT를 사용하여 새로운 스타일시트를 작성할 때 기존에 작성해 두었던 XSLT 스타일시트 문서들을 활용하고 싶은 경우가 있을 수 있다. 이와 같은 경우를 위해 XSLT에서는 xsl:include와 xsl:import의 두 가지 엘리먼트를 제공한다.

먼저, xsl:include 엘리먼트는 하나의 스타일시트를 다른 스타일시트에 직접 그 내용을 삽입하는 것을 의미한다. 삽입되는 스타일시트 내의 모든 규칙 및 선언들은 삽입하는 스타일시트에서 직접 선언한 것처럼 포함된다. 외부 스타일시트를 삽입하고자 하는 부분에 xsl:include 엘리먼트를 사용하고 href 애트리뷰트에 삽입할 스타일시트의 URI를 명시하여 선언한다. 한 스타일시트가 직접적이거나 간접적으로 스스로에게 삽입해서는 안된다. 아래는 xsl:include 엘리먼트를 사용한 예제이다.

```
<xsl:include href = "article.xsl"/>
```

한편, xsl:import 엘리먼트를 사용해서도 외부 스타일시트들을 포함시킬 수 있는데, xsl:include 엘리먼트를 사용하는 것과는 약간 차이가 있다. xsl:include 엘리먼트를 사용한 경우에는 모든 스타일시트들(즉, 포함하고 포함되는 스타일시트들)에 선언된 규칙들이나 정의들이 모두 동일한 우선 순위를 갖는 반면, xsl:import 엘리먼트를 사용하는 경우에는 외부로부터 포함되는 스타일시트 선언들 보다 포함하는 문서에 선언된 것들이 더 높은 우선 순위를 갖는다. 예를 들어, 스타일시트 A가 순서대로 스타일시트 B와 C를 import하고, 스타일시트 B는 스타일시트 D를, 그리고 스타일시트 C는 스타일시트 E를 import한다고 할 때, 높은 우선 순위를 가지는 스타일시트부터 나열하면 A, B, D, C, E가 된다. xsl:include 엘리먼트를 사용할 때와 마찬가지로 xsl:import 엘리먼트를 사용하는 경우에도 스타일시트가 직접적이거나 간접적으로 자기 자신을 포함해서는 안된다.

XSLT 스타일시트를 선언할 때, xsl:include와 xsl:import 엘리먼트는 루트 엘리먼트인 xsl:stylesheet 엘리먼트의 바로 아래의 자식 엘리먼트로만 나타날 수 있으며, 특히 xsl:import 엘리먼트는 xsl:include 엘리먼트를 포함한 다른 모든 엘리먼트들보다 앞쪽에 선언되어야 한다. 그러므로 xsl:include 엘리먼트를 이용하여 스타일시트를 포함할 때, 포함되는 스타일시트 문서에 선언된 xsl:import 엘리먼트들은 포함하는 스타일시트 문서에서 선언된 xsl:import 엘리먼트 바로 다음으로 자동으로 이동된다. 예 9.4에서는 하나 이상의 xsl:import와 xsl:include 엘리먼트를 사용하여 스타일시트들을 결합하는 예제를 보여주고 있다.

예 9.4 여러 스타일시트들을 포함하는 예제

```
〈xsl:stylesheet xmlns:xsl="http://www.w3.org/1999/XSL/Transform" version="1.0" 〉
   〈xsl:import href="basic_style.xsl"/〉
   〈xsl:import href="customer_style.xsl"/〉
   〈xsl:import href="orderlist_style.xsl"/〉
   〈xsl:include href="productlist_style.xsl"/〉
   ...
〈xsl:stylesheet/〉
```

다음 절부터는 xsl:stylesheet 엘리먼트에 포함되는 상위-수준 엘리먼트들에 대한 구체적인 사용법을 설명하도록 하겠다. 먼저 가장 많이 사용되는 xsl:template 엘리먼트를 통한 XSLT에서의 변환 템플릿 규칙의 정의 및 적용 방법에 대해서 살펴보자.

9.3 템플릿

9.3.1 템플릿(Template)의 정의

템플릿을 정의하는 것은 XSLT 스타일시트를 선언하는데 필요한 가장 중요한 작업이다. 템플릿은 원본 XML 문서의 트리로부터 노드들을 선택하기 위한 XPath 수식(Expression)과 선택된 노드에 적용될 변환 규칙들로 구성된다. 원본 문서의 트리에 있는 노드들은 모두 적절히 처리되어 결과 문서 트리를 생성한다. xsl:template 엘리먼트를 정의하는 구문은 아래와 같다.

```
<xsl:template match="expression" name="qname" priority="n" mode="qname">
   <!--  template 엘리먼트의 내용 -->
</xsl:template>
```

xsl:template 엘리먼트의 내용에는 노드가 어떻게 처리될 것인지를 명시한다. 결과 문서 트리는 여러 개의 서브트리(Subtree)들로 구성되는데, 스타일시트에서 각 서브트리를 표현하는 가장 간단한 방법은 템플릿에 서브트리가 나타날 모습을 그대로 명시해 주는 것이다. 예 9.5에서 정의된 템플릿 규칙에 의하면, xsl:template 엘리먼트의 내용(Content)이 결과 트리에서 하나의 서브트리를 형성하게 되며, 변환된 결과 문서의 형식은 HTML 파일이 된다. (결과 문서의 루트 엘리먼트가 html이므로) 이 예제는 원본 트리의 데이터나 구조가 전혀 반영되지 않는 아주 간단한 예로, 어떠한 원본 문서가 오더라도 생성되는 결과 문서는 HTML 파일이 된다. 그러나 이 역시 XSLT로 선언된 스타일시트로서 완전한 템플릿 규칙을 구성하고 있다.

예 9.5 결과 트리에 나타날 서브트리를 그대로 명시한 템플릿 예제

```
<xsl:template match="/">
   <html>
      <head>
         <title>XSLT를 이용한 문서 변환</title>
      </head>
      <body>
         <h1>Hello, World!!</h1>
      </body>
   </html>
</xsl:template>
```

xsl:template 엘리먼트에는 네 가지의 애트리뷰트를 명시할 수 있는데 이 가운데 match 애트리뷰트는 변환 규칙을 적용할 대상이 되는 원본 트리에서의 노드들을 선택하는 데에 사용된다. 이 애트리뷰트의 값은 8장에서 살펴본 XPath 위치 경로(Location path) 식으로 표현되는 패턴을 가지며, 이 패턴을 만족하는 노드들을 패턴에 부합(Match)한다고 말한다. 예 9.5에서는 패턴으로 원본 트리의 루트 노드를 가리키는 XPath 위치 경로식 "/"을 사용하고 있으므로, 원본 트리의 루트 노드는 xsl:template 엘리먼트에서 명시한 엘리먼트 내용을 이용하여 변환된다(예제에서 정의된 변환 규칙은 단지 HTML 문서를 구성하는 것임을 확인할 수 있다). 이와 같은 방법으로, 모든 xsl:template 엘리먼트에서 명시된 피턴과 변환 규칙을 적용하면 궁극적으로 원하는 결과 문서가 만들어 진다.

name 애트리뷰트는 각 템플릿 정의에 이름을 부여하여 구분할 수 있도록 한다. 나머지 애트리뷰트들인 priority와 mode 애트리뷰트에 대해서는 다음 절에서 설명하기로 한다.

9.3.2 템플릿의 적용

예 9.5에서는 원본 트리의 루트 노드를 만나면 그에 해당하는 템플릿 규칙을 적용하여 결과 트리로 만들어 내며, 다른 자식 노드들에 대해서는 적용 규칙을 선언하고 있지 않기 때문에 변환 작업이 종료된다. 만약 루트 노드의 자식 노드들에 대해서도 계속해서 규칙을 적용하기를 원한다면 xsl:apply-templates 엘리먼트를 사용해야 한다. xsl:apply-templates 엘리먼트는 xsl:template 엘리먼트의 내용에 포함되는 변환 규칙에 사용되는 지시어로, match 애트리뷰트에 의해서 현재 선택된 노드의 바로 아래 자식들에 대한 템플릿 규칙들을 찾아서 재귀적으로 적용하라는 의미이다. xsl:apply-templates 엘리먼트를 정의하는 구문은 아래와 같다.

```
<xsl:apply-templates select="expression" mode="qname">
      <!-- apply-templates 엘리먼트의 내용 -->
</xsl:apply-templates>
```

다음은 xsl:apply-templates 엘리먼트의 사용에 대한 이해를 돕기 위한 예제이다. 예 9.6은 구매자 정보를 가지고 있는 XML 문서를 HTML 문서로 변환하는 XSLT 스타일시트 문서이고, 예 9.7은 구매자 정보에 대한 원본 XML 문서이다. 그리고 예 9.8은 예 9.6의 스타일시트를 예 9.7의 XML 문서에 적용한 HTML 결과 파일이다.

예 9.6 XML 문서를 HTML 문서로 변환하는 스타일시트 예제

```
<?xml version="1.0" encoding="EUC-KR"?>
<xsl:stylesheet xmlns:xsl="http://www.w3.org/1999/XSL/Transform" version="1.0">
<xsl:template match="/">
```

```
    <html>
      <body>
          <h2>구매자 정보</h2>
          <xsl:apply-templates/>
      </body>
    </html>
</xsl:template>
<xsl:template match="CustomerInfo/Name">
    <p>
      <b>성명</b> :
      <xsl:apply-templates/>
    </p>
</xsl:template>
<xsl:template match="LastName">
    <font color="navy"><b><xsl:apply-templates/></b></font>
</xsl:template>
<xsl:template match="FirstName">
    <font color="blue"><b><xsl:apply-templates/></b></font>
</xsl:template>
</xsl:stylesheet>
```

예 9.7 구매자 정보 XML 문서

```
<?xml version="1.0" encoding="EUC-KR"?>
<Order orderNumber="n002">
    <CustomerInfo>
    <Name>
          <LastName>홍</LastName>
          <FirstName>길동</FirstName>
      </Name>
    </CustomerInfo>
</Order>
```

예 9.8 예 9.6의 XML 원본 문서에 예 9.7의 스타일시트를 적용하여 생성된 결과 문서

```
<html>
    <body>
      <h2>구매자 정보</h2>
      <p>
          <b>성명</b> :
          <font color="navy"><b>홍</b></font>
          <font color="blue"><b>길동</b></font>
      </p>
    </body>
</html>
```

예 9.6의 스타일시트에서 선언된 xsl:template 엘리먼트는 모두 네 개가 있고 각각의 match 애트리뷰트 값은 "/", "CustomerInfo/Name", "LastName", "FirstName"이다. 여기서 템플릿 변환 규칙들이 적용되는 순서를 차례대로 따라가 보도록 하자. 먼저, 첫 번째 xsl:template 엘리먼트의 match 애트리뷰트의 XPath 위치 경로식 "/"에 따라 예 9.6의 원본 XML 문서에서 루트 노드에 대해서 템플릿 규칙을 적용하면 아래와 같은 변환된 결과 문서가 생성된다.

```
<html>
    <body>
        <h2>구매자 정보</h2>
        <xsl:apply-templates/>
    </body>
</html>
```

템플릿 규칙 내에 xsl:apply-templates 엘리먼트가 존재하기 때문에 현재 적용된 원본 XML 트리의 루트 노드의 자식 노드들에 대해서 반복적으로 적용한다. XML 문서에서 루트 노드의 자식 노드는 Order이지만 이 노드에 대한 템플릿 규칙이 선언되어 있지 않기 때문에 Order 노드의 자식 노드인 CustomerInfo에 대한 템플릿 규칙을 찾는다. CustomerInfo 노드에 대한 템플릿 역시 선언되어 있지 않기 때문에 다시 CustomerInfo 노드의 자식 노드인 Name 노드에 해당하는 템플릿 규칙을 찾는다. 예 9.6의 두 번째 xsl:template 엘리먼트의 match 애트리뷰트 값이 "CustomerInfo/Name"이므로 이 규칙을 적용하면 아래와 같은 결과 문서를 생성한다.

```
<html>
      <body>
          <h2>구매자 정보</h2>
          <p>
              <b>성명</b> :
          <xsl:apply-templates/>
          </p>
      </body>
</html>
```

또다시 템플릿 규칙 내에 xsl:apply-templates 엘리먼트가 존재하기 때문에 현재 적용된 원본 XML 트리의 "CustomerInfo/Name" 노드의 자식 노드들에 대해서 적절한 템플릿 규칙을 찾아 적용한다. 예 9.7의 원본 문서에서 "CustomerInfo/Name"의 첫 번째 자식 노드로 LastName이 있기 때문에 예 9.6의 세 번째 xsl:template 엘리먼트의 템플릿 규칙을 적용하면 아래와 같은 결과 문서가 생성된다.

```
<html>
    <body>
        <h2>구매자 정보</h2>
        <p>
            <b>성명</b> :
            <font  color="navy"><b><xsl:apply-templates/></b></font>
        </p>
    </body>
</html>
```

"CustomerInfo/Name"의 두 번째 자식 노드인 FirstName에 대해 예 9.6의 네 번째 xsl:template 엘리먼트의 템플릿 규칙을 적용하면 아래와 같은 결과 문서가 생성된다.

```
<html>
    <body>
        <h2>구매자 정보</h2>
        <p>
            <b>성명</b> :
            <font  color="navy"><b><xsl:apply-templates/></b></font>
            <font  color="blue"><b><xsl:apply-templates/></b></font>
        </p>
    </body>
</html>
```

이 결과 문서에 xsl:apply-templates 엘리먼트가 두 개 존재함을 확인할 수 있다. 첫 번째 xsl:apply-templates는 예 9.6의 세 번째 xsl:template 엘리먼트를 적용하는 과정에서 나온 것이고, 두 번째 xsl:apply-templates는 네 번째 xsl:template 엘리먼트를 적용하는 과정에서 나온 것이다. 그러므로 예 9.7의 원본 XML 문서에서 LastName 노드의 자식 노드로서 "홍"이라는 텍스트 노드를, FirstName의 자식 노드로서 "길동"이라는 텍스트 노드를 각각 해당 xsl:apply-templates의 위치에 적용하여 아래와 같은 최종 결과 문서를 얻게 되어 예 9.8과 같게 된다.

```
<html>
    <body>
        <h2>구매자 정보</h2>
        <p>
            <b>성명</b> :
            <font  color="navy"><b>홍</b></font>
            <font  color="blue"><b>길동</b></font>
        </p>
    </body>
</html>
```

xsl:apply-templates 엘리먼트의 select 애트리뷰트는 현재 노드의 모든 자식노드들을 처리하는 대신 select 애트리뷰트 값에 명시된 수식을 만족하는 노드들에 대해서만 템플릿 규칙을 적용한다. 이때, 선택된 노드들은 특별한 순서가 명시되어 있지 않는 한 문서에 나타난 순서로 처리된다. 위의 예를 예 9.9와 같이 xsl:apply-templates에 select 애트리뷰트를 사용한 스타일시트를 정의하여 예 9.7 원본 XML 문서에 적용하면 예 9.10과 같은 결과를 얻는다. 여기서 "CustomerInfo/Name"에 대한 템플릿 규칙은 건너뛰고 LastName과 FirstName에 대해서만 템플릿 규칙이 적용됨을 확인할 수 있다.

예 9.9 예 9.6을 수정한 스타일시트

```
<?xml version="1.0" encoding="EUC-KR"?>
<xsl:stylesheet xmlns:xsl="http://www.w3.org/1999/XSL/Transform" version="1.0">
<xsl:template match="/">
   <html>
      <body>
         <h2>구매자 정보</h2>
         <xsl:apply-templates select="//LastName"/>
         <xsl:apply-templates select="//FirstName"/>
      </body>
   </html>
</xsl:template>
<xsl:template match="CustomerInfo/Name">
   <p><b>성명</b> : <xsl:apply-templates/></p>
</xsl:template>
<xsl:template match="LastName">
   <font color="navy"><b>
      <xsl:apply-templates/>
   </b></font>
</xsl:template>
<xsl:template match="FirstName">
   <font color="blue"><b>
      <xsl:apply-templates/>
   </b></font>
</xsl:template>
</xsl:stylesheet>
```

예 9.10 예 9.9를 예 9.7에 적용한 결과 문서

```
<html>
   <body>
      <h2>구매자 정보</h2>
```

```
        <font color="navy"><b>홍</b></font>
        <font color="blue"><b>길동</b></font>
    </body>
</html>
```

mode 애트리뷰트는 xsl:template 엘리먼트의 mode 애트리뷰트와 동일한 의미를 갖는데, 이에 대해서는 9.3.5 절에서 설명한다.

9.3.3 템플릿 우선순위

스타일시트를 적용할 때, 원본 문서의 노드가 하나 이상의 템플릿 규칙에 부합하는 경우가 있을 수 있다. 하지만 부합하는 템플릿들 중에서 적용될 수 있는 템플릿 규칙은 오직 하나뿐이다. 따라서 이런 경우에는 다음과 같은 방법을 이용하여 여러 개의 템플릿 규칙들 가운데에서 하나의 템플릿 규칙만을 선택한다.

1. 먼저, 대상이 되는 템플릿 규칙들 가운데에서 xsl:import 엘리먼트에 의해서 포함되는 우선순위가 가장 높은 규칙들만을 선택한다. 여기서 xsl:import 엘리먼트에 대한 우선순위는 9.2.2 절에서 언급한 바 있다.
2. 1번에서 선택된 템플릿 규칙들 가운데에서 xsl:template 엘리먼트의 priority 애트리뷰트에 의해 명시된 우선순위가 가장 높은 규칙들만을 선택한다. 이 때 priority 애트리뷰트의 값은 -1.0에서 1.0 사이의 실수이며, 이 값이 명시되지 않은 경우에는 노드에 대해 좀 더 상세하게 기술한 패턴이 그렇지 않은 패턴보다 높은 기본 우선순위를 갖는다. 예를 들면 다음과 같다.

   - Order/CustomerInfo/Name/LastName은 LastName보다 우선순위가 높다.
   - Name/*보다는 Name/LastName이 우선순위가 높다.
   - Order[@orderNumber="n002"]는 Order보다 우선순위가 높다.

위와 같은 처리를 했는데도 불구하고 둘 이상의 대상이 되는 템플릿 규칙들이 존재한다면 스타일시트을 잘못 작성한 것이다. 이 경우 XSLT 프로세서는 오류 메시지를 출력하고 처리를 중단하거나, 혹은 대상이 되는 템플릿 규칙들 중에서 스타일시트의 맨 마지막에 나타나는 하나의 템플릿 규칙만을 골라서 적용할 수 있다.

9.3.4 템플릿의 선택

포함되는 스타일시트의 템플릿 규칙과 그 스타일시트를 포함하는 스타일시트의 템플릿 규칙이 충돌하는 경우에는 포함되는 템플릿 규칙이 낮은 우선순위를 갖게 되어 적용이 되지 않는다. 이때, 필요에 의해 포함되는 템플릿 규칙을 적용해야 하는 경우에는 xsl:apply-imports 엘리먼트를 사용할 수 있다.

예 9.12의 스타일시트는 예 9.11에서 선언된 스타일시트를 포함하고 있으며, 이때 xsl:template 엘리먼트의 "Name" 패턴은 충돌이 발생하여 예 9.11에서 선언된 템플릿 규칙은 기본적으로 적용되지 않는다. 그러나 예 9.12의 "Name" 패턴을 갖는 템플릿 규칙 내에서 xsl:apply-templates 엘리먼트를 명시함으로써 예 9.11의 템플릿 규칙을 적용하게 된다. 이러한 변환 과정에 따라 생성된 최종 결과 문서는 예 9.13과 같음을 확인할 수 있다.

예 9.11 doc.xsl 파일에 저장된 스타일시트 문서

```
<?xml version="1.0" encoding="EUC-KR"?>
<xsl:stylesheet xmlns:xsl="http://www.w3.org/1999/XSL/Transform" version="1.0">
<xsl:template match="Name">
  <pre><xsl:apply-templates/></pre>
</xsl:template>
</xsl:stylesheet>
```

예 9.12 doc.xsl을 포함하는 스타일시트 문서

```
<?xml version="1.0" encoding="EUC-KR"?>
<xsl:stylesheet xmlns:xsl="http://www.w3.org/1999/XSL/Transform" version="1.0">
<xsl:import href="doc.xsl"/>
<xsl:template match="/">
  <html>
    <body><xsl:apply-templates/></body>
  </html>
</xsl:template>
<xsl:template match="Name">
  <div style="border: solid blue">
    <xsl:apply-imports/>
  </div>
</xsl:template>
<xsl:template match="LastName">
  <b><xsl:apply-templates/></b>
</xsl:template>
<xsl:template match="FirstName">
  <b><xsl:apply-templates/></b>
</xsl:template>
</xsl:stylesheet>
```

예 9.13 예 9.12를 예 9.7에 적용한 결과 문서

```
<html>
  <body>
    <div style="border: solid blue">
        <pre>
            <b>홍</b>
            <b>길동</b>
        </pre>
    </div>
  </body>
</html>
```

9.3.5 템플릿 모드

모드(Mode)는 하나의 엘리먼트가 각각 다른 결과를 내면서 여러 번 처리될 수 있도록 한다. 예를 들어, 하나의 엘리먼트를 문서에서 존재하는 위치에 따라서 서로 다르게 출력하고자 할 때 이 기능을 사용할 수 있다.

xsl:template와 xsl:apply-templates 엘리먼트는 모두 mode 애트리뷰트를 가질 수 있는데, xsl:template 엘리먼트가 match 애트리뷰트를 갖지 않을 때는 mode 애트리뷰트를 가져서는 안된다. xsl:apply-templates 엘리먼트가 mode 애트리뷰트를 갖는다면, 같은 mode 애트리뷰트 값을 갖는 xsl:template 엘리먼트의 템플릿 규칙에만 적용된다. 그리고 xsl:apply-templates 엘리먼트가 mode 애트리뷰트를 갖지 않는다면, mode 애트리뷰트를 갖지 않는 xsl:template 엘리먼트의 템플릿 규칙에만 적용된다.

예 9.14는 문서의 두 부분에 구매자의 이름을 넣되, 위쪽에는 초록색 이탤릭(Italic)체로 써넣고 아래쪽에는 파란색 볼드(Bold)체로 써넣도록 선언한 스타일시트 예제이다. 다시 말해서, match 애트리뷰트의 패턴에 의해서 예 9.14의 첫 번째 xsl:template 엘리먼트의 템플릿 규칙이 적용될 때 규칙 내에는 mode 애트리뷰트를 가진 두 개의 xsl:apply-templates 엘리먼트들이 존재한다. 첫 번째 xsl:apply-templates는 "top" 값의 모드를 갖기 때문에 이 부분에 향후 적용되는 템플릿 규칙들이 동일하게 "top" 값을 모드로 갖는 xsl:template 엘리먼트들에서 선택된다. 두 번째 xsl:apply-templates 역시 "bottom" 값의 모드를 갖기 때문에 "bottom" 값을 모드로 갖는 xsl:template 엘리먼트들에서의 템플릿 규칙들을 적용한다.

예 9.14 모드를 사용한 스타일시트 예제

```
<?xml version="1.0" encoding="EUC-KR"?>
<xsl:stylesheet xmlns:xsl="http://www.w3.org/1999/XSL/Transform" version="1.0">
<xsl:template match="/">
  <html>
    <body>
        <h2>구매자 정보</h2>
        <xsl:apply-templates mode="top"/>
        <br/>
        <xsl:apply-templates mode="bottom"/>
    </body>
  </html>
</xsl:template>
<xsl:template match="CustomerInfo/Name" mode="top">
  <p><i>이름</i> :
    <xsl:apply-templates mode="top"/>
  </p>
</xsl:template>
<xsl:template match="LastName" mode="top">
  <font color="green"><i>
    <xsl:apply-templates/>
    </i></font>
  </xsl:template>
<xsl:template match="FirstName" mode="top">
  <font color="green"><i>
    <xsl:apply-templates/>
    </i></font>
    </xsl:template>
<xsl:template match="CustomerInfo/Name" mode="bottom">
  <p><b>이름</b> :
    <xsl:apply-templates mode="bottom"/>
  </p>
</xsl:template>
<xsl:template match="LastName" mode="bottom">
  <font color="blue"><b>
    <xsl:apply-templates/>
        </b></font>
</xsl:template>
<xsl:template match="FirstName" mode="bottom">
  <font color="blue"><b>
    <xsl:apply-templates/>
    </b></font>
  </xsl:template>
</xsl:stylesheet>
```

9.3.6 기본 템플릿

XSLT는 스타일시트 작성의 편의를 위하여 몇 가지 기본 템플릿들을 정의하고 있다. 기본 템플릿들은 사용자가 모든 노드들에 대하여 템플릿을 명시하지 않더라도 XSLT 프로세서로 하여금 템플릿들을 재귀적으로 적용할 수 있도록 해준다. 기본 템플릿은 엘리먼트 노드와 루트 노드에 적용되며, 그 모양은 다음과 같다.

```
<xsl:template match="*|/">
        <xsl:apply-templates/>
</xsl:template>
```

텍스트와 애트리뷰트 노드의 경우에는 그 내용을 그대로 출력해주도록 다음과 같은 기본 템플릿이 존재한다.

```
<xsl:template match="text()|@*">
        <xsl:value-of select="."/>
</xsl:template>
```

또한, 처리명령(Processing instructions)과 주석에 대해서는 아무 작업도 하지 않도록 다음과 같은 기본 템플릿이 존재한다.

```
<xsl:template match="processing-instruction() | comment()"/>
```

이러한 기본 템플릿들은 다른 모든 템플릿들 보다 낮은 우선순위를 갖는다. 따라서 사용자가 지정한 템플릿과 기본 템플릿이 동일한 노드에 대해 부합되는 경우에는 사용자가 지정한 템플릿이 우선적으로 수행된다.

9.3.7 템플릿 호출

템플릿 정의 시에 name 애트리뷰트를 갖는 xsl:template 엘리먼트를 이름 템플릿(Named Template)이라고 하는데, 이러한 템플릿 규칙들은 name 애트리뷰트의 값으로 호출하여 적용할 수 있다. 특히, 이름 템플릿은 반복적인 호출을 통한 변환 작업이 필요한 경우에 유용하며, xsl:call-template 엘리먼트에서 name 애트리뷰트를 선언함으로써 이름 템플릿을 호출한다.

예 9.15는 쇼핑몰의 로고와 설명을 화면 상단과 하단에 보여주는데, 원본 트리에서 루트 노드에 대한 템플릿 규칙을 적용하는 첫 번째 xsl:template 엘리먼트에서

name 애트리뷰트를 사용한 xsl:call-template 엘리먼트를 확인할 수 있다.

예 9.15 **이름 템플릿을 사용한 스타일시트 예제**

```
<?xml version="1.0" encoding="EUC-KR"?>
<xsl:stylesheet xmlns:xsl="http://www.w3.org/1999/XSL/Transform" version="1.0">
<xsl:template match="/">
  <html>
    <body>
        <xsl:call-template name="logo"/>
        <br/>
        ...
        <br/>
        <xsl:call-template name="logo"/>
    </body>
  </html>
</xsl:template>
<xsl:template name="logo">
  <p>
    <img src="logo.gif" border="0"/> CD, DVD, 책 쇼핑몰
  </p>
</xsl:template>
</xsl:stylesheet>
```

앞에서 설명한 xsl:apply-templates 엘리먼트와는 달리, xsl:call-template 엘리먼트는 템플릿 규칙을 적용하고 있는 현재 노드를 변경하지 않는다. 한편, xsl:apply-templates는 현재 노드의 자손 노드들까지 대상이 되는 노드를 변경해가면서 재귀적으로 템플릿 규칙을 적용한다.

xsl:template 엘리먼트의 match, mode, priority 애트리뷰트는 특정 템플릿이 xsl:call-template 엘리먼트에 의해 호출되는지의 여부에 영향을 미치지 않는다. 마찬가지로, xsl:template 엘리먼트의 name 애트리뷰트는 특정 템플릿이 xsl:apply-templates 엘리먼트에 의해 호출되는지의 여부에 영향을 미치지 않는다.

XSLT 스타일시트에서는 이름과 우선순위가 동일한 이름 템플릿이 둘 이상 존재할 수 없다.

9.4 지시어 엘리먼트들

이 단원에서는 xsl:template 엘리먼트와 관련하여 컨텐츠의 생성과 관련된 여러 가지 엘리먼트들에 대해서 소개한다.

9.4.1 노드 값의 출력

원본 문서 트리에서 특정 노드의 값을 출력할 수 있는 방법으로 xsl:value-of 엘리먼트가 있다. 즉, 이 엘리먼트는 결과 문서에 텍스트 노드를 생성하기 위해 사용된다. 예 9.16은 xsl:value-of 엘리먼트를 사용해서 LastName 노드의 값을 출력하는 것을 보여준다.

예 9.16 xsl:value-of **엘리먼트를 사용하여 구매자 이름을 출력하는 템플릿 예제**

```
<xsl:template match="Name">
   <b><xsl:value-of select="LastName"/></b>
   <b><xsl:value-of select="FirstName"/></b>
</xsl:template>
```

xsl:value-of 엘리먼트에는 select 애트리뷰트가 반드시 나타나야 한다. select 애트리뷰트의 값으로 명시된 수식(Expression)은 XPath 경로식으로서, 원본 문서 트리에서 이 경로식을 처리한 결과 객체에 대한 문자열-값(String-value)을 결과 트리에서의 텍스트 노드로 구성한다. XPath 결과 객체에 대한 문자열 값의 구성은 이 책의 8장을 참고하기 바란다. 만약 문자열-값이 빈 문자열이라면 텍스트 노드는 생성되지 않는다. 생성된 텍스트 노드는 그 주위에 다른 텍스트 노드들이 존재하면 서로 합쳐져서 결과 트리에는 하나의 텍스트 노드로 만들어진다. 한편, xsl:copy-of 엘리먼트는 XPath 경로식을 처리하여 얻은 결과 객체를 문자열로 변환하지 않고 그대로 결과 트리에 복사하는데 사용된다.

엘리먼트 내의 애트리뷰트의 값에 대괄호({ })로 둘러싸인 수식을 포함시키면 그 대괄호 내의 수식의 처리 결과가 문자열 형식으로 변환되어 애트리뷰트의 값으로 적용되는데, 이를 애트리뷰트-값-템플릿(Attribute value template)이라고 한다. 예 9.17가 보여주는 템플릿은 원본 트리에서 Name 엘리먼트를 만나면 p 엘리먼트를 생성하고, 문서의 루트 엘리먼트인 Order 엘리먼트의 orderNumber 애트리뷰트의 값을 class라는 애트리뷰트의 값으로 할당하라는 것을 의미한다.

예 9.17 애트리뷰트 값 템플릿을 사용한 템플릿 예제

```
<xsl:template match="Name">
  <p class="{/Order/@orderNumber}">
    <xsl:apply-templates/>
  </p>
</xsl:template>
```

그러나, 모든 애트리뷰트들이 애트리뷰트-값-템플릿으로 해석되는 것은 아니다. 애트리뷰트의 값 자체가 수식이나 패턴이 되어야 하는 애트리뷰트, 9.2절에서 언급한 스타일시트의 상위-수준 엘리먼트들의 애트리뷰트, 그리고 이름을 갖는 XSLT 객체를 참조하는 애트리뷰트 등은 애트리뷰트-값-템플릿으로 해석되지 않는다. 또한 xmlns 애트리뷰트 역시 애트리뷰트-값-템플릿으로 해석되지 않는다.

9.4.2 노드의 생성

앞 절에서 살펴본 것처럼, 엘리먼트나 애트리뷰트와 같은 노드들을 템플릿 규칙 내에 써 주면 그 내용이 그대로 결과 트리에 반영이 된다. 예를 들어, 예 9.18과 같은 템플릿이 인스턴스화되면 결과 트리에는 color 애트리뷰트를 갖는 font 엘리먼트와 b 엘리먼트가 생성된다.

예 9.18 엘리먼트와 애트리뷰트를 직접 써서 생성하는 템플릿 예제

```
<xsl:template match="LastName">
<font color="navy">
<b><xsl:apply-templates/></b>
</font>
</xsl:template>
```

이 방법은 간단해서 많이 사용되기는 하지만, 엘리먼트 이름이나 애트리뷰트 이름, 애트리뷰트 값 등을 동적으로 생성할 수 없다는 제약이 있다. 이러한 제약을 해결하면서 결과 트리에 노드를 생성하는 방법에 대해서 살펴보자.

- **엘리먼트의 생성:** xsl:element 엘리먼트는 어떤 계산된 값이 엘리먼트의 이름이 되도록 엘리먼트를 생성하도록 해 준다. 여기서 생성되는 엘리먼트의 이름은

xsl:element의 name 애트리뷰트와 namespace 애트리뷰트에 의해서 명시된다. 이때 name 애트리뷰트는 반드시 있어야 하며 namespace 애트리뷰트는 선택 사항이다. 추가적으로 use-attribute-sets 애트리뷰트를 사용할 수 있는데 이 애트리뷰트의 사용법 및 의미에 대해서는 뒤에서 설명되는 "이름 애트리뷰트 집합의 생성" 부분을 참고하기 바란다. xsl:element 엘리먼트의 내용은 생성하고자 하는 엘리먼트의 애트리뷰트와 자식들에 대한 템플릿을 포함한다. 예 9.19는 Order 엘리먼트의 orderNumber 애트리뷰트 값을 이름으로 하는 엘리먼트를 생성한다.

예 9.19 xsl:element **엘리먼트를 사용하여 엘리먼트를 생성하는 템플릿 예제**

```
<xsl:template match="Order">
   <xsl:element name="{./@orderNumber}">
      <xsl:apply-templates/>
   </xsl:element>
</xsl:template>
```

namespace 애트리뷰트를 사용하면 생성될 엘리먼트의 네임스페이스를 지정할 수 있다. 예 9.20은 XSLT의 네임스페이스를 갖는 xsl:stylesheet 엘리먼트를 생성한다.

예 9.20 namespace **애트리뷰트를 사용하여 엘리먼트에 네임스페이스를 지정하는 템플릿 예제**

```
<xsl:template match="/">
   <xsl:element name="xsl:stylesheet"
      namespace="http://www.w3.org/1999/XSL/Transform">
      <xsl:apply-templates/>
   </xsl:element>
</xsl:template>
```

- **애트리뷰트의 생성:** 애트리뷰트 역시 엘리먼트와 유사한 방법으로 생성할 수 있다. xsl:attribute 엘리먼트를 사용하면 생성하고자 하는 애트리뷰트의 이름과 값을 동적으로 명시할 수 있다. 예 9.21은 xsl:stylesheet 엘리먼트에 version 애트리뷰트를 추가하는 예제이다. xsl:attribute 엘리먼트에서 name과 namespace 애트리뷰트를 사용하여 생성하고자 하는 애트리뷰트의 이름을 명시한다. 여기서 name 애트리뷰트는 반드시 존재해야 하고 namespace는 선택 사항이다. 그

리고 attribute 엘리먼트의 내용으로는 생성되는 애트리뷰트의 값에 대한 템플릿을 갖는다.

예 9.21 xsl:attribute **엘리먼트를 사용하여 엘리먼트에 애트리뷰트를 추가하는 템플릿 예제**

```
<xsl:template match="/">
  <xsl:element name="xsl:stylesheet"
    namespace="http://www.w3.org/1999/XSL/Transform">
    <xsl:attribute name="version">1.0</xsl:attribute>
    <xsl:apply-templates/>
  </xsl:element>
</xsl:template>
```

예 9.22는 예 9.21을 적용하여 얻은 결과 문서의 일부분을 보여준다.

예 9.22 **예 9.21을 적용한 결과**

```
<xsl:stylesheet xmlns:xsl="http://www.w3.org/1999/XSL/Transform" version="1.0">
  ...
</xsl:stylesheet>
```

예 9.23은 table 엘리먼트에 border 애트리뷰트를 추가하는 것으로 border애트리뷰트의 값은 1이 된다.

예 9.23 table **엘리먼트에** border **애트리뷰트를 추가하는 템플릿 예제**

```
<xsl:template match="OrderInfo">
  <table>
    <xsl:attribute name="border">1</xsl:attribute>
    <xsl:apply-templates/>
  </table>
</xsl:template>
```

xsl:element 엘리먼트와 마찬가지로, xsl:attribute 엘리먼트에 namespace 애트리뷰트를 사용하면 애트리뷰트에도 네임스페이스를 지정할 수 있다.

만일 엘리먼트에 자식 노드가 추가된 다음에 애트리뷰트를 추가하거나, 엘리먼트가 아닌 노드에 애트리뷰트를 추가하거나, 혹은 xsl:attribute 엘리먼트의 내용에 텍스트 노드가 아닌 다른 노드가 추가되어서는 안 된다. 이 경우, XSLT 프로세서는 오류를 발생시키거나 해당 애트리뷰트를 무시하고 처리한다.

- **이름 애트리뷰트 집합(Named Attribute Sets)의 생성:** 여러 엘리먼트들에 공통적으로 등장하는 애트리뷰트들이 있을 수 있다. 이 경우, 공통적으로 등장하는 애트리뷰트들을 한 곳에 묶어두고 필요한 곳에서 호출하여 사용하면 편리할 것이다. 이를 위해 XSLT는 xsl:attribute-set 엘리먼트를 정의하고 있다. 이 엘리먼트를 이용하여 애트리뷰트 집합을 정의하고 이름을 명명하여 둠으로써, 필요할 때 그 이름을 이용하여 해당 애트리뷰트 집합을 호출할 수 있도록 한다. 이렇게 정의된 이름 애트리뷰트 집합은 xsl:element, xsl:copy, xsl:attribute-set 엘리먼트에서 use-attribute-sets 애트리뷰트를 명시하여 사용된다. 위에서 언급한 엘리먼트에서 use-attribute-sets 애트리뷰트를 명시하는 것은 use-attribute-sets 애트리뷰트의 값으로 할당된 이름 애트리뷰트 집합에 속하는 애트리뷰트들을 순서대로 엘리먼트에 추가하는 것과 같다. 예 9.24와 예 9.25는 모두 use-attribute-sets 애트리뷰트를 사용하여 table 엘리먼트에 border, cellspacing, cellpadding 애트리뷰트를 차례대로 추가한다.

예 9.24 **이름 애트리뷰트 집합을 xsl:element 엘리먼트에 적용한 템플릿 예제**

```
<xsl:attribute-set name="tableAttributes">
   <xsl:attribute name="border">1</xsl:attribute>
   <xsl:attribute name="cellspacing">2</xsl:attribute>
   <xsl:attribute name="cellpadding">2</xsl:attribute>
</xsl:attribute-set>
<xsl:template match="OrderInfo">
   <xsl:element name="table"
      use-attribute-sets="tableAttributes">
         <xsl:apply-templates/>
   </xsl:element>
</xsl:template>
```

예 9.25 **이름 애트리뷰트 집합을 table 엘리먼트에 적용한 템플릿 예제**

```
<xsl:attribute-set name="tableAttributes">
   <xsl:attribute name="border">1</xsl:attribute>
   <xsl:attribute name="cellspacing">2</xsl:attribute>
   <xsl:attribute name="cellpadding">2</xsl:attribute>
```

```
</xsl:attribute-set>
<xsl:template match="OrderInfo">
  <table use-attribute-sets="tableAttributes">
    <xsl:apply-templates/>
  </table>
</xsl:template>
```

- **텍스트 노드의 생성:** xsl:text 엘리먼트는 그 내용에 명시한 것과 동일한 문자열 값을 갖는 텍스트 노드를 결과 트리에 생성한다. 이때 결과 트리에서 인접한 텍스트 노드들은 자동적으로 합쳐져서 하나의 텍스트 노드를 구성한다.

내용에 포함되어 있는 <나 &와 같은 금지된 문자들을 그대로 출력하고 싶은 경우에는 disable-output-escaping 애트리뷰트에 yes 값을 할당하면 된다. 이 애트리뷰트의 기본값은 “no”이다.

예 9.26 금지된 문자를 출력하는 템플릿 예제

```
<xsl:template match="OrderInfo">
  <xsl:text>&lt;주문 정보></xsl:text>
  <xsl:apply-templates/>
</xsl:template>
```

예 9.26에서는 disable-output-escaping 애트리뷰트를 사용하고 있지 않으므로 기본값으로 “no”의 값을 가지게 되어 예 9.29와 같이 < 문자열이 결과 문서에 그대로 출력된다.

예 9.27 금지된 문자를 출력한 결과

```
...
&lt;주문 정보>
...
```

한편, 예 9.28에서는 disable-output-escaping 애트리뷰트의 값을 “yes”로 하여 예 9.29와 같이 결과 문서에서는 < 대신에 < 문자가 출력됨을 확인할 수 있다.

예 9.28 **disable-output-escaping 애트리뷰트를 사용하여 금지된 문자를 출력하는 템플릿 예제**

```
〈xsl:template match="OrderInfo"〉
  〈xsl:text disable-output-escaping="yes"〉&lt;주문 정보〉〈/xsl:text〉
    〈xsl:apply-templates/〉
〈/xsl:template〉
```

예 9.29 **disable-output-escaping 애트리뷰트를 사용하여 금지된 문자를 출력한 결과**

```
...
〈주문 정보〉
...
```

- **처리 명령(Processing Instruction)의 생성:** 결과 트리에 처리 명령 노드의 생성을 위해서는 xsl:processing-instruction 엘리먼트를 사용하는데, name 애트리뷰트에 처리 명령 노드의 이름을 명시한다. name 애트리뷰트는 생략할 수 없다. 이때 name 애트리뷰트의 값은 앞에서 언급한 애트리뷰트-값-템플릿으로 해석된다. xsl:processing-instruction 엘리먼트의 내용에는 처리 명령 노드의 문자열-값에 대한 템플릿이 나타난다.

  예 9.30과 같이 xsl:processing-instruction을 사용하면 XSLT 프로세서에 의해서 생성되는 결과 문서에는 예 9.31과 같이 처리 명령 엘리먼트가 생성된다.

예 9.30 **xsl:processing-instruction 엘리먼트를 사용하여 처리 명령을 출력하는 템플릿 예제**

```
〈xsl:template match="/"〉
  〈xsl:processing-instruction name="xml-stylesheet"〉
    href="doc.xsl" type="text/css"
  〈/xsl:processing-instruction〉
  〈xsl:apply-templates/〉
〈/xsl:template〉
```

예 9.31 **xsl:processing-instruction 엘리먼트를 사용하여 처리 명령을 출력한 결과**

```
〈?xml-stylesheet href="doc.xsl" type="text/css"?〉
...
```

만약 xsl:processing-instruction 엘리먼트의 내용이 텍스트 노드 이외의 다른 종류의 노드를 포함한다면, XSLT 프로세서는 오류를 발생시킬 것이다. 또한, xsl:processing-instruction 엘리먼트의 내용을 인스턴스화한 결과에는 ?> 문자열을 포함해서는 안 된다.

- **주석(Comment)의 생성:** xsl:comment 엘리먼트를 사용하여 결과 트리에 주석 노드를 생성할 수 있다. xsl:comment 엘리먼트에는 생성할 주석 노드의 문자열-값을 나타내는 템플릿이 그 내용으로 포함된다. 예 9.32와 같이 xsl:template 엘리먼트 내에 xsl:comment 엘리먼트를 템플릿으로 선언한 스타일시트는 XSLT 프로세서에 의해 예 9.33과 같은 결과를 생성한다.

예 9.32 xsl:comment **엘리먼트를 사용하여 주석을 생성하는 템플릿 예제**

```
<xsl:template match="/">
   <xsl:comment>주문 정보</xsl:comment>
   <xsl:apply-templates/>
</xsl:template>
```

예 9.33 xsl:comment **엘리먼트를 사용하여 주석을 출력한 결과**

```
<!--주문 정보-->
...
```

만일 xsl:comment 엘리먼트의 내용이 텍스트 노드 이외의 다른 종류의 노드를 생성한다면, XSLT 프로세서는 오류를 발생시킬 것이다. 또한 xsl:comment 엘리먼트의 내용을 인스턴스화한 결과에 --나 -로 끝나는 문자열을 포함해서는 안 된다.

- **노드의 복사:** xsl:copy 엘리먼트는 원본 트리에서 선택된 현재 노드를 결과 트리에 복사하는 손쉬운 방법을 제공한다. 이때, 복사될 현재 노드의 네임스페이스 노드들은 자동으로 복사되지만 그 외에 애트리뷰트나 자식 노드들은 자동으로 복사되지 않는다. 예 9.34는 원본 문서 전체를 결과 문서에 복사하는 예제이다.

예 9.34 xsl:copy **엘리먼트를 사용하여 원본 문서를 복사하는 템플릿 예제**

```
<xsl:template match="@*|node()">
   <xsl:copy>
      <xsl:apply-templates select="@*|node()"/>
   </xsl:copy>
</xsl:template>
```

엘리먼트 노드들을 복사할 경우에, xsl:copy 엘리먼트는 use-attribute-sets 애트리뷰트를 가질 수 있다. 결과 트리에서 루트 노드(/)는 내부적으로 자동 생성되기 때문에, 원본 트리에서 복사할 노드가 루트 노드인 경우에는 xsl:copy 엘리먼트는 루트 노드를 실제로 복사하지 않고 단지 xsl:copy 엘리먼트의 내용에 명시된 템플릿만을 사용한다.

9.4.3 번호의 생성

xsl:number 엘리먼트는 결과 트리 내에 특정 형식을 가지는 숫자를 삽입하는 데에 사용된다. xsl:number 엘리먼트에는 여러 개의 애트리뷰트들을 사용할 수 있는데 이들을 적절히 사용하여 숫자의 패턴, 단계 등을 설정할 수 있다.

count 애트리뷰트에는 원본 트리에서 어떤 노드들을 셀 것인지를 나타내는 패턴이 들어간다. 만약 count 애트리뷰트가 명시되어 있지 않으면, 기본 패턴은 현재 노드 타입과 동일한 타입을 갖는 모든 노드를 가리킨다. 따라서, xsl:number 엘리먼트가 count 애트리뷰트를 가지면 count 애트리뷰트의 패턴에 속하는 노드들 중에서 현재 노드가 몇 번째 노드인지를 숫자로 출력한다.

예 9.35 구매 정보를 나타내는 XML 문서 예제

```
<OrderInfo>
  <CDList>
    <CD>
       <Title>베토벤</Title>
    </CD>
  <CD>
       <Title>모짜르트</Title>
    </CD>
  </CDList>
  <DVDList>
    <DVD>
       <Title>반지의 제왕</Title>
    </DVD>
    <DVD>
       <Title>매트릭스 리로디드</Title>
    </DVD>
    <DVD>
       <Title>터미네이터 3</Title>
    </DVD>
    </DVDList>
  <BookList>
```

```
    <Book isbn="i1234">
        <Title>나의 라임 오렌지 나무</Title>
    </Book>
    <Book isbn="i1357">
        <Title>삼국지</Title>
    </Book>
    <Book isbn="i1480">
        <Title>데이터베이스 시스템 입문</Title>
    </Book>
  </BookList>
</OrderInfo>
```

예 9.36은 xsl:number 엘리먼트와 count 애트리뷰트를 사용하여 예 9.35의 XML 문서에서 명시된 CD, DVD, Book 엘리먼트가 문서에 나오는 순서대로 번호를 부여하는 스타일시트를 보여준다.

예 9.36 **number 엘리먼트를 이용해 번호를 붙이는 템플릿 예제**

```
<xsl:template match="CDList">
  <p align="left">
    <xsl:number count="CDList|DVDList|BookList"/>. CD
    <br/>
    <xsl:apply-templates/>
  </p>
</xsl:template>
<xsl:template match="DVDList">
  <p align="left">
    <xsl:number count="CDList|DVDList|BookList"/>. DVD
    <br/>
    <xsl:apply-templates/>
  </p>
</xsl:template>
<xsl:template match="BookList">
  <p align="left">
    <xsl:number count="CDList|DVDList|BookList"/>. Book
    <br/>
    <xsl:apply-templates/>
  </p>
</xsl:template>
<xsl:template match="Title">
  <xsl:number count="CDList|DVDList|BookList|CD|DVD|Book"/>.
  <xsl:value-of select="."/>
  <br/>
</xsl:template>
```

예 9.37은 예 9.36의 스타일시트를 예 9.35의 문서에 적용한 결과이다. 여기서 주목할 사항은 xsl:number 엘리먼트에 의해서 출력되는 숫자는 count 뿐만 아니라 level 애트리뷰트의 영향을 받게 되며, level 애트리뷰트가 명시되지 않은 경우에는 기본값으로 "single"이 된다는 점이다. level 애트리뷰트에 대해서는 아래에서 상세히 설명하겠지만, 예 9.37은 level 애트리뷰트에 기본값인 "single"이 할당되어, 조상-혹은-자신(Ancestor-or-self) 축에서 가장 상위 레벨의 노드에서부터 현재 노드가 몇 번째인지를 출력한다.

예 9.37 **예 9.35에 예 9.36 스타일시트를 적용한 결과**

```
<p align="left">
   1. CD<br/>
   1. 베토벤<br/>
   2. 모짜르트<br/>
</p>
<p align="left">
   2. DVD<br/>
   1. 반지의 제왕<br/>
   2. 매트릭스 리로디드<br/>
   3. 터미네이터 3<br/>
</p>
<p align="left">
   3. Book<br/>
   1. 나의 라임 오렌지 나무<br/>
   2. 삼국지<br/>
   3. 데이터베이스 시스템 입문<br/>
</p>
```

xsl:number 엘리먼트에서의 level 애트리뷰트는 숫자를 부여할 때 고려되는 원본 트리의 레벨을 명시하는데, 그 값으로 single, multiple, any 등을 가지며 기본값은 single이다. level 애트리뷰트 값이 single인 경우는 앞에서 설명하였고, multiple인 경우에는 다단계로 숫자를 출력하게 되는데(예, 1., 1.1., 1.2., 1.1.1., …), 현재 노드를 기준으로 count 애트리뷰트에서 명시된 패턴에 부합하는 모든 조상 노드들의 레벨 수만큼 단계를 구성하여 패턴에 부합하는 현재 노드의 선행-형제(Preceding sibling) 노드들의 수보다 1 만큼 큰 숫자를 출력한다. 예 9.38은 Title 노드에 대한 템플릿 규칙에서 xsl:number 엘리먼트의 level 애트리뷰트가 multiple인 예제이다.

예 9.38 **xsl:number 엘리먼트의 level 애트리뷰트 값이 multiple인 템플릿 예제**

```
<xsl:template match="CDList">
   <p align="left">
```

```
      <xsl:number count="CDList|DVDList|BookList"/>. CD
      <br/>
      <xsl:apply-templates/>
    </p>
</xsl:template>
<xsl:template match="DVDList">
    <p align="left">
      <xsl:number count="CDList|DVDList|BookList"/>. DVD
      <br/>
      <xsl:apply-templates/>
    </p>
</xsl:template>
<xsl:template match="BookList">
    <p align="left">
      <xsl:number count="CDList|DVDList|BookList"/>. Book
      <br/>
      <xsl:apply-templates/>
    </p>
</xsl:template>
<xsl:template match="Title">
      <xsl:number count="CDList|DVDList|BookList|CD|DVD|Book" level="multiple"/>.
      <xsl:value-of select="."/>
    <br/>
</xsl:template>
```

예 9.39는 예 9.35의 원본 파일에 예 9.38의 스타일시트를 적용한 결과 문서이다. xsl:number 엘리먼트의 level과 count 애트리뷰트의 값에 따라 출력되는 숫자의 형식이 서로 다름을 알 수 있다. 예 9.35의 XML 파일에서의 CDList 엘리먼트에 대한 스타일시트 템플릿 규칙인 예 9.38의 첫 번째 xsl:template 엘리먼트에서는 xsl:number 엘리먼트에 level 애트리뷰트가 없기 때문에 기본값인 single이 적용된다. 그러므로 예 9.39의 결과에서는 "1. CD"와 같은 형식으로 표현된다. 그리고 예 9.35의 Title 엘리먼트에 대한 템플릿 규칙은 예 9.38의 마지막 xsl:template 엘리먼트로서, xsl:number 엘리먼트의 level 애트리뷰트 값은 multiple이다. 따라서, Title 엘리먼트의 부모 노드인 CD 엘리먼트에 적용된 번호 형식보다 한 단계 더 추가된 "1.1. 베토벤"과 같은 형식으로 출력한다. 예 9.35의 CDList 엘리먼트에 속하는 두 번째 CD 엘리먼트의 Title은 첫 번째 CD 엘리먼트의 Title과 동일한 단계이지만 자신보다 이전에 존재하는 형제 노드가 한 개 존재하기 때문에 "1.2. 모짜르트"와 같은 출력을 보여준다. 이와 같은 방식으로 DVD와 Book 정보를 예 9.39와 같이 출력한다.

예 9.39 예 9.35에 예 9.38 스타일시트를 적용한 결과

```
<p align="left">
   1. CD<br/>
   1.1. 베토벤<br/>
   1.2. 모짜르트<br/>
</p>
<p align="left">
   2. DVD<br/>
   2.1. 반지의 제왕<br/>
   2.2. 매트릭스 리로디드<br/>
   2.3. 터미네이터 3<br/>
</p>
<p align="left">
   3. Book<br/>
   3.1. 나의 라임 오렌지 나무<br/>
   3.2. 삼국지<br/>
   3.3. 데이터베이스 시스템 입문<br/>
</p>
```

xsl:number 엘리먼트에서 level 애트리뷰트가 any인 경우의 스타일시트 템플릿은 예 9.40에 나타나 있으며, 이를 적용한 결과는 예 9.41과 같다.

한편, xsl:number 엘리먼트에서 count와 level 애트리뷰트와 함께 from 애트리뷰트를 사용함으로써 level 애트리뷰트에서 고려되는 노드들을 제한할 수 있다. 즉, from 애트리뷰트 값으로 명시된 패턴에 부합하는 가장 가까운 조상 노드의 자손 노드들만이 level 애트리뷰트에 의해서 고려된다.

예 9.40 xsl:number 엘리먼트의 level 애트리뷰트의 값이 any인 템플릿 예제

```
<xsl:template match="Title">
   <xsl:number count="CDList|DVDList|BookList|CD|DVD|Book" level="any"/>.
   <xsl:value-of select="."/>
   <br/>
</xsl:template>
```

예 9.41 예 9.35에 예 9.40 스타일시트를 적용한 결과

```
<p align="left">
   1. CD<br/>
```

```
  2. 베토벤<br/>
  3. 모짜르트<br/>
</p>
<p align="left">
  2. DVD<br/>
  5. 반지의 제왕<br/>
  6. 매트릭스 리로디드<br/>
  7. 터미네이터 3<br/>
</p>
<p align="left">
  3. Book<br/>
  9. 나의 라임 오렌지 나무<br/>
  10. 삼국지<br/>
  11. 데이터베이스 시스템 입문<br/>
</p>
```

count 애트리뷰트 대신 value 애트리뷰트를 사용하면 value 애트리뷰트 값의 수식을 평가하여 숫자로 변환한 뒤 출력한다. 그리고 format 애트리뷰트에는 숫자를 어떤 형식으로 출력할 것인가를 명시한다. 표 9.1에 format 애트리뷰트에서 명시할 수 있는 형식들을 보여주고 있다.

표 9.1 number 엘리먼트의 format 애트리뷰트에 가용한 값과 그 형식

format 애트리뷰트의 값	형 식
1	1 2 ... 10 11 12 ...
01	01 02 ... 09 10 ... 99 100
A	A B C ... Z AA AB AC ...
a	a b c ... z aa ab ac ...
i	i ii iii iv v vi ...
I	I II III IV V VI ...

마지막으로, xsl:number 엘리먼트에 grouping-separator와 grouping-size 애트리뷰트를 사용하여 출력되는 숫자의 맨 뒷 자리에서 grouping-size의 값에 해당하는 위치마다 grouping-separator에서 명시된 구분자를 출력한다. 예 9.42의 원본 문서에 대해 예 9.43의 스타일시트를 적용한 결과는 예 9.44와 같다. 여기서, xsl:number 엘리먼트의 grouping-size가 3이고 grouping-separator가 “,”이기 때문에 출력되는 값인 154000이 3자리마다 “,” 문자가 추가된 154,000으로 나타난다.

예 9.42 **총 구매액을 나타내는 XML 문서**

```
<OrderInfo>
   <TotalCost currency="원">154000</TotalCost>
</OrderInfo>
```

예 9.43 **grouping-separator와 grouping-size 애트리뷰트를 사용하는 템플릿 예제**

```
<xsl:template match="TotalCost">
   <p align="left">
      <xsl:number grouping-size="3" grouping-separator="," value="."/>
      <xsl:value-of select="./@currency"/>
   </p>
</xsl:template>
```

예 9.44 **예 9.42에 예 9.43 스타일시트를 적용한 결과**

```
<p align="left">154,000원</p>
```

9.4.4 반복

원본 소스 트리에서 선택된 모든 노드들 각각에 대해 템플릿을 적용하고자 하는 경우에 xsl:for-each 엘리먼트를 사용할 수 있으며, 이때 대상이 되는 노드들은 select 애트리뷰트에 명시한다. 예 9.45는 예 9.35의 원본 XML 문서에 있는 모든 DVD 타이틀 앞에 번호를 붙이는 스타일시트를 보여주고 있으며 이를 적용한 결과는 예 9.46과 같다. 정렬(9.4.6절 참조)에 대한 특별한 명시가 없는 경우에는 대상이 되는 노드들을 문서에 나타나는 순서대로 처리한다.

예 9.45 **xsl:for-each 엘리먼트를 사용하여 DVD 타이틀 앞에 번호를 붙이는 템플릿 예제**

```
<xsl:template match="DVDList">
   <tr>
      <th align="left">DVD 리스트</th>
   </tr>
   <xsl:for-each select="DVD">
      <tr>
```

```
            <td align="left">
                <xsl:value-of select="position()"/>.
                <xsl:value-of select="Title"/>
            </td>
        </tr>
    </xsl:for-each>
</xsl:template>
```

예 9.46 예 9.45를 적용한 결과

```
<tr>
  <th align="left">DVD 리스트</th>
</tr>
<tr>
  <td align="left">1. 반지의 제왕</td>
</tr>
<tr>
  <td align="left">2. 매트릭스 리로디드</td>
</tr>
<tr>
  <td align="left">3. 터미네이터 3</td>
</tr>
```

9.4.5 조건 및 선택

XSLT에서 조건을 처리하는 지시자로 xsl:if와 xsl:choose 엘리먼트가 있는데, xsl:if는 간단한 if-then 조건문을 제공하고, xsl:chcose는 여러 개의 대상이 존재하는 경우에 하나를 선택할 수 있는 기능을 제공한다.

xsl:if 엘리먼트는 test 애트리뷰트를 통하여 XPath의 부울(Boolean) 수식을 명시할 수 있다. 만일 수식의 결과가 참(True)인 경우에는 xsl:if 엘리먼트에 명시된 템플릿이 적용되고, 거짓(False)인 경우에는 어떤 것도 생성되지 않는다. 예 9.47은 DVD 아이템을 나열하면서 격줄로 명암을 넣을 수 있도록 결과 파일에 bgcolor 애트리뷰트를 추가하는 스타일시트이다.

예 9.47 DVD 아이템 리스트에 격줄로 명암을 넣는 템플릿 예제

```
<xsl:template match="DVDList">
  <tr>
    <th align="left">DVD 리스트</tr>
  </tr>
  <xsl:for-each select="DVD">
```

```
    <tr>
      <xsl:if test="position() mod 2 = 1">
        <xsl:attribute name="bgcolor">#eeeeee</xsl:attribute>
      </xsl:if>
      <td align="left">
        <xsl:value-of select="position()"/>.
        <xsl:value-of select="Title"/>
      </td>
    </tr>
  </xsl:for-each>
</xsl:template>
```

예 9.48 예 9.47을 적용한 결과

```
<tr>
  <th align="left">DVD 리스트</th>
</tr>
<tr bgcolor="#eeeeee">
  <td align="left">1.반지의 제왕</td>
</tr>
<tr>
  <td align="left">2.매트릭스 리로디드</td>
</tr>
<tr bgcolor="#eeeeee">
  <td align="left">3.터미네이터 3</td>
</tr>
```

xsl:choose 엘리먼트는 여러 대상들 중에서 하나를 선택할 수 있도록 하는데, 자식 엘리먼트로는 여러 개의 xsl:when과 하나의 xsl:otherwise를 가진다. xsl:when 엘리먼트는 xsl:if 엘리먼트와 마찬가지로 XPath의 부울 수식을 명시할 수 있는 test 애트리뷰트를 갖는다. xsl:choose 엘리먼트가 처리될 때, 각 xsl:when 엘리먼트의 test 애트리뷰트의 수식을 평가하여 그 값이 참이면 해당 xsl:when 엘리먼트가 갖는 템플릿이 적용된다. 만약 참이 되는 xsl:when 엘리먼트가 없으면 xsl:otherwise 엘리먼트의 템플릿이 적용되며, 참인 xsl:when 엘리먼트도 없고 xsl:otherwise 엘리먼트도 없다면 어떠한 작업도 수행하지 않는다. 만약 참이 되는 xsl:when 엘리먼트가 여러 개가 존재하는 경우에는 참이 되는 첫 번째 xsl:when 엘리먼트를 선택하여 처리한다.

예 9.49의 템플릿은 CD 엘리먼트를 만나면 A. B. C. ... 형식의 번호를 부여하고, DVD 엘리먼트를 만나면 i. ii. iii. ... 형식의 번호를 부여하며, 그 외의 엘리먼트를 만나면 1. 2. 3. ... 형식의 번호를 부여하고 그 Title을 출력한다.

예 9.49 다양한 형식의 번호를 부여하는 템플릿 예제

```
<xsl:template match="OrderInfo/*/*">
   <tr>
      <td align="left">
         <xsl:choose>
            <xsl:when test="name()='CD'">
               <xsl:number count="CD" format="A."/>
            </xsl:when>
            <xsl:when test="name()='DVD'">
               <xsl:number count="DVD" format="i."/>
            </xsl:when>
            <xsl:otherwise>
               <xsl:number count="*" format="1."/>
            </xsl:otherwise>
         </xsl:choose>
         <xsl:value-of select="Title"/>
      </td>
   </tr>
</xsl:template>
```

예 9.50 예 9.49를 적용한 결과

```
<tr>
   <td align="left">A.베토벤</td>
</tr>
<tr>
   <td align="left">B.모짜르트</td>
</tr>
<tr>
   <td align="left">i.반지의 제왕</td>
</tr>
<tr>
   <td align="left">ii.매트릭스 리로디드</td>
</tr>
<tr>
   <td align="left">iii.터미네이터 3</td>
</tr>
<tr>
   <td align="left">1.나의 라임 오렌지 나무</td>
</tr>
<tr>
   <td align="left">2.삼국지</td>
</tr>
<tr>
   <td align="left">3.데이터베이스 시스템 입문</td>
</tr>
```

9.4.6 정렬

xsl:apply-templates 혹은 xsl:for-each 엘리먼트의 자식 노드로서 xsl:sort 엘리먼트를 추가하면 처리해야 하는 노드들을 정렬할 수 있다. xsl:sort 엘리먼트를 여러 개 사용하여 정렬 키를 여러 개 지정할 수 있다. 예를 들면, 첫 번째 xsl:sort 엘리먼트가 첫 번째 정렬 키를 명시하고, 두 번째 xsl:sort 엘리먼트가 두 번째 정렬 키를 명시하는 식이다.

select 애트리뷰트는 정렬 키를 명시하는 수식을 나타내며 기본값으로는 현재 처리중인 노드를 의미하는 "."을 갖는다. data-type 애트리뷰트는 정렬이 어떤 형태를 따라야 하는지를 명시한다. 그 값이 text이면 텍스트 순서로 정렬하며 number이면 숫자 순서로 정렬한다. order 애트리뷰트의 값이 ascending이면 오름차순, descending이면 내림차순으로 정렬되며, case-order 애트리뷰트의 값이 upper-first이면 대문자가 우선되고, lower-first이면 소문자가 우선되어 정렬된다. 예 9.51은 Title을 기준으로 정렬된 주문 리스트를 보여준다.

예 9.51 각 Title을 기준으로 아이템들을 정렬하는 템플릿 예제

```
<xsl:template match="OrderInfo">
  <table border="1">
    <xsl:for-each select="*/*">
        <xsl:sort select="Title"/>
        <tr>
            <td align="left">
                <xsl:value-of select="Title"/>
            </td>
        </tr>
    </xsl:for-each>
  </table>
</xsl:template>
```

예 9.52 예 9.51을 적용한 결과

```
<table border="1">
  <tr>
    <td align="left">나의 라임 오렌지 나무</td>
  </tr>
  <tr>
    <td align="left">데이터베이스 시스템 입문</td>
```

```
    </tr>
    <tr>
      <td align="left">매트릭스 리로디드</td>
    </tr>
    <tr>
      <td align="left">모짜르트</td>
    </tr>
    <tr>
      <td align="left">반지의 제왕</td>
    </tr>
    <tr>
      <td align="left">베토벤</td>
    </tr>
    <tr>
      <td align="left">삼국지</td>
    </tr>
    <tr>
      <td align="left">터미네이터 3</td>
    </tr>
</table>
```

9.5 그 밖의 엘리먼트들

9.5.1 변수(Variables)와 파라미터(Parameters)의 사용

- **변수:** 변수라는 것은 하나의 값을 가질 수 있는 이름이며, 이때 값은 임의의 타입을 가진 객체가 될 수 있다. xsl:variable 엘리먼트의 name 애트리뷰트에 변수의 이름을 설정하면 그 이름에 값이 할당된다 변수에 할당되는 값은 다음과 같이 결정된다.
  ① xsl:variable 엘리먼트에 select 애트리뷰트가 있으면, 그 애트리뷰트에 명시된 수식을 계산한 값이 변수의 값으로 할당된다.
  ② xsl:variable 엘리먼트에 select 애트리뷰트가 없거나 xsl:variable 엘리먼트가 하나 이상의 자식 노드를 가지면, xsl:variable 엘리먼트의 내용이 값으로 할당된다.
  ③ xsl:variable 엘리먼트의 자식 노드가 없고 select 애트리뷰트도 없으면, 비어있는 문자열이 값으로 할당된다.

변수의 값을 참조하려면 변수의 이름 앞에 달러 부호($)를 붙여주면 되며, 만일 애트리뷰트의 값 안에서 사용을 하려면 반드시 대괄호({ })로 묶어주어야 한다. 예

9.53은 책의 제목 앞에 "제목 :" 문자열을 출력한다.

예 9.53 **"제목 :" 문자열을 상수로 지정하는 템플릿 예제**

```
<xsl:variable name="title">제목 :</xsl:variable>
<xsl:template match="Book">
   <tr>
     <td align="left">
         <xsl:value-of select="$title"/>
         <xsl:value-of select="Title"/>
     </td>
   </tr>
</xsl:template>
```

예 9.54 **예 9.53을 적용한 결과**

```
<tr>
   <td align="left">제목 :나의 라임 오렌지 나무</td>
</tr>
<tr>
   <td align="left">제목 :삼국지</td>
</tr>
<tr>
   <td align="left">제목 :데이터베이스 시스템 입문</td>
</tr>
```

- **파라미터:** 이름 템플릿을 호출할 때 파라미터를 넘겨줄 수 있는데 이때 전달되는 기본값을 xsl:param 엘리먼트를 이용하여 명시할 수 있으며, 템플릿에 파라미터를 넘겨줄 때는 xsl:with-param 엘리먼트를 사용한다.

예 9.55는 각 아이템의 제목 앞에 번호를 붙이되 파라미터로 번호의 형식을 넘겨주어 파라미터에 따라 각각 다르게 적용한다. 만일 파라미터가 넘어오지 않는다면 기본값은 1. 로 설정될 것이다.

예 9.55 **이름 템플릿에 파라미터를 넘겨주는 템플릿 예제**

```
<xsl:template name="num">
   <xsl:param name="format">1. </xsl:param>
   <xsl:number count="CD|DVD|Book" format="{$format}" level="any"/>
```

```
</xsl:template>
<xsl:template match="CD|DVD|Book">
   <tr>
      <td align="left">
         <xsl:call-template name="num">
            <xsl:with-param name="format">a. </xsl:with-param>
         </xsl:call-template>
         <xsl:value-of select="Title"/>
      </td>
   </tr>
</xsl:template>
```

예 9.56 예 9.55를 적용한 결과

```
<tr>
   <td align="left">a. 베토벤</td>
</tr>
<tr>
   <td align="left">b. 모짜르트</td>
</tr>
<tr>
   <td align="left">c. 반지의 제왕</td>
</tr>
<tr>
   <td align="left">d. 매트릭스 리로디드</td>
</tr>
<tr>
   <td align="left">e. 터미네이터 3</td>
</tr>
<tr>
   <td align="left">f. 나의 라임 오렌지 나무</td>
</tr>
<tr>
   <td align="left">g. 삼국지</td>
</tr>
<tr>
   <td align="left">h. 데이터베이스 시스템 입문</td>
</tr>
```

XSLT에서 xsl:variable과 xsl:param 엘리먼트는 스타일시트의 상위-수준 엘리먼트로 선언될 수 있기 때문에 다른 모든 스타일시트 엘리먼트들에서 호출하여 사용할 수 있는 전역 변수 및 파라미터가 될 수 있다.

9.5.2 공백문자(Whitespace)의 처리

공백문자만으로 구성된 텍스트 노드가 있을 경우, 이것을 제거하거나 혹은 남겨

두도록 명시할 수 있는데, 이를 위해 xsl:strip-space 엘리먼트와 xsl:preserve-space 엘리먼트를 사용한다. 두 엘리먼트 모두 elements 애트리뷰트를 사용하여 공백문자로 구분된 엘리먼트 이름들을 명시하는데, xsl:strip-space 엘리먼트는 elements 애트리뷰트에 명시된 엘리먼트들에 대해서 공백문자만으로 구성된 텍스트 노드를 제거하는 일을 한다. 반면 xsl:preserve-space 엘리먼트는 elements 애트리뷰트에 명시된 엘리먼트들에 대해서 공백문자만으로 구성된 텍스트 노드를 그대로 보존하는 역할을 한다. 두 엘리먼트 모두 xsl:stylesheet 엘리먼트의 바로 아래에 위치하는 상위-수준 엘리먼트들이다.

9.5.3 결과 트리의 출력

XSLT 프로세스는 결과 트리를 일련의 연속적인 바이트 정보로 출력하게 될 것이다. 이에 대해 스타일시트 개발자는 xsl:output 엘리먼트를 사용하여 결과 트리가 출력되는 형식을 명시할 수 있다. xsl:output 엘리먼트에 사용될 수 있는 애트리뷰트와 그 의미는 다음과 같다.

- **method**: 출력 형식이 XML, HTML, 혹은 텍스트인지를 명시한다. 만일 문서의 루트 엘리먼트가 null 네임스페이스 URI를 갖는 html이고 루트 엘리먼트 이전에 텍스트 노드가 없다면, 기본값은 html이 된다. 그렇지 않은 경우 기본값은 xml이 된다.
- **version**: 출력될 문서의 버전을 명시한다.
- **encoding**: UTF-8 혹은 UTF-16 등의 인코딩 형식을 명시한다.
- **omit-xml-declaration**: XML 문서의 선언을 생략하거나("yes") 혹은 생략하지 않을("no") 수 있다.
- **standalone**: XML 문서가 standalone 문서인지("yes") 아닌지("no")를 명시한다(이에 대해서는 2.2절을 참조하기 바란다).
- **doctype-public, doctype-system**: 각각 XML DTD의 public과 system 애트리뷰트를 설정한다.
- **cdata-section-elements**: 자식 노드인 텍스트 노드를 CDATA 섹션으로 묶여야 하는 엘리먼트들을 명시한다.
- **indent**: 문서의 출력시 들여쓰기를 하거나("yes") 혹은 하지 않을("no") 수 있다.
- **media-type**: XML 문서의 MIME 미디어 타입을 명시한다. 기본값은 "text/xml" 이다.

9.6 XSLT 함수

XSLT에서는 기존의 XPath 표준에서 정의된 함수 라이브러리에 추가하여 XSLT에서 사용될 수 있는 함수들을 추가적으로 정의하고 있다. 특히 일부 함수들은 스타일시트의 상위-수준 엘리먼트들에 의해서 명시된 정보를 사용한다.

이 절에서는 XSLT에서 정의된 함수들을 간단히 나열한다. 각 함수의 의미에 대한 상세한 설명은 표준 문서를 참고하기 바란다.

- node-set document(object, node-set?)
- node-set key(string, object)
- string format-number(number, string, string?)
- node-set current()
- string unparsed-entity-rui(string)
- string generate-id(node-set?)
- object system-property(string)
- boolean element-available(string)
- boolean function-available(string)

9.7 예제

이번 절에서는 지금까지 설명한 XSLT 사용법을 기반으로 CD, DVD, 도서 등을 판매하는 쇼핑몰에서 한 고객의 주문 정보를 HTML 문서로 변환하여 보여주는 예제를 소개한다. 이 예제를 통하여 스타일시트 엘리먼트들이 사용되는 용례를 다시 한번 확인할 수 있기를 기대한다.

예 9.57 고객 주문 정보를 담은 XML 문서

```
<?xml version="1.0" encoding="EUC-KR"?>
<Order orderNumber="n002">
   <CustomerInfo>
     <Name>
         <LastName>홍</LastName>
         <FirstName>길동</FirstName>
     </Name>
```

```
    <Email>honggd@yahoo.com</Email>
    <Phone countryCode="82">
        <Wired>
            <PhoneNumber>02-754-4567</PhoneNumber>
        </Wired>
        <Mobile>
            <PhoneNumber>011-790-5014</PhoneNumber>
        </Mobile>
    </Phone>
    <Address>
        <BillingAddress>
            <Country>대한민국</Country>
            <City>서울</City>
            <DetailedAddress>중구 남대문로2가 395번지</DetailedAddress>
            <ZipCode>100-092</ZipCode>
        </BillingAddress>
        <ShippingAddress>
            <Country>대한민국</Country>
            <City>서울</City>
            <DetailedAddress>중구 남대문로2가 395번지</DetailedAddress>
            <ZipCode>100-092</ZipCode>
        </ShippingAddress>
    </Address>
    <CreditCard type="MASTER">
        <CardNumber>0987-7654-4321-1234</CardNumber>
        <ExpirationDate>
            <Year>2008</Year>
            <Month>01</Month>
        </ExpirationDate>
    </CreditCard>
</CustomerInfo>
<OrderInfo>
    <CDList>
    <CD>
        <Title>윤도현 밴드 6집</Title>
        <Subtitle>[Yb] Stream &#9317;</Subtitle>
        <Price currency="원">10000</Price>
        <Quantity>1</Quantity>
    </CD>
    <CD>
        <Title>문희준 3집</Title>
        <Subtitle>전설</Subtitle>
        <Price currency="원">13000</Price>
        <Quantity>1</Quantity>
    </CD>
</CDList>
<DVDList>
    <DVD>
        <Title>반지의 제왕</Title>
        <Subtitle>&lt;두 개의 탑&gt;</Subtitle>
        <Price currency="원">26000</Price>
        <Quantity>1</Quantity>
    </DVD>
```

```
    <DVD>
        <Title>매트릭스 2</Title>
        <Subtitle>리로디드</Subtitle>
        <Price currency="원">27000</Price>
        <Quantity>1</Quantity>
    </DVD>
    <DVD>
        <Title>여름향기</Title>
        <Subtitle>KBS 미니시리즈</Subtitle>
        <Price currency="원">99000</Price>
        <Quantity>1</Quantity>
    </DVD>
  </DVDList>
  <BookList>
    <Book isbn="i1234">
        <Title>나의 라임 오렌지 나무</Title>
        <Subtitle>MBC 느낌표! 선정도서</Subtitle>
        <Price currency="원">7000</Price>
        <Quantity>1</Quantity>
    </Book>
    <Book isbn="i1357">
        <Title>삼국지</Title>
        <Subtitle>100년 전쟁</Subtitle>
        <Price currency="원">15000</Price>
        <Quantity>1</Quantity>
    </Book>
    <Book isbn="i1480">
        <Title>데이터베이스 시스템</Title>
        <Subtitle>오라클 실습</Subtitle>
        <Price currency="원">19000</Price>
        <Quantity>1</Quantity>
        </Book>
    </BookList>
    <Shipping type="STANDARD">
        <Cost currency="원">3000</Cost>
        <HandlingNote><![CDATA[<수령자>를 반드시 확인해 주세요!]]></HandlingNote>
    </Shipping>
    <TotalCost currency ="원">219000</TotalCost>
  </OrderInfo>
</Order>
```

예 9.58 고객 주문 정보 문서를 HTML 문서로 변환하는 스타일시트 예제

```
<?xml version="1.0" encoding="EUC-KR"?>
<xsl:stylesheet xmlns:xsl="http://www.w3.org/1999/XSL/Transform" version="1.0">
<xsl:output encoding="EUC-KR"/>
<xsl:strip-space elements="*"/>

<!-- CSS 출력 -->
<xsl:template name="Css">
```

```
  <style type="text/css">
    td {font-size:10pt;}
  </style>
</xsl:template>

<!-- 서브 타이틀 출력 -->
<xsl:template name="SubTitle">
  <xsl:param name="SubTitle"/>
  <h2><xsl:value-of select="$SubTitle"/></h2>
</xsl:template>

<!-- 고객 테이블의 헤더 출력 -->
<xsl:template name="CustomerTableHeader">
  <xsl:param name="Header"/>
  <td xsl:use-attribute-sets="HeaderAttrib">
    <b><xsl:value-of select="$Header"/></b>
  </td>
</xsl:template>

<!-- 고객 테이블의 내용 출력 -->
<xsl:template name="CustomerTableContent">
  <xsl:param name="Content"/>
  <td bgcolor="#fafaee">
    <xsl:value-of select="$Content" disable-output-escaping="yes"/>
  </td>
</xsl:template>

<!-- CD, DVD, 도서의 출력 -->
<xsl:template name="OrderedItem">
  <xsl:param name="Item"/>
  <xsl:param name="RowSpan">1</xsl:param>
    <td xsl:use-attribute-sets="HeaderAttrib">
    <xsl:attribute name="rowspan"><xsl:value-of select="$RowSpan"/></xsl:attribute>
    <b><xsl:number count="CDList|DVDList|BookList" format="1. "/>
    <xsl:value-of select="$Item"/></b>
  </td>
</xsl:template>

<!-- CD, DVD, 도서 상세 아이템의 출력 -->
<xsl:template name="OrderedDetailItem">
  <xsl:param name="Title"/>
  <xsl:param name="SubTitle"/>
  <xsl:param name="Price"/>
  <xsl:param name="Currency">원</xsl:param>
  <xsl:param name="Quantity">1</xsl:param>
  <xsl:param name="Color">#FFFFFF</xsl:param>
  <td bgcolor="{$Color}">
    <xsl:value-of select="$Title"/><br/> - <xsl:value-of select="$SubTitle"/>
  </td>
  <td bgcolor="{$Color}" align="right">
  <xsl:number value="$Price" grouping-separator="," grouping-size="3"/>
    <xsl:value-of select="$Currency"/>
  </td>
```

```
<td bgcolor="{$Color}" align="center">
<xsl:value-of select="$Quantity"/>개
</td>
</xsl:template>

<!-- 테이블 애트리뷰트 선언 -->
<xsl:attribute-set name="TableAttrib">
  <xsl:attribute name="bgcolor">#777766</xsl:attribute>
  <xsl:attribute name="border">0</xsl:attribute>
  <xsl:attribute name="cellspacing">2</xsl:attribute>
  <xsl:attribute name="cellpadding">4</xsl:attribute>
  <xsl:attribute name="width">40%</xsl:attribute>
</xsl:attribute-set>

<!-- 헤더 애트리뷰트 선언 -->
<xsl:attribute-set name="HeaderAttrib">
  <xsl:attribute name="bgcolor">#ddddcc</xsl:attribute>
  <xsl:attribute name="align">center</xsl:attribute>
  <xsl:attribute name="valign">top</xsl:attribute>
</xsl:attribute-set>

<!-- 전체 문서 -->
<xsl:template match="/">
  <html>
    <head>
        <title>주문 정보</title>
        <xsl:call-template name="Css"/>
    </head>
    <body>
        <xsl:apply-templates/>
    </body>
  </html>
</xsl:template>

<!-- 주문 정보 -->
<xsl:template match="Order">
  <h1>주문 번호 : <xsl:value-of select="@orderNumber"/></h1>
  <xsl:apply-templates/>
</xsl:template>

<!-- 고객 정보 -->
<xsl:template match="CustomerInfo">
  <xsl:call-template name="SubTitle">
    <xsl:with-param name="SubTitle">고객 정보</xsl:with-param>
  </xsl:call-template>
  <table xsl:use-attribute-sets="TableAttrib">
    <xsl:apply-templates/>
  </table>
  <br/><br/>
</xsl:template>

<!-- 고객 이름 -->
<xsl:template match="Name">
```

```
  <tr>
    <xsl:call-template name="CustomerTableHeader">
        <xsl:with-param name="Header">이름</xsl:with-param>
    </xsl:call-template>
    <xsl:call-template name="CustomerTableContent">
        <xsl:with-param name="Content"><xsl:value-of select="LastName"/>
        <xsl:value-of select="FirstName"/></xsl:with-param>
    </xsl:call-template>
  </tr>
</xsl:template>

<!-- 고객 이메일 -->
<xsl:template match="Email">
  <tr>
    <xsl:call-template name="CustomerTableHeader">
        <xsl:with-param name="Header">이메일</xsl:with-param>
    </xsl:call-template>
    <xsl:call-template name="CustomerTableContent">
        <xsl:with-param name="Content">&lt;a href="mailto:{.}"&gt;<xsl:value-of
            select="."/>&lt;/a&gt;</xsl:with-param>
    </xsl:call-template>
  </tr>
</xsl:template>

<!-- 고객 전화번호 -->
<xsl:template match="Wired">
  <tr>
<xsl:call-template name="CustomerTableHeader">
        <xsl:with-param name="Header">전화번호</xsl:with-param>
    </xsl:call-template>
    <xsl:call-template name="CustomerTableContent">
        <xsl:with-param name="Content">(<xsl:value-of
            select="../../Phone/@countryCode"/>)
        <xsl:value-of select="PhoneNumber"/></xsl:with-param>
  </xsl:call-template>
  </tr>
</xsl:template>

<!-- 고객 휴대전화번호 -->
<xsl:template match="Mobile">
  <tr>
    <xsl:call-template name="CustomerTableHeader">
        <xsl:with-param name="Header">휴대전화</xsl:with-param>
    </xsl:call-template>
    <xsl:call-template name="CustomerTableContent">
        <xsl:with-param name="Content">(<xsl:value-of
            select="../../Phone/@countryCode"/>)
        <xsl:value-of select="PhoneNumber"/></xsl:with-param>
    </xsl:call-template>
  </tr>
</xsl:template>

<!-- 고객 주소 -->
```

```
<xsl:template match="BillingAddress">
  <tr>
    <xsl:call-template name="CustomerTableHeader">
        <xsl:with-param name="Header">고객 주소</xsl:with-param>
    </xsl:call-template>
    <xsl:call-template name="CustomerTableContent">
        <xsl:with-param name="Content">
        (우) <xsl:value-of select="ZipCode"/>&lt;br&gt;
            <xsl:value-of select="Country"/><xsl:text> </xsl:text>
            <xsl:value-of select="City"/><xsl:text> </xsl:text>
            <xsl:value-of select="DetailedAddress"/>
        </xsl:with-param>
    </xsl:call-template>
  </tr>
</xsl:template>

<!-- 배송지 주소 -->
<xsl:template match="ShippingAddress">
  <tr>
    <xsl:call-template name="CustomerTableHeader">
        <xsl:with-param name="Header">배송지 주소</xsl:with-param>
    </xsl:call-template>
    <xsl:call-template name="CustomerTableContent">
        <xsl:with-param name="Content">
            (우) <xsl:value-of select="ZipCode"/>&lt;br&gt;
            <xsl:value-of select="Country"/><xsl:text> </xsl:text>
            <xsl:value-of select="City"/><xsl:text> </xsl:text>
            <xsl:value-of select="DetailedAddress"/>
        </xsl:with-param>
    </xsl:call-template>
  </tr>
</xsl:template>

<!-- 신용카드 정보 -->
<xsl:template match="CreditCard">
  <tr>
    <xsl:call-template name="CustomerTableHeader">
        <xsl:with-param name="Header">신용카드</xsl:with-param>
    </xsl:call-template>
    <xsl:call-template name="CustomerTableContent">
        <xsl:with-param name="Content">
            xsl:value-of select="./@type"/>]<xsl:text> </xsl:text>
            <xsl:value-of select="CardNumber"/>&lt;br&gt;
            유효기간 : <xsl:value-of select="ExpirationDate/Month"/> /
            <xsl:value-of select="ExpirationDate/Year"/> (mm/yyyy)
        </xsl:with-param>
    </xsl:call-template>
  </tr>
</xsl:template>

<!-- 주문 물품 정보 -->
<xsl:template match="OrderInfo">
  <xsl:call-template name="SubTitle">
```

```
    <xsl:with-param name="SubTitle">주문 물품 정보</xsl:with-param>
  </xsl:call-template>
  <table xsl:use-attribute-sets="TableAttrib">
    <xsl:apply-templates/>
  </table>
  <br/><br/>
  <textarea cols="65" rows="3"><xsl:value-of
       select="Shipping/HandlingNote"/></textarea>
</xsl:template>

<!-- 물품 리스트 -->
<xsl:template match="CDList|DVDList|BookList">
  <tr>
    <xsl:choose>
        <xsl:when test="name() = 'CDList'">
            <xsl:call-template name="OrderedItem">
            <xsl:with-param name="Item">CD</xsl:with-param>
            <xsl:with-param name="RowSpan" select="count(CD)"/>
        </xsl:call-template>
    </xsl:when>
        <xsl:when test="name() = 'DVDList'">
            <xsl:call-template name="OrderedItem">
            <xsl:with-param name="Item">DVD</xsl:with-param>
            <xsl:with-param name="RowSpan" select="count(DVD)"/>
        </xsl:call-template>
    </xsl:when>
    <xsl:otherwise>
        <xsl:call-template name="OrderedItem">
            <xsl:with-param name="Item">도서</xsl:with-param>
            <xsl:with-param name="RowSpan" select="count(Book)"/>
        </xsl:call-template>
    </xsl:otherwise>
    </xsl:choose>
    <xsl:apply-templates/>
  </tr>
</xsl:template>

<!-- 세부 사항의 출력 -->
<xsl:template match="CD|DVD|Book">
  <xsl:if test="position() > 1">
    <xsl:text disable-output-escaping="yes">&lt;tr&gt;</xsl:text>
  </xsl:if>
  <xsl:call-template name="OrderedDetailItem">
    <xsl:with-param name="Title">
        <xsl:value-of select="Title"/>
    </xsl:with-param>
    <xsl:with-param name="SubTitle">
        <xsl:value-of select="Subtitle"/>
    </xsl:with-param>
    <xsl:with-param name="Price">
        <xsl:value-of select="Price"/>
    </xsl:with-param>
    <xsl:with-param name="Currency"xg                    <xsl:value-of
```

```
select="Price/@currency"/>
      </xsl:with-param>
      <xsl:with-param name="Quantity">
          <xsl:value-of select="Quantity"/>
      </xsl:with-param>
      <xsl:with-param name="Color">
          <xsl:if test="position() mod 2 = 1">#eeeedc</xsl:if>
          <xsl:if test="position() mod 2 = 0">#fafaee</xsl:if>
      </xsl:with-param>
    </xsl:call-template>
    <xsl:if test="position() &lt; last()">
      <xsl:text disable-output-escaping="yes">&lt;/tr&gt;</xsl:text>
    </xsl:if>
</xsl:template>

<!-- 배송료 출력 -->
<xsl:template match="Shipping">
   <tr>
      <td xsl:use-attribute-sets="HeaderAttrib" bgcolor="#ccccbb"><font
          color="red"><b>배송료</b></font></td>
      <td bgcolor="#ccccbb"><font color="red"><xsl:value-of
          select="./@type"/></font></td>
      <td bgcolor="#ccccbb" align="right"><font color="red"><xsl:number value="Cost"
          grouping-separator="," grouping-size="3"/><xsl:value-of
          select="Cost/@currency"/></font></td>
      <td bgcolor="#ccccbb"></td>
   </tr>
</xsl:template>

<!-- 총 합계 출력 -->
<xsl:template match="TotalCost">
   <tr>
      <td xsl:use-attribute-sets="HeaderAttrib" bgcolor="#ccccbb"><font
          color="blue"><b>총 계</b></font></td>
      <td bgcolor="#ccccbb"></td>
      <td bgcolor="#ccccbb" align="right"><font color="blue"><b><xsl:number value="."
          grouping-separator="," grouping-size="3"/><xsl:value-of
          select="./@currency"/></b></font></td>
      <td bgcolor="#ccccbb"></td>
   </tr>
</xsl:template>
</xsl:stylesheet>
```

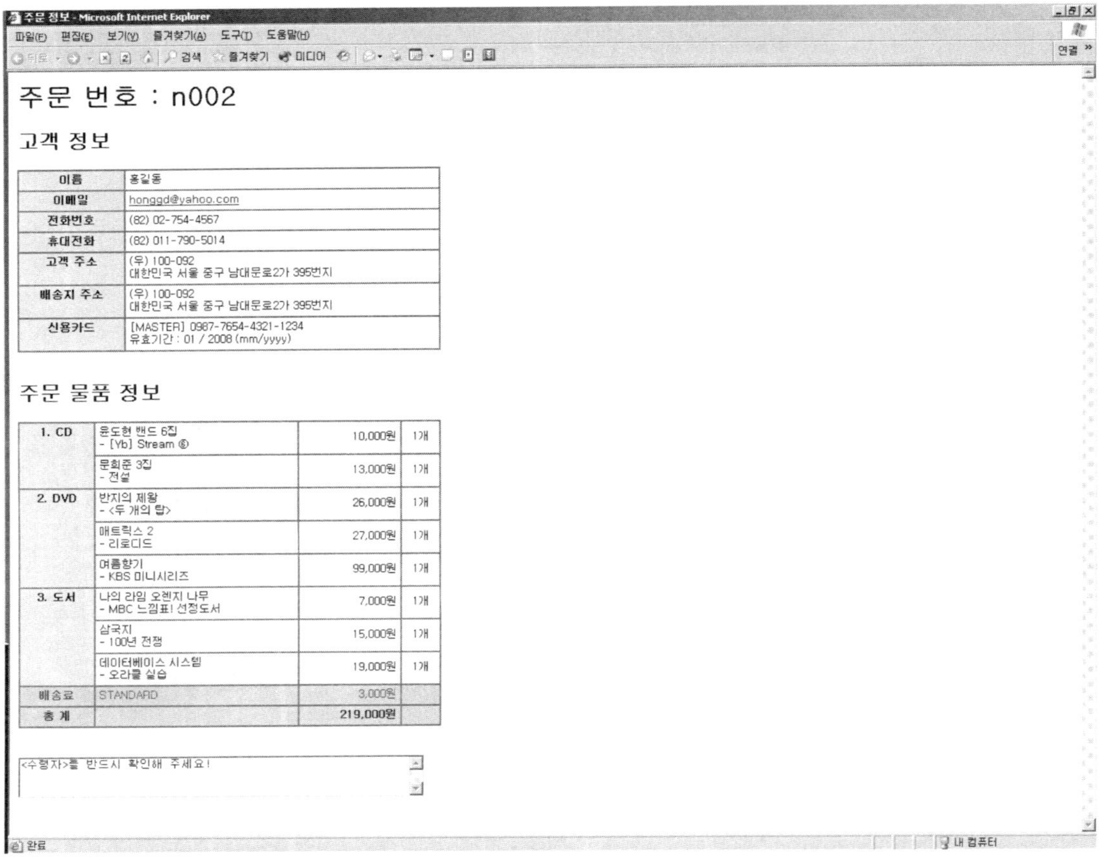

그림 9.3 예 9.58을 예 9.57에 적용한 결과 화면

9.8 대표적인 XSLT 프로세서

XSLT로 작성된 스타일시트를 XML 문서에 적용하여 새로운 문서를 생성해 주는 변환기인 XSLT 프로세서들 가운데 대표적인 몇 가지를 소개하고 그 사용법을 설명한다.

- **Xalan:** Xalan은 아파치 XML 프로젝트(Apache XML project)에서 만든 XSLT 프로세서로서 xalan 홈페이지(http://xml.apache.org/xalan-j/)에서 무료로 다운로드 받을 수 있다. Xalan을 사용하기 위해서는 XML 파서가 필요한데, 이 역시 아파치 XML 프로젝트에서 만든 Xerces 파서를 사용하는 것이 좋다. 환경 설정

으로 xalan.jar, xml-apis.jar, xercesImpl.jar 파일 등을 클래스 경로(classpath)에 추가해 주어야 한다. 사용 명령은 아래와 같다.

```
java org.apache.xalan.xslt.Process
-in xmlSource -xsl stylesheet -out outputfile
```

- **xsltproc:** Gnome 프로젝트의 libxml이라는 XML 프로세서 가운데 xsltproc라고 불리는 XSLT 프로세서가 있다. libxml 홈페이지 http://www.zlatkovic.com/projects/libxml/에서 무료로 다운로드 받을 수 있다. xsltproc을 사용하기 위해서는 필요한 라이브러리들을 모두 다운로드 받아서 경로에 추가해 주어야 한다. 사용법은 아래와 같다.

```
xsltproc -o outputfile stylesheet xmlSource
```

- **SAXON:** Michael H. Kay가 만든 SAXON이라는 XSLT 및 XQuery 프로세서를 사용할 수 있다. SAXON 홈페이지(http://saxon.sourceforge.net/)에서 무료로 다운로드 받을 수 있으며, 사용을 위해서는 saxon.jar 파일을 클래스 경로에 추가해 주어야 한다. 사용법은 아래와 같다

```
java com.icl.saxon.StyleSheet
-o outputfile xmlSource stylesheet
```

- **XT:** James Clark이 만든 XSLT 프로세서로 XT가 있다. James Clark의 홈페이지(http://www.blnz.com/xt/)에서 다운로드 받을 수 있으며, 사용을 위해서는 xt.jar, xp.jar, sax.jar 등의 파일들을 클래스 경로에 추가해 주어야 한다. 사용법은 아래와 같다.

```
java com.jclark.xsl.sax.Driver
xmlSource stylesheet outputfile
```

- **웹 브라우저에 내장된 XSLT 프로세서 사용:** Internet Explorer 5.0은 XSLT 프로세서를 내장한 최초의 웹 브라우저이며, 이후에 출시된 대부분의 웹 브라우저에서는 XSLT 프로세서를 내장하고 있다. XML 문서에 스타일시트 문서를 적

용하여 화면에 보여주기 위해서는 XML 원본 문서의 상단에 다음과 같이 스타일시트 문서를 불러오는 문장을 명시해 주어야 한다.

```
<?xml version="1.0"?>
<?xml-stylesheet type="text/xsl" href="stylesheet.xsl"?>
...
```

이후에 XML 원본 문서를 웹 브라우저에서 불러들이면 웹 브라우저에는 스타일시트가 적용되어 변환된 문서가 보여진다.

9.9 요약

- XML 문서를 다른 형식의 문서로 변환하기 위해서는 원본 XML 문서, 스타일시트(Stylesheet), 스타일시트를 적용하여 새로운 문서를 생성해 주는 변환기, 이렇게 세 가지 요소가 필요하다. 여기서 스타일시트는 XSLT를 이용하여 작성하며 XSLT 프로세서(XSLT processor)라고 불리는 변환기를 통해 새로운 문서를 생성한다.
- XSLT 스타일시트 선언 언어로 정의된 문서는 하나의 적합형식(Well-formed) XML 문서이다.
- 스타일시트는 원본 XML 문서의 트리를 새로운 문서의 트리로 변환하는 여러 개의 템플릿 규칙(Template rule)들을 명시한다.
- XSLT 스타일시트의 루트 엘리먼트(Root element)로 xsl:stylesheet 엘리먼트나 혹은 그 동의어인 xsl:transform 엘리먼트를 사용한다.
- XSLT 문서의 루트 엘리먼트인 xsl:stylesheet 엘리먼트는 12 가지의 엘리먼트 타입들을 포함할 수 있으며 이들을 특별히 상위-수준(Top-level) 엘리먼트라고 부른다.
- 외부에서 정의한 스타일시트를 xsl:include와 xsl:import 엘리먼트를 사용하여 포함할 수 있다.
- 스타일시트는 여러 개의 템플릿 규칙들로 이루어진다. 템플릿 규칙은 원본 트리로부터 노드들을 선택하기 위한 XPath 수식과 선택된 노드에 적용될 변환 규칙을 갖는다. 템플릿 규칙을 정의하기 위해서는 xsl:template 엘리먼트를 사용하며, xsl:apply-templates 엘리먼트를 사용하여 현재 선택된 노드의 자식 노드들을 재귀적으로 처리할 수 있다.

- 템플릿 규칙 내에서 노드의 값을 출력하기 위한 엘리먼트로 xsl:value-of 엘리먼트가 있으며, 새로운 노드를 동적으로 생성하기 위해서는 xsl:element, xsl:attribute, xsl:text, xsl:processing-instruction, xsl:comment, xsl:copy 등의 엘리먼트를 사용한다.
- xsl:number 엘리먼트를 사용하면 자동으로 번호를 생성하여 붙일 수 있고, 여러 노드들을 반복하여 처리하기 위해 xsl:for-each 엘리먼트를 사용할 수 있다. 조건문으로는 xsl:if와 xsl:choose 엘리먼트가 있으며, 노드들을 정렬하기 위해서는 xsl:sort 엘리먼트를 사용한다.
- 그 밖에 스타일시트 내에서 변수(xsl:variable)나 파라미터(xsl:param)를 사용하거나, 공백 문자를 처리하고(xsl:preserve-space, xsl:strip-space), 결과 트리에 대한 출력 형식을 설정(xsl:output)할 수 있다.

9.10 연습문제

1. XSLT 엘리먼트 중에서 include와 import의 차이는 무엇인가?
2. 템플릿 규칙이 하나 이상의 노드에 부합될 때의 처리는 어떻게 진행되는지 기술하라.
3. 템플릿 규칙에서 모드가 필요한 이유를 설명하고 그 예를 들어라.
4. 결과 XML 문서에 엘리먼트를 생성할 때, 엘리먼트를 직접 타이핑하는 대신 element 엘리먼트를 사용하는 이유는 무엇인가?
5. 이름 애트리뷰트 집합을 사용하는 것이 유용한 경우를 설명하고 그 예를 들어라.
6. 스타일시트 역시 적합형식 문서이기 때문에 시작 태그(Start tag)가 있으면 반드시 끝 태그(End tag)가 있어야 한다. 만일 HTML 문서를 생성하면서, <hr>과 같이 끝 태그가 없는 태그를 생성하고 싶은 경우에는 어떻게 해야 하는가?
7. number 엘리먼트에서 level 애트리뷰트의 값이 'single' 일 경우와 'multiple' 일 경우, 그리고 'any' 일 경우 각각 어떠한 차이가 있는가?
8. 출력 문서 형식의 기본 값이 html이 되는 경우는 언제인가?

| 프로젝트 |

9. Rich Site Summary(RDF Site Summary or Really Simple Syndication)로 불리는 RSS는 뉴스나 블로그처럼 컨텐츠가 자주 업데이트 되는 사이트들의 업데이트된 정보를 사용자들에게 쉽게 제공하기 위해 XML을 기반으로 만들어진 포맷이다. RSS는 컨텐츠의 제목, 내용, 날짜 등 배포에 필요한 최소한의 정보를 통해 쉽게 작성할 수 있도록 구성되어 있으며 현재 0.9, 1.0, 2.0 등 다양한 버전으로 서비스가 되고 있다. 다음은 RSS 2.0 문서의 한 예이다.
(출처: http://www.joelonsoftware.com/rss.xml)

```
<?xml version="1.0" encoding="utf-8" ?>
<rss version="2.0">
  <channel>
    <title>Joel on Software</title>
    <link>http://www.joelonsoftware.com</link>
    <description>Painless Software Management</description>
    <language>en-us</language>
    <copyright>Copyright 1999-2006 Joel Spolsky.</copyright>
    <managingEditor>Joel Spolsky</managingEditor>
    <webMaster>webmaster@fogcreek.com</webMaster>
    <image>
        <title>Joel On Software</title>
        <url>http://www.joelonsoftware.com/RssJoelOnSoftware.jpg</url>
        <link>http://www.joelonsoftware.com</link>
        <width>144</width>
        <height>25</height>
        <description>Painless Software Management</description>
    </image>
    <item>
        <title>Superstitious FAQ Writers</title>
        <link>http://www.joelonsoftware.com/items/2006/08/23.html</link>
        <author>Joel Spolsky</author>
        <pubDate>23 Aug 2006 09:00:48 EST</pubDate>
        <description>
            <![CDATA[ Have you noticed that FAQ pages for online services almost
                never include instructions for how to cancel your account? ]]>
        </description>
    </item>
    <item>
        ...
    </item>
  </channel>
</rss>
```

RSS 문서의 구문은 간단하지만 사람들이 읽기에는 적합하지 않다. 따라서 사용자들은 일반적으로 RSS 리더(Reader)를 사용한다. RSS 리더는 RSS 문서를 사람들이 읽기에 적합한 포맷의 문서로 변환하여 준다. 본 프로젝트에서는 RSS 리더처럼, XSLT를 이용하여 RSS 문서를 아래 그림과 같이 사람들이 읽기 편한 html 문서로 변환하는 스타일시트를 작성한다 (RSS 문서에서 사용되는 엘리먼트에 대한 자세한 설명은 http://www.rssboard.org/rss-specification 사이트를 참고하라).

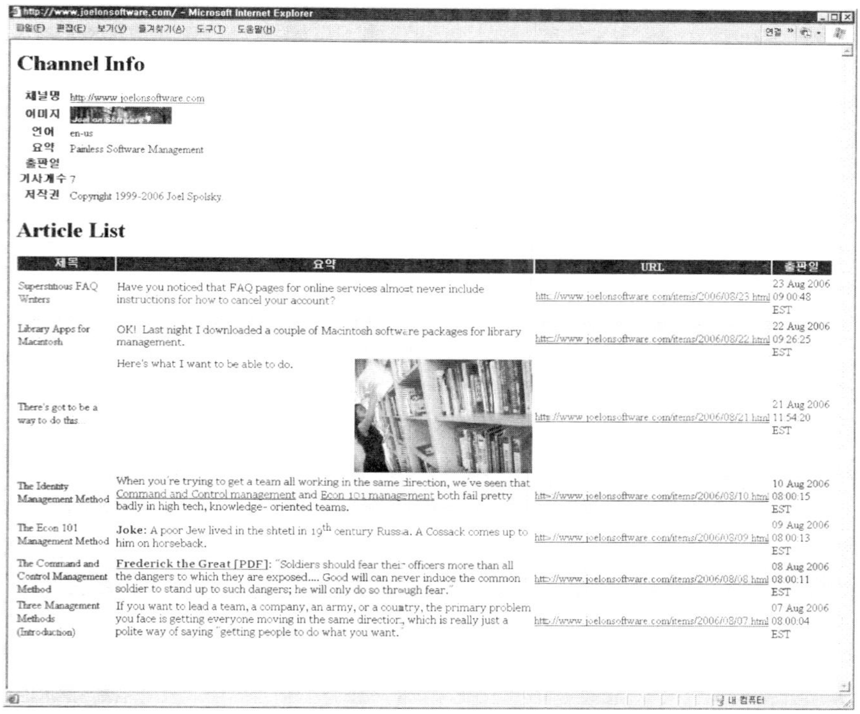

10

CHAPTER

XQuery

W3C XML Query Working Group에서는 컴퓨터 혹은 웹에 존재하는 문서로부터 데이터를 추출하기 위해 다양한 질의 기능을 제공하는 XQuery를 표준으로 정의하고 있다. XQuery는 XQuery 1.0 명세서와 XPath 2.0의 데이터 모델인 XDM을 기반으로 구성된다. 이 장에서는 XQuery 표준을 기반으로 XQuery의 문법 및 사용 방법에 대해서 살펴본다. XQuery는 내부적으로 XPath를 사용하고 있지만 이미 8장에서 XPath에 대해서 다루었기 때문에 여기에서는 다시 언급하지는 않고 XQuery에 해당되는 FLWOR식, 정렬, 조건식, 비교식 등에 대해서 살펴볼 것이다. 또한, XQuery 실습 방법을 간단히 소개한다.

10.1 XQuery의 역사

XQuery에 대한 논의는 1998년 11월 W3C가 주관한 질의 언어 워크샵(Query Language Workshop)에서 시작되었다. 이 때는 XML이 사람들의 주목을 받기 시작하였으며 XML 문서의 구조적인 특성상 기존 관계형 데이터베이스 모델에서 많이 사용되고 있던 SQL 질의 언어가 적합하지 않아 새로운 질의 언어가 요구되던 시기이다. 이 워크샵에서 다양한 종류의 질의 언어들이 발표되었는데 그 중에서 XML과 관련된 질의 언어로는 XML-QL, XQL 등이 있었다. 이들 언어가 XQuery의 시초가 된다. W3C에서는 1999년 10월에 XML Working Group을 구성하였고, 2000년에는 XQuery의 기본적인 요구 사항과 사용 예, 데이터 모델 등이 발표되었으며 이로써 Quilt[1]라는 언어가 만들어 졌다. 2001년에는 XQuery의 첫 표준-초안이 발표되었고 이는 XQuery 1.0으로 명명되었다. 2007년 1월에 XQuery 1.0은 W3C 확정-권고안으로 제정되었다.

10.2 XQuery의 기본 규칙들

XQuery는 기본적으로 유니코드(Unicode) 문자열로 이루어진 임의의 식(Expression)이다. XQuery의 대표적인 식에는 조건식, 비교식 등이 있다. 이 식들은 키워드(Keyword), 심볼(Symbol), 피연산자(Operand)로 이루어져 있으며, 피연산자 역시 식의 형태를 가질 수 있다. XQuery에서 사용하는 이름들은 W3C 표준인 "Namespace in XML"의 문법을 따른다. XQuery에서는 다음의 네임스페이스들을 사용하고 있다.

- xs = http://www.w3.org/2001/XMLSchema
- xsi = http://www.w3.org/2001/XMLSchema-instance
- fn = http://www.w3.org/2005/xpath-functions
- xdt = http://www.w3.org/2005/xpath-datatypes

XQuery는 함수 언어(Functional language)의 특징을 가지고 있어 여러 개의 식이 서로 중첩되어 사용될 수 있다. 또한, XQuery는 강한 타입 언어(Strong typed language)이어서 피연산자는 이미 정해져 있는 타입을 반드시 따라야 한다. XQuery는 XML과 마찬가지로 대소문자를 구별하지만, XQuery의 키워드들은 모

[1] Quilt는 XML-QL과 XQL을 기반으로 만들어진 언어로 현재는 거의 사용되지 않고 있다.

두 소문자를 사용한다.

10.3 데이터 모델

XQuery 데이터 모델은 XPath에서의 데이터 모델과 동일하다. 즉, XQuery에서는 XML 문서를 노드들로 이루어진 트리로 바라본다. XQuery의 입력 및 수행 결과는 데이터 모델의 인스턴스가 된다. XQuery 데이터 모델에서 노드의 종류로는 8장 XPath에서 언급했듯이 루트 노드, 엘리먼트 노드, 애트리뷰트 노드, 네임스페이스 노드, 처리명령 노드, 주석 노드, 텍스트 노드 등의 7 가지가 있다. 모든 노드는 내부적으로 서로 구별되는 식별자를 갖는다. 각 노드에 관한 자세한 내용은 8장 XPath를 참고하기 바란다.

10.3.1 시퀀스 타입(Sequence Type)

XQuery의 모든 식의 결과는 시퀀스 타입이다. 시퀀스 타입이란 아이템(Item)들의 순서가 있는 모임(Collection)을 말하며, 여기서 아이템이란 임의의 노드이거나 5.4.3절에서 소개된 원자(Atomic) 데이터 타입의 값이다. 원자 데이터 타입의 예로는 문자열, 논리값, 십진수, 정수, 실수, 날짜 등이 있다. 하나의 시퀀스를 구성하는 아이템의 수는 0개 이상이 가능하다. 따라서, 아이템이 전혀 없는 길이가 0인 시퀀스가 존재할 수 있다. 특히, 아이템 1개로 구성된 시퀀스를 단일 시퀀스(Singleton sequence)라고 부른다. 시퀀스는 동일한 타입의 아이템뿐만 아니라 서로 다른 타입의 아이템들로도 구성될 수 있다. 예를 들어, 문자열 타입의 아이템, 정수 타입의 아이템, 실수 타입의 아이템의 3가지 아이템으로 구성된 하나의 시퀀스가 존재할 수 있다. 정의에서 살펴본 바와 같이, 시퀀스 내의 아이템들은 순서를 가지며, XML 문서에 대해 XQuery를 수행하여 결과로 얻은 시퀀스는 (특별히 순서를 바꾸지 않는 한) XML 문서 내에서의 순서를 그대로 유지한다.

XQuery에서 변수의 타입을 선언하는 방법으로는 세 가지가 있다. 첫째, 네임스페이스에서 기본적으로 제공하는 단순 타입들을 사용한다. 예를 들어, xs:integer 타입으로 선언된 변수의 아이템들은 모두 xs:integer 타입이 된다. 둘째, 노드 타입을 이용하여 변수를 선언한다. 예를 들어, element()로 선언된 변수의 아이템들은 모두 엘리먼트 타입이 된다. 셋째, item() 혹은 empty()를 사용하여 변수를 선언한다. 다음은 XQuery에서 사용되는 시퀀스 타입의 예이다.

- xs:date
  XMLSchema의 날짜 타입을 가리킨다
- attribute()
  애트리뷰트 노드를 가리킨다
- element()
  엘리먼트 노드를 가리킨다
- element(po:shipto, po:address)
  이름이 po:shipto이고 타입이 po:address인 엘리먼트 노드를 가리킨다
- node()*
  0개 이상 모든 노드들의 시퀀스를 가리킨다
- item()+
  1개 이상 아이템들의 시퀀스를 가리킨다

10.3.2 시퀀스 타입 매칭(Sequence Type Matching)

XQuery 질의를 수행하는 과정에서 변수나 값이 타입에 부합하는지를 검사해야 할 필요가 있다. 이러한 검사를 시퀀스 타입 매칭이라고 부른다. 시퀀스 타입 매칭 과정에서는 변수나 값의 실제 타입(Actual type)이 기대되는 타입(Expected type)에 부합되는지 혹은 기대되는 타입으로 변환 가능한지를 검사한다. 실제 타입이나 기대되는 타입은 단순 타입, 복합 타입(Complex type), 혹은 네임스페이스에도 없는 모르는 타입(Unknown type)일 수도 있다. 여기서 모르는 타입인 경우도 고려하는 이유는 실제로 네임스페이스에는 존재하지 않는 타입일지라도 XQuery 개발자의 구현 방법에 따라서 타입 매칭이 성공할 수도 있기 때문이다. 함수 type-matches(ET, AT)는 기대되는 타입 ET와 실제 타입 AT와의 매칭을 수행하여 타입 매칭의 성공 여부에 따라 아래와 같이 세 가지 결과를 반환한다.

- **type-matches(ET, AT)가 참(True)을 반환하는 경우**
  - AT와 ET가 같은 타입일 때
  - AT가 알려진 타입이고 ET에서 AT로 변환이 가능할 때
  - AT가 모르는 타입이고 ET에서 AT로 변환이 가능하도록 구현되었을 때
- **type-matches(ET,AT)가 거짓(False)을 반환하는 경우**
  - AT가 알려진 타입이고 ET와 같지 않으며 ET에서 AT로의 변환이 불가능할 때

- AT가 모르는 타입이고 ET에서 AT로 변환이 불가능하다는 것을 알 수 있을 때

- **type-matches(ET,AT)에서 타입에러가 발생하는 경우**
  - ET가 모르는 타입일 때
  - AT가 모르는 타입이고 ET에서 AT로의 변환이 가능한지 불가능한지를 알 수 없을 때

10.4 XQuery의 구조

XQuery는 그림 10.1과 같이 프롤로그(Prolog)와 질의 본문(Query Body)의 두 부분으로 구성된다. 프롤로그는 미리 선언되거나 정의해 두어야 할 내용들을 의미하며 네임스페이스 선언, 스키마 임포트(Schema import), 기본 비교 방법(Collation), 함수 정의 등이 포함된다. 질의 본문에는 실제로 수행되는 XQuery 식들을 포함한다. 대부분의 XQuery의 질의 본문은 FLWOR[2](For-Let-Where-Orderby-Return) 식을 이용하고 있다. XQuery의 핵심인 FLWOR 식을 포함하는 질의 본문을 먼저 설명한 후 프롤로그에 대해서 살펴보도록 하겠다.

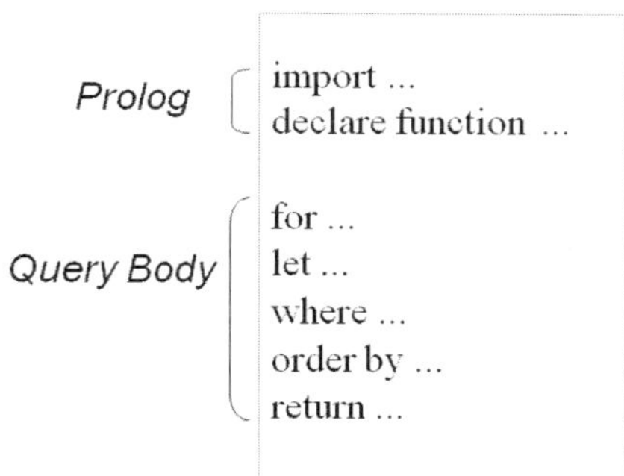

그림 10.1 XQuery 구조: 프롤로그와 질의 본문

10.5 질의 본문(Query Body)

질의 본문은 XQuery 식으로 이르어지는데 대부분 FLWOR의 형태를 갖는다.

[2] XQuery의 명세서에 따르면 FLWOR는 플라워(flower)로 발음된다.

XQuery에서는 FLWOR 식 외에도 정량 한정식(Quantified expression), 타입 변환식(Typeswitch expression), 조건식(Conditional expression), 논리식(Logical expression), 생성식(Construct expression), 경로식(Path expression), 연산식(Arithmetic expression), 비교식(Comparison expression) 등이 있다. 이들을 나타내는 문법은 총 147 개의 규칙들로 이루어져 있기 때문에, 이 규칙들에 대한 자세한 설명은 W3C의 XQuery 명세서(http://www.w3.org/TR/xquery)를 참조하기 바란다. 질의 본문을 나타내는 간단한 문법은 다음과 같다.

```
Expr          ::= ExprSingle("," ExprSingle)*
ExprSingle    ::= FLWORExpr
                | QuantifierExpr
                | TypeswitchExpr
                | IfExpr
                | OrExpr
```

질의 본문은 하나 이상의 ExprSingle로 이루어져 있으며, 여러 개의 ExprSingle들이 존재하는 경우 각각의 ExprSingle은 ','로 구분된다. ExprSingle은 FLWOR 식, 정량 한정식, 타입 변환식, 조건식, 논리식 등이 될 수 있다. 경로식, 연산식, 비교식 등은 다른 식을 구성하는데 사용된다. 물론, FLWOR 식을 구성하기 위해서도 이 식들을 사용할 수 있다.

10.5.1 FLWOR 식

FLWOR 식은 XQuery 질의 본문을 구성하는 가장 중요한 식이다. 이 식은 변수를 선언하여 값을 할당하고, 내부 XQuery 식을 활용하여 정교한 질의 결과(시퀀스 타입)를 얻는 데 사용된다. 이 식을 활용하여 두 개 이상의 문서들 사이의 조인(Join)도 수행 가능하다. FLWOR 식의 문법은 다음과 같다.

```
FLWORExpr ::= (ForClause | LetClause) +
              WhereClause?
              OrderByClause?
              "return" ExprSingle
```

FLWOR 식은 먼저, 하나 이상의 for 절 혹은 let 절로 시작한다. for 절과 let 절은 함께 사용될 수도 있으며, 두 절 사이의 순서는 질의에 따라 임의로 결정할 수 있다. 그 뒤에 where 절, order by 절 등이 나온다. 이 두 절들은 반드시 순서를 지켜야 하며, 각각 생략이 가능하다. 마지막으로 return 키워드 및 ExprSingle 절이 나타난다. 다음은 FLWOR 식의 모든 절들을 사용한 XQuery의 한 예이다. 이 질의의 의미는 "직원이 10명 이상인 부서마다 평균 봉급의 내림차순으로 부서의 정보 및 부서의 직원 수를 XML 형태의 결과로 출력하시오"이다. 이 예를 통하여 우선 FLWOR 식의 형태를 이해하여 두기로 하자. 참고로, 아래 예에는 'doc', 'count', 'avg' 등의 XQuery 내장 함수들이 사용되고 있다. XQuery에서는 유용한 함수들을 제공하고 있는데 이에 대한 정보는 http://www.w3.org/TR/xpath-functions/에서 찾아 볼 수 있다. 여기에서는 'doc' 함수가 질의될 XML 문서를 지정하는 데 이용됨을 기억해 두자.

```
for $d in doc("depts.xml")//deptno
let $e := doc("emps.xml")//emp[deptno = $d]
where count($e) >= 10
order by avg($e/salary) descending
return
   <result>
   { $d, <headcount> {count($e)} </headcount> }
   </result>
```

|let 절|

우선 간단한 let 절부터 살펴보자. let 절은 XQuery 식의 결과를 해당 변수에 할당하게 한다. let 절의 문법은 다음과 같다.

```
LetClause    ::=    "let" "$" VarName TypeDeclaration? ":=" ExprSingle
                    ("," "$" VarName TypeDeclaration? ":=" ExprSingle)*
```

let 절은 'let'이라는 키워드로 시작하여 '$'다음 변수 이름이 오고 변수의 타입선언이 온다. 타입선언은 생략 가능하다. 그 뒤에 ':=' 와 변수 값을 계산하는 데 이용되는 ExprSingle 식이 온다. 이와 같은 식들은 ','로 구분되어 여러 번 나타날 수 있다. 다음은 let 절을 이용하여 변수에 값을 할당하는 예이다. 이 예는 변수 s에 세 개의 아이템을 할당하고 변수 s의 아이템들을 XML형태로 반환하도록 되어 있다.

```
Let $s := (<one/>, <two/>, <three/>)
return <Result>{$s}</Result>
```

위의 질의를 수행한 결과는 다음과 같다.

```
<Result><one/><two/><three/></Result>
```

|for 절|

for 절은 let 절과 유사하게 변수에 값을 할당하는 데 이용된다. let 절의 경우 이후의 FLWOR 식이 한번만 수행되는 반면, for 절의 경우 변수에 할당된 아이템의 수만큼 반복적으로 for 절 이후의 FLWOR 식이 수행된다. for 절은 기존의 프로그래밍 언어(C++, Java 등)에서의 for 루프와 유사하게 동작한다. for 절의 문법은 다음과 같다.

```
ForClause    ::=   "for" "$" VarName TypeDeclaration? PositionalVar? "in" ExprSingle
                   ("," "$" VarName TypeDeclaration? PositionalVar? "in" ExprSingle)*
```

for 절의 문법은 let 절과 거의 비슷하지만 ':='대신 'in'을 사용함을 주목하자. 다음은 for 절을 사용한 질의의 예이다.

```
for $s in (<one/>, <two/>, <three/>)
return <Result>{$s}</Result>
```

위의 예는 let 절에서의 예와 같이 변수 s에 세 개의 아이템을 할당하고 변수 s에 할당된 아이템을 XML 형태로 반환하도록 되어 있다. 위 예제의 결과는 다음과 같다. for 절에서는 변수에 할당되는 아이템의 수만큼 for 절 이하 FLWOR 식이 반복 수행되기 때문에 아래의 결과는 let 절의 결과와 다르다는 것을 주목하자.

```
<Result><one/></Result><Result><two/></Result><Result><three/></Result>
```

다음 예는 for 절에서 두 개의 변수가 선언되고 각각 2개의 아이템이 할당되는 것을 보여준다.

```
for  $i as xs:integer in (1,2),
     $j as xs:integer in (3,4)
return
   <tuple>
         <i>{ $i }</i>
         <j>{ $j }</j>
   </tuple>
```

위 예제의 결과는 다음과 같다. 이 예에서 변수 i와 j에는 각각 1, 2와 3, 4가 할당된다. 변수 i에 할당된 아이템의 수가 2개이고 변수 j에 할당된 아이템의 수가 2개이므로 총 4(2 x 2 = 4)번 수행되었음을 확인하자.

```
<tuple><i>1</i><j>3</j></tuple><tuple><i>1</i><j>4</j></tuple>
<tuple><i>2</i><j>3</j></tuple><tuple><i>2</i><j>4</j></tuple>
```

또한 for 절 문법에서 확인할 수 있듯이, for 절에서는 위치변수(Positional variable)를 지정할 수 있다. 위치변수는 키워드 'at'을 이용하여 'at $i'와 같이 지정하면 된다. XQuery의 모든 결과는 시퀀스 타입이며 시퀀스 타입에 속하는 아이템들 사이에는 순서가 있음을 기억하자. 위치변수는 ExprSingle 식의 결과 시퀀스 내의 아이템들의 순서 값을 자동으로 할당받게 된다. 따라서 첫 번째 아이템에 대한 위치변수의 값은 1이며, 두 번째 아이템에 대한 값은 2가 된다.

|where 절|

XQuery의 where 절은 let과 for 절에서 할당된 값들 중에서 조건을 만족시키는 것들만 걸러내는 역할을 한다. 이 절은 for 절 혹은 let 절에서 'doc' 함수를 이용하여 하나 이상의 문서들에 대한 변수들을 할당한 경우, 두 XML 문서를 조인(Join)하는 경우 등에 사용되기도 한다. SQL에 익숙한 독자라면, SQL의 where 절과 유사하다고 생각할 수 있다. where 절은 let과 for 절에서 얻은 각각의 할당 값에 대해서 한 번씩 수행된다. where 절의 문법은 다음과 같다.

```
WhereClause    ::=   "where" ExprSingle
```

where 절은 where 키워드로 시작하며, 그 뒤에 ExprSingle 식이 위치한다. ExprSingle 식의 결과 시퀀스는 항상 부울(Boolean) 값으로 변환된다. 부울 값이 참(True)인 경우 for 절에서 할당된 값은 그대로 유지되고, 아래에서 소개할 return 절에서 이용된다. 만약, 거짓(False)이면 할당 값은 걸러지게 된다.

다음은 ExprSingle 식의 결과 시퀀스가 거짓인 경우이다.

- 빈(empty) 시퀀스인 경우
- 논리값이 거짓인 경우
- 길이가 0인 문자열
- 값이 0인 숫자
- 값이 NaN(Not a Number)인 소수

위의 경우 외에는 결과 시퀀스는 참이다. 참고로, 이와 같은 부울 값으로의 변환 과정은 FLWOR 식의 where 절 외에도 아래에서 소개될 정량 한정식(Quantified expression) 및 조건식(Conditional expression)에서도 사용됨을 기억하자. 다음은 where 절을 사용한 예이다.

```
for $x at $i in $inputvalues
where $i mod 100 = 0
```

```
return $x
```

이 예제에서는 inputvalues 변수에 존재하는 아이템들 중에서 그 위치 값이 100으로 나누어지지 않는 아이템들은 where 절에서 걸러지고 나머지 아이템들은 return 절에 의해서 반환된다.

|order by 절|

order by 절은 where 절 조건을 만족한 결과들을 오름차순 혹은 내림차순 등으로 정렬한다(이는 SQL 언어에서의 order by 절과 동일한 역할을 한다). order by 절이 존재한다면 정렬된 값들이 return 절에 의해서 최종적으로 전달되고, 그렇지 않다면 for 혹은 let 절에서 변수에 값을 할당할 때 결정된 순서가 그대로 유지된다. order by 절의 문법은 다음과 같다.

```
OrderByClause   ::=   (("order" "by")|("stable" "order" "by")) OrderSpecList
OrderSpecList   ::=   OrderSpec("," OrderSpec)*
OrderSpec     ::=   ExprSingle OrderModifier
OrderModifier   ::=   ("ascending"|"descending")?
                      ("empty" ("greatest"|"least"))?
                      ("collation" URILiteral)?
```

order by 절은 order by 혹은 stable order by 키워드로 시작한다. stable order by 키워드로 시작하면, 동일한 값을 갖는 아이템에 대하여 XML 문서 내에서의 순서가 유지된다. order by 절은 하나 이상의 조건이 가능하다. 즉, 여러 변수들의 조합이 있는 경우 각 변수들에 대해서 정렬 조건을 둘 수 있다. 여러 정렬 조건이 존재하는 경우 order by 절에서 먼저 명시된 조건이 우선순위를 갖는다. 정렬 방법에는 여러 가지가 있는데 흔히 사용되는 것이 오름차순, 내림차순이며 그 외에도 빈 것이 가장 큰(empty greatest) 방법과 빈 것이 가장 작은(empty least) 방법이 있다. 문자열을 비교하는 경우 특별한 비교 방법을 지정해 줄 수 있다. 지정되지 않은 경우에는 기본 비교 방법(Default collation)을 사용한다. 비교 방법을 지정하는 것에 대해서는 프롤로그를 다루는 절에서 좀 더 자세히 다룰 것이다.

빈 것이 가장 작은 방법에서는 다음과 같은 방법을 사용한다. 두 변수 V, W가 존재할 때, 다음과 같은 경우 W가 V보다 크다고 정의한다.

- V가 빈 시퀀스이고, W가 빈 시퀀스가 아닌 경우
- V가 NaN이고, W가 NaN도 아니고 빈 시퀀스도 아닌 경우
- 비교 방법이 정의되지 않은 경우, 기본 비교 방법에서 W가 V보다 큰 경우

- 비교 방법이 정의된 경우, 비교 방법에 의해 W가 V보다 큰 경우

빈 것이 가장 큰 방법은 빈 것이 가장 작은 방법의 반대 경우이다. 다음은 order by 절을 이용한 예이다.

```
for $b in $books//book[price<100]
order by $b/title
return $b
```

이 질의는 책들 중에서 가격이 100보다 작은 책들을 책의 제목 순으로 정렬한 결과를 얻는 예이다. 책의 제목을 정렬할 때 특정한 비교 방법이 지정되지 않았을 경우, 기본적인 문자열 정렬 방법인 오름차순 정렬 방법을 사용한다. 다음 예제는 보다 다양한 order by 절의 기능을 사용한 예이다.

```
for $b in $books//book[price<100]
order by $b/title collation "eng-us",
         $b/price descending empty least
return $b
```

이 예에서는 책을 두 가지 방법으로 정렬한다. 첫 번째로 책의 제목을 미리 정의된 비교 정책(기본 비교 방법: collation)인 'eng-us'에 따라서 정렬하며, 두 번째로 책의 가격을 빈 것이 가장 작은 방법으로 내림차순으로 정렬한다. 참고로, 기본 비교 방법은 10.6절에서 살펴볼 것이다.

|return 절|

return 절은 FLWOR 식의 최종적인 결과를 반환하는 부분이다. where 절과 마찬가지로 변수의 각 값에 대해 한 번씩 수행된다. 각각 수행된 결과는 순서대로 연결되어 반환된다. 이 절의 예는 다른 FLWOR 식의 절들의 예에서 언급하였으므로 생략하도록 한다.

|FLWOR을 사용한 예|

여기서는 실제 XML 문서에 대해 FLWOR 식을 사용하여 하나의 완성된 예제를 보이도록 하겠다. 사용된 XML 문서와 XQuery는 다음과 같다.

/* XQuery 질의 */

```
<authlist>
{
   for $a in distinct-values($books)//author
   order by $a return
```

```
  <author>
    <name>
        { $a/text() }
    </name>
    <books>
    {
        for $b in $books//book[author = $a]
        order by $b/title return $b/title
    }
    </books>
  </author>
}
</authlist>
```

/* 사용된 XML 문서 */

```
<bib>
  <book>
    <title>TCP/IP Illustrated</title>
    <author>Stevens</author>
    <publisher>Addison-Wesley</publisher>
  </book>
  <book>
    <title>Advanced Unix Programming</title>
    <author>Stevens</author>
    <publisher>Addison-Wesley</publisher>
  </book>
  <book>
    <title>Data on the Web</title>
    <author>Abiteboul</author>
    <author>Buneman</author>
    <author>Suciu</author>
  </book>
</bib>
```

이 예는 books.xml의 데이터 중에서 저자의 이름 순서대로 저자의 이름과 저자가 쓴 책들을 추출하여 XML 형태로 나타낸 것이다. 이 예에서도 보듯이 FLWOR의 문법에서 return 절은 키워드 'return' 뒤에 또 다른 XQuery 식이 올 수 있다는 것을 알 수 있다. 다시 말해서, XQuery 질의에서는 여러 질의 형식들이 서로 중첩되게 나타날 수 있다. <books>와 </books>사이에 있는 FLWOR 식이 바로 return 절 내에 중첩된 식이다. 이 FLWOR 식의 order by 절에 따라 저자가 쓴 책들은 제목 순으로 정렬되어 결과로 나타날 것이다. 이 XQuery를 수행한 결과는 다음과 같다.

```
<authlist>
  <author>
    <name>Abiteboul</name>
    <books><title>Data on the Web</title></books>
```

```
  </author>
  <author>
    <name>Buneman</name>
    <books><title>Data on the Web</t tle></books>
  </author>
  <author>
    <name>Stevens</name>
    <books><title>TCP/IP Illustrated</title>
           <title>Advanced Unix Prcgramming</title></books>
  </author>
  <author>
    <name>Suciu</name>
    <books><title>Data on the Web</title></books>
  </author>
</authlist>
```

10.5.2 정량 한정식(Quantified Expression)

이 절에서는 질의 본문을 이루는 식 중에서 정량 한정식에 대해서 살펴본다. 정량 한정식은 변수에 할당되는 아이템들이 특정 조건을 모두 만족하는지 혹은 한 아이템이라도 만족하는지를 알아보는 식이다. 정량 한정식의 결과 값은 참(True) 혹은 거짓(False)이다. 특정 조건을 모두 만족하는지를 알아보기 위해서는 키워드 'every'을 사용하며, 하나라도 만족하는지를 알아보기 위해서는 키워드 'some'을 사용하면 된다. 정량 한정식의 문법은 다음과 같다.

```
("some" | "every") var1 "in" expr1, var2 "in" expr2, ... "satisfies" expr3
```

여기서 키워드 'in'은 FLWOR 식의 for 절에서의 'in'과 같은 의미이다. 즉, 변수에 값을 할당할 때 사용되는 키워드이다. expr1, expr2를 계산한 결과가 각각 변수 var1, var2에 할당되고, expr3은 정량 한정식의 결과인 참 혹은 거짓을 판별하기 위해 사용되는 조건이다.

변수가 여러 개인 경우는 for 절과 같은 의미를 갖는다. 즉, 각 변수에 할당되는 아이템들의 수를 곱한 수만큼의 조합이 조건을 만족하는지 검사된다. 키워드 'every'의 경우에는 생성된 모든 조합이 expr3을 만족해야 결과가 참이 되며, 키워드 'some'의 경우에는 생성된 조합 중에 하나라도 expr3을 만족하면 결과가 참이 된다. 생성된 조합이 조건식 expr3을 만족하는지의 여부는 FLWOR 식의 where 절에서 설명한 논리값 결정 방법을 따른다. 다음은 정량 한정식을 사용한 예이다.

```
(a) some  $x  in (1, 2, 3),  $y  in (2, 3, 4)
    satisfies  $x + $y = 4
```

```
(b) every  $x  in (1, 2, 3),  $y  in (2, 3, 4)
    satisfies  $x + $y = 4
```

이 예에서 (a)의 결과는 참이고, (b)의 결과는 거짓이다. 키워드 'some'과 'every'의 의미를 생각하면 각 예의 결과를 쉽게 확인할 수 있을 것이다.

```
some  $x  in (1, 2, "cat")  satisfies  $x * 2 = 4
```

위 예의 결과는 참인가? 즉, 변수 x의 아이템들 중에 2 * 2 = 4를 만족시키는 아이템이 있으니 참이라고 할 수도 있을 것이다. 그렇다면 "cat"은 어떠한가. "cat" * 2를 할 수 있는가? 타입이 잘못되었으니 에러를 발생시켜야 되는 것이 아닌가? 이런 경우는 XQuery 프로세서를 구현하는 개발자의 정책에 따르게 된다. 정책에 따라 참이 될 수도 혹은 타입 에러가 될 수도 있다.

10.5.3 타입 변환식(Typeswitch Expression)

타입 변환식은 C++, Java에서의 switch 문과 유사하다. 단지 XQuery에서의 타입 변환식은 시퀀스 타입을 대상으로 한다는 점이 다르다. 타입 변환식의 문법은 다음과 같다.

```
typeswitch(expr)
   case ST1 return expr1
   case ST2 return expr2
   ...
   default return defaultexpr
```

위의 문법에서 ST1과 ST2는 시퀀스 타입을 의미한다. typeswitch 식의 피연산자 expr의 결과 시퀀스가 ST1에 해당하는 경우 expr1의 결과 시퀀스가 반환되고, ST2에 해당하는 경우 expr2의 결과 시퀀스가 반환된다. 만약, 만족하는 case 문이 없으면 키워드 "default"에 선언된 defaultexpr의 결과 시퀀스를 반환한다. ST1과 ST2가 정의되는 방법과 타입 매칭이 일어나는 방법에 대해서는 10.3절의 시퀀스 타입과 시퀀스 타입 매칭을 참고하기 바란다. 다음은 typeswitch 식을 이용한 예이다.

```
typeswitch($customer/billing-address)
   case $a as element(*, USAddress) return $a/state
   case $a as element(*, CanadaAddress) return $a/province
   case $a as element(*, JapanAddress) return $a/prefecture
   default return "unknown"
```

이 예에서는 고객의 청구서 주소지가 미국인 경우에는 주가 반환되고 캐나다인 경우에는 지방이 반환되고 일본인 경우에는 현이 반환된다. 어느 타입에도 해당하지 않는 경우에는 'unknown'이 반환된다.

10.5.4 조건식(Conditional Expression)

XQuery는 키워드 "if", "then", "else" 등을 사용한 조건식을 지원한다. C++나 Java와 같은 프로그래밍 언어를 사용한 경험이 있는 독자라면 이 조건식이 익숙할 것이다. 조건식의 문법은 다음과 같다.

```
if (expr1) then expr2 else expr3
```

위의 문법에서 'expr1'은 조건을 나타낸다. 'expr1'의 결과 시퀀스의 부울 값이 참이면 'expr2'을 실행하고, 거짓이면 'expr3'을 실행한다. 결과 시퀀스의 부울 값에 대해서는 FLWOR 식의 where 절을 설명할 때 자세히 언급하였다. 'expr1'의 결과가 참인 경우 'expr3'는 전혀 실행되지 않기 때문에 'expr3'의 동적 에러는 무시되며, 마찬가지로 'expr1'의 결과가 거짓인 경우 'expr2'의 동적 에러는 무시된다. 동적 에러에는 곱셈 시에 발생하는 오버플로우(Overflow)나 0으로 나눌 때의 에러 등이 있다. 다음은 조건식의 한 예이다.

```
if ($part/@discounted)
   then $part/wholesale
   else $part/retail
```

조건을 나타내는 '$part/@discounted'의 결과 시퀀스의 부울 값이 참이면 (즉, 해당하는 애트리뷰트가 존재한다면) '$part/wholesale'을 수행하여 얻은 노드들이 반환되고, 존재하지 않는다면 '$part/retail'에 해당하는 노드들이 반환된다.

10.5.5 논리식(Logical Expression)

논리식은 참과 거짓을 판단하는 데 사용되는 식으로 논리 연산자인 키워드 "and", "or" 등을 사용한다. 논리식은 동적 에러가 발생하지 않는다면 참 또는 거짓의 값만을 반환한다. 논리식의 문법은 다음과 같다.

```
Expr1 or Expr2 | Expr1 and Expr2
```

논리식을 수행하는 첫 번째 단계는 'Expr1'과 'Expr2'의 논리값(부울 값)을 계산하는 것이다. 각각의 논리값을 계산하였으면 다음 두 표에 따라서 최종 결과를 계산한다. 이 표의 EBV1은 'Expr1' 결과 시퀀스의 부울 값이며 EBV2는 'Expr2' 결과 시퀀스의 부울 값이다. 표 10.1은 키워드 'and'를 사용한 경우이다.

표 10.1 AND 논리 연산자

AND	EBV2 = true	EBV2 = false	EBV2에서 오류
EBV1 = true	true	false	error
EBV1 = false	false	false	false or error
EBV1에서 오류	error	false or error	error

표 10.2는 키워드 'or'을 사용한 경우이다.

표 10.2 OR 논리 연산자

OR	EBV2 = true	EBV2 = false	EBV2에서 오류
EBV1 = true	true	true	true or error
EBV1 = false	true	false	error
EBV1에서 오류	true or error	error	error

'Expr1'과 'Expr2'의 논리값을 계산할 때 둘 중 어느 것을 먼저 계산하는지는 구현자의 정책에 따르며 표에서 'false or error'나 'true or error'는 이 순서에 따라 발생하는 값이다. 키워드 'and'에 대한 표 10.1의 세 번째 행의 네 번째 열의 'false or error'의 경우를 생각해 보자. 구현자의 정책이 'Expr1'의 논리값을 먼저 계산하는 것이라면 'Expr1'의 유효 값이 거짓이므로 'Expr2'의 유효 논리값을 계산해 볼 필요 없이 거짓을 반환할 수 있다. 하지만 구현자의 정책에 따라서 'Expr2'의 논리값까지 모두 계산하도록 구현되었다면 'Expr2'의 논리값을 계산하면서 에러를 발생시킬 것이다. 10.2절에서 XQuery의 기본 규칙들에 대한 내용에서 'and'와 'or'에 대한 미리 끝내기(Short-circuit evaluation[3])을 적용하면 'Expr2'의 논리값을 계산하지 않기 때문에 거짓을 반환할 수 있다. 다음은 논리식을 사용한 예이다.

```
(a) 1 eq 1 and 2 eq 2
(b) 1 eq 1 or 2 eq 3
(c) 1 eq 2 and 3 div 0 = 1
(d) 1 eq 1 and 3 div 0 = 1
```

논리식 (a), (b)는 참을 반환한다. 논리식 (c)는 구현자의 정책에 따라서 거짓을 반환하거나 동적 에러를 발생시킨다. 논리식 (d)는 구현자의 정책에 상관없이 무조건 동적 에러를 발생시킨다.

[3] Short-circuit evaluation: 논리식의 평가에 있어서 값을 판정할 수 있을 정도까지만 평가하는 방법

10.5.6 그 외 다른 식들

XQuery에는 앞서 언급한 식 외에도 여러 식이 존재한다. 산술식(Arithmetic expression)은 덧셈, 뺄셈, 곱셈, 나눗셈 등의 산술 연산에 이용되는 식이다. 산술식에서 사용하는 연산자들은 '+', '-', '*', 'div', 'idiv', 그리고 'mod'이다. 나눗셈의 경우는 정수에 사용되는 연산자(idiv)와 실수에 사용되는 연산자(div)를 따로 구분해 놓고 있다. 다음은 산술식을 사용한 두 가지 예이다. 아래 예에서 'div' 연산자를 사용한 결과는 -1.5이며 'idiv'를 사용한 결과는 -1이다.

```
(a) -3 div 2
(b) -3 idiv 2
```

비교식(Comparison expression)은 두 식의 결과를 비교할 때 사용하는 식이다. 비교식은 크게 세 가지 종류로 구분된다. 첫 번째는 값을 비교하는 식이다. 값을 비교하는 데 사용되는 연산자는 "eq", "ne", "lt", "le", "gt", 그리고 "ge" 이다. 이들은 각각 'equal', 'not equal', 'less than', 'less than or equal', 'greater than', 그리고 'greater than or equal'의 의미를 나타낸다. 이 연산자의 피연산자들은 반드시 각각 단일 시퀀스(Singleton sequence)이어야 함을 기억하자.

다음은 값 비교식의 예이다. 변수 $book1의 저자의 이름이 "JHSon"인 경우 참이 되며, 저자가 한 명이 아닌 경우에는 (즉, 여러 개의 'author' 하위 엘리먼트가 존재하는 경우) 에러가 발생한다.

```
$book1/author eq "JHSon"
```

두 번째는 두 시퀀스를 비교할 때 사용되는 일반 비교식이다. 이 비교식에 사용되는 연산자는 "=", "!=", "<", "<=", ">", 그리고 ">="이다. 이 연산자들의 의미는 표 10.3과 같이 정의된다. 이 연산자의 피연산자들은 단일 시퀀스(Singleton sequence)가 아니어도 상관없다.

다음은 일반 비교식의 예이다. 비교식 (a), (b)의 결과는 참이며, 비교식 (c)의 결과는 거짓이고, 비교식 (d)의 결과는 참이다. 참고로, 위 예는 일반 비교식이 이행성(Transitivity)을 만족하지 않음을 보여준다 (즉, 처음 두 식이 참이라고 이행성에 의해서 세 번째 식이 참이 되는 것은 아니다).

```
(a) (1,2) = (2,3)
(b) (2,3) = (3,4)
(c) (1,2) = (3,4)
(d) (1,2) != (2,3)
```

표 10.3 일반적인 비교 연산자의 의미

연산자	목 적
=	첫 번째 시퀀스의 일부 값이 두 번째 시퀀스의 일부 값과 같으면 참을 반환한다.
!=	첫 번째 시퀀스의 일부 값이 두 번째 시퀀스의 일부 값과 같지 않으면 참을 반환한다.
<	첫 번째 시퀀스의 일부 값이 두 번째 시퀀스의 일부 값보다 작으면 참을 반환한다.
<=	첫 번째 시퀀스의 일부 값이 두 번째 시퀀스의 일부 값보다 작거나 같으면 참을 반환한다.
>	첫 번째 시퀀스의 일부 값이 두 번째 시퀀스의 일부 값보다 크면 참을 반환한다.
>=	첫 번째 시퀀스의 일부 값이 두 번째 시퀀스의 일부 값보다 크거나 같으면 참을 반환한다.

세 번째는 노드 비교식이다. 노드 비교식은 두 노드들을 비교할 때 사용하는 식이다. 노드 비교식에는 세 가지 연산자가 존재한다. 연산자 "is"는 두 피연산자가 정확히 같은 노드를 가리키고 있는 경우에 참이 된다. 연산자 "<<"는 좌측 피연산자가 우측 피연산자보다 XML 문서 상에서 먼저 나타나는 경우에 참이 된다. 이와 유사하게 연산자 ">>"는 좌측 피연산자가 우측 피연산자보다 XML 문서 상에서 나중에 나타나는 경우에 참이 된다. 여기에서 전후 순서는 8장 XPath에서 소개된 문서 순서(Document order)에 의해 결정된다. 다음은 노드 비교식의 예이다. 아래 예에서 피연산자인 두 엘리먼트 노드가 정확히 일치하는 경우에 참이 된다.

```
//book[isbn="1558604820"] is //book[call="QA76.9C3845"]
```

생성식(Construction expression)은 XQuery 질의 내에서 새로운 XML 구조를 생성하는 데 이용된다. 생성식 내에서 FLOWER 식의 for 절이나 let 절에서 선언한 변수들을 사용할 수 있기 때문에, FLOWER 식에서 return 절에 이 식을 사용하면 다양하고 정교한 형태의 질의 결과를 얻을 수 있다. 다음은 생성식의 예이다.

```
<example>
   <p>Here is a query.</p>
   <eg>$i//title</eg>
   <p>Here is the result of the query.</p>
   <eg>{$i//title}</eg>
</example>
```

생성식 내에서 '{'으로 시작하여 '}'으로 끝나는 부분은 XQuery 식으로 간주된다. 이러한 내부 XQuery 식은 질의 처리 시 계산된 후 결과 시퀀스가 반환된다. 따라서 생성식 내에서 변수를 사용하는 부분은 반드시 '{'으로 시작하여 '}'으로 끝나야 함으로 주목하자. 그렇지 않으면 변수가 문자로 취급된다.

다음의 위 생성식의 결과를 보여준다. 아래 결과에서 생성식 내부의 식 {$i//title}에 대한 결과 시퀀스로 <title>Your Best Life Now</title>가 얻어졌음을 주목하자.

```
<example>
   <p>Here is a query.</p>
   <eg>$i//title</eg>
   <p>Here is the result of the query.</p>
   <eg><title>Your Best Life Now</title></eg>
</example>
```

경로식(Path expression)은 8장 XPath에서 소개된 XPath의 경로식을 그대로 따르기 때문에 여기에서는 설명을 생략한다. 주석식(Comment expression)은 XQuery 내에서 주석을 표현하는 데 이용되며, "(:"과 ":)"으로 주석하고자 하는 내용을 묶으면 된다. 이 외에도 부가적인 식들이 존재하지만 일반적이지 않으므로 이번 장에서는 FLOWER 식, 정량 한정식, 타입 변환식, 조건식, 논리식, 산술식, 비교식, 생성식, 경로식, 그리고 주석식을 언급하였다.

10.6 프롤로그

프롤로그는 질의 수행을 위한 환경을 조성하는 부분이다. 네임스페이스 선언, 스키마 임포트(Import), 기본 비교 방법(Collation), 함수 정의 등이 프롤로그에서 이루어진다. 각각에 대해 살펴보도록 하자.

10.6.1 네임스페이스 선언

네임스페이스는 XML 엘리먼트 혹은 애트리뷰트 이름들이 속하게 되는 범위를 나타낸다. 프롤로그에서 정의된 네임스페이스의 영역(Scope)은 질의 전체에 해당한다. 네임스페이스 선언은 다음 문법을 따른다. 여기에서, 'NSName'은 네임스페이스 접두사(prefix)를 의미하고 'URI'는 절대(Absolute) URI를 의미한다. 단 'URI'는 "와 "으로 둘러싸인 리터럴(Literal)이어야 하며, 변수를 참조하거나 다른 XQuery 식을 사용할 수 없음에 주의하자.

```
declare namespace NSName = URI;
```

다음은 네임스페이스 선언을 사용한 간단한 질의이다. 질의에서 생성된 노드는 http://example.org 네임스페이스 내부에서 선언된 노드가 된다.

```
declare namespace foo = "http://example.org";
<foo:bar>Lentils</foo:bar>
```

하나의 네임스페이스 이름(NSName)에 여러 개의 서로 다른 경로를 지정하면 에러가 발생한다. 다음은 이와 같은 이유로 에러가 발생하게 된다. 하지만 서로 다른 이름의 네임스페이스에 같은 경로를 지정하는 것은 상관없다.

```
declare namespace xx = "http://example.org/foo";
declare namespace xx = "http://example.org/bar";
```

10.6.2 스키마 임포트

스키마 임포트는 특정 스키마에서 정의된 엘리먼트 및 애트리뷰트 선언과 타입 정의 등을 현재 질의에 추가시킨다. 스키마 임포트의 대표적인 방법은 다음과 같다.

```
import schema namespace NCName = URI at locationURI;
```

이 방식은 스키마 임포트와 네임스페이스 선언을 동시에 지원한다. 이 방식의 의미는 'locationURI'에 위치한 스키마를 임포트하되, 스키마 내의 이름들의 네임스페이스 접두사 값은 'NCName'으로 하고 네임스페이스 절대 URI 값은 'URI'로 설정한다는 것이다. 즉, 'NCName' 및 'URI'는 네임스페이스 선언에서의 의미와 각각 동일하다. 네임스페이스 선언에서와 마찬가지로 'URI' 및 'locationURI'는 "와 "으로 둘러싸인 리터럴(Literal)이어야 하며, 변수를 참조하거나 다른 XQuery 식을 사용할 수 없음에 주의하자.

다음은 위 방식에 따른 스키마 임포트의 예를 보여준다. 이 예에서 at 키워드 앞에 선언된 URI는 임포트 대상 스키마를 나타내고 이 스키마에 대한 네임스페이스 접두사로 xhtml이 바인딩되고 있다. 그리고 at 키워드 뒤에 선언된 URI는 임포트 대상 스키마의 위치를 나타낸다.

```
import schema namespace xhtml="http://www.w3.org/1999/xhtml"
                              at "http://example.org/xhtml/xhtml.xsd";
```

참고로, XQuery 1.0은 DTD(Document Type Definition) 형태의 스키마에 대한 임포트를 지원하지 않는다. 만약 DTD 형태의 스키마를 XQuery 1.0에서 사용하고자 한다면, 반드시 XML Schema형태로 변경하여야 한다.

10.6.3 기본 비교 방법(Collation)

기본 비교 방법 선언은 함수나 연산자들이 두 문자열의 비교 혹은 정렬(Sorting) 시 사용되는 정책을 지정하는 데 이용된다. 예를 들어, "gt" 연산자에는 문자열에 대한 비교 방법이 미리 정의되어 있어야 한다. 보통은 사전적 비교 방법[4]이 사용되지만 다른 비교 방법을 사용하고 싶다면 프롤로그에서 기본 비교 방법을 선언하면 된다. 다음은 기본 비교 방법을 선언하는 문법이다. 스키마 임포트에서와 마찬가지로 'URI'는 "와 "으로 둘러싸인 리터럴(Literal)이어야 하며, 변수를 참조하거나 다른 XQuery 식을 사용할 수 없음에 주의하자.

```
declare default collation URI;
```

다음은 기본 비교 선언에 대한 간단한 예이다. 이 예에서는 특정 URI로 지정된 비교 방법을 지정하고 있다.

```
declare default collation  "http://example.org/languages/spanish";
```

참고로 기본 비교 방법을 선언하지 않으면, 유니코드 코드포인트 비교 방법(http://www.w3.org/2003/11/xpath-functions/collation/codepoint)이 기본적으로 사용된다. 이 방법은 XPath 2.0 및 XQuery 1.0을 지원하는 XML 프로세서에서 반드시 제공되어야 하는 비교 방법이다.

10.6.4 함수 정의

함수 정의는 사용자가 원하는 함수를 정의하는 데 사용될 수 있다. 대부분의 다른 언어들과 유사하게 함수의 정의는 함수 이름, 매개 변수, 반환 타입, 그리고 함수 정의로 이루어진다. XQuery에서의 함수 정의는 다음 문법을 따른다.

```
declare function Fname(Param1 as Type1, Param2 as Type2, ...)
as ReturnType
{
        Fdefinition
};
```

[4] 사전에 나오는 순서를 따르는 비교 방법

위의 문법에서 함수 정의는 declare function 키워드로 시작하여 함수 이름, 매개 변수 이름 및 타입, 그리고 반환되는 값의 타입으로 구성된다. 매개변수의 타입(Type1, Type2)이나 함수의 반환 타입(ReturnType)은 모두 시퀀스 타입이며, 생략이 되면 아이템 타입으로 간주된다. 여기에서, 아이템 타입이란 시퀀스 아이템이 될 수 있는 노드 타입 혹은 원자 데이터 타입을 의미한다. 참고로, XQuery에서는 함수의 이름은 같지만 매개 변수의 수나 반환 타입이 다른 함수들을 정의할 수 있다.

다음은 함수 정의의 한 예이다. 이 예는 employee 엘리먼트의 리스트를 매개 변수로 얻고 직원이 일하고 있는 각 부서마다 부서의 정보(부서 번호, 직원 수, 직원 봉급의 합계)를 반환하는 함수를 정의하고 있다. 위의 예에서는 distinct-values 함수가(중복을 제외한) 고유한 부서 번호를, count 함수가 직원 수를, sum 함수가 직원 봉급의 합계를 계산하는 데 각각 활용되고 있다. 앞서 언급한 바와 같이, XQuery에는 distinct-values, count, sum, avg 등 유용한 함수들이 미리 정의되어 있다. 이러한 XQuery 내장 함수들에 대한 자세한 정보는 http://www.w3.org/TR/xpath-functions/ 에서 찾아 볼 수 있다.

```
declare function summary($emps as element(employee)*) as element(dept)*
{
   for $d in distinct-values($emps/deptno)
   let $e := $emps[deptno=$d]
   return
     <dept>
         <deptno>{$d}</deptno>
         <headcount>{count($e)}</headcount>
         <payroll>{sum($e/salary)}</payroll>
     </dept>
};
```

위의 예에서 정의된 함수는 아래와 같은 방법으로 호출될 수 있다. 함수 호출의 결과는 Ansan에서 근무하고 있는 직원들이 속한 부서의 정보가 될 것이다.

```
summary(fn:doc("Hanyang_Univ.xml")//employee[location="Ansan"])
```

위의 예에서의 count 함수 호출과 같이, 하나의 함수 내에서 다른 함수를 호출할 수 있으며 자기 자신도 호출 할 수도 있다 (자기 자신을 호출하는 함수를 재귀 함수라고 한다). 다음은 재귀 함수의 예로서 매개 변수로 전달되는 노드의 최대 깊이를 구하여 준다.

```
declare function depth($e as node()) as xs:integer
{
   (: A node with no children has depth 1 :)
```

```
    (: Otherwise, add 1 to max depth of children :)
    if (fn:empty($e/*)) then 1
    else fn:max(for $c in $e/* return depth($c)) + 1
};
```

10.6.5 그 외 다른 선언들

프롤로그에서는 네임스페이스 선언, 스키마 임포트, 기본 비교 방법, 함수 정의 외에도 아래와 같은 선언들을 할 수 있다.

|버전 선언|

버전 선언은 버전 및 인코딩 정보을 지정하는 데 이용된다. XQuery의 버전 선언은 프롤로그의 가장 상위에 존재하여야 한다. 버전 선언은 선택적으로 지정할 수 있으며, 만약 버전 선언이 존재하지 않는다면 기본적으로 XQuery 1.0을 사용하는 것으로 가정된다. 버전 선언 내에서 인코딩 정보는 생략될 수 있다. 다음은 버전 선언의 두 가지 예를 보여주고 있다.

```
(a) xquery version "1.0";
(b) xquery version "1.0" encoding "uft-8";
```

|모듈 선언 및 임포트|

지금까지는 함수 정의 및 변수 선언이 XQuery의 프롤로그에서만 이루어졌다. XQuery는 외부에서 정의된 함수 및 변수를 임포트하여 사용할 수 있다. 함수 정의 및 변수 선언만을 포함하고 있는 것을 라이브러리 모듈이라고 하며, 이를 임포트함으로써 외부 함수 및 변수를 활용할 수 있다. 라이브러리 모듈이란 함수 정의 및 변수 선언 등을 담고 있는 XQuery의 일부분이다. 단, 라이브러리 모듈에는 질의 본문(Query Body)을 포함해서는 안된다. 모듈 선언은 이러한 라이브러리 모듈을 정의하는 데 이용된다. 라이브러리 모듈은 반드시 모듈 선언으로 시작되어야 한다. 다음은 모듈 선언의 예를 보여준다.

```
module namespace math="http://example.org/math-functions";
```

모듈 선언은 위의 예에서와 같이 module 키워드로 시작하고, 그 뒤에 네임스페이스 접두사와 URI가 온다. 모듈 선언 이후에 정의되는 변수 및 함수의 이름은 반드시 모듈 선언의 URI를 가져야 함을 기억하자.

모듈 임포트는 라이브러리 모듈을 수용하는 데 이용된다. 다음 선언은 모듈 임포트의 예이다. 이 선언은 앞의 모듈 선언으로 정의된 라이브러리 모듈을 임포트하고 있다.

```
import module namespace math="http://example.org/math-functions";
```

|기본 URI 선언|

기본 URI 선언은 XQuery에서 사용되는 URI의 접두사를 선언하는 데 이용된다. 프롤로그에서 기본 URI를 선언해 두면 질의에 나타나는 모든 상대적인 URI들이 기본 URI를 기준으로 해석된다. 다음은 기본 URI 선언의 예이다.

```
declare base-uri "http://example.org";
```

이상으로 XQuery에서 중요한 선언들을 언급하였다. 이 외의 선언들에 대해서는 XQuery 표준 명세서를 참고하기 바란다.

10.7 XQuery 질의 예

이번 절에서는 XQuery의 전체적인 모습을 보여주는 몇 가지 예제를 제시한다. 이 절에서 언급하는 대부분의 예제들은 W3C의 XML Query Use Cases 문서를 참고한 것이다. 먼저 질의에 사용될 문서는 다음과 같다.

```
<?xml version="1.0" encoding="ISO-8859-1"?>
<partlist>
   <part partid="0" name="car"/>
   <part partid="1" partof="0" name="engine"/>
   <part partid="2" partof="0" name="door"/>
   <part partid="3" partof="1" name="piston"/>
   <part partid="4" partof="2" name="window"/>
   <part partid="5" partof="2" name="lock"/>
   <part partid="10" name="skateboard"/>
   <part partid="11" partof="10" name="board"/>
   <part partid="12" partof="10" name="wheel"/>
   <part partid="20" name="canoe"/>
</partlist>
```

아래 질의는 재귀 함수를 사용한 예이다. 이 질의는 'part'들을 트리 형태로 구조화시킨다. 사용자 정의 함수 one_level은 'part'들을 해당하는 'part-of'의 하위 엘리먼트에 위치하도록 만든다.

```
declare function local:one_level($p as element())
   as element()
{
   <part partid="{ $p/@partid }" name="{ $p/@name }">
      {
         for $s in doc("partlist.xml")//part
         where $s/@partof = $p/@partid
         return local:one_level($s)
      }
   </part>
};


<parttree>
   {
      for $p in doc("partlist.xml")//part[empty(@partof)]
      return local:one_level($p)
   }
</parttree>
```

질의의 결과는 다음과 같다.

```
<parttree>
   <part partid="0" name="car">
      <part partid="1" name="engine">
         <part partid="3" name="piston"/>
      </part>
      <part partid="2" name="door">
         <part partid="4" name="window"/>
         <part partid="5" name="lock"/>
      </part>
   </part>
   <part partid="10" name="skateboard">
      <part partid="11" name="board"/>
      <part partid="12" name="wheel"/>
   </part>
   <part partid="20" name="canoe"/>
</parttree>
```

다음 예제는 관계형 데이터를 XML 문서로 표현했을 경우에 대한 질의이다. 관계형 데이터에 대해 사용되는 질의인 SQL과 거의 유사하게 질의 처리가 이루어진다. 질의에 사용될 문서는 아래와 같은 형태를 가질 것이다. 이 XML 문서에는 전체 데이터를 포함하지 않았으며 실제 데이터는 테이블 USERS, ITEMS, BIDS에 저장되어 있다. 여기서는 어떻게 관계형 데이터를 XML 문서 형태로 변환했는지에 대해서는 언급하지 않을 것이며, 단지 관계형 데이터를 적절히 XML 문서로 변환하였을 때 XQuery가 어떻게 적용될 수 있는지를 보일 것이다.

```
<items>
  <item_tuple>
    <itemno>1001</itemno>
    <description>Red Bicycle</description>
    <offered_by>U01</offered_by>
    <start_date>1999-01-05</start_date>
    <end_date>1999-01-20</end_date>
    <reserve_price>40</reserve_price>
  </item_tuple>

  <!-- !!! Snip !!! -->

</items>

<users>
  <user_tuple>
    <userid>U01</userid>
    <name>Tom Jones</name>
    <rating>B</rating>
  </user_tuple>

  <!-- !!! Snip !!! -->

</users>

<bids>
  <bid_tuple>
    <userid>U02</userid>
    <itemno>1001</itemno>
    <bid>35</bid>
    <bid_date>1999-01-07</bid_date>
  </bid_tuple>

  <!-- !!! Snip !!! -->

</bids>
```

다음 테이블들은 위의 XML 문서에 대응하는 것으로 경매 사이트에서 사용된다고 가정하자.

USERS		
USERID	NAME	RATING
U01	Tom Jones	B
U02	Mary Doe	A
U03	Dee Linquent	D
U04	Roger Smith	C
U05	Jack Sprat	B
U06	Rip Van Winkle	B

ITEMS					
ITEMNO	DESCRIPTION	OFFERED_BY	START_DATE	END_DATE	RESERVE_PRICE
1001	Red Bicycle	U01	1999-01-05	1999-01-20	40
1002	Motorcycle	U02	1999-02-11	1999-03-15	500
1003	Old Bicycle	U02	1999-01-10	1999-02-20	25
1004	Tricycle	U01	1999-02-25	1999-03-08	15
1005	Tennis Racket	U03	1999-03-19	1999-04-30	20
1006	Helicopter	U03	1999-05-05	1999-05-25	50000
1007	Racing Bicycle	U04	1999-01-20	1999-02-20	200
1008	Broken Bicycle	U01	1999-02-05	1999-03-06	25

BIDS			
USERID	ITEMNO	BID	BID_DATE
U02	1001	35	1999-01-07
U04	1001	40	1999-01-08
U02	1001	45	1999-01-11
U04	1001	50	1999-01-13
U02	1001	55	1999-01-15
U01	1002	400	1999-02-14
U02	1002	600	1999-02-16
U03	1002	800	1999-02-17
U04	1002	1000	1999-02-25
U02	1002	1200	1999-03-02
U04	1003	15	1999-01-22
U05	1003	20	1999-02-03
U01	1004	40	1999-03-05
U03	1007	175	1999-01-25
U05	1007	200	1999-02-08
U04	1007	225	1999-02-12

그림 10.2 XML 문서 내용에 대응하는 테이블의 내용

현재 경매가 진행 중인 아이템들 중 'Bicycle'에 관한 경매를 아이템 번호 순서대로 나열하고 싶다면 FLWOR 식을 사용하여 다음과 같이 질의를 만들 수 있을 것이다.

```
<result>
  {
    for $i in doc("items.xml")//item_tuple
    where $i/start_date <= current-date()
            and $i/end_date >= current-date()
            and contains($i/description, "Bicycle")
```

```
    order by $i/itemno
    return
        <item_tuple>
            { $i/itemno }
            { $i/description }
        </item_tuple>
  }
</result>
```

위 질의에 대한 결과는 다음과 같다.

```
<result>
  <item_tuple>
    <itemno>1003</itemno>
    <description>Old Bicycle</description>
  </item_tuple>
  <item_tuple>
    <itemno>1007</itemno>
    <description>Racing Bicycle</description>
  </item_tuple>
</result>
```

만약 경매에 참가하지 않은 아이템들의 번호와 설명을 얻고자 한다면 FLWOR 식을 이용하여 다음과 같은 질의를 만들 수 있다.

```
<result>
  {
    for $i in doc("items.xml")//item_tuple
    where empty(doc("bids.xml")//bid_tuple[itemno = $i/itemno])
    return
        <no_bid_item>
            { $i/itemno }
            { $i/description }
        </no_bid_item>
  }
</result>
```

이 질의에 대한 결과는 다음과 같다.

```
<result>
  <no_bid_item>
    <itemno>1005</itemno>
    <description>Tennis Racket</description>
  </no_bid_item>
  <no_bid_item>
    <itemno>1006</itemno>
    <description>Helicopter</description>
  </no_bid_item>
  <no_bid_item>
    <itemno>1008</itemno>
    <description>Broken Bicycle</description>
```

```
  </no_bid_item>
</result>
```

10.8 XQuery 질의 처리기(XQuery Processor)

W3C의 XQuery 사이트(http://www.w3c.org/XML/Query)에서는 XQuery와 관련된 여러 가지 도구들을 소개하고 있다. XQuery의 문법을 검사해 주는 웹 페이지도 있고 XML 데이터베이스나 특별한 목적으로 만들어진 XQuery 엔진들도 있다. 이 절에서는 그 중에서 XQuery 질의를 처리해 주고 그 결과를 얻을 수 있는 XQuery 질의 처리기에 대해서 소개하고 프로그래밍 예제를 통하여 사용하는 방법을 살펴보도록 하겠다. 현재 다양한 종류의 XQuery 질의 처리기들이 존재하며, 먼저 공개 소프트웨어로는 Sourceforge 사이트에서 진행 중인 프로젝트들과 GNU Qexo가 있다. Sourceforge에서 진행 중인 프로젝트에는 eXist, Saxon, XQEngine, XQuench, XQuery Lite 등이 있으며, 이 중에서 특히 Qexo와 Saxon이 많이 사용된다. Qexo와 Saxon는 사용이 용이하도록 라이브러리 형태로 제공되며 웹을 통해서 쉽게 다운로드 받을 수 있다. 이들은 XQuery의 모든 기능을 지원하는 것은 아니므로 사용자의 필요에 적합한 소프트웨어의 선택이 요구된다. XQuery 질의 처리기들에 대한 사이트 정보는 아래와 같다.

- eXist: http://exist.sourceforge.net
- Saxon: http://saxon.sourceforge.net
- XQEngine: http://sourceforge.net/projects/xqengine
- XQuench: http://xquench.sourceforge.net
- XQuery Lite: http://sourceforge.net/projects/phpxmlclasses
- QEXO: http://www.gnu.org/software/qexo

QEXO는 Kawa[5]를 기반으로 Java로 구현된 오픈소프 XQuery 질의 처리기이다. QEXO를 이용하여 간단히 XQuery를 실습해 볼 수 있다. 우선, QEXO JAR 파일(http://ftp.gnu.org/pub/gnu/kawa/kawa-1.9.1.jar)을 다운로드 받고, 다운로드 받은 파일 위치를 컴퓨터 내 클래스 경로(class path)에 추가시킨다. 여기에서는 XQuery (xqueryExample.xql) 처리 결과를 외부 문서(xqueryResult.txt)에 출력하는 자바 프로그램을 작성할 것이다. 그림 10.3은 작성할 XQuery 처리 프로그램의 동작 구조를 보여준다.

[5] Kawa는 자바 기반 설계 시스템(Java-based scheme system)으로 자바 컴파일러 중 하나이다.

그림 10.3 QEXO 이용한 XQuery 처리 프로그램의 동작 구조

그림 10.4는 이에 대한 프로그램 소스 코드를 보여준다.

```
import gnu.xquery.lang.XQuery;
import gnu.xml.XMLPrinter;
import java.io.*;

public class XQueryTest {

  public static void main(String[] args) throws Throwable {

    XQuery xq = new XQuery();

    File input = new File("xqueryExample.xql");
    File output = new File("xqueryResult.txt");
    BufferedReader reader = new BufferedReader(new FileReader(input));
    PrintStream result = new PrintStream(new FileOutputStream(output));
    XMLPrinter pp = new XMLPrinter(result);
    String line = "", exp = "";

    line = reader.readLine();
    if(line!=null) exp += line;
    while(true) {
        line = reader.readLine();
        if(line!=null) exp += line + "₩n";
        else break;
    }

    Object resultOfQ = xq.eval(exp);
    System.out.println("====== 성공적으로 XQuery 수행되었습니다. ======");
    System.out.println("== xqueryResult.txt 에서 결과를 확인하시기 바랍니다. ==");


    pp.writeObject(resultOfQ);
    pp.println();
    pp.flush();
  }
}
```

그림 10.4 QEXO 이용한 XQuery 처리 프로그램 예제

독자들은 이 프로그램을 사용하여 이 장에서 소개한 XQuery 질의 및 XQuery Use Cases 표준 문서에서 언급하고 있는 여러 가지 질의들을 실습해 볼 수 있을 것이다.

10.9 요약

- XQuery는 컴퓨터 혹은 웹에 존재하는 XML 문서로부터 데이터를 추출하는데 이용되며, 다양한 질의 기능을 제공한다.
- XQuery는 XML 문서를 노드들로 이루어진 트리로서 바라본다.
- XQuery의 모든 식의 결과는 시퀀스이며, 시퀀스는 아이템(Item)들의 순서가 있는 모임(Collection)을 의미한다.
- XQuery 변수나 값이 시퀀스 타입에 부합하는지 검사하는 것을 시퀀스 타입 매칭이라고 한다. 시퀀스 타입 매칭은 변수나 값의 실제 타입(Actual type)과 기대되는 타입(Expected type) 사이에 서로 변환이 가능한지를 검사하는 것이다.
- XQuery는 프롤로그(Prolog)와 질의 본문(Query Body)의 두 부분으로 구성된다. 프롤로그에는 네임스페이스 선언, 스키마 임포트(Schema import), 기본 비교 방법(Collation), 함수 정의 등이 포함된다. 질의 본문은 실제로 수행되는 XQuery 식을 담고 있다.
- XQuery 식은 FLWOR 식, 정량 한정식(Quantified expression), 타입 변환식(Typeswitch expression), 조건식(Conditional expression), 논리식(Logical expression), 생성식(Construct expression), 경로식(Path expression), 연산식(Arithmetic expression), 비교식(Comparison expression) 등이 있다.

10.10 연습문제

1. XQuery 질의는 프롤로그(Prolog)와 질의 본문(Query body)으로 이루어진다. 각각의 역할에 대하여 설명하라.

2. FLWOR문의 각 절(For, Let, Where, Orderby, Return)의 역할에 대해서 설명하시오.

3. 다음은 XQuery 관련 설명의 참, 거짓을 판단하라.

- 시퀀스 타입은 중복을 허용하지 않는다.
- 한 시퀀스 내의 모든 아이템은 원자(Atomic) 타입이다.
- 원자 타입은 단순(Simple) 타입의 일종이다.
- XQuery 내에서 XML Schema에 정의된 타입을 사용할 수 없다.

4. 다음 XQuery 식의 결과를 쓰시오.

- (10, (1,2), (), (0, 5))
- (1, 2 to 3, 5)
- <a> 100 </a> eq <a> 100 </a>
- <a> 100 </a> is <a> 100 </a>
- (1, 2) = (2, 3)
- (1, 2) != (2,3)

5. 다음은 책의 내용을 기술한 XML 문서(book.xml)이다. 아래 조건에 따라 XML 문서에 대한 XQuery를 작성하라.

```
<chapter>
  <title>Data Model</title>
  <section>
    <title>Syntax For Data Model</title>
  </section>
  <section>
    <title>XML</title>
    <section>
      <title>Basic Syntax</title>
    </section>
    <section>
      <title>XML and Semistructured Data</title>
      <section>
        <title>Two sides of XML</title>
      </section>
    </section>
  </section>
</chapter>
```

- XML이란 단어를 포함하고 있는 title을 찾으시오. 참고로, XQuery 내장 함수 contains(string a, string b)는 a 문자열이 b 문자열을 포함하면 참(True)을 반환한다.
- XML이란 단어를 포함하고 있는 title 중 두 번째 단계 이상의 section에 대한 것들만 찾으시오. 단, section은 무한히 중첩될 수 있다고 가정한다.

| 프로젝트 |

6. Kim&Son 영화관 주인 K씨는 관객들이 영화 정보를 쉽게 얻을 수 있도록 검색 시스템을 만들고자 한다. 4장 연습 문제의 영화 정보 및 영화 상영 정보를 따른다고 할 때, 다음 조건에 대한 결과를 검색할 수 있는 자바(Java) 기반 GUI 프로그램을 작성하라. XQuery 처리기는 원하는 것으로 사용해도 상관없으나 QEXO를 추천한다.

■ 영화 검색

- 사용자로부터 영화 제목의 키워드를 입력 받고 주어진 키워드를 포함하는 영화 정보를 영화 제목으로 정렬하여 나열하라.
- 사용자로부터 배우 이름의 키워드를 입력 받고 주어진 키워드를 포함하는 배우가 출연한 영화 정보를 배우 이름으로 정렬하여 나열하라.
- 두 군데 이상의 영화관에서 상영되고 있는 영화 정보를 영화 제목으로 정렬하여 나열하라.

■ 영화관 검색

- 사용자로부터 영화 제목의 키워드를 입력 받고 주어진 키워드를 포함하는 영화에 대한 영화관 정보를 나열하라. 만약 상영이 끝난 영화라면 상영 시작일과 종료일을 표시하고, 상영 중인 영화라면 상영 스케줄을 표시하라.
- 사용자로부터 영화 제목의 키워드를 입력 받고 주어진 키워드를 포함하는 영화를 현재 상영하고 있는 영화관들 중 가장 많이 할인 되는 영화관 정보를 나열하라. 이때, 영화관의 이름을 입력으로 하고 최대 할인 가격을 반환하는 함수를 만들어서 사용하라.

11

CHAPTER

XML

XSL-FO(XSL Formatting Objects)

XSL(eXtensible Stylesheet Language)은 XML 문서의 표현 방법을 지시하는 스타일시트로서 CSS(4장), XSLT(9장) 그리고 이 장에서 설명하는 XSL-FO의 세 부분으로 구성된다. 이 중에서 XSL-FO(XSL Formatting Objects)는 XML 문서에 대한 직접적인 스타일시트를 표현하는 부분으로써, 사용자는 XSL-FO를 사용하여 문서의 구체적인 내용뿐만 아니라 폰트나 글자 크기 또는 여백이나 단락 간격과 같은 문서의 구체적인 표현까지 상세히 지정할 수 있다. 사용자는 XSL-FO를 사용하여 주어진 XML 문서를 PDF 파일, 웹 브라우저, 무선 단말기, 책, 또는 팜플렛 등과 같은 다양한 매체를 통해 표현할 수 있다.

11.1 개요

11.1.1 XSL

스타일시트에 대해서는 4장 CSS와 9장 XSLT에서도 언급하였지만 이 장에서는 XML 문서에 대한 또 다른 표현 방법을 다루기 때문에 다시 한 번 스타일시트에 대해서 간략히 정리하고자 한다.

스타일시트란 임의의 매체에 표현하는 방법으로 XML 문서 자체는 스타일시트 정보를 가지고 있지 않으므로 XML 기반의 스타일시트를 표현하는 언어로서 XSL(eXtensible Stylesheet Language)와 CSS(Cascading Style Sheets)가 사용된다. CSS는 4장에서 상세히 살펴보았듯이 HTML, XML과 같은 구조화된 문서에 스타일을 부여할 수 있는 간단한 스타일시트 언어이다. 한편, XSL은 XML 문서를 다른 형식의 문서로 변환하여 화면에 표현되게 하는 언어로서 XPath, XSLT, 그리고 XSL-FO로 구성된다. XPath는 XML 문서의 특정 부분에 접근하기 위한 경로 질의 언어이며, XSLT는 XML 문서의 변환 방법을 지시하는 언어이며, 그리고 XSL-FO는 XML 문서의 표현 방법을 기술하는 언어이다.

XSL-FO에 대해서는 XSL 1.0이 2001년 10월 W3C 확정-권고안이 되었으며, 이 장에서는 이 표준 문서를 기반으로 XSL-FO를 설명하겠다. 버전 1.1은 2006년 12월에 W3C 확정-권고안이 되었다.

예 11.1 XSL-FO 문서의 예

```
<?xml version="1.0" encoding="iso-8859-1"?>
<fo:root xmlns:fo="http://www.w3.org/1999/XSL/Format">
   <fo:layout-master-set>
      <fo:simple-page-master master-name="my-page">
         <fo:region-body margin="1in"/>
      </fo:simple-page-master>
   </fo:layout-master-set>

   <fo:page-sequence master-reference="my-page">
      <fo:flow flow-name="xsl-region-body">
         <fo:block>Hello, world!</fo:block>
      </fo:flow>
   </fo:page-sequence>
</fo:root>
```

11.1.2 XSL-FO

XSL-FO는 XML 문서의 구체적인 표현 방법을 기술하는 언어로서 XSL-FO 문서 역시 하나의 XML 문서의 형식을 가진다. 사용자는 XSL-FO를 사용하여 문서의 내용뿐만 아니라 페이지의 크기, 여백, 글자체 및 글자 크기, 또는 배경 이미지 등과 같은 문서의 표현에 관한 구체적인 방법들을 기술할 수 있다. 예 11.1은 "Hello, world!"라는 텍스트의 출력을 지시하는 XSL-FO 문서의 간단한 예제를 보여주고 있다.

예 11.1에서 볼 수 있듯이 XSL-FO 문서는 XML 문서의 한 종류이다. XSL-FO에서 사용되는 엘리먼트들은 http://www.w3.org/1999/XSL/Format 네임스페이스를 사용하며, 대부분의 경우 fo 접두사를 사용하여 구분한다. XSL-FO에서 사용되는 엘리먼트들은 총 56개이며, 이들 엘리먼트들을 흔히 포맷팅 객체(Formatting object)라고 부른다.

여기서 주목할 점은 XSL-FO 문서는 문서를 어떻게 표현해야 할지에 대한 방법이 기술된 문서이지 표현 자체가 완료된 문서는 아니라는 것이다. 다시 말해, 예 11.1의 XSL-FO 문서는 단지 "Hello, world!"라는 텍스트의 출력 방식을 지시하는 문서일 뿐이다. 그러므로 XSL-FO 문서는 사용자가 보게 되는 최종 형태의 문서로 변환되어야 하는데 이를 위한 도구를 XSL-FO 포맷터(XSL-FO formatter)라고 부른다. XSL-FO 포맷터는 XSL-FO 문서와 기타 변환에 필요한 외부 자료들을 받아들여, 최종적으로 사용자가 보게 되는 출력 또는 인쇄가 가능한 문서로 변환한다. 대표적인 최종 출력 형태로는 PDF, PostScript 등과 같은 문서 파일이 있으며, 그 외에도 그래픽 파일(GIF, JPG, BMP, PNG 등)이나 프린터에서 사용되는 내부 출력 코드가 있다. 특별한 경우이지만 음향 효과까지도 출력이 가능한 문서에 포함될 수 있다. 하나의 XSL-FO 문서는 다양한 매체에 적용될 수 있는데 GIF 형태의 그래픽 파일로도 변환될 수 있으며, PDF 형태의 문서 파일로도 변환될 수 있다. 이러한 변환이 XSL-FO 포맷터의 기능이며, XSL-FO 포맷터는 주어진 XSL-FO 문서를 대상 매체에 따라 적합한 방법으로 변환하여야 한다.

11.2 XSL-FO의 개요

본 절에서는 XSL-FO를 사용하여 XML 문서를 표현하는 구체적인 방법에 대해 알아보기로 한다. 먼저, XSL을 이용하여 XML 문서를 표현하는 전체적인 절차를 설명하고 이 과정에서 사용되는 XSL-FO 관련 소프트웨어들을 소개한다.

11.2.1 XSL을 이용한 XML 문서의 표현 절차

4장에서 언급했듯이 임의의 XML 문서를 표현하는 데에는 몇 가지 방법이 있다. 그 중 하나는 CSS를 사용하는 방법이다. 이 방법에서 사용자는 CSS를 통하여 XML 문서의 표현 방법을 기술하고, CSS를 지원하는 웹 브라우저 등을 통하여 대상 XML 문서를 보게 된다. 이 방법은 CSS가 비교적 사용하기 쉬운 언어이기 때문에 적용하기가 쉽다는 장점이 있다. 그러나 CSS에는 표현의 대상이 되는 원본 XML 문서의 구조를 바꾸거나 일부의 내용을 변환 또는 정렬하는 등의 복잡한 기능이 없기 때문에, 주어진 원본 XML 문서를 다양하게 표현하는 데에는 한계가 있다. 이러한 경우에 사용될 수 있는 다른 방법은 XSL을 사용하는 것이다. XSL을 사용하면 XSLT를 사용하여 표현의 대상이 되는 원본 XML 문서를 다양한 방법으로 변환하는 것이 가능하다(4장의 그림 4.1 참조).

XSL을 사용하여 XML 문서를 표현하기 위해서는 다음의 두 단계를 거친다.

- **XSL 변환**: 주어진 XML 문서를 XSLT를 사용하여 XSL-FO 문서로 변환한다.
- **XSL 포맷팅**: XSL-FO 문서를 변환하여 최종 표현 결과물을 생성한다.

|XSL 변환(XSL Transformation)|

XSL 변환은 주어진 XML 문서를 XSL-FO 문서로 변환하는 과정이다. XML 문서의 변환 결과로 생성된 XSL-FO 문서는 문서의 구체적인 표현 방법을 담고 있으며, 이러한 변환은 9장에서 다룬 XSLT를 사용하여 이루어진다. 물론 XSLT는 XML 문서를 HTML문서로 변환하여 CSS를 통하여 표현하는 데에도 사용될 수 있다.

이러한 XSL 변환은 XSLT 프로세서에 의해 수행된다. XSLT 프로세서는 XML 문서와 XSLT 문서를 받아들여, XSLT 문서에 기술된 규칙에 따라 해당 XML 문서를 XSL-FO 문서로 변환한다. 예 11.2에서는 XML 문서, 이 문서를 XSL-FO로 변환하기 위한 XSLT 문서, 그리고 XSLT 변환 결과로 생성된 XSL-FO 문서들의 예를 보여준다.

예 11.2 XSL-FO를 이용한 XML 문서 표현에 사용되는 문서들

(a) 원본 XML 문서(example.xml)

```
<?xml version="1.0" encoding="iso-8859-1">
<doc>
  <head><title>Example</title></head>
  <body>
    <h3>This is an example XML document</h3>
    See <b>this!</b>
  </body>
</doc>
```

(b) XML 문서를 XSL-FO 문서로 변환하기 위한 XSLT 문서(example.xsl)

```
<?xml version="1.0" encoding="iso-8859-1">
<xsl:stylesheet xmlns:xsl="…" xmlns:fo="…" version="1.0">
…
<xsl:template match="h3">
  <fo:block font-size="14pt" color="green">
  <xsl:apply-templates/></fo:block>
</xsl:template>
…
<xsl:template match="b">
  <fo:inline font-weight="bold">
  <xsl:apply-templates/><fo:inline>
</xsl:template>
…
</xsl:stylesheet>
```

(c) XSLT 변환 결과로 생성된 XSL-FO 문서(example.fo)

```
<?xml version="1.0"?>
<fo:root xmlns:fo="http://www.w3.org/1999/XSL/Format">
…
  <fo:block font-size="14pt" color="green">
    This is an example XML document
  </fo:block>
  See <fo:inline font-weight="bold">this!<fo:inline>
…
</fo:root>
```

XSLT 변환 결과로 생성된 XSL-FO 문서는 문서의 내용이 어떻게 표현되어야 하는지에 대한 정보를 담고 있다. XSL-FO 문서를 구성하는 각각의 포맷팅 객체(Formatting object)들은 페이지, 문단, 테이블 및 리스트 등과 같이 XSL-FO 문서를 구성하는 요소를 나타낸다. 예를 들어, fo:block 포맷팅 객체는 하나의 문단을 나타내며, fo:table와 fo:list 포맷팅 객체들은 각각 테이블과 리스트를 나타낸다. 또한, 각각의 포맷팅 객체들에 대해 세부 속성을 지정할 수 있는데, 이들을 포맷팅 속성

(Formatting property)이라고 한다. 예를 들어, fo:block 포맷팅 객체에 대해서는 다음과 같이 border나 padding과 같은 포맷팅 속성을 사용하여 경계나 여백 등의 속성을 설정할 수 있다. 이와 같이 XSL-FO는 포맷팅 객체와 포맷팅 속성을 사용하여 문서의 구체적인 표현 방법을 지시하는 언어라고 할 수 있다.

```
〈fo:block border-color="blue" padding="6pt"〉...〈/fo:block〉
```

|XSL 포맷팅(XSL Formatting)|

XSL 포맷팅은 XSL-FO 문서를 받아들여, XSL-FO 문서의 포맷팅 객체들이 지시하는 결과를 출력하는 과정이다. 이러한 XSL 포맷팅은 XSL-FO 포맷터에 의해 수행된다. XSL-FO 포맷터는 XSL-FO 문서를 받아들여 사용자가 보게 될 XML 문서의 최종 표현 결과를 출력한다. 현재에는 대부분의 XSL-FO 포맷터가 PDF 파일의 형태로 표현 결과를 출력하고 있으나, 이러한 표현 결과들은 XSL-FO 포맷터의 지원 기능에 따라 다양한 매체를 통하여 출력될 수 있다.

지금까지 설명한 XSL-FO를 이용한 XML 문서의 표현 절차를 그림으로 나타내면 그림 11.1과 같다.

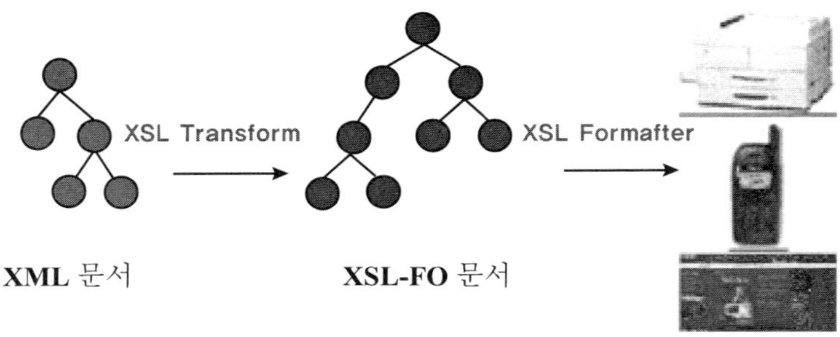

그림 11.1 XSL-FO를 이용한 XML 문서 표현 과정

11.2.2 XSL-FO 관련 소프트웨어

현재 XSL-FO 처리와 관련하여 많은 소프트웨어들이 구현 및 배포되고 있다. 그러나 대부분의 XSL-FO 관련 소프트웨어들은 아직 XSL-FO 표준(XSL 확정-권고안 1.0)을 완벽하게 지원하고 있지는 못하다. 본 절에서는 잘 알려진 XSL-FO 관련 소프트웨어를 간단히 살펴봄으로써, XSL-FO 처리 관련 소프트웨어의 현황을 알아보도록 하겠다.

- FOP, Apache project (http://xml.apache.org/fop): 무료 제품. Apache 프로젝트에서 구현한 XSL-FO 포맷터로서 XSL-FO 문서를 PDF 파일 또는 다양한 형태의 문서로 변환해준다.
- XSL Formatter, Antenna House (http://www.antennahouse.com): 상용 제품. XSL-FO 문서를 받아들여 PDF 파일을 포함한 다양한 형태의 파일로 출력해 준다.
- XEP, RenderX (http://www.renderX.com): 상용 제품. Java로 구현된 XSL-FO 포맷터로서 PDF 또는 PostScript 과일의 형태르 출력이 가능하다.
- PassiveTex,TeX(http://www.tei-c.org.uk/Software/passivetex): 무료 제품. XSL-FO 문서를 이용하여 XML 문서를 TeX 문서로 변환하여 준다. 이 제품을 사용하기 위해서는 TeX가 설치 되어 있어야 한다.
- Adobe Document Server, Adobe Systems (http://www.adobe.com): 상용 제품. XSL-FO 문서뿐만 아니라 PDF 파일, PostScript 파일 등 다양한 형태의 파일을 PDF 파일로 변환하여 준다
- Infoprint XML Extender for z/OS, IBM (http://www.printers.ibm.com/R5PSC.NSF/Web/xmlextenderhome): 상용 제품. XML 문서를 XSL-FO 스타일시트를 사용하여 AFP/IPDS 프린터에서 출력이 가능한 AFP 문서의 형태로 변환하여 준다.
- Enterprise E-Content Engine (E3), Arbortext (http://arbortext.com): 상용 제품. 워드 프로세서 또는 데스크탑 퍼블리싱 소프트웨어에서 사용되는 파일들을 XML 파일로 변환해 주고, 이를 웹, 프린터, 王는 무선 단말기에서 사용되는 포맷으로 변환하여 준다.
- Apoc XSL-FO, chive software (http://www.chive.com/products/apoc): 상용 제품. Microsoft.NET 플랫폼에서 사용되는 컴포넌트의 형태로 제공되는 XSL-FO 포맷터이다. PDF 파일 등을 지원한다.
- 3B2-FO, Advent 3B2 (http://ww.3db2.com): 상용 제품. XSL-FO 포맷터로서 PDF나 PostScript 파일 형태로의 출력이 가능하다.
- WYSIWYG XSL-FO Stylesheet Editor, Scriptura (http://www.scriptura-xsl.com): 상용 제품. Java로 구현된 WYSIWYG 형태의 XSL-FO 파일 편집기이다.
- XSLfast, jCatalog Software (http://www.xslfast.com): 상용 제품. XSL-FO 문서를 디자인하고 작성하는데 사용되는 도구이다. 그래픽 인터페이스를 제공하

여 XSL-FO 문서를 편집할 수 있도록 해준다.

앞에서 언급하였듯이 현재 공개되거나 배포중인 대부분의 XSL-FO 처리 관련 소프트웨어들은 XSL 확정-권고안 1.0의 모든 내용을 완벽히 지원하고 있지는 못하다. 그러므로 소프트웨어에 따라 XSL 확정-권고안에 명시된 페이지의 표현에 대한 다양한 기능을 지원하는 정도에 차이가 있으며, 테이블과 같은 일부 기능은 전혀 지원하지 않는 경우도 있다. 또한, XSL 확정-권고안에 포함되어 있는 음향을 통한 문서 표현 기능은 현재 거의 지원되고 있지 않다.

이러한 이유는 여러 가지로 설명될 수 있는데, XSL-FO 관련 소프트웨어를 요구하는 시장이 아직 충분히 커지지 않은데다가 XSL-FO 관련 소프트웨어의 개발 자체가 비교적 어렵고 까다롭기 때문이다. 그리고 개발자들에 따라 XSL-FO 표준안의 모든 내용을 지원할 필요성을 느끼지 않는 경우가 있다. 예를 들어, PDF 파일의 출력을 위해 사용되는 XSL-FO 포맷터는 XSL-FO 표준안에 포함되어 있는 음향 관련 기능을 꼭 지원할 필요가 없다.

상황에 따라서는 개발자들이 필요에 따라 자체적으로 XSL-FO 표준안을 확장하여 사용하기도 한다. 예를 들어, Adobe나 RenderX의 경우에는 자체적으로 정의한 엘리먼트와 애트리뷰트를 사용하여 XSL 확정-권고안 1.0을 확장하기도 한다. 이러한 경우 자체적으로 정의한 엘리먼트와 XSL-FO의 표준 엘리먼트를 구분하기 위한 XML 네임스페이스를 사용하고 있다.

이와 같이 현재 배포되고 있는 XSL-FO 관련 소프트웨어들은 XSL 확정-권고안 1.0에 대한 지원 현황이 다르고, 추가하거나 변경한 내용도 다양하다. 따라서 XSL-FO 관련 소프트웨어를 효과적으로 사용하기 위해서는 웹 또는 관련 문서를 통해 해당 소프트웨어의 기능을 확인하고, 자신의 사용 목적에 부합하는 소프트웨어를 선택하는 것이 중요하다.

11.3 XSL-FO 포맷팅 객체

지금까지는 XSL-FO에 대한 전체적인 개요를 살펴보았다. 여기에서는 XSL-FO의 구체적인 문법 및 사용 방법에 대해 알아보기로 한다. 앞에서 언급했듯이 XSL 확정-권고안 1.0 표준 스펙의 내용은 아주 방대하므로 모든 내용을 상세히 설명하기보다는, XSL-FO를 사용하는데 있어서 핵심이 되는 주요 기능들을 중심으로 살펴보겠다. 그러나 여기서 다루는 내용만으로도 XSL-FO를 이해하고 사용하는 데에는 큰 무리가 없을 것이다.

11.3.1 XSL-FO 문서 구조

XSL-FO에는 총 56개의 엘리먼트가 있으며, 이 엘리먼트들을 포맷팅 객체(Formatting objects)라고 부른다. 포맷팅 객체는 문단, 그림, 테이블, 리스트와 같이 문서의 표현에 사용되는 요소를 나타낸다. 이들은 http://www.w3.org/1999/XSL/Format 네임스페이스를 사용하며, 대부분의 경우 이 네임스페이스를 나타내기 위해 fo 접두사를 사용한다. 이 장에서도 별다른 설명이 없으면 관례에 따라 fo 접두사를 앞에 붙여 XSL-FO 네임스페이스를 나타내도록 하겠다.

XSL-FO 문서도 XML 문서의 한 종류이기 때문에, 일반적인 XML 문서와 마찬가지로 표준 XML 처리 명령(<?xml version="1.0" …>)으로 시작된다. fo:root 엘리먼트는 XSL-FO 문서의 루트 엘리먼트를 나타낼 뿐 문서 표현에는 전혀 영향을 미치지 않는다. 일반적으로 fo:root 엘리먼트는 네임스페이스를 선언하는데 사용된다. fo:root 엘리먼트의 내부에는 문서가 어떻게 표현되는지에 관한 실제 정보가 포함된다. 예 11.3은 XSL-FO 문서의 구조를 간단하게 보여주고 있다.

예 11.3 XSL-FO 문서의 개략적인 구조

```
<?xml version="1.0" encoding="iso-8859-1">
<fo:root xmlns:fo="http://www.w3.org/1999/XSL/Format">

...
<!-- 문서 표현에 관한 실제 내용 -->
...

</fo:root>
```

XSL-FO에서는 문서 표현의 기본 단위로 페이지(Page)를 사용한다. 즉, XSL-FO에서는 모든 문서가 하나 또는 그 이상의 페이지들로 구성된다. 이에 따라, XSL-FO로 기술된 문서들은 페이지 단위로 구분되어 표현된다. 또한, 각 페이지는 여러 개의 구역(Area)으로 구성된다. 구역은 페이지의 일부를 나타내며, 각 구역은 페이지를 구성하는 실제 내용을 담고 있다. 구역에는 여러 종류가 있는데, 각 종류에 따라 담고 있는 내용을 다양한 방법으로 표현하게 된다. XSL 확정-권고안 1.0에는 구역의 종류와 각각의 구역에 대한 정확한 의미 및 표현 방법이 정의되어 있는데, 이것을 구역 모델(Area model)이라고 한다. 구역 모델에 대한 자세한 내용은 XSL 확정-권고안 1.0 표준 스펙을 참조한다.

XSL-FO 문서는 크게 세 부분으로 구성된다. 첫 번째 부분은 문서의 표현에 사용되는 페이지에 대한 레이아웃 및 적용 방법을 기술하는 부분으로서 fo:layout-master-set 엘리먼트로 표현된다. fo:layout-master-set 엘리먼트에서는 다음의 두 가지가 정의된다.

- **페이지 마스터(Page master)**: 문서를 구성하는 페이지의 레이아웃을 정의한다. 페이지의 레이아웃에는 페이지의 크기 및 여백 등이 포함된다. 페이지 마스터는 여러 개가 정의될 수 있으며, 각 페이지는 이들 페이지 마스터들 중에서 사용하고 싶은 페이지 마스터를 선택할 수 있다. 이는 Microsoft PowerPoint의 슬라이드 마스터와 유사한 역할을 한다고 보면 된다. 예를 들어, 모든 페이지에 대해 일정한 여백을 주고 싶다면 해당 내용을 페이지 마스터를 사용하여 정의하고, 모든 페이지가 이 페이지 마스터를 사용하도록 지정한다.
- **페이지 시퀀스 마스터(Page sequence master)**: 앞서 정의한 페이지 마스터들이 각각의 페이지들에 대해 어떠한 순서대로 적용될지를 정의한다. 예를 들어, 사용자가 홀수 페이지와 짝수 페이지에 대해 서로 다른 페이지 마스터를 적용하고 싶다고 하자. 이런 경우에는 홀수 페이지와 짝수 페이지에 대한 페이지 마스터를 각각 정의하고, 페이지 시퀀스 마스터에서 이들 페이지 마스터의 적용 방법을 정의한다. 이렇게 하면 홀수 페이지에 대해서는 홀수 페이지를 위한 페이지 마스터가, 짝수 페이지에 대해서는 짝수 페이지를 위한 페이지 마스터가 적용되도록 할 수 있다.

XSL-FO 문서를 구성하는 두 번째 부분은 스타일시트 전체에 적용되는 사항들을 선언하는 부분으로서 fo:declare 엘리먼트로 표현된다. 현재는 스타일시트에 적용되는 컬러-프로파일(color-profile)만을 선언할 수 있으며, 이에 대한 자세한 설명은 내용 구성상 생략하기로 한다.

세 번째 부분은 문서를 구성하는 실제 내용을 기술하는 부분으로서 fo:page-sequence 엘리먼트로 표현된다.

이상과 같이 세 부분으로 구성된 XSL-FO 문서의 구조를 트리 형태로 나타내면 그림 11.2와 같다. 예 11.4는 그림 11.2의 XSL-FO 문서의 계층 구조를 XML 문서의 형태로 나타낸 것이다.

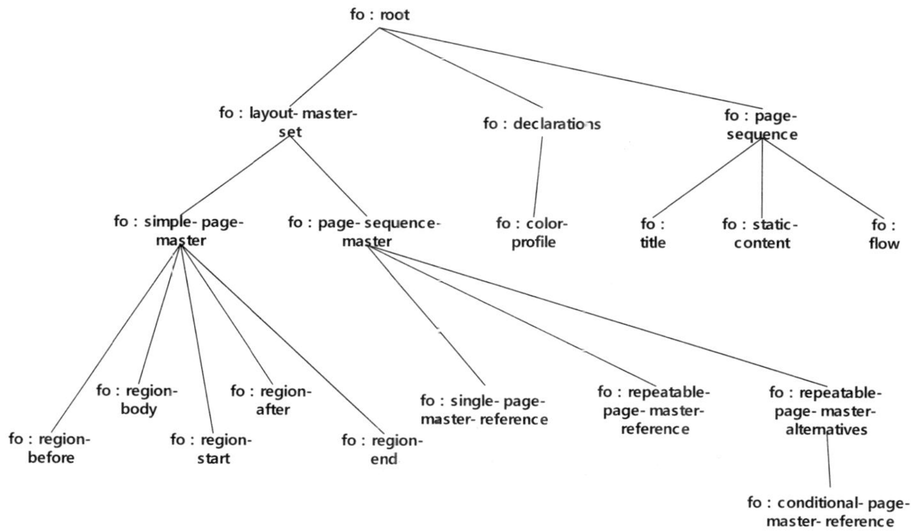

그림 11.2 XSL-FO 문서의 계층 구조

예 11.4 XSL-FO 문서의 상세 구조

```
<?xml version="1.0"  encoding="iso-8859-1">
<fo:root xmlns:fo="http://www.w3.org/1999/XSL/Format">

  <!-- 첫 번째 부분: 페이지의 레이아웃 및 적용 방법을 기술한다. -->
  <fo:layout-mater-set>
    <!-- 페이지 마스터 -->
    <fo:simple-page-master master-name="…">
        …
    </fo:simple-page-master>
        …
  <!-- 페이지 시퀀스 마스터 -->
  <fo:page-sequence-master master-reference="…">
        …
    </fo:page-sequece-master>
        …
  </fo:layout-master-set>

  <!-- 두 번째 부분: 스타일시트에 적용될 선언들을 기술한다. -->
  <fo:declarations>
    <fo:color-profile src="…" …/>
        …
  </fo:declarations>
  <!-- 세 번째 부분: 문서의 실제 내용을 기술한다. -->
  <fo:page-sequence master-name="…">
    …
```

```
        <fo:static-content flow-name="…">
            <fo:block>…</fo:block>
            …
        </fo:static-content>
        …
        <fo:flow flow-name="…">
            <fo:block>…</fo:block>
            …
        </fo:flow flow-name="…">
        …
    </fo:page-sequence>
    …

</fo:root>
```

11.3.2 페이지 마스터(Page Master)

XSL-FO 문서를 작성하기 위해서는 먼저 페이지 마스터와 페이지 시퀀스 마스터를 정의하여야 한다. 이 절에서는 페이지 마스터를 정의하는 방법에 대해 알아본다. 페이지 마스터는 fo:simple-page-master 엘리먼트를 사용하여 정의한다. 페이지 마스터를 정의하기 전에 XSL-FO에서의 페이지는 어떻게 구성되는지를 정의하는 페이지 모델을 알아본다. 그림 11.3은 XSL-FO에서 사용하는 페이지 모델을 나타낸다.

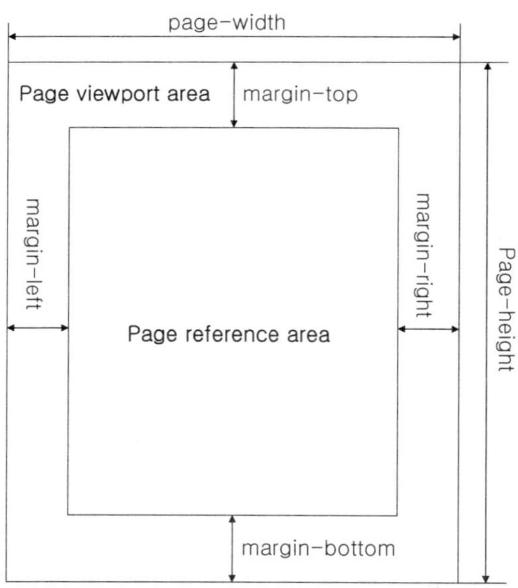

그림 11.3 XSL-FO에서의 페이지 모델

그림 11.3에서 page-height와 page-width는 각각 페이지의 높이와 너비를 나타낸다. margin-top, margin-bottom, margin-left, margin-right는 각각 페이지의 위, 아래, 왼쪽, 오른쪽의 여백을 나타낸다. 여백 부분에는 어떠한 내용도 출력되지 않는다. 여백을 포함한 페이지 전체 범위를 page viewport area라고 하며, 여백을 제외한 안쪽 범위를 page reference area라 한다. 예 11.5는 이러한 페이지 모델에 따라 페이지의 여백을 지정하는 페이지 마스터의 한 예를 보여준다.

예 11.5 페이지 마스터의 예

```
〈fo:layout-master-set〉
    〈fo:simple-page-master master-name="example1'
        page-height="20cm"
        page-width="18cm"
        margin-top="2cm"
        margin-bottom="1cm"
        margin-left="2cm"
        margin-right="1cm"〉
    〈/fo:simple-page-master〉
〈/fo:layout-master-set〉
```

페이지의 높이, 너비 및 여백 지정에 사용되는 수치에는 다양한 단위를 사용할 수 있다. 다음은 사용되는 단위를 간단히 정리한 것으로, 이것은 CSS에서와 동일하다.

- **상대 단위**: em(현재 사용되는 폰트에 대한 상대 크기), ex(현재 사용되는 폰트의 높이에 대한 상대 크기), px(픽셀)
- **절대 단위**: in(인치), cm(센티미터), mm(밀리미터), pt(포인트, 1포인트는 1/72 인치), pc(피카, 1피카는 12포인트)

fo:simple-page-master 엘리먼트의 master-name 애트리뷰트는 페이지 마스터의 이름으로서, 나중에 각 페이지에서 이 페이지 마스터를 참조할 때 사용되므로 반드시 지정해 주어야 한다.

페이지 모델에서 페이지에 들어갈 실제 내용을 담고 있는 부분은 여백을 제외한 안쪽 범위를 나타내는 page reference area가 된다. 이 page reference area는 그림 11.4와 같이 다섯 개의 지역(Region)으로 나뉜다.

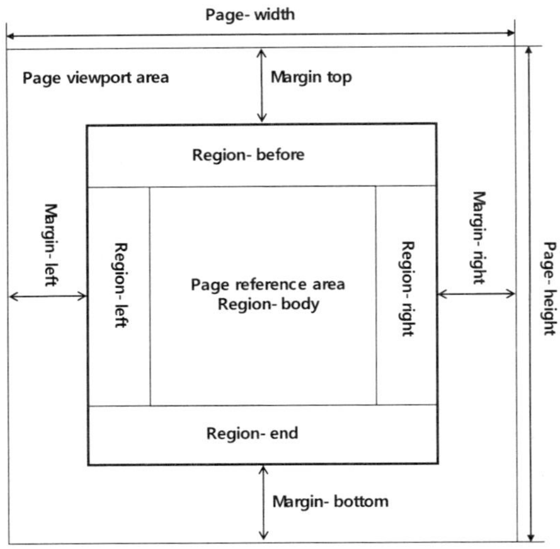

그림 11.4 페이지 지역(region)

이 5개의 지역인 region-before, region-after, region-start, region-end, region-body는 일반적으로 각각 헤더(Header), 바닥글(Footer), 왼쪽 사이드 바(Left side-bar), 오른쪽 사이드 바(Right side-bar), 그리고 본문을 나타내기 위해 사용되며, 각각 fo:region-before, fo:region-after, fo:region-start, fo:region-end, fo:region-body 엘리먼트로 표현된다. 이 중, fo:region-before와 fo:region-after 엘리먼트에 대해서는 extent 애트리뷰트를 사용하여 해당 지역에 대한 높이를 지정할 수 있으며, fo:region-start와 fo:region-end 엘리먼트에 대해서도 extent 애트리뷰트를 사용하여 해당 지역에 대한 너비를 지정할 수 있다. 반면, fo:region-body에는 extent 애트리뷰트가 없으며, 대신 페이지와 같이 margin 애트리뷰트를 통해 여백을 지정할 수 있다. 이것은 region-body가 기본적으로 page reference area 전체를 의미하기 때문이며, 이에 따라 region-body는 나머지 5개의 지역과 겹쳐질 수 있다. 예 11.6은 각 지역에 대해 extent를 지정한 예를 보여준다.

예 11.6 페이지의 각 지역에 대한 설정 예

```
<fo:layout-master-set>
    <fo:simple-page-master master-name="example"
        page-height="20cm" page-width="18cm"
        margin-top="2cm" margin-bottom="1cm"
        margin-left="2cm" margin-right="1cm">
```

```
        <fo:region-before extent="3cm"/>
        <fo:region-after extent="1.5cm"/>
        <fo:region-start extent="2cm"/>
        <fo:region-end extent="2cm"/>
        <fo:region-body margin-top="3cm"/>
    </fo:simple-page-master>
</fo:layout-master-set>
```

여기서 주목해야 할 것이 있다. 페이지의 여백에 대해서는 top, bottom, left, right와 같은 용어를 사용했으나, 지역에 대해서는 before, after, start, end라는 용어를 사용한다는 사실이다. before, after, start, end라는 용어는 모두 writing-mode라는 개념에 따른 상대적 용어이다. writing-mode란 간단히 말해 글을 써내려 가는 방향을 의미한다. 예를 들어, 영어나 한글의 경우에는 왼쪽에서 오른쪽으로, 위에서 아래쪽으로 써내려 간다. 그러나 이것은 언어에 따라 다를 수 있다. 예를 들어, 아랍어나 헤브라이어의 경우에는 오른쪽에서 왼쪽으로 글을 써간다. 또한 일본어의 경우에는 위에서 아래로, 오른쪽에서 왼쪽으로 글을 써가는 경우가 있다. 이렇게 언어에 따라 서로 다른 진행 방향을 나타내기 위하여 writing-mode가 사용된다. writing-mode에서는 글의 진행 방향을 다음의 두 방향으로써 나타낸다.

- block-progress-direction: 줄이 진행되는 방향을 의미한다. 예를 들어, 한글과 영어의 경우에는 줄이 위에서 아래로 진행된다. 반면에, 일본어의 세로쓰기의 경우에는 줄이 오른쪽에서 왼쪽으로 진행된다.
- inline-progress-direction: 줄 내부에서 글자가 진행되는 방향을 의미한다. 예를 들어, 한글과 영어의 경우에는 줄 안에서 글자가 왼쪽에서 오른쪽으로 진행된다. 반면에, 헤브라이어나 아랍어의 경우에는 오른쪽에서 왼쪽으로 진행된다.

XSL-FO에서는 위에서 설명한 block-progress-direction과 inline-progress- direction에 따라 페이지의 내용을 채우는 블록 엘리먼트(block element)와 인라인 엘리먼트(inline element)의 진행 방향이 결정된다. 블록 엘리먼트는 문단, 제목 또는 그림 등을 나타낼 때 사용되는 엘리먼트이며, 인라인 엘리먼트는 줄 내부에서 텍스트의 일부를 꾸미거나 줄 내부에 어떤 내용을 삽입할 때 사용되는 엘리먼트이다. 블록 엘리먼트와 인라인 엘리먼트에 대한 자세한 내용은 11.3.4 절과 11.3.5 절에서 살펴볼 것이다.

before, after, start, end는 block-progress-direction과 inline-progress-direction에 따라 각각 다음과 같이 상대적으로 정의된다.

- **before, after**: block-progress-direction에 대해 시작하는 방향이 before이고 끝나는 방향이 after이다.
- **start, end**: inline-progress-direction에 대해 시작하는 방향이 start이고 끝나는 방향이 end이다.

따라서 그림 11.4에서는 region-before, region-after, region-start, region-end가 각각 위, 아래, 왼쪽, 오른쪽에 위치해 있지만 writing-mode가 어떻게 설정되어 있느냐에 따라 이 위치는 상대적으로 바뀔 수 있다.

writing-mode는 페이지 마스터에서 설정된다. fo:simple-page-master 엘리먼트의 writing-mode 애트리뷰트가 writing-mode를 설정하는데 사용된다. writing-mode의 값은 "(inline-progress-direction)-(block-progress-direction)"의 형태로 표기된다. 예를 들어, 한글과 영어의 경우 inline-progress-direction은 왼쪽에서 오른쪽으로 진행하므로 "lr" (left-to-right)이 되고 block-progress-direction은 위에서 아래로 진행하므로 "tb" (top-to-bottom)이 되어 "lr-tb"로 표기된다. 반면에, 세로쓰기를 하는 일본어의 경우 inline-progress-direction은 위에서 아래로 진행하므로 "tb" (top-to-bottom)이 되고 block-progress-direction은 오른쪽에서 왼쪽으로 진행하므로 "rl" (right-to-left)가 되어 "tb-rl"로 표기된다. 그림 11.5는 writing-mode의 설정과 그에 따른 글의 진행 방향 및 before, after, start, end의 상대 위치를 나타내는 그림이다.

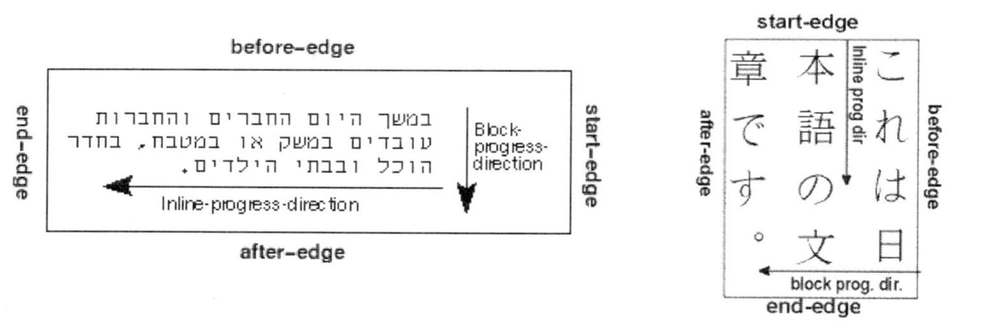

(a) `writing-mode="rl-tb"` **(b)** `writing-mode="tb-rl"`

그림 11.5 writing-mode의 설정에 따른 글의 진행 방향 및 각 변의 위치

이렇게 writing-mode를 사용하는 이유는 언어 독립적으로 XSL-FO 문서를 기술하기 위해서이다. 예를 들어, 영어의 진행 방향을 기준으로 기술된 XSL-FO 문서를 아랍어로 번역하는 경우, 영어와 아랍어의 좌우 진행 방향의 차이에서 발생되는 문

제들은 writing-mode만을 수정해 줌으로써 간단히 해결될 수 있다.

지금까지 writing-mode에 대해 설명하였다. 앞서 설명하였듯이 before, after, start, end의 상대 위치는 writing-mode에 의해 결정된다. 한편, reference-orientation은 페이지의 top 방향을 결정한다. reference-orientation은 fo:simple-page-master의 reference-orientation 애트리뷰트를 통해 설정되며, 0, 90, 180, 270, -90, -180, -270의 값을 가질 수 있다. 각각 페이지의 top 방향을 해당 각도만큼 반시계 방향으로 돌렸다고 생각하면 된다. 그림 11.6은 writing-mode와 reference-orientation의 관계를 보여주는 그림이다.

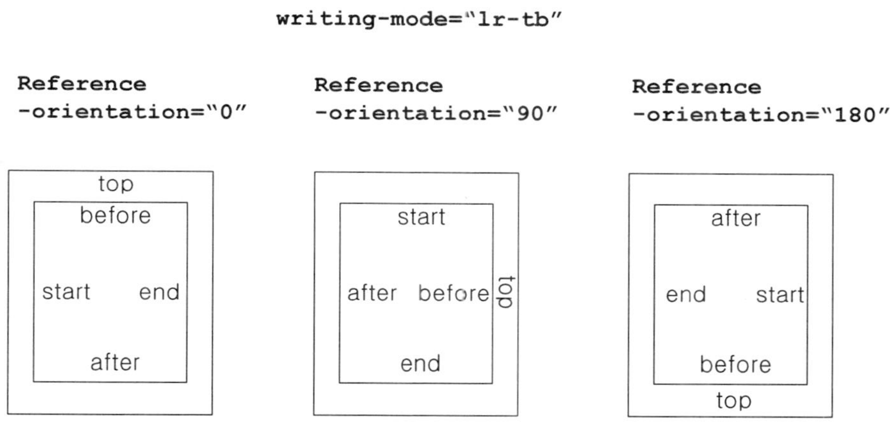

그림 11.6 writing-mode와 reference-orientation의 관계

11.3.3 페이지 시퀀스 마스터(Page Sequence Master)

지금까지는 페이지 마스터를 정의하는 방법에 대해 알아보았다. 페이지 마스터는 두 개 이상 정의될 수 있으며, 문서를 구성하는 각 페이지들은 이들 페이지 마스터들 중 하나를 선택하여 사용할 수 있다.

수많은 페이지로 이루어진 문서를 고려해보자. 이러한 경우, 각 페이지에 대해 일일이 페이지 마스터를 지정하는 것은 상당히 번거로운 일이다. 또한, 각 페이지에 대해 적용될 페이지 마스터를 적절한 규칙에 따라 자동으로 지정하고 싶을 때가 있을 수 있다. 이렇게 여러 페이지들에 대해 어떤 주어진 규칙에 따라 페이지 마스터를 자동으로 지정하고 싶을 경우 페이지 시퀀스 마스터(Page sequence master)가 사용된다. 다시 말해, 페이지 시퀀스 마스터는 각 페이지에 대해 어떠한 페이지 마스터가 사용되어야 할 것인지를 정의하는 역할을 한다.

페이지 시퀀스 마스터를 사용하는 예는 다양하다. 예를 들어, 첫 페이지에 대해서는 표지용 페이지 마스터를 사용하고 나머지 페이지들에 대해서는 모두 본문용 페이지 마스터를 사용하고 싶을 경우를 생각해보자. 이러한 경우 페이지 시퀀스 마스터를 통해 첫 페이지와 나머지 페이지들에 대해 각각 다른 페이지 마스터를 지정할 수 있다. 또한, 짝수 페이지와 홀수 페이지에 대해 서로 다른 페이지 마스터를 지정하고 싶을 때를 생각해보자. 이러한 경우에는 짝수 페이지와 홀수 페이지에 대한 각각의 페이지 마스터를 정의한 후, 페이지 시퀀스 마스터를 통해 짝수 페이지와 홀수 페이지에 대해 각각에 대한 페이지 마스터를 지정하면 원하는 결과를 얻을 수 있다.

페이지 시퀀스 마스터는 fo:page-sequence-master 엘리먼트를 사용하여 정의한다. fo:page-sequence-master 엘리먼트에는 fo:single-page-master-reference, fo:repeatable-page-master-reference, fo:repeatable-page-master-alternatives의 세 가지 자식 엘리먼트가 올 수 있다. 이들 세 가지 엘리먼트들은 각각 다른 종류의 페이지 시퀀스를 나타낸다.

|fo:single-page-master-reference|

fo:single-page-master-reference는 하나의 페이지 마스터를 사용하여 한 페이지를 생성하는 데 사용된다. 예 11.7은 사용 예를 보여 준다.

예 11.7 fo:single-page-master-reference의 사용 예

```
<fo:layout-master-set>
<fo:simple-page-master master-name=“example1”
  page-width=“20cm” page-height=“20cm”
  margin-top=“2cm” margin-bottom=“2cm”
  margin-left=“2cm” margin-right=“2cm”>
  <fo:region-body margin=“1cm”/>
</fo:simple-page-master>

  <fo:page-sequence-master master-name=“example2”>
        <fo:single-page-master-reference master-reference=“example1”/>
  </fo:page-sequence-master>
</fo:layout-master-set>

<fo:page-sequence master-name=“example2”>
    ...
</fo:page-sequence>
```

예 11.7에서는 먼저 example1이라는 이름의 페이지 마스터가 정의되었고, 그 후 이 페이지 마스터를 사용하는 example2라는 이름의 페이지 시퀀스 마스터가 정의되었다. 14번째 줄의 fo:page-sequence 엘리먼트는 페이지를 구성하는 실제 내용을 담고 있는 엘리먼트로서 이를 페이지 시퀀스라 한다. 하나의 XSL-FO 문서에는 두 개 이상의 페이지 시퀀스가 포함될 수 있다. 페이지 시퀀스에 담겨있는 내용들은 XSL-FO 포맷터에 의해 페이지 단위로 적절히 분할된다. 예 11.7에서의 페이지 시퀀스는 example2를 페이지 마스터로 사용한다고 선언하였다. example2 페이지 시퀀스 마스터는 fo:single-page-master-reference를 사용하고 있으므로 예 11.7에서의 페이지 시퀀스는 단 하나의 페이지만 생성한다. 또한, fo:single-page-master- reference에서 example1 페이지 마스터를 지정하고 있으므로 그 하나의 페이지에 대한 페이지 마스터는 example1이 된다. 만약 주어진 페이지 시퀀스의 내용이 너무 많은 경우와 같은 이유로 하나의 페이지로 구성할 수 없다면, XSL-FO 포맷터는 이를 오류로 처리하거나 또는 여러 개의 페이지로 분할하는 등의 자체적인 정책을 사용할 수 있다.

하나의 페이지 시퀀스 마스터에서는 둘 이상의 fo:single-page-master-reference를 사용할 수 있다. 예 11.8은 두 개의 fo:single-page-master-reference를 사용하여 정확히 두 개의 페이지를 생성한다. 첫 페이지는 example1라는 페이지 마스터를, 두번째 페이지는 example2라는 페이지 마스터를 사용하게 된다.

예 11.8 두 개의 fo:single-page-master-reference를 사용하는 예

```
〈fo:page-sequence-master master-name="example3"〉
  〈fo:single-page-master-reference
    master-reference="exmaple1"/〉
  〈fo:single-page-master-reference
    master-reference="exmaple2"/〉
〈/fo:page-sequence-master〉
```

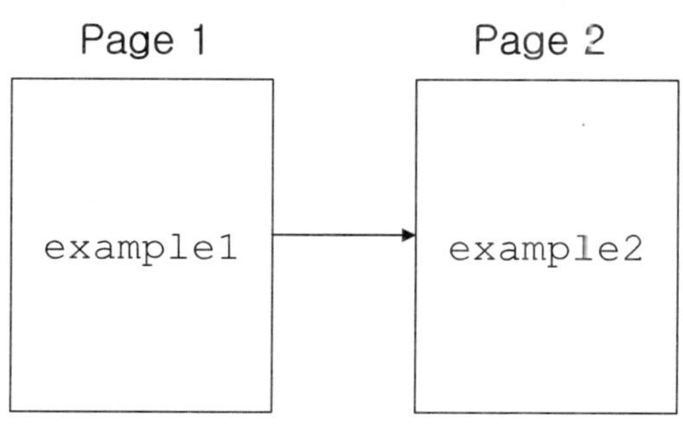

|fo:repeatable-page-master-reference|

fo:repeatable-page-master-reference는 주어진 페이지 시퀀스가 정확히 몇 페이지가 될지 모를 때, 하나의 페이지 마스터를 사용하여 여러 페이지를 생성하기 위해 사용된다.

예 11.9 fo:repeatable-page-master-reference의 사용 예

```
〈fo:layout-master-set〉
  〈fo:simple-page-master master-name="example1"
    page-width="20cm" page-height="20cm"
    margin-top="2cm" margin-bottom="2cm"
    margin-left="2cm" margin-right="2cm"〉
    〈fo:region-body margin="1cm"/〉
  〈/fo:simple-page-master〉

  〈fo:page-sequence-master master-name="example2"〉
    〈fo:repeatable-page-master-reference
    master-reference="exmaple1"/〉
  〈/fo:page-sequence-master〉
〈/fo:layout-master-set〉

〈fo: page-sequence master-name="example2"〉
  ...
〈/fo:page-sequence〉
```

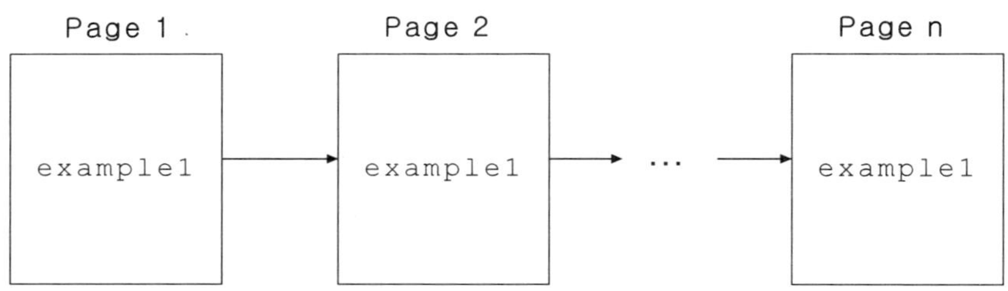

예 11.9는 앞의 예 11.8과 유사하나 페이지 시퀀스 마스터로 fo:single-page-master-reference대신 fo:repeatable-page-master-reference를 사용한다는 것만 다르다. 따라서 예 11.9는 위 그림에서 나타내는 바와 같이 하나의 페이지 마스터(example1)을 사용하여 여러 개의 페이지를 생성하게 된다.

fo:repeatable-page-master-reference에서는 maximum-repeat 애트리뷰트를 사용하여 해당 페이지 마스터를 사용하여 생성되는 페이지의 수를 제한할 수 있다. 예를 들

어, "maximum-repeat=5"로 설정해 놓으면 최고 다섯 페이지까지만 생성하게 된다.

fo:single-page-master-reference와 마찬가지로, 여러 fo:repeatable-page-master-reference가 올 수 있다. 예 11.10은 처음 두 페이지까지는 example1 페이지 마스터를, 그 다음 세 페이지까지는 example2 페이지 마스터를, 그리고 나머지 모든 페이지들에 대해서는 example3 페이지 마스터를 적용하는 예이다.

예 11.10 여러 개의 fo:repeatable-page-master-reference를 사용하는 예

```
<fo:page-sequence-master master-name="example4">
  <fo:repeatable-page-master-reference
    master-reference="exmaple1" maximum-repeats="2"/>
  <fo:repeatable-page-master-reference
    master-reference="exmaple2" maximum-repeats="3"/>
  <fo:repeatable-page-master-reference
    master-reference="exmaple3"/>
</fo:page-sequence-master>
```

|fo:repeatable-page-master-alternative|

fo:repeatable-page-master-alternative는 각 페이지에 대한 페이지 마스터를 주어진 조건에 따라 지정하기 위해 사용된다. 이러한 조건에는 몇 가지 종류가 있는데, 조건들은 fo:repeatable-page-master-alternative 엘리먼트의 자식 엘리먼트인 fo:conditional-page-master-reference 엘리먼트를 사용하여 기술된다.

조건에는 세 가지 종류가 있으며, 각 조건들은 다음과 같은 fo:conditional-page-master-reference 엘리먼트의 애트리뷰트들을 통해 기술된다.

- page-position: first, last, rest 또는 any의 값을 가질 수 있다. 각각 첫 번째 페이지, 마지막 페이지, 첫 번째 페이지 이후의 모든 페이지, 임의의 페이지를 의미한다.
- odd-or-even: odd, even 또는 any의 값을 가질 수 있다. 각각 홀수 페이지, 짝수 페이지, 홀짝수에 관계없는 모든 페이지를 의미한다.
- blank-or-not-blank: blank, not-blank 또는 any의 값을 가질 수 있다. 각각 내용이 없는 빈 페이지, 내용을 포함하고 있는 페이지, 내용의 유무에 관계없는 모든 페이지를 의미한다.

사용자는 위 세 종류의 애트리뷰트들을 사용하여 조건을 기술하고, 조건을 만족하는 페이지에 적용할 페이지 마스터는 fo:conditional-page-master-reference 엘리먼트의 master-reference 애트리뷰트를 통해 지정한다. 예 11.11은 짝수 페이지와 홀수 페이지에 대해 각기 다른 페이지 마스터를 적용하는 예를 보여준다.

예 11.11 짝수 페이지와 홀수 페이지에 서로 다른 페이지 마스터를 사용하는 예

```
<fo:page-sequence-master master-name="contents">
  <fo:repeatable-page-master-alternatives>
    <fo:conditional-page-master-reference
        master-reference="odd-page" odd-or-even="odd"/>
    <fo:conditional-page-master-reference
        master-reference="even-page" odd-or-even="even"/>
  </fo:repeatable-page-master-alternatives>
</fo:page-sequence-master>
```

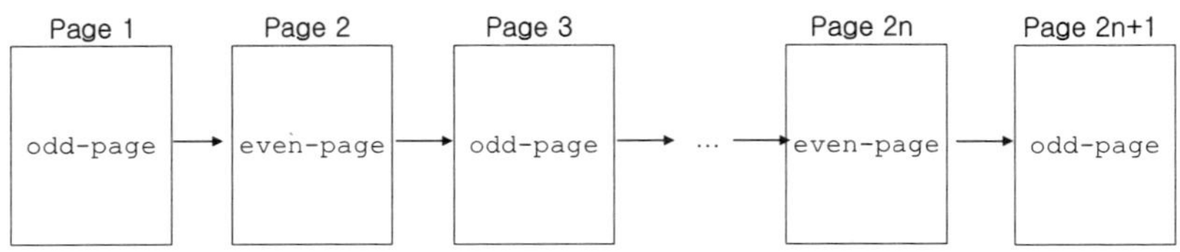

fo:conditional-page-master-reference 엘리먼트에서 조건을 나타내는 page-position, odd-or-even, blank-or-not-blank 애트리뷰트들은 동시에 둘 이상 사용될 수 있다. 예 11.12는 홀수 번째이면서 내용이 없는 빈 페이지에 대해 페이지 마스터를 지정하는 예를 보여준다.

예 11.12 여러 종류의 조건을 혼합하여 페이지 마스터를 지정하는 예

```
<fo:page-sequence-master master-name="contents">
  <fo:repeatable-page-master-alternatives>
    <fo:conditional-page-master-reference
        master-name="last-odd-page"
        odd-or-even="odd" blank-or-not-blank="blank"/>
    ...
  </fo:repeatable-page-master-alternatives>
</fo:page-sequence-master>
```

11.3.3 페이지 시퀀스(Page Sequence)

페이지 시퀀스는 페이지를 구성하는 실제 내용을 나타내며, fo:page-sequence 엘리먼트로 표현된다. fo:page-sequence 엘리먼트는 반드시 한 페이지의 내용만을 담고 있을 필요는 없으며, 여러 페이지에 해당하는 내용을 담고 있을 수도 있다. fo:page-sequence 엘리먼트가 두 페이지 이상의 내용을 담고 있을 경우, 해당 내용은 XSL-FO 포맷터에 의해 자동으로 여러 페이지로 분할된다.

fo:page-sequence 엘리먼트에는 다음 세 종류의 자식 엘리먼트가 올 수 있다.

- **fo:title**: 해당 페이지 시퀀스에 대한 제목을 나타낸다. 이것은 해당 페이지 시퀀스의 내용으로 생성된 페이지를 화면 등에 출력할 때 적절한 방법으로 사용된다. 예를 들어, 웹 브라우저에 출력될 경우에는 윈도우의 제목으로 사용될 수 있으며, 그 밖의 경우에는 툴 팁과 같은 형태로 사용될 수도 있다. 반드시 필요한 엘리먼트는 아니다.
- **fo:static-content**: 각 페이지에 동일하게 나타나는 내용을 기술할 때 사용한다. 모든 페이지에 나타나야 하는 문서의 머리글이나 바닥글, 또는 페이지 번호 등이 이에 해당한다.
- **fo:flow**: 각 페이지를 구성하는 실제 내용을 나타낸다. 이것은 fo:static-cotent 엘리먼트의 경우와 같이 각 페이지에 나타나는 것이 아니라 해당 페이지에 단 한번만 나타나게 된다.

|플로우(Flow)|

fo:flow 엘리먼트에는 페이지를 채우는 실제 내용들이 들어간다. 이러한 내용들은 기술된 순서에 따라 차례대로 XSL-FO 포맷터에 의해 페이지를 채우게 되며, 여기서 이와 같은 내용들의 흐름을 플로우(Flow)라고 한다. 플로우는 다음의 다섯 가지 포맷팅 객체로 구성된다. 각 포맷팅 객체는 내용을 표현하는 방법을 나타낸다.

- **fo:block**: 문단, 제목, 표제, 그림과 같이 새로운 줄로 시작하는 하나의 블록을 나타낼 때 사용한다.
- **fo:block-container**: 여러 블록 객체들을 묶어 하나의 블록을 형성한다.
- **fo:table**: 테이블을 나타낸다.
- **fo:table-and-caption**: 테이블과 그에 대한 설명문(Caption)까지를 포함한다.
- **fo:list-block**: 리스트를 나타낸다.

여기서는 fo:block에 대해서만 설명하고 fo:table, fo:table-and-caption은 11.3.7 절에서, 그리고 fo:list-block은 11.3.6 절에서 설명한다. 예 11.13은 세 개의 블록, 즉 세 개의 fo:block 엘리먼트로 구성된 하나의 플로우를 포함하고 있는 XSL-FO 문서를 보여준다.

예 11.13 하나의 플로우를 포함하고 있는 XSL-FO 문서의 예

```
〈?xml version=“1.0”?〉
〈fo:root xmlns:fo=“http://www.w3.org/1999/XSL/Format”〉

  〈fo:layout-master-set〉
    〈fo:simple-page-master master-name=“example1”〉
        〈fo:region-body/〉
    〈/fo:simple-page-master〉
  〈/fo:layout-master-set〉

  〈fo:page-sequence master-reference=“example1”〉
    〈fo:flow flow-name=“xsl-region-body”〉
        〈fo:block〉This is Block1.〈/fo:block〉
        〈fo:block〉This is Block2.〈/fo:block〉
        〈fo:block〉This is Block3.〈/fo:block〉
    〈/fo:flow〉
  〈/fo:page-sequence〉

〈/fo:root〉
```

예 11.13에서 fo:flow 엘리먼트 안에 세 개의 fo:block 엘리먼트가 포함되어 있는 것을 볼 수 있다. 따라서 페이지를 구성하는 실제 내용은 이 세 개의 fo:block 엘리먼트로 이루어진다. 그리고 11.3.2 절에서 페이지의 여백을 제외한 page-reference-area는 region-body, region-before, region-after, region-start, region-end의 다섯 개의 지역으로 구성된다고 하였다. fo:flow 엘리먼트의 flow-name 애트리뷰트는 주어진 플로우가 이들 지역 중에서 어디로 들어가야 하는지를 지정한다. flow-name 애트리뷰트는 표 11.1과 같은 값을 가질 수 있다.

표 11.1 flow-name 애트리뷰트의 값과 대응되는 지역(region)

flow-name 애트리뷰트의 값	해당 지역
xsl-region-body	region-body
xsl-region-before	region-before
xsl-region-after	region-after
xsl-region-start	region-start
xsl-region-end	region-end

예 11.13에서는 flow-name=“xsl-region-body”로 지정되었으므로, 세 개의 블록들은 모두 region-body로 들어가게 된다. 이에 따라 예 11.13을 화면에 표현하면 그림 11.7과 같이 나타난다.

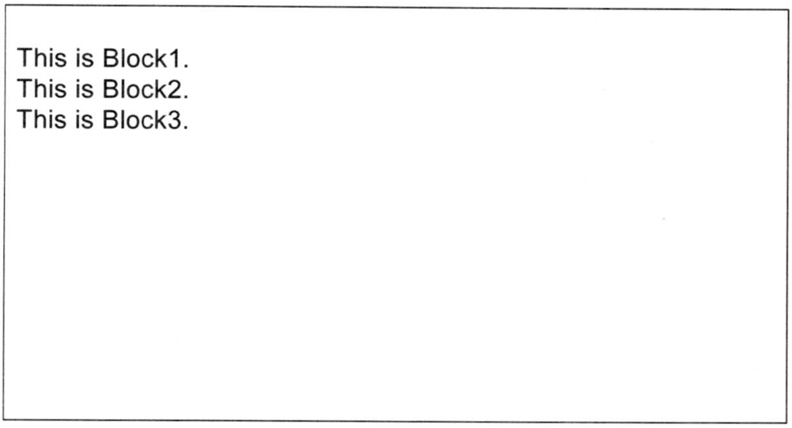

그림 11.7 예 11.13의 표현 결과

|정적 내용(Static Contents)|

fo:flow 엘리먼트의 내용은 페이지에 한번만 나타나지만 fo:static-content 엘리먼트는 매 페이지마다 나타나야 하는 내용을 표현할 때 사용한다. 이것은 주로 머리글, 바닥글 또는 페이지 번호 등을 나타낼 때 사용된다. 예 11.14는 fo:static-content 엘리먼트를 사용하여 매 페이지에 머리글을 넣는 XSL-FO 문서의 예이다.

예 11.14 머리글을 삽입하는 XSL-FO 문서의 예

```
<?xml version="1.0" ?>
<fo:root xmlns:fo="http://www.w3.org/1999/XSL/Format">

  <fo:layout-master-set>
    <fo:simple-page-master master-name="example1">
        <fo:region-before extent="2cm"/>
        <fo:region-body margin-top="3cm"/>
    </fo:simple-page-master>
  </fo:layout-master-set>

  <fo:page-sequence master-reference="example1">
    <fo:static-content flow-name="xsl-region-before">
        <fo:block font-style="italic">Header</fo:block>
    </fo:static-content>
    <fo:flow flow-name="xsl-region-body">
        <fo:block>This is Block1.</fo:block>
        <fo:block>This is Block2.</fo:block>
        <fo:block>This is Block3.</fo:block>
    </fo:flow>
```

```
    </fo:page-sequence>
</fo:root>
```

예 11.14는 머리글을 region-before의 위치에 넣는 예이다. 머리글이 region-before의 위치로 들어가도록 fo:region-before 엘리먼트를 사용하여 region-before에 대한 높이를 설정하였음을 볼 수 있다. 또한, fo:static-content의 flow-name 애트리뷰트의 값을 xsl-region-before로 지정하여 머리글을 region-before에 넣었음에 주목하자. 또한 머리글의 폰트를 본문과 다르게 하기 위해서 이탤릭체로 설정하였다. 이 예제를 화면에 출력한 결과는 그림 11.8과 같다.

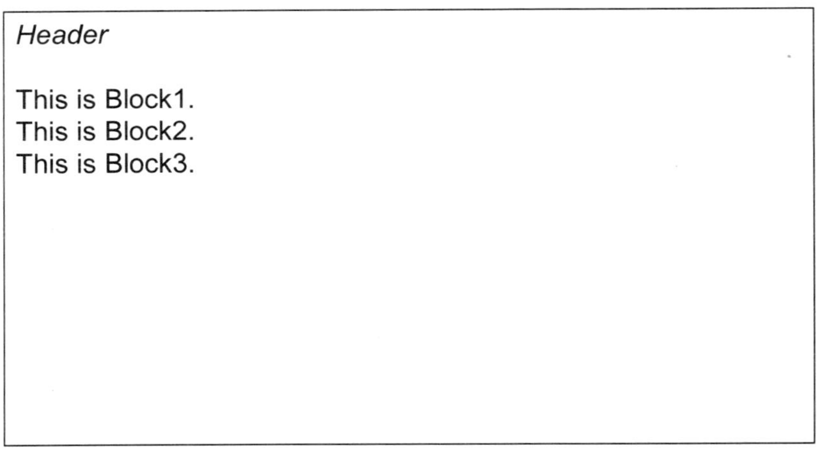

그림 11.8 예 11.14의 표현 결과

다음은 fo:static-content 엘리먼트를 사용하여 매 페이지의 아래 부분에 페이지 번호를 넣는 방법을 설명하도록 하겠다. 예 11.15는 페이지 아래 단에 페이지 번호를 넣는 예이다.

예 11.15 페이지 번호를 삽입하는 XSL-FO 문서의 예

```
<?xml version="1.0" ?>
<fo:root xmlns:fo="http://www.w3.org/1999/XSL/Format">

  <fo:layout-master-set>
    <fo:simple-page-master master-name="example1">
```

```
            <fo:region-body margin="3cm"/>
            <fo:region-after extent="2cm"/>
        </fo:simple-page-master>
    </fo:layout-master-set>

    <fo:page-sequence master-reference="example1"
                      initial-page-number="1">
        <fo:static-content flow-name="xsl-region-after">
            <fo:block><fo:page-number/></fo:block>
        </fo:static-content>

        <fo:flow flow-name="xsl-region-body">
            <fo:block>This is Block1.</fo:block>
            <fo:block>This is Block2.</fo:block>
            <fo:block>This is Block3.</fo:block>
        </fo:flow>
    </fo:page-sequence>

</fo:root>
```

예 11.15에서 굵은 글씨로 표시된 부분이 페이지 번호와 관련된 부분이다. fo:page-sequence 엘리먼트의 initial-page-number 어트리뷰트는 해당 페이지 시퀀스의 시작 페이지 번호를 나타낸다. 예에서는 페이지 번호가 1로 시작된다. 한편, 페이지 번호를 페이지 아래 단에 넣기 위해 fo:static-content 엘리먼트의 flow-name 애트리뷰트를 xsl-region-after로 설정하였다. fo:static-content 엘리먼트 안의 fo:page-number 엘리먼트는 현재 이 엘리먼트가 나타나는 페이지의 번호를 나타낸다. 이상의 설명에 따라 예 11.15는 그림 11.9와 같이 화면에 출력된다.

```
This is Block1.
This is Block2.
This is Block3.





1
```

그림 11.9 예 11.15의 표현 결과

11.3.4 블록(Block)

문단, 제목, 그림과 같이 새로운 줄로 시작하여 하나의 블록을 구성하는 내용을 나타내기 위해서 fo:block 엘리먼트를 사용한다. 각각의 fo:block 엘리먼트는 그림 11.10과 같이 페이지 안에서 일반적으로 하나의 구역(Area)을 차지한다. fo:block 뿐만이 아니라 fo:table, fo:list-block 등과 같이 페이지를 구성하는 XSL-FO 포맷팅 객체들도 페이지의 일부 구역을 차지한다. XSL-FO 포맷터는 XSL-FO 문서의 각 포맷팅 객체들을 구역으로 변환하여 해당하는 구역 내부에 포맷팅 객체를 그린다. 이렇게 구역 개념을 사용하여 포맷팅 객체들을 표현하는 모델을 구역 모델(Area model)이라고 한다. XSL-FO에서 하나의 블록은 그림 11.11과 같은 구역 모델로 표현된다.

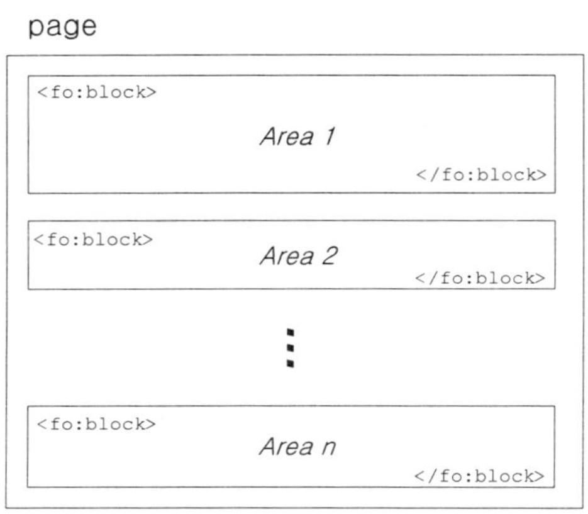

그림 11.10 페이지 내에서의 블록 구역(Block area)

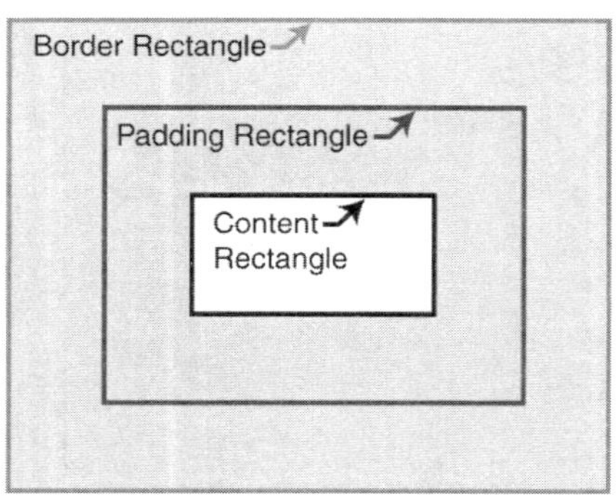

그림 11.11 블록에 대한 구역 모델(Area model)

그림 11.11에서 볼 수 있듯이 하나의 블록은 border rectangle, padding rectangle, content rectangle의 세 개의 사각형으로 표현된다. 여기서 content rectangle은 실제 내용을 담고 있는 부분이며, padding rectangle은 여백을 나타낸다. Border rectangle은 테두리 선을 의미한다. XSL-FO에서는 이 세 종류의 사각형에 대한 각각의 속성을 지정할 수 있다. 블록에 대한 속성 설정을 설명하기 전에 블록 구역에 대한 좀 더 자세한 그림을 살펴보자. 그림 11.12는 블록 구역의 각 변에 대한 명칭 및 간격을 가리키는 용어들을 나타낸다.

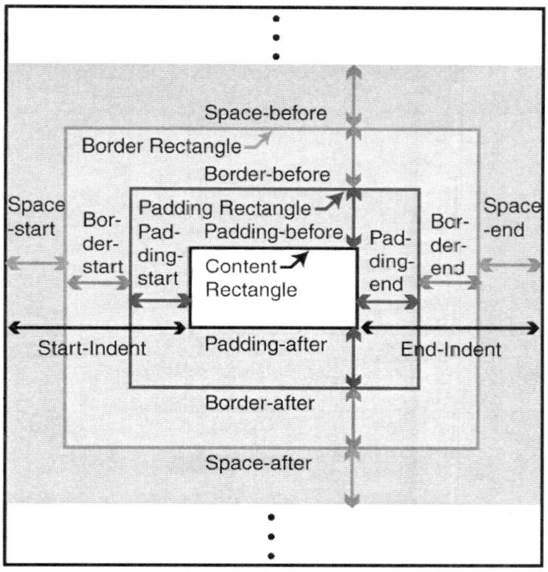

그림 11.12 블록 구역의 각 명칭

여기서 space-before와 space-after는 앞뒤 블록 구역과의 거리를 의미한다. 이러한 구역 모델을 기반으로 어떤 블록에 대한 속성을 예 11.16과 같이 지정할 수 있다.

예 11.16 블록에 대한 속성 지정 예

```
<fo:block border-after-color="red" border-after-width="1cm"
     border-before-color="blue" border-before-width="2cm"
     border-end-color="green" border-end-width="1cm"
     border-start-color="yellow" border-start-width="2cm"
     padding="2pt"
     space-before="10pt"
```

```
    space-after="6pt">
  An example paragraph.
</fo:block>
```

예 11.16은 네 개의 border edge에 대해 각각의 색깔 및 두께를 지정한다. 또한 padding의 크기도 지정하였으며, space-before와 space-after 애트리뷰트를 사용하여 블록 구역간의 앞뒤 간격도 지정했다. 11.3.5 절의 축약 속성(Shorthand property)에서 설명하겠지만, 일반적으로 padding이라고만 명시하면 padding-after, padding-before, padding-end, padding-start 등의 네 개의 변을 모두 나타낸다. 예 11.16의 블록은 화면에 그림 11.13과 같이 표현된다.

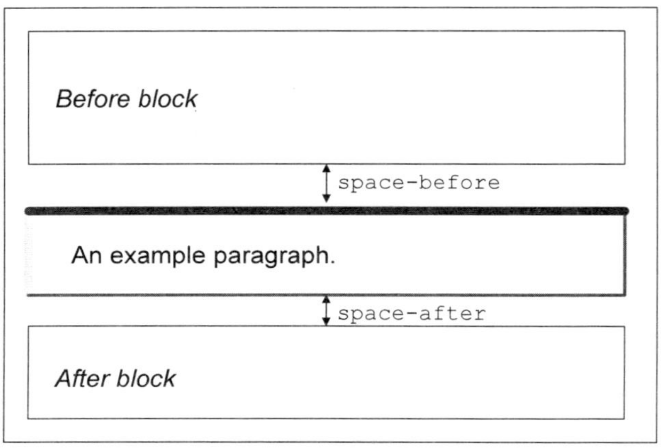

그림 11.13 예 11.16의 표현 결과

또한, 블록 내의 글자체에 대한 속성들을 지정할 수 있다. 예 11.17은 글자체에 대한 속성을 지정한 예를 보여준다.

예 11.17 **블록에 글자체에 대한 속성을 지정한 예**

```
<fo:block font-family="Times" font-size="18pt" font-style="italic">
  This is an example.
</fo:block>
```

This is an example.

블록 내의 텍스트에 대한 정렬 방식과 들여쓰기에 대한 속성을 지정할 수 있다. 예 11.18은 이에 대한 예이다.

예 11.18 블록 내의 텍스트에 대한 속성을 지정한 예

```
<fo:block text-align="center" text-indent="3em">
  This is an example.
</fo:block>
```

This is an example.

예 11.19와 같이 블록의 배경에 대한 속성을 지정할 수 있다.

예 11.19 블록의 배경에 대한 속성을 지정한 예

```
<fo:block background-image="my-background-image.gif">
  This is an example.
</fo:block>
```

This is an example.

11.3.5 포맷팅 속성(Formatting Properties)

앞 절에서는 블록에 대해 다양한 애트리뷰트들을 사용하여 다양한 속성을 설정하는 예를 살펴보았다. 이러한 애트리뷰트들은 블록뿐만 아니라 다른 포맷팅 객체에서도 사용될 수 있다. 이와 같이 포맷팅 객체들에 대한 속성을 지정하는 애트리뷰트들을 포맷팅 속성(Formatting properties)이라고 한다.

XSL-FO에서의 속성(Property)들은 CSS에서의 속성과 거의 유사하다. 대부분의 경우 XSL-FO의 포맷팅 속성들은 CSS의 속성과 사용법이 동일하다. 이것은 XSL-FO 포맷팅 속성들을 정의하는데 CSS의 속성을 상당 부분 가져왔기 때문이다. 현재는 XSL-FO에서 사용하는 모델과 CSS에서 사용하는 모델을 점차 일치시키려는 노력이 진행되고 있다.

XSL-FO의 포맷팅 속성에는 여러 포맷팅 객체들에 대해 공통적으로 적용될 수 있는 것들도 있고, 특정한 포맷팅 객체에서만 사용될 수 있는 것들도 있다. 다음은 XSL-FO에서 정의하고 있는 포맷팅 속성들 중에서 자주 사용되는 것들을 요약하여 보여 준다. 특히, 여러 포맷팅 객체에서 공통적으로 사용될 수 있는 속성에 대해서는 (공통) 표시를 하였다.

- border 설정 관련 속성 (공통)
  - border-location-type: border의 각 속성을 설정한다. location은 border의 특정 변을 가리키기 위한 것으로서 before, after, start, end, top, bottom, left, right가 올 수 있다. type은 속성의 종류로 style, width, color가 올 수 있으며, 각각 선의 형태, 굵기, 색깔을 나타낸다.
  - padding 설정 관련 속성 (공통)
  - padding-location: padding의 크기를 설정한다. location은 padding의 방향을 가리키기 위한 것으로서 before, after, start, end, top, bottom, left, right가 올 수 있다.
- 배경 설정 관련 속성 (공통)
  - background-type: 배경의 속성을 설정한다. type은 배경에 대한 속성의 종류를 나타내며, attachment, color, image, repeat, position-horizontal, position-vertical이 될 수 있다.
- 글자체 설정 관련 속성 (공통)
  - font-family: 글자체 또는 글자체 그룹의 이름을 지정한다.
  - font-size: 글자체의 크기를 지정한다.
  - font-style: 이탤릭체와 같이 글자체의 특성을 지정한다.
  - font-variant, font-weight, font-stretch: 그 외의 글자체 관련 속성을 설정한다.
- 여백 설정 관련 속성 (공통)
  - margin-location: 여백의 크기를 설정한다. location은 여백의 위치를 가리키기 위한 것으로서 top, bottom, left, right가 올 수 있다.
  - space-before, space-after: 포맷팅 객체를 표현하는 구역(Area) 간의 거리를 설정한다.

- start-indent, end-indent: 들여쓰기의 앞뒤 간격을 설정한다.
- 구역 크기 설정 관련 속성
  - height, width: 실제 내용이 들어갈 content area의 높이 및 너비를 설정한다.
  - max-width, min-width, max-height, min-height: content area의 높이 및 너비를 제한한다.
- 텍스트(Text) 설정 관련 속성
  - text-align, text-align-last: 텍스트의 정렬 방식을 지정한다. start, end, left, right, center의 값을 가질 수 있다. 각각 정렬 방향을 의미한다.
  - text-indent: 텍스트의 첫 번째 줄에 대한 들여쓰기 크기를 지정한다.
  - wrap-option: 줄이 바뀔 때 단어를 자르느냐 마느냐를 설정한다.
- 문자(Character) 설정 관련 속성
  - letter-spacing, word-spacing: 각각 문자 및 단어간의 간격을 지정한다.
  - text-transform: capitalize, uppercase, lowercase 등의 값을 가질 수 있으며, 각각 글자의 대소문자를 설정한다.
  - text-decoration: 글자를 꾸미는데 사용한다. underline, overline, blink 등의 값을 가질 수 있다.
- 기타 속성
  - color: 텍스트에 대한 색깔을 지정한다.
  - hyphenate: true의 값을 가질 경우 자동으로 단어에 하이픈을 넣어준다.
  - break-before, break-after: 각각 앞, 뒤에서 새로운 페이지 또는 열로 분리할 것을 지정한다. page, column, even-page, odd-page 등의 값을 가질 수 있다.
  - id: 해당 엘리먼트에 대한 식별자를 지정한다.

| 축약 속성(Shorthand property) |

XSL-FO에서는 여러 개의 속성들을 축약한 축약 속성(Shorthand property)을 제공한다. 축약 속성에는 다음과 같은 것들이 있다.

- **background**: background-color, background-image, background-repeat, background-attachment, background-position 등을 축약한 속성이다. background 속성에 대한 값을 줄 때는 각 세부 속성의 값들을 공백으로 연결하여 나타내면 된다 (예: background="red back.gif repeat").
- **border-location**: border-location-style, border-location-width, border- location-color 등을 축약한 속성이다. location에는 before, after, start, end, top,

bottom, left, right가 올 수 있다. 값을 주는 방법은 위와 동일하다.

- **border-type**: border-top-type, border-bottom-type, border-left-type, border-right-type 등을 축약한 속성이다. type에는 style, width, color가 올 수 있다. 값을 주는 방법은 위와 동일하다.
- **margin**: margin-top, margin-bottom, margin-left, margin-right 등을 축약한 속성이다. 값을 주는 방법은 위와 동일하다.
- **padding**: padding-top, padding-bottom, padding-left, padding-right 등을 축약한 속성이다. 값을 주는 방법은 위와 동일하다.
- **font**: font-style, font-variant, font-weight, font-size, line-height, font-family 등을 축약한 속성이다. 값을 주는 방법은 위와 동일하다.

11.3.6 인라인 수준 엘리먼트(Inline-level Element)

일반적으로 인라인 수준 엘리먼트는 줄 바꿈을 새로 하지 않고, 해당 줄을 유지하면서 그 안에 어떤 내용을 나타내고 싶을 때 사용한다. 예를 들어, 텍스트의 일부를 장식한다든지, 줄 안에 어떠한 그림을 삽입한다든지 하는 경우이다. 그 외에도 인라인 수준 엘리먼트는 블록 내부에서 수평선을 긋거나 페이지 번호를 표시할 때도 사용된다. 인라인 수준 엘리먼트에는 다음과 같은 것들이 있다.

- **fo:inline**: 주로 텍스트의 일부를 꾸밀 때 사용된다.
- **fo:external-graphic**: 외부 그림을 삽입할 때 사용된다.
- **fo:leader**: 수평선을 그을 때 사용된다.
- **fo:page-number**: 페이지 번호를 표시할 때 사용된다. 사용 방법은 11.3.3절의 정적 내용(Static contents)을 참조하라.

| fo:inline을 이용한 텍스트 꾸미기 |

예 11.20은 fo:inline 엘리먼트를 사용하여 텍스트의 일부를 꾸미는 경우이다.

예 11.20 **fo:inline 엘리먼트를 사용하여 텍스트를 꾸미는 예**

```
〈fo:block〉
  This is
  〈fo:inline font-style=“italic”〉an example〈/fo:inline〉
  for
  〈fo:inline font-weight=“bold”〉fo:inline〈/fo:inline〉
  formatting object.
```

```
  〈fo:inline text-decoration="underline"〉Wow!〈/fo:inline〉
〈/fo:block〉
```

위의 예에서는 "an example"은 이탤릭체로, "fo:inline"은 굵은 문자로, "Wow!"에 대해서는 밑줄을 그어 표현한다. 이를 화면으로 출력하면 그림 11.14와 같다.

> This is *an example* for **fo:inline** formatting object. Wow!

그림 11.14 예 11.20의 표현 결과

|fo:external-graphic을 이용한 그림 삽입하기|

fo:external-graphic은 외부 이미지를 삽입하는데 사용되며, 이는 HTML의 <IMG> 태그와 유사하다. 예 11.21은 줄 안에 외부 이미지를 삽입하는 예이다.

예 11.21 fo:external-graphic 엘리먼트를 사용하여 그림을 삽입하는 예

```
〈fo:block 〉
  Here goes a picture:〈fo:external-graphic src="image.png"/〉
〈fo:block〉
```

> Here goes a picture: 

|fo:leader를 이용한 수평선 삽입하기|

fo:leader는 블록 내부에서 선을 그을 때 사용되는 엘리먼트이다. 이는 HTML의 <HR> 태그와 유사하다. 예를 들어, 본문과 바닥글 사이에 선을 그어 경계를 표시하고 싶을 때 사용할 수 있다.

fo:leader 엘리먼트의 leader-pattern 애트리뷰트는 선의 종류를 의미하는 것으로, space(공백), rule(선), dots(점선) 등이 올 수 있다. 또한 leader-length 애트리뷰트는 선의 최대 및 최소 길이를 지정하는데 사용된다. 예 11.22는 매 페이지의 아래 단에 본문과 바닥글의 경계를 구분하는 선을 그린다.

예 11.22 fo:leader를 사용하여 수평선을 삽입하는 예

```
...
<fo:page-sequence master-reference="example1">

  <fo:static-content flow-name="xsl-region-after">
    <fo:block>
        <fo:leader leader-pattern="rule"
                   leader-length="20cm"/>
    </fo:block>
    <fo:block>
        <fo:page-number/>
    </fo:block>
  </fo:static-content>

  <fo:flow flow-name="xsl-region-body">
        This is an example.
  </fo:flow>

</fo:page-sequence>
...
```

11.3.7 리스트(List)

XSL-FO에서 리스트는 fo:list-block 엘리먼트로 표현된다. 다음은 리스트를 구성하는 데 사용되는 엘리먼트들이다.

- fo:list-block: 리스트 전체를 나타낸다.
- fo:list-item: 리스트를 구성하는 각각의 아이템을 나타낸다.
- fo:list-item-label: 각 아이템에 대한 라벨을 나타낸다.
- fo:list-item-body: 각 아이템의 내용을 나타낸다.

이들 엘리먼트간의 계층 관계는 그림 11.15와 같다.

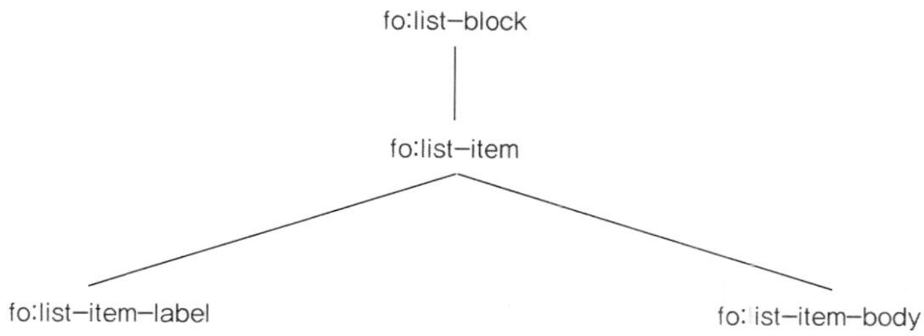

그림 11.15 리스트를 구성하는 엘리먼트간의 계층 관계

예 11.23은 두 개의 리스트 아이템으로 구성된 리스트의 예이다. 리스트 아이템에 대한 라벨로는 "*"가 사용되었다.

예 11.23 XSL-FO에서의 리스트

```
<fo:list-block>

  <!-- 첫 번째 아이템 -->
  <fo:list-item>
    <fo:list-item-label><fo:block>*</fo:block>
    </fo:list-item-label>
    <fo:list-item-body start-indent="body-start()">
        <fo:block>Item One</fo:block>
    </fo:list-item-body>
  </fo:list-item>

  <!-- 두 번째 아이템 -->
  <fo:list-item>
    <fo:list-item-label><fo:block>*</fo:block>
    </fo:list-item-label>
        <fo:list-item-body start-indent="body-start()">
    <fo:block>Item Two</fo:block>
  </fo:list-item-body>
  </fo:list-item>

</fo:list-block>
```

예 11.23을 화면에 나타내면 그림 11.16과 같다.

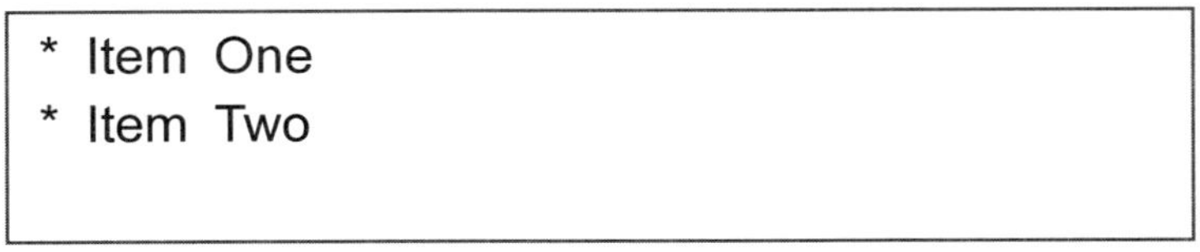

그림 11.16 예 11.23의 표현 결과

예 11.23의 fo:list-item-body 엘리먼트에서는 start-indent 애트리뷰트에 body start()라는 값을 사용하였다. 이것은 리스트 아이템의 본체에 대한 들여쓰기를 위한 것이다. 리스트에서는 이 밖에도 리스트 라벨에 대한 들여쓰기를 설정할 수 있다.

리스트에 대한 들여쓰기를 설명하기에 앞서 리스트의 구조를 알아보자. 그림 11.17은 리스트의 각 부분에 대한 명칭을 보여주고 있다.

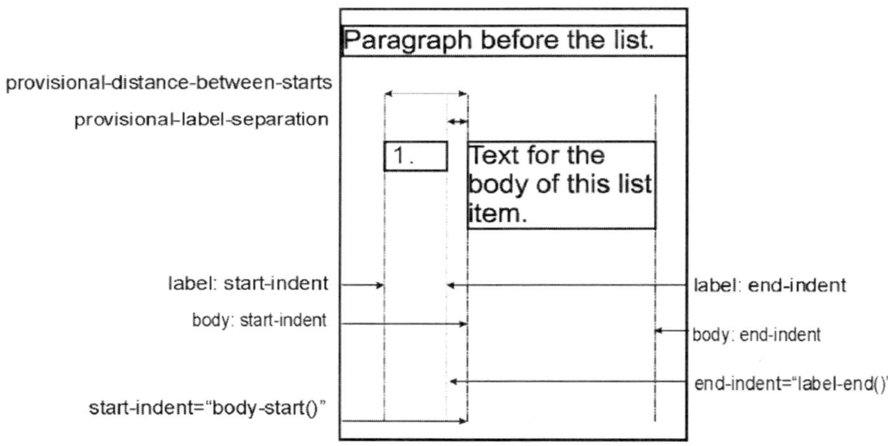

그림 11.17 리스트의 각 부분에 대한 명칭

그림 11.17의 각 명칭을 사용하여 리스트에 대한 들여쓰기를 설명하도록 하겠다. 리스트는 크게 다음의 세 단계를 거쳐 들여쓰기를 설정한다.

- fo:list-block 엘리먼트의 provisional-distance-between-start와 provisional-label-separation 애트리뷰트를 설정한다. 그림에서 볼 수 있듯이, provisional-distance-between-start는 아이템 라벨의 앞 부분에서 아이템 본체의 앞부분까지의 거리를 의미하며, provisional-label-separation은 아이템 라벨의 뒷부분에서 아이템 본체

의 앞 부분까지의 거리를 의미한다.

- fo:list-item-label 엘리먼트의 start-indent 애트리뷰트와 end-indent 애트리뷰트를 설정한다. 이들은 아이템 라벨에 대한 들여쓰기에 사용되며, 각각 아이템 라벨이 시작되는 위치와 끝나는 위치를 의미한다.
- fo:list-item-body 엘리먼트의 start-indent 애트리뷰트와 end-indent 애트리뷰트를 설정한다. 이들은 아이템 본체에 대한 들여쓰기에 사용되며, 각각 아이템 본체가 시작되는 위치와 끝나는 위치를 의미한다.

앞의 예 11.23에서는 들여쓰기를 설정하는데 body-start() 함수를 사용하였다. body-start() 함수와 label-end() 함수는 XSL-FO에서 제공하는 내장 함수로서 그림 11.17에서와 같이 각각 start-indent와 end-indent의 거리를 계산하기 위해 사용된다. body-start() 함수는 fo:list-item-body 엘리먼트의 start-indent 애트리뷰트의 값으로 사용될 수 있으며, label-end() 함수는 fo:list-item-label 엘리먼트의 end-indent 애트리뷰트의 값으로 사용될 수 있다. 이들 함수를 사용하면 직접 정확한 수치를 계산하여 넣지 않아도 아이템 라벨과 아이템 본체에 대해 적절하게 들여쓰기 값을 지정할 수 있다. 만약, 이 함수를 사용하지 않고 임의의 값을 넣은 경우에는 아이템 라벨과 아이템 본체가 겹쳐지는 일이 발생할 수 있다.

예 11.24에서는 리스트에 대해 들여쓰기를 지정한 XSL-FO 문서의 예를 보여준다. 이 예에서는 fo:list-item-label의 start-indent를 5mm로 설정하였으며, fo:list-item-body의 start-indent는 body-start()을 사용하여 자동으로 설정하였다.

예 11.24 리스트에 대해 들여쓰기를 지정한 XSL-FO 문서

```
<fo:list-block provisional-distance-between-starts="15mm"
   provisional-label-separation="5mm">

   <fo:list-item>
      <fo:list-item-label start-indent="5mm"
                          end-indent="label-end()">
         <fo:block>a.</fo:block>
      </fo:list-item-label>
      <fo:list-item-body start-indent="body-start()">
         <fo:block>Item One </fo:block>
      </fo:list-item-body>
   </fo:list-item>

   <fo:list-item>
      <fo:list-item-label start-indent="5mm"
                          end-indent="label-end()">
         <fo:block>b. </fo:block>
```

```
        </fo:list-item-label>
        <fo:list-item-body start-indent="body-start()">
            <fo:block>Item Two </fo:block>
        </fo:list-item-body>
    </fo:list-item>

</fo:list-block>
```

11.3.8 테이블(Table)

XSL-FO에서의 테이블은 fo:table-and-caption 엘리먼트 또는 fo:table 엘리먼트로 표현된다. 다음은 테이블을 구성하는 엘리먼트들이다.

- **fo:table-and-caption**: 테이블과 그에 대한 설명문을 나타낸다.
- **fo:table**: 테이블 자체를 나타낸다.
- **fo:table-caption**: 테이블에 대한 설명문을 나타낸다.
- **fo:table-row**: 테이블의 한 행을 나타낸다.
- **fo:table-column**: 테이블의 한 열을 나타낸다.
- **fo:table-header**: 테이블의 헤더를 나타낸다.
- **fo:table-footer**: 테이블의 바닥글을 나타낸다.
- **fo:table-body**: 테이블의 헤더 및 바닥글을 제외한 본체를 나타낸다.
- **fo:table-cell**: 테이블의 한 셀을 나타낸다.

이들 엘리먼트간의 계층 관계는 그림 11.18과 같다.

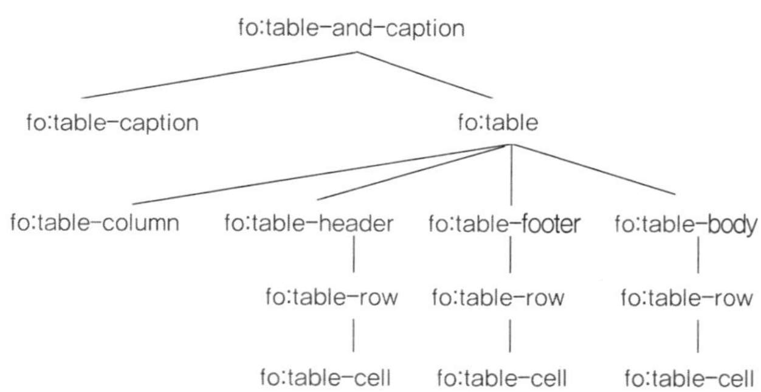

그림 11.18 테이블을 구성하는 엘리먼트간의 계층 관계

XSL-FO에서의 테이블은 HTML의 테이블과 아주 유사하다. 표 11.2는 HTML의 테이블 관련 태그와 그에 대응되는 XSL-FO 테이블 관련 엘리먼트들이다.

표 11.2 HTML의 테이블 관련 태그와 XSL-FO의 테이블 관련 엘리먼트와의 비교

HTML 태그	XSL-FO 엘리먼트
TABLE	fo:table-and-caption
No equivalent	fo:table
CAPTION	fo:table-caption
COL	fo:table-column
COLGROUP	No equivalent
THEAD	fo:table-header
TBODY	fo:table-body
TFOOT	fo:table-footer
TD	fo:table-cell
TR	fo:table-row

예 11.25는 테이블을 나타내는 XSL-FO 문서의 예이다. 테이블은 두 개의 열을 가지고 있으며, 헤더를 포함하여 세 개의 행을 포함하고 있다.

예 11.25 테이블의 예

```
<fo:table>
  <fo:table-header>
    <fo:table-cell border-style="solid" border-width="1pt">
        <fo:block font-weight="bold">1</fo:block>
    </fo:table-cell>
    <fo:table-cell border-style="solid" border-width="1pt">
        <fo:block font-weight="bold">2 </fo:block>
    </fo:table-cell>
  </fo:table-header>
  <fo:table-body>
    <fo:table-row>
        <fo:table-cell border-style="solid"  border-width="1pt">
            <fo:block>3 </fo:block>
        </fo:table-cell>
        <fo:table-cell border-style="solid" border-width="1pt">
            <fo:block>4 </fo:block>
        </fo:table-cell>
    </fo:table-row>
    <fo:table-row>
        <fo:table-cell border-style='solid" border-width="1pt">
            <fo:block>5</fo:block>
        </fo:table-cell>
        <fo:table-cell border-style="solid" border-width="1pt">
            <fo:block>6 </fo:block>
        </fo:table-cell>
    </fo:table-row>
```

```
  </fo:table-body>
</fo:table>
```

예 11.25를 화면에 나타내면 그림 11.19와 같다.

1	2
3	4
5	6

그림 11.19 예 11.25의 표현 결과

테이블에 대한 설명문(Caption)은 fo:table-caption 엘리먼트로 나타내며, 설명문이 위치할 자리는 fo:table-caption 엘리먼트의 caption-side 애트리뷰트를 통해 지정할 수 있다. caption-side 애트리뷰트의 값으로는 before, after, start, end, top, bottom, left, right가 올 수 있으며, 각각 테이블에 대한 상대적인 위치를 나타낸다. 예 11.26은 예는 테이블의 아래에 설명문을 위치시킨 예이다.

예 11.26 테이블 설명문 사용 예

```
<fo:table-and-caption caption-side="bottom">
   <fo:table-caption>
     <fo:block font-weight="bold"
              font-family="Helvetica, Arial, sans"
              font-size="12pt">
      Table 19-1: HTML Table vs. XSL-FO Table
     </fo:block>
   </fo:table-caption>
   <fo:table>
     <!-- table contents go here -->
   </fo:table>
</fo:table-and-caption>
```

XSL-FO에서는 HTML에서와 마찬가지로 셀들을 병합하여 하나의 셀로 만들 수 있다. 이를 위해서 fo:table-cell 엘리먼트의 number-rows-spanned 애트리뷰트와 number-columns-spanned 애트리뷰트가 사용된다. 예 11.27은 두 개의 셀을 행 방향으로 병합하고, 다른 두 개의 셀은 열 방향으로 병합한 예를 보여준다.

예 11.27 테이블 셀 병합 예

```
<fo:table>
  <fo:table-body>

    <fo:table-row>
    <fo:table-cell border="solid 1pt"
                border-collapse="collapse"
                numer-columns-spanned="2">
        <fo:block>1</fo:block>
        </fo:table-cell>
        <fo:table-cell border-style="solid"
                border-width="1pt">
            <fo:block>2</fo:block>
        </fo:table-cell>
    </fo:table-row>

    <fo:table-row>
        <fo:table-cell border-style="solid"
                border-width="1pt" >
            <fo:block>3</fo:block>
        </fo:table-cell>
        <fo:table-cell border-style="solid"
                    border-width="1pt">
            <fo:block>4</fo:block>
        </fo:table-cell>
        <fo:table-cell border="solid 1pt"
                    border-collapse="collapse"
                    number-rows-spanned="2">
            <fo:block>5</fo:block>
        </fo:table-cell>
    </fo:table-row>

    <fo:table-row>
        <fo:table-cell border-style="solid"
                    border-width="1pt">
            <fo:block>6</fo:block>
        </fo:table-cell>
        <fo:table-cell border-style="solid"
                    border-width="1pt">
            <fo:block>7</fo:block>
        </fo:table-cell>
    </fo:table-row>
  </fo:table-body>
</fo:table>
```

예 11.27은 화면에 그림 11.20과 같은 형태로 출력된다.

<table>
<tr><td colspan="2">1</td><td>2</td></tr>
<tr><td>3</td><td>4</td><td rowspan="2">5</td></tr>
<tr><td>6</td><td>7</td></tr>
</table>

그림 11.20 예 11.27의 표현 결과

11.3.9 기타 포맷팅 객체

본 절에서는 지금까지 설명한 포맷팅 객체 이외에 자주 쓰이는 포맷팅 객체들을 살펴본다.

| 링크(Link) |

XSL-FO의 링크에는 크게 다음의 두 종류가 있다.

- **내부 링크**: 문서 내부의 객체를 가리키는 링크
- **외부 링크**: 문서 외부의 객체 또는 위치를 가리키는 링크

XSL-FO에서는 fo:basic-link 엘리먼트를 사용하여 위와 같은 종류의 링크를 표현한다. 문서 내부의 객체를 가리키기 위해서는 대상 객체에 id 애트리뷰트가 반드시 정의되어 있어야 한다. 예 11.28은 문서 내부의 객체를 가리키는 링크의 예를 보여준다. fo:basic-link의 internal-destination 애트리뷰트는 대상 객체의 id를 가리킨다.

예 11.28 내부 링크의 예

```
<fo:basic-link internal-destination="some-id"
          text-decoration="underline">
   An internal link
</fo:basic-link>
```

XSL-FO에서는 기본적으로 링크에 대해 어떠한 기본 수식도 제공하지 않으므로, 예 11.28에서는 text-decoration 애트리뷰트를 사용하여 링크에 밑줄을 표시하였다.

문서 외부의 객체 또는 위치를 가리키기 위해서는 internal-destination 애트리뷰트 대신 external-destination 애트리뷰트를 사용한다. external-destination의 값으로는 URI가 와야 한다. 예 11.29는 문서 외부의 URI를 가리키는 링크의 예를 보여준다.

예 11.29 **외부 링크의 예**

```
<fo:basic-link external-destination="http:///www.ex.com/"
               text-decoration="underline">
   An external link
</fo:basic-link>
```

| 각주(Footnote) |

본문 안에 각주를 넣을 때는 fo:footnote 엘리먼트를 사용한다. fo:footnote는 다음 두 개의 자식 엘리먼트를 가진다.

- **fo:inline**: 본문에서 각주를 표시하는 기호를 지정한다. (예: (1), 1), *)
- **fo:footnote-body**: 각주의 실제 내용으로서 페이지 하단에 나타나게 된다.

예 11.30은 블록 내에서 각주를 사용하는 예이다.

예 11.30 **각주 사용 예**

```
<fo:block>
   This is an example for footnotes.
  <fo:footnote>
    <fo:inline font-size="smaller"
               baseline-shift="super">(1)</fo:inline>
    <fo:footnote-body>
       <fo:block>
          <fo:inline font-size="smaller"
          baseline-shit="super">(1)</fo:inline>
          <fo:inline font-stype="italic">
          This is the footnote body
          </fo:inline>
       </fo:block>
    </fo:footnote-body>
  </fo:footnote>
</fo:block>
```

위의 예에서는 각주를 표시하는 기호로 (1)를 사용하였다. fo:inline 엘리먼트에서 font-size="smaller", baseline-shift="super"로 설정한 것은 각주 표시 기호 (1)을 위첨자의 형태 (1)로 표시하기 위해서이다. fo:footnote-body의 내용은 화면 하단에 나타나게 된다. 그림 11.21은 예 11.30이 화면에 나타나는 모습을 보여준다.

|부유체(Float)|

본문에 그림을 넣을 때에는 텍스트와 관계없이 항상 페이지의 위, 오른쪽, 또는 왼쪽 부분에 나타나도록 하고 싶을 때가 있다. 이렇게 텍스트의 흐름과는 별개로 항상 페이지의 고정된 위치에 나타나는 객체를 부유체(Float)라 한다. 흔히 부유체는 주어진 이미지를 항상 페이지의 윗 부분이나 측면에 나타나게 하고 싶을 때 사용된다. 부유체를 삽입하기 위해서는 fo:float 엘리먼트를 사용하며, fo:float에는 다음 두 가지 포맷팅 속성이 있다.

- float: 해당 부유체가 페이지에서 어떤 위치에 나타나야 할 것인지를 지정한다. 가질 수 있는 값에는 before, start, end, left, right 등이 있다.
- clear: 해당 부유체가 페이지의 다른 내용들과 겹쳐지지 않도록 한다. clear의 값으로는 start, end, left, right, both 등이 올 수 있으며, 각각 페이지의 다른 내용들과 겹쳐지지 않아야 하는 부유체의 방향을 지시한다.

This is an example for footnotes.(1)

---

(1) *This is the footnote body*

그림 11.21 예 11.30의 표현 결과

예 11.31은 이미지와 그 이미지의 설명을 페이지의 위 부분에 나타나도록 하는 부유체의 예를 보여준다.

예 11.31 부유체의 사용 예

```
〈fo:block〉
Figure 3-8
  〈fo:float float="before"〉
    〈fo:block text-align="center"〉
       〈fo:external-graphic src="figure3-8.jpg"/〉
    〈/fo:block〉
```

```
      <fo:block text-align="center">
          Figure 3-8: Float Example
      </fo:block>
   </fo:float>
   shows an example for floats.
</fo:block>
```

Figure 3-8: Float Example

Figure 3-8 shows an example for floats.

11.4 요약

- XSL은 XSLT, XPath, 그리고 XSL-FO로 구성되며, XSL-FO은 XSL의 한 부분이다. XSL-FO는 문서의 표현에 대한 방법을 나타내는 언어로서 XML로 표현된다.
- XSL을 이용하는 XML 문서의 표현은 XSLT 변환과 XSL 포맷팅의 두 단계를 거친다. 주어진 XML 문서는 XSLT 변환을 통해 XSL-FO 문서로 변환되고, 이 XSL-FO 문서는 XSL 포맷팅 과정을 통해 다양한 매체에 표현된다.
- 현재 XSL-FO 문서를 PDF, PostScript와 같은 문서 파일로 변환해주는 XSL-FO 포맷터를 포함하여 다양한 XSL-FO 관련 소프트웨어들이 공개되어 있다. 그러나 대부분의 XSL-FO 관련 소프트웨어들은 아직 W3C XSL 확정-권고안의 모든 기능들을 완벽히 지원하고 있지는 못하다.
- XSL-FO는 XML의 한 어휘(Vocabulary)로서, http://www.w3.org/1999/XSL/Format 네임스페이스를 사용한다. XSL-FO에는 총 56개의 엘리먼트가 존재하며 이들을 포맷팅 객체(Formatting object)라 브른다. 각각의 포맷팅 객체는 페이지를 구성하는 여러 요소들을 나타낸다. 각각의 포맷팅 객체에 대해서 애트리뷰트를 통해 세부 속성을 지정할 수 있으며, 이러한 애트리뷰트들을 포맷팅

속성(Formatting property)라 부른다.

- XSL-FO에서는 페이지들이 모여 하나의 문서를 구성한다. 사용자는 페이지 마스터(Page master)를 통해 이들 페이지에 대한 레이아웃을 설정할 수 있다. 또한, 사용자는 페이지 시퀀스 마스터(Page sequence master)를 통해 각각의 페이지에 대해 어떠한 페이지 마스터를 적용할 것인가를 지정할 수 있다.
- XSL-FO에서 실제 페이지를 구성하는 내용을 페이지 시퀀스(Page sequence)라 한다. 페이지 시퀀스는 머리글, 바닥글, 페이지 번호와 같이 각 페이지마다 나타나는 정적 내용(Static contents), 한번만 나타나는 플로우(Flow), 그리고 페이지 시퀀스 제목으로 구성된다.
- 블록 엘리먼트는 문단, 테이블, 리스트 등을 표현하는데 사용되는 엘리먼트이다. 정적 내용 및 플로우에는 하나 이상의 블록 엘리먼트가 포함되어야 한다. 인라인 수준 엘리먼트는 줄 바꿈을 새로 하지 않고, 해당 줄을 유지하면서 그 안에 어떤 내용을 나타내고 싶을 때 사용하는 엘리먼트로서, 주로 텍스트의 일부에 대한 서식을 지정하거나 블록 안에 선이나 외부 이미지를 삽입할 때 사용된다.
- XSL-FO에는 테이블과 리스트를 표현할 수 있도록 하는 기능이 포함되어 있으며, 각각은 HTML과 유사한 방법을 사용한다
- 사용자는 XSL-FO에서 제공하는 다양한 포맷팅 객체와 포맷팅 속성을 사용하여 문서를 다양한 방법으로 표현할 수 있다. 또한, 동일한 XSL-FO 문서는 XSL 포맷터를 통해 문서 파일, 그래픽 파일, 프린터 코드, 음향 효과 등과 같은 다양한 매체로 표현될 수 있다.

11.5 연습 문제

1. XML 문서를 XSL을 사용해서 표현하고자 할 때, 거쳐야 하는 두 단계는 무엇인가? 각 단계에 대해 입력과 출력을 기술하라.

2. XSL는 XSLT, XPath, 그리고 XSL-FO의 세 부분으로 구성된다. 각각이 필요한 이유는 무엇이며 담당하는 역할은 무엇인가?

3. XSL-FO에서의 블록 엘리먼트와 인라인 엘리먼트의 차이를 설명하라.

4. XSL-FO에서 페이지 마스터와 페이지 시퀀스 마스터가 하는 일을 기술하고, 이 두 마스터가 어떻게 다른지를 설명하라.

5. XSL-FO에서의 writing-mode의 개념을 설명하고, 다음 세 가지 경우에 대해 올바른 writing-mode를 기술하라.

   - 한글과 영어의 일반적 기술 방법
   - 아랍어 또는 헤브라이어의 기술 방법
   - 일본어 세로쓰기의 기술 방법

6. 다음과 같은 조건을 만족하도록 페이지 마스터와 페이지 시퀀스 마스터를 작성하라.

   - 첫 10페이지는 위, 아래, 좌, 우의 여백이 1cm인 페이지를 사용한다.
   - 그 다음의 5페이지에 대해서는 위, 아래의 여백이 2cm인 페이지를 사용한다.
   - 나머지 페이지들에 대해서는 짝수 페이지는 오른쪽 여백이 2cm인 페이지를, 홀수 페이지는 왼쪽 여백이 2cm인 페이지를 사용한다.

7. XML 문서를 표현하기 위해서 CSS 또는 XSL이 사용될 수 있다. 이 두 스타일시트의 장단점을 논하라. 어떤 경우에 CSS이 사용되어야 하고 어떤 경우에 XSL이 사용되어야 하는가?

| 프로젝트 |

8. 적합형식 문서(Well-formed document) 형태의 HTML 문서를 가정하자. 이러한 HTML 문서를 받아들여 웹 브라우저에서 보는 모습과 똑같은 모습으로 보이는 PDF 파일로 변환하고자 한다. 다음의 작업을 수행하라.

   - HTML 문서를 XSL-FO 문서로 변환하는 XSLT 문서를 작성한다. 이때 변환 결과로 생성되는 XSL-FO 문서는 HTML 문서를 웹 브라우저로 보았을 때와 똑같은 모습을 표현해야 한다.
   - 주어진 HTML 문서를 XSLT 프로세서와 위에서 작성한 XSLT 문서를 사용하여 XSL-FO 문서로 변환한다.
   - 변환된 XSL-FO 문서를 XSL 포맷터를 사용하여 PDF 파일로 변환한다.
   - 생성된 PDF 파일을 열어 결과가 올바른지 확인한다.

참고문헌

- 3B2-FO, Advent 3B2, http://ww.3db2.com.
- Adobe Document Server, Adobe Systems, http://www.adobe.com.
  Apoc XSL-FO, chive software, http://www.chive.com/products/apoc.
- Cascading Style Sheets, Level 1, W3C Recommendation, http://www.w3.org/TR/REC-CSS1, 11 Jan 1999.
- Cascading Style Sheets, Level 2, W3C Recommendation, http://www.w3.org/TR/REC-CSS2, 12 May 1998.
- Cascading Style Sheets, Level 2 revision 1 (CSS 2.1 Specification), W3C Working Draft, http://www.w3.org/TR/2005/WD-CSS21-20050613, 13 June 2005.
- Chris Bates, XML in Theory and Practice, John Wiley & Sons Ltd, 2003.
- Dave Pawson, "An introduction to XSL Formatting Objects", http://www.dpawson.co.uk/xsl/sect3/bk/index.html.
- Denise. D et.al, "XQuery 1.0 and XPath 2.0 Formal Semantic", February, 2004.
- Don. C, Denise. D, Mary. F, Michael. K, Jonathan. R, Michael. R, Jerome. S, Jim. T, Philip. W, "XQuery from the Experts: A Guide to the W3C XML Query Language", August, 2003.
- Don. C, Peter. F, Daniela. F, Massimo. M, Jonathan. R, "XML Query Use Cases W3C Working Draft", http://www.w3.org/TR/xquery-use-cases, August, 2003.
- Elliotte Rusty Harold, "the XML Bible", http://www.ibiblio.org/xml/books/bible2/chapters/ch18.html, Chapter 18.
- Elliotte Rusty Harold and W. Scott Means, XML IN A NUTSHELL: A Desktop Quick Reference, O'REILLY, 2001.
- Enterprise E-Content Engine (E3), Arbortext, http://arbortext.com.

- Eric van der Vlist, XML Schema, O'Reilly, 2002.
- Erik T. Ray, Learning XML, O'Reilly, 2001.
- Erik Wilde, David Lowe, XPath, XLink, XPointer, and XML, Addison-Wesley, July, 2002
- Extensible Stylesheet Language (XSL) Version 1.0, W3C Recommendation, http://www.w3.org/TR/xsl/, 15 October 2001.
- FOP, Apache project, http://xml.apache.org/fop.
- Hakon Wium Lie and Bert Bos, Cascading Style Sheets, designing for the Web (3rdEdition), Addison Wesley, 2005.
- Infoprint XML Extender for z/OS, IBM, http://www.printers.ibm.com/R5PSC.NSF/Web/xmlextenderhome.
- J. David Eisenberg, Using XSL Formatting Objects", http://www.xml.com/pub/a/2001/01/17/xsl-fo/index.html.
- JDOM.org (http://www.jdom.org/)
- John Robert Gardner and Zarella L. Rendon, XSLT and XPATH: A Guide to XML Transformations, Prentice Hall PTR, 2002.
- Mark Birbeck, Professional XML 2nd Edition, Wrox Press, 2001.
- Namespaces in XML 1.1, W3C Recommendation, http://www.w3.org/XML, 4 February 2004.
- PassiveTex, TeX, http://www.tei-c.org.uk/Software/passivetex.
- SAX (http://www.saxproject.org/)
- Scott. B, Don. C, Mary F. F, Daniela. F, Jonathan. R, Jerome. S, "XQuery 1.0: An XML Query Language W3C Working Draft", http://www.w3.org/TR/xquery , August, 2003.
- Stephen Deach, "What Is XSL-FO and When Should I Use It?", http://www.seyboldreports.com/TSR/free/0217/techwatch.html.
- Tim Bray, Jean Paoli, C.M. Sperberg-McQueen, Eve Maler, Extensible Markup Language (XML) 1.0 (Third Edition) : W3C Recommendation, http://www.w3.org/XML, 4 February 2004.
- Tim Bray, Jean Paoli, C.M. Sperberg-McQueen, Eve Maler, François Yergeau, John Cowan. Extensible Markup Language (XML) 1.1 : W3C Proposed Recommendation, http://www.w3.org/XML, 4 February 2004.

- W3C Document Object Model (http://www.w3.org/DOM/)
- WYSIWYG XSL-FO Stylesheet Editor, Scriptura, http://www.scriptura-xsl.com.
- XEP, RenderX, http://www.renderX.com.
- XML Path Language (XPath) Version 1.0, W3C Recommendation, http://www.w3.org/TR/xpath, 16 Nov 1999.
- XML Path Language (XPath) 2.0, W3C Working Draft, http://www.w3.org/TR/xpath20, 04 April 2005.
- XML Query Requirements W3C Working Draft, http://www.w3.org/TR/xquery-requirements
- XML Schema Part 0 : Primer Second Edition, W3C Recommendation, http://www.w3.org/XML/Schema, 28 October 2004.
- XML Schema Part 1 : Structures Second Edition, W3C Recommendation, http://www.w3.org/XML/Schema, 28 October 2004.
- XML Schema Part 2 : Datatypes Second Edition, W3C Recommendation, http://www.w3.org/XML/Schema, 28 October 2004.
- XSL Transformations (XSLT) Version 1.0, W3C Recommendation, http://www.w3.org/TR/xslt, 16 November 1999.
- XSL Transformations (XSLT) Version 2.0, W3C Working Draft, http://www.w3.org/TR/xslt20/, 4 April 2005.
- XSL-FO tutorial by RenderX, http://www.renderx.com/tutorial.html.
- XSL Formatter, Antenna House, http://www.antennahouse.com.
- XSLfast, jCatalog Software, http://www.xslfast.com.

찾아보기

E

F

G

X

기타

저자 - 약력

손진현

서강대학교 컴퓨터공학과 학사
한국과학기술원 전산학과 석사
한국과학기술원 전산학전공 박사
한국과학기술원 정보전자연구소 Post-Doc. 연구원
현재, 한양대학교 컴퓨터공학전공 교수

김명호

서울대학교 컴퓨터공학과 학사
서울대학교 컴퓨터공학과 석사
미국 Michigan State University 전산학과 박사
미국 University of Virginia 방문교수
현재, 한국과학기술원 전산학전공 교수

정가 22,000원

XML 개념 및 응용

2008년 1월 25일 초판 인쇄
2008년 2월 5일 초판 발행
저 자 : 손진현 · 김명호
발행자 : 우명찬 · 송준

발행처 : 홍 릉 과 학 출 판 사
주 소 : 서울시 강북구 수유5동 455-60
142-885
등 록 : 1976년 10월 21일 제5-66호
전 화 : 999-2274～5, 996-8341, 903-7037
팩 스 : 905-6729
e-mail : hongpub@hongpub.co.kr
http://www.hongpub.co.kr

저 자 와
협의하여
인지생략